Justus Franz Wittkop
Graf Mirabeau

Justus Franz Wittkop

Graf Mirabeau

Biographie

Bechtle

Umschlaggestaltung: Christel Aumann, München, unter Verwendung
eines Fotos von Jean Bernard, Aix-en-Provence
Satz: Bechtle-Druck, Esslingen
Druck und Bindung: Wiener Verlag, Himberg bei Wien
Printed in Austria
ISBN: 3-7628-0418-4

Inhalt

Ich brenne noch, wenn ich
schon Asche bin.

Graf de Mirabeau

Provençalische Nobilität

Die einzige Mesalliance in der Familie derer von Mirabeau war die mit einer Medici.
Victor Riqueti Marquis de Mirabeau

Bei der Taufe verbot der Vater jegliche Festlichkeit. Auf seinen Wunsch stellte sich auch keine Abordnung im Festgewand ein. Das Leben in le Bignon, dem Landsitz nahe Nemours, ging seinen alltäglichen, grämlichen Gang, sehr zum Verdruß der Dienerschaft. Die Bauern waren auf den Feldern, wo die Frühjahrsbestellung in vollem Gang war. Am 9. März 1749 hatte das arge Leben eines neuen Riqueti de Mirabeau begonnen. Mit dem Taufwasser erhielt er den Namen Honoré-Gabriel.

Sehnlich hatte sich Victor Riqueti Marquis de Mirabeau die Geburt dieses Stammhalters gewünscht. Sein erster Sohn war, noch nicht zweijährig, gestorben. Seltsam beziehungsreicher Tod für das Kind eines Vielschreibers, daran zu sterben, daß es in einem unbeaufsichtigten Augenblick eine Flasche Tinte ausgetrunken hatte. Als Victor nun den Ersatz sah, meldete er enttäuscht dem Lieblingsbruder nach Aix: »Dein Neffe ist häßlich wie ein Teufelssproß.« Selbst nämlich war er, wie alle herrenhaften Vorfahren der Riqueti, ein schöner Mann, stattlich, nicht frei von Eitelkeit, adelsbewußt, fast übertrieben familienstolz.

Der Neugeborene hatte einen unmäßig dicken Kopf. Im plärrenden Mund standen bereits zwei zu früh und pränatal gewachsene Zähne. Einst würde seine Stimme einen Thron erschüttern. Ein Fuß war bei der Geburt verdreht; doch es blieb kein späterer Gehfehler zurück. Ganz unverkennbar war das Kind nach der Mutter geschlagen, plump, gedrungen, um einige Pfunde zu schwer. Ungern wollte der Marquis in ihm einen Riqueti de Mirabeau erkennen. An der legitimen Abkunft waren Zweifel zwar nicht möglich, dennoch machte der Vater sich immer wieder und offenbar sogar bis an seinen Tod grüblerische Gedanken darüber, so daß er ihm sogar das Erbe entzog. Doch Honoré-Gabriel war ein Mirabeau, er würde *der Mirabeau* werden.

Im kleinen Renaissance-Schloß am schattigen Ufer des Flüßchen Betz mangelte es ein wenig an der Harmonie unter den Familienmitgliedern. Wenn der Marquis nicht an seinem Schreibtisch saß, um seiner Feder freien Lauf zu lassen, hielt er sich oft viele Tage lang in Paris auf. Vor seiner hoheitsvollen Mutter, der verwitweten Obristin, geborenen Françoise de Castellane, empfand er wie in den Kindertagen noch immer Angst. Mit greisenhafter Unduldsamkeit und asketischer Strenge herrschte sie über das Gesinde. Mit der Schwiegertochter, der Marquise Geneviève, vertrug sie sich schlecht. Es gab oft Streit, und im Haus gellten die Weiberstimmen.

Den grünenden Besitz hatte der Marquis im Jahre 1748 gekauft, ein Jahr vor Honoré-Gabriels Geburt, weil er ein kühles Klima der heißen Provence vorzog. Auch wollte er hier seine agronomischen Theorien erproben, in der trügerischen Erwartung, durch sie die Erträgnisse des heruntergewirtschafteten Anwesens wieder zu heben. Vor allem hatte ihn die Nähe der Hauptstadt zu dem Ankauf bewogen, da er unter dem Hofadel einflußreiche Freunde hatte und gern auch im philosophischen Salon Geoffrin mit Grandseigneurs und Philanthropen verkehrte.

Der jungen Marquise Geneviève ließ sich mancherlei vorwerfen. Sie war nachlässig in Kleidung und Führung, schwatzhaft, streitsüchtig, doch vital und von starken Gefühlen. Sie liebte es, Drainagearbeiten zu leiten und den

Straßenbau zu beaufsichtigen oder gar beim Heuwenden selbst nach der Gabel zu greifen. Die Ehe war an Spannungen reich. Der Marquis hatte Geneviève 1743 als Sechzehnjährige geheiratet, Tochter des begüterten Marquis de Vassan. Als er sie am Tag vor der Hochzeit zum ersten Mal sah, war er über das plumpe, schlampig gekleidete Mädchen enttäuscht gewesen, denn auf Frauenschönheit verstand er sich durchaus. Motiv seiner Wahl war die Spekulation auf reiche Mitgift und Erbschaft. Geneviève war die künftige Erbin bedeutender Kronlehen im Poitou, Périgord und Limousin, übrigens schon Witwe, allerdings ohne daß die aus Familienrücksichten in ihrem zwölften Lebensjahr mit einem Herrn de Sauvebœuf geschlossene erste Ehe vollzogen worden war. Auch den Besitz Sauvebœuf brachte sie in die zweite Ehe mit. Daß sich der Riqueti bei der Berechnung dennoch verkalkuliert hatte, führte später zu einer Kette skandalöser Prozesse. Doch von Anfang an gab es Schwierigkeiten im Eheleben. In den Briefen an seinen Bruder beklagte Marquis Victor sich über die unersättliche Sinnlichkeit seiner Frau und sprach von ihrer *conjugalité immodérée*, da sie ihre heißblütige Gattenliebe auch vor aller Welt ohne die von der Konvention gebotene Zurückhaltung zeigte. Trotz solcher intimen Unstimmigkeiten sollten sie immerhin in elfjähriger Ehegemeinschaft elf Kinder haben, von denen freilich nur fünf am Leben blieben.

Der Marquis suchte Abwechslung von den ungeliebten Ehepflichten in den Armen anderer Frauen. So schwängerte er die Tochter seines Kutschers. Auch einer von ihrem Mann getrennt lebenden Madame Bontemps gewährte er in le Bignon Asyl, bis ein Brief von ihm der Marquise in die Hände fiel. Die Asylsucherin gebar ihm zwei Kinder. Einer guten Freundin, der Gräfin de Rochefort, schrieb der bizarre, unbeherrschte Mann in vollendeter Selbstillusion: »Immer mehr bin ich von der Richtigkeit meines großen moralischen Prinzips überzeugt, man müsse, um hienieden an seinem Glück zu arbeiten, ununterbrochen die Empfindsamkeit pflegen und die Eigenliebe ausjäten. Sie wissen, meine Achillesferse ist im Herzen.«

Kein unbedeutender Mann. Hätte sein Sohn ihn nicht durch weltgeschichtliches Ausmaß in den Schatten gestellt, würde man beim Nennen des Namens Mirabeau an Victors reformerische und philanthropische Schriften denken.

Die Riqueti waren eine hochstrebende, alte provençalische Sippe. Sie leiteten ihre Herkunft prahlerisch von den Arrighetti her, einem im 13. Jahrhundert bei innerstädtischen Kämpfen aus Florenz vertriebenen Adelsgeschlecht. Einer der noblen Flüchtlinge habe im Städtchen Seyne (Haute-Provence) Zuflucht gefunden. Wie alle provençalischen Gemeinden wurde es von Konsuln verwaltet. 1346 wird Pierre Riquet einer der Konsuln, wohl ein bäuerlicher Mann. Hundert Jahre später heiratet ein Nachkomme, nun Bürger in Digne, einer Kleinstadt an einem Nebenfluß der Durance, die Tochter eines Arztes. Um das Jahr 1510 siedelt ein Honoré Riqueti dann nach Marseille über. Damit begann der rasche Aufstieg; schon sein Sohn Jean leitete ein Handelshaus, besaß eine Fischereiflotte und eine Manufaktur für Purpurstoffe. 1562 wurde er zum Ersten Konsul gewählt. Nachdem ein gekaufter Genealoge die legendäre Florentiner Abkunft bestätigt hatte, erlaubte Karl IX. dem Riqueti, eine Adlige, eine Demoiselle de Glandève, zu ehelichen. Dadurch wurde er mit den Barras verwandt, denen die Burg Mirabeau am Ufer der Durance gehörte. Jean erwarb Burg und Ländereien und nannte sich hinfort Riqueti de Mirabeau.

Als 1660 Ludwig XIV. nach Zähmung des aufsässigen Marseille durch eine eigens in die Stadtmauer gebrochene Bresche Einzug hielt, stieg er bei Jeans Sohn, Thomas Riqueti, im üppigen Haus an der Place de Lenche ab. Er versprach dem Gastgeber, der auch während der Fronde zur Krone gehalten hatte, das Lehen Mirabeau zum Marquisat zu erheben. Dennoch mußte Herr Thomas noch fünfundzwanzig Jahre warten, bis er sich 1685 Marquis de Mirabeau nennen durfte. Die Riqueti gehörten nun zu den ersten Familien der Provence. Der neue Marquis liebte den Prunk, und so ging er gegen eine alte Verfügung an, die den Frauen das Tragen von Schmuck untersagte. Gewiß kam die freiheitlichere Regelung auch dem lukrativen Korallenhandel des Hauses zustatten.

Sein 1666 geborener Sohn Jean-Antoine, zweiter Marquis de Mirabeau, trat in die königliche Armee ein, er wurde schon früh zum Obristen befördert, ein rauher Kriegsmann. In Italien ließ er einmal während des spanischen Erbfolgekrieges drei Deserteure, die in einer Kirche Freistatt gesucht hatten, trotz des Einspruchs des Priesters herauszerren und ihnen auf der Kirchenschwelle die Köpfe zerschmettern. Bald darauf, 1705 bei Cassano, im Kampf gegen die Truppen Prinz Eugens schwer verwundet, warfen die Österreicher ihn für tot auf einen Leichenhaufen. Einer seiner Männer zog ihn aus dem Massengrab. Er genas und kam aus der Kriegsgefangenschaft frei. Mit dem Kriegsdienst war es nun in seinem vierzigsten Lebensjahr aus. Er mußte eine Halsberge (»Minerva«) tragen, dazu den Spitznamen »Silberhals«. Auf seiner Burg Mirabeau haderte er mit dem Schicksal, was ihn aber nicht hinderte, 1708 eine der schönsten Frauen ihrer Zeit, Mademoiselle Françoise de Castellane, zu heiraten. Er setzte eine theatralische Entführung in Szene und verweigerte aus trotziger Prahlsucht die Mitgift, nicht ohne sie später dennoch einzufordern. Françoise, die als Greisin in le Bignon der Schwiegertochter das Leben schwer machen wird, war in den dreißig Ehejahren auf der Burg Mirabeau fast wie eine Gefangene; nur zu den sieben Niederkünften durfte sie nach dem freundlichen Pertuis reisen. Der Oberst herrschte auch über die Bauern nach den Maßstäben des Militärgesetzes. Freilich verteidigte er sie gegen die Steuereinnehmer, die er gelegentlich mit der Hundepeitsche vertrieb, so daß er beim Volk nicht unbeliebt war.

Nur drei der sieben Kinder wuchsen heran, in einer freud- und lieblosen Kindheit. Keines, so erinnerten sie sich später, hatte jemals Kontakt mit dem Vater; nicht einmal den Handkuß duldete er. Fast mehr noch fürchteten sie die Mutter; zwischen den Mauern und Türmen der Burg war sie zu einer eisig strengen Frömmlerin geworden. Das Familienvermögen schmolz infolge der durch den berüchtigten Law'schen Finanzskandal verursachten Wirtschaftskrise. Der alte Invalide zog sich nach Aix-en-Provence zurück. Bei einem Wutausbruch über ein gegen seinen Willen geöffnetes Fenster starb er, 76 Jahre alt, bei draußen pfeifendem Mistral, am Schlagfluß zum zweiten Mal, den Tod von Cassano eingerechnet.

Zum Leben des provençalischen Adels schienen endlose Prozesse zu gehören. Die Witwe, von der Gegenwart des herrschsüchtigen Gatten befreit, führte dreißig Jahre lang vor den Gerichten gegen die drei Söhne einen Kampf. Worum sonst, als um Erbschaftsfragen. Doch im hohen Alter trat bei ihr eine peinliche Veränderung ein, eine als skandalös empfundene Enthemmung. Lakaien und Knechte in le Bignon versuchten ihr aus dem Weg zu gehen und beklagten sich schließlich kleinlaut beim Marquis Victor. Er ließ daraufhin kraft einer erwirkten königlichen Order seine Mutter in einem Kloster unterbringen, wo sie keine jungen Burschen mehr zu Gesicht bekam. Aber die Prozedur, um solche königlichen Haftbefehle zu ersuchen, sollte ihm bei der Regelung von Familienproblemen zur Gewohnheit werden.

Von den drei Söhnen des Obristen, von denen Victor der

Älteste war, fiel dem Jüngsten, Louis-Alexandre, ein abenteuerliches Los zu, das als eine, wenn auch entfernte, Parallele zu dem Schicksal seines später berühmten Neffen gelten könnte, wäre es nicht noch zum guten Ende gekommen. Auch im Charakter waren Neffe und Onkel sich wohl ähnlich, nur daß Louis-Alexandre von etwas schmachtender Schönheit, doch schon als Kind halsstarrig und ungestüm war, wie dann Honoré-Gabriel. Mit dreizehn Jahren trat er in die Armee ein. Nach der Teilnahme an den Schlachten des österreichischen Erbfolgekrieges war er mit vierundzwanzig Jahren Hauptmann. Als ein vollendeter Kavalier des Rokoko hatte er glänzende Aussichten. Da lernte er im Brüsseler Hauptquartier seines Oberbefehlshabers, des Maréchal de Saxe, wo es – *guerre en dentelles* – von Schauspielerinnen und Abenteuerinnen wimmelte, die viel umworbene Demoiselle Navarre kennen, Komödiantin und Mätresse des Marschalls. Der stürmische Hauptmann brannte mit ihr durch und machte sie in Holland Hals über Kopf durch Heirat zur Gräfin de Mirabeau. Den Dienst mußte er quittieren und setzte sich wütenden Verfolgungen aus. Die Familie wollte eine Mißheirat mit der mitgiftlosen Flittergräfin nicht dulden. Louis-Alexandre und seine gewiß sehr hübsche, gewiß sehr kokette Liebste waren nach Avignon auf päpstliches Gebiet geflüchtet. Polizisten stöberten sie auf, drangen in das Liebesnest ein und verhafteten den verlorenen Sohn. Beim gewaltsamen Abschied hatte die junge Frau eine Fehlgeburt, an der sie verblutete. Der frühe Witwer kam frei, er blieb in Avignon in der Nähe des Grabes seiner angebeteten Toten. Da nahm sein verpfuschtes Leben plötzlich eine unerwartete Wendung.

Auf einer Reise kam der Markgraf von Bayreuth, nebst seiner Gemahlin Wilhelmine, der Lieblingsschwester Friedrichs II. von Preußen, durch Avignon. Der gescheiterte Kavalier bezauberte sie durch seinen Geist. Sie nahmen ihn mit in ihre Residenz Bayreuth, wo er als kluger Höfling und Verwaltungsmann seine Gaben nutzen konnte. Er avancierte zum Geheimrat und Oberkämmerer. Als kurz vor dem Ausbruch des siebenjährigen Krieges der Preußenkönig den Versuch unternehmen wollte, Frankreich von der Koalition mit den Gegnern abzuhalten, empfahl ihm die Markgräfin als geeigneten und gewinnenden Diplomaten den weltgewandten französischen Oberkämmerer. Louis-Alexandre begab sich in geheimer Mission nach Versailles, um Madame de Pompadour, in deren Boudoir die Fäden der französischen Außenpolitik zusammenliefen, 500000 preußische Taler anzubieten, wenn sie die französisch-österreichische Allianz noch verhindere. Aber das Angebot wurde abgelehnt, und der die Welt überraschende »Umsturz der Bündnisse«, die Versöhnung der alten Erbfeinde Bourbon und Habsburg, wurde Ereignis. Doch der heikle Auftrag und das Vertrauen des jungen Hohenzollern zu einem Mirabeau blieb der Familie nicht verborgen und reinigte in ihren Augen das räudige Schaf. Sie nannten ihn nun »Germanicus«, ohne daß dies die Erbschaftsprozesse beeinflußte. Bei einem anderen Auftrag, diesmal vom Markgrafen von Bayreuth, erwarb er sich in Versailles die Gunst des Ministers Choiseul; wie sein Neffe hatte er die Zaubergabe, auf Anhieb Menschen zu gewinnen. In Bayreuth heiratete er eine Gräfin Kunsberg, der die Markgräfin reichliche Aussteuer schenkte. Doch schon ein Jahr darauf raffte ihn 1761 der Typhus hinweg.

Um diese Zeit war sein ältester Bruder, der dritte Marquis de Mirabeau, ein wegen seiner Schriften in Europa schon bekannter, ja berühmter Mann, der mit gekrönten Häuptern korrespondierte. Es war sogar von ihm als möglichem Erzieher der Kinder des Dauphin die Rede. An der Wiege auf Burg Mirabeau war solch literarischer Ruhm kaum vorauszusehen gewesen. Wie seine Brüder hatte auch Victor das Waffenhandwerk ergreifen müssen; er trat, nach der Schulzeit bei den Jesuiten in Aix, mit dreizehn Jahren ins Regiment Duras ein, das der Vater einst bei Cassano befehligt hatte. Als der Fähnrich nach der soldatischen Ausbildung die Militärakademie in Paris bezog, atmete er nach der spartanischen Kindheit zum ersten Mal freie Luft. Natürlich schlug er über die Stränge. Knapp gehalten machte er Schulden, darin freilich kaum von den meisten jungen Aristokraten des *Ancien Régime* verschieden. Auch auf eine zärtliche Bindung ließ sich wohl nicht verzichten. Mademoiselle Dangeville, Tochter des großen Komödianten Dangeville und selbst Schauspielerin, fing sich den provençalischen Grünschnabel ein. Doch bei seinem lockeren Leben holte er sich auch eine venerische Krankheit; ob Syphilis oder Gonorrhöe, jedenfalls machte sie ihm auch später noch zu schaffen und erinnerte ihn heimlich an die Jugendstreiche, die er offenbar nicht mehr wahrhaben wollte.

Als der alte Eisenfresser in Aix von den Pariser Turbulenzen seines Ältesten vernahm, sorgte er dafür, daß Victor im Feldzug von 1734, im polnischen Thronfolgekrieg, dahin geschickt wurde, wo die Kugeln pfiffen. Böse Erfahrungen vergällten dem jungen Krieger das Soldatenleben. Beim Pferdekauf wurde er betrogen und handelte sich eine blinde Mähre ein, die auch zu hinken begann, Prolog zu späteren unseligen Käufen. Auch der Feldzug war nicht glücklich, und Victor lernte in den Feldlagern Hunger und Kälte kennen. Die Uniform verlotterte, Ungeziefer nistete im Zopf und das Pulver wurde naß. Am Lagerfeuer freundete er sich jedoch mit Vauvenargues an, nachmaligem Verfasser der *Réflexions et Maximes,* dem er vier Jahre später in einem Brief bekannte: »Ehrgeiz verzehrt mich, doch in besonderer Art: nicht nach Ehren oder Geld oder Besitz strebe ich, sondern nach einem Namen; ich will endlich

jemand sein.« Der Briefwechsel währte bis zum Tod des früh verstorbenen Freundes.
Als in Aix der »Silberhals« die Augen schloß, erbte Victor den Titel Marquis und den Großteil des Familienbesitzes, der ihm noch immer eine stattliche Leibrente abwarf. Allerdings durfte er das Erbe erst bei Volljährigkeit, d. h. mit fünfundzwanzig Jahren, antreten; so blieb er vorläufig bei der Armee, machte auch den Feldzug von 1740 mit, und als er 1743 den Abschied nahm, war er noch nicht Hauptmann geworden. In der Garnison in Bordeaux lernte er Montesquieu kennen, der bereits *Les Lettres Persanes* und *Les Causes de la Grandeur et de la Décadence des Romains* veröffentlicht hatte. Der Autor des später so einflußreichen Buches *De l'Esprit des Lois* sprach dem jungen Militär Genialität nicht ab, bedauerte nur sein allzu hitziges Temperament, echte Riqueti-Erbschaft.
In den Jahren unter der Fahne des Königs hatte Victor sich erstaunliche Kenntnisse angeeignet und den Geist geschult. Doch als Autodidakt hatte er sich auch Methoden erdacht, wie man ein Gut zu verwalten habe, die sich in der Praxis dann immer wieder als ziemlich verhängnisvoll erwiesen. Die Großjährigkeit benützte er dazu, Teile der Ländereien von Mirabeau zu veräußern, um dafür Grundstücke zu erwerben, die er für vorteilhafter hielt, so Schloß und Landgut le Bignon und in Paris in der Rue Bergère ein baufälliges Haus, im Glauben, daß es vorteilhaft sei, ruiniert übernommene Objekte nach eigner Vorstellung rentabel zu machen. Bei dem Pariser Haus erwies es sich als Illusion, bei le Bignon kam ihm die Einsicht erst sehr viel später. Das Haus verkaufte er mit Verlust, nicht anders ein zweites in der Rue des Saints-Pères. Da er ein Domizil in der Hauptstadt für unerläßlich hielt, erwarb er schließlich in der Rue de Seine, Ecke Rue Mazarine, ein Gebäude, das dem Generaladvokaten des *Parlement* gehört hatte.

Der größte Fehlkauf, fast schon Narretei, war es, als er der Familie Rohan das Herzogtum Roquelaure abkaufte, wozu er sich gegen Wucherzinsen den Kaufpreis leihen mußte, der zudem um mindestens 100 000 Livres zu hoch angesetzt war. Stolz im Bewußtsein, bald eine Herzogskrone zu tragen, bereiste er die zwei Dutzend Kirchspiele und ließ sich von den Bauern als der neue Herr feiern. Der langgehegte Traum, »aus einer großen provençalischen Familie eine große Familie Frankreichs zu machen«, schien erreicht. Doch Ludwig XV. bestätigte den Herzogstitel nicht, und so stieß der Enttäuschte Roquelaure mit ungeheurem Verlust wieder ab. Verluste brachten auch Bleibergwerke, die er im Limousin übernahm und wieder veräußern mußte.
Um sich zu sanieren, schloß er die Ehe mit Geneviève de Vassan-Sauvebœuf, doch die Verbindung erwies sich erst recht in jeder Hinsicht als eine Fehlspekulation, denn der alte de Vassan bewilligte der Tochter nur eine schmale Rente, und als die große Erbschaft nach einem Vierteljahrhundert greifbar wurde, lagen die Ehegatten längst in tödlichem Streit miteinander und führten erbitterte Prozesse um den Vassanschen Besitz. Die Bilanz seiner Ehe zog er am Ende seines Lebens mit der galanten Äußerung: »Die zwanzig Jahre, die ich mit meiner Frau verbracht habe, sind zwanzig Jahre Nierenkoliken gewesen.«
Alle diese Widrigkeiten hielten ihn nicht vom Schreiben ab. Bei seinem Tod ließ er, außer Tausenden von Briefen von bemerkenswert lebendiger, teilweise saftiger Darstellungskraft, fünfzig Bände ungedruckter Manuskripte zurück, Tragödien, Komödien und Gedichte, auch ein mit zweiunddreißig Jahren für seine noch gar nicht geborenen Söhne geschriebenes *Testament Politique*. Nur drei Jahre später, 1750, plädiert er in einer anonym veröffentlichten Schrift *De l'Utilité des Etats Provinciaux* bereits für die Verdoppelung der Vertreter des dritten Standes in den

Provinzialversammlungen. Bei der Einberufung der Generalstände 1789, mehr als ein Menschenalter später, sollte es zu der historischen Kontroverse über das Zahlenverhältnis der Ständevertreter kommen, die mit der entscheidenden Neuerung siegreich für den dritten Stand endete. Seine Popularität und sogar den europäischen Ruf brachte dem Marquis Victor sein 1756 veröffentlichtes Buch *L'Ami des Hommes*. Der Untertitel lautete *Traité de la Population*. Zunächst anonym, blieb der Verfassername nicht lange verborgen. In Paris erlebte der »Menschenfreund« Ovationen auf der Straße und in der Theaterloge, wo immer er sich zeigte. Regierende Fürsten wie der Großherzog von Toscana, der spätere deutsche Kaiser, sprachen sich voll Anerkennung über das Buch aus. Jean-Jacques Rousseau suchte nach seiner Rückkehr aus England vorübergehend in le Bignon Zuflucht bei dem Marquis »wegen des Rufs seiner großen Tugend«. Er freundete sich mit ihm an. Der Titel blieb als Ehrenname am Verfasser haften. Victor de Mirabeau ist als der »Menschenfreund« in die Geschichte eingegangen.

Im wesentlichen richtete sich die etwas weitschweifige Abhandlung gegen die herrschende Wirtschaftspraxis des Merkantilismus, d. h. gegen den staatlichen Protektionismus. Den Ackerbau, Grundlage des Staates, gelte es zu fördern. Von den etwa 26 Millionen Franzosen waren in der Tat 20 bis 22 Millionen in der Landwirtschaft beschäftigt; doch der Bauernstand war nicht einheitlich. Der Marquis rechnet zu den Landwirten natürlich in erster Linie die Grundbesitzer. Er propagiert den Geburtenüberschuß, da er der Landwirtschaft zugute kommen werde. Ledige Mütter seien daher mit Geld zu unterstützen und in eigens geschaffenen Heimen aufzunehmen. Er geht – nicht sehr methodisch – die Mißstände durch, unter denen das Königreich leidet, und sieht sogar schon die drohende Revolution voraus.

Manche seiner Gedanken trafen sich mit den Lehren der nationalökonomischen Schule der Physiokraten. Deren Gründer und Meister war der sechzigjährige Dr. François Quesnay, Leibchirurg des Königs. Von ihm stammt die berühmte Maxime: *Laissez faire, laissez passer.* Wie Victor sahen die Physiokraten in den Grundbesitzern die wichtigste Klasse. Quesnay verteidigte die Ansicht, man solle den Absatz durch hohe Löhne fördern, den Frondienst abschaffen und den Reichtum der Bevölkerung mehr als ihr Anwachsen begünstigen. In letzterem wichen seine Ansichten von denen des »Menschenfreundes« ab. Als Mirabeau den Physiokraten im Schloß von Versailles, wo der Leibarzt logierte, aufsuchte und bald bei ihm aus- und einging, äußerte Quesnay etwas von oben herab seine Kritik, und Victor ließ sich bekehren. In seinen Briefen wirft er ihm allerdings »Rechthaberei und Sarkasmus« vor. Er traf bei ihm mit Diderot und anderen Enzyklopädisten zusammen. An Rousseau schrieb er mit einer Bescheidenheit, die sonst nicht zu seinen Charakterzügen gehört: »Die Grundlagen meiner Wissenschaft gehören nicht mir; älter als vierzig Jahre war ich, als ich sie übernahm.«

Als Dr. Quesnay 1774 starb, wurde der Marquis de Mirabeau das anerkannte Haupt der Physiokraten, die unter Ludwig XVI. mit Turgot sogar einen Finanzminister stellten. Ihre Ideen strahlten auch nach England aus, und Adam Smith, der Begründer des Liberalismus, war von den Lehren der Physiokraten beeinflußt.

1760 veröffentlichte der »Menschenfreund« seine *Théorie de l'Impôt* (Steuertheorie), worin er kühn für die Abschaffung der indirekten Steuern und Abschaffung des Systems der Steuerpächter eintrat, auf dem die gesamte Finanzorganisation des Königreichs beruhte. Tatsache war, daß die *fermiers généraux*, die Steuerpächter, etwa 50 Prozent der Summen, die sie in den Provinzen erhoben – und die sie der

Staatskasse vorgestreckt hatten – als Prämie in die eigene Tasche fließen ließen. Die Folgen seines Angriffs auf die Geldmacht blieben nicht aus. Der Marquis wurde festgenommen und als Staatsgefangener im Fort von Vincennes eingeliefert.

Er hatte allerdings genug hohe Gönner. Auch seine ungeliebte Frau setzte sich tapfer für ihn ein und antichambrierte. Vor allem war es aber wohl Dr. Quesnay, der über Madame de Pompadour die entscheidenden Schritte für seinen verwegenen Schüler unternahm. Jedenfalls kam Victor de Mirabeau schon nach einer Woche wieder frei. Für eine gewisse Zeit wurde er auf seinen Besitz le Bignon verbannt, bis auch diese Beschränkung nicht lange danach aufgehoben wurde. Daß er die Luft der Staatsgefängnisse hatte atmen müssen, wenn auch nur für kurze Zeit, hinderte ihn nicht, genau dieses Los, aber für lange Jahre, später seinem ältesten Sohn zuzudenken, der mit Recht von ihm sagen konnte: »Mein Vater ist mein Henker gewesen.«

Während der Marquis sich öffentlich im Ruhm des Menschenfreundes sonnte, kehrte er zu Hause den Tyrannen heraus. Er hatte ein Buch über die beste Art, die Mädchen zu erziehen, geschrieben, doch der eignen Töchter entledigte er sich so zeitig wie möglich und gab sie in frühem Kindesalter zur Erziehung in Nonnenklöster. Die Älteste machte er zudem gegen ihren Willen in ihrem fünfzehnten Jahr zur Dominikanerin in Montargis. Sie starb im Kloster in geistiger Umnachtung. Die jüngste, Louise, verheiratete er mit siebzehn Jahren an einen anomalen, schwachsinnigen und boshaften Mann, den Marquis de Cabris, und sperrte sie wenige Jahre später als junge Frau ebenfalls hinter Klostermauern ein. Gegen seine Frau erwirkte er nicht weniger als zehn *lettres de cachet*, um sie im Kloster einzuschließen.

Wie er mit Honoré-Gabriel, seinem ältesten Sohn, um-

sprang, bildet die düsterste Seite in dessen tragischer Biographie.
Einer der Hauptvorwürfe, die er ihm machte, war der, daß er im Ehestreit der Eltern zur Mutter hielt, weswegen ihn der Vater sogar des Inzests verdächtigte. Noch auf dem Sterbelager wird er von Haß erfüllt sein und den ungeliebten Sohn enterben.

Der »Teufelssproß«

Bedenken wir doch den besonderen Salpeter in unserem Blut.

Bailli de Mirabeau an den Marquis Victor

Honoré-Gabriel wurde sofort nach der Taufe einer Amme übergeben, der Witwe des Dorfschmiedes und Mutter von zwölf Kindern. In allen Größen bevölkerten sie, Mädchen und Buben, die Schmiede. Die Meisterin stand, wenn nötig, mit aufgekrempelten Ärmeln und im Lederschurz am Amboß, eine resolute Person, der ein harter Klaps leicht von der Hand ging, wenn das ihr anvertraute Herrensöhnchen nach ihr schlug oder sie zu beißen versuchte.
Als der sich kräftig entwickelnde Knabe drei Jahre alt war, wurde er von den Pocken befallen, der endemischen Geißel vor Einführung der gerade damals entdeckten Impfung. Die Marquise nahm ihr Söhnchen zu sich und pflegte es aufopfernd, doch unsachgemäß. Sie benützte eine Salbe, die zwar die Schmerzen linderte und die Heilung beschleunigte, da sie den Schorf abfallen ließ, die jedoch nicht verhinderte (oder wenigstens milderte), daß tiefe entstellende Spuren zurückblieben; sie machten aus dem Gesicht des kleinen Mirabeau eine furchteinflößende Narbenmaske, die ihm sein Leben lang blieb. Aus ihr sahen freilich die wachsamsten und lebensprühendsten Augen hervor, voll Ausdruck und Intelligenz. Der Junge wurde zu einem ungebärdigen Prahlhans; der Vater hatte nur Tadel und Ablehnung für ihn. »Er ist das vollkommene Ebenbild seines gräßlichen Großvaters Vassan.« In seinen Augen das kränkendste Urteil.

Als Honoré-Gabriel fünf Jahre alt war, gab man ihm als Hofmeister einen ehemaligen Rechtsanwalt, Monsieur Poisson, der wohl aus Mangel an einträglicher Klientel den forensischen Talar ausgezogen hatte und in le Bignon als Gutsverwalter fungierte. Seine beiden Söhne und sein Töchterchen waren die Spielkameraden des neuen Zöglings. Der Unterricht für die drei Buben fand gemeinsam im Verwalterhaus statt, wo der kleine Graf auch einlogiert wurde, denn im Schloß schien er dem Marquis im Weg zu sein.

Im Schloß waltete noch die bigotte, herrschsüchtige alte Obristin über den Haushalt von 38 Personen. Zank und Animositäten vergifteten die Atmosphäre. So war es vielleicht für den aufgeweckten Jungen kein Nachteil, den Spannungen des Elternhauses ein wenig entrückt zu sein. Freilich hielt der Vater die Hand ständig drohend über ihn und ließ ihm nicht den geringsten Streich durchgehen. Poisson mußte sich strikt an die Erziehungsanweisungen halten, die Nachsicht und Wohlwollen nicht kannten. Dennoch wußte er in seinem Schüler die Lust am Lernen zu wecken, der ihm denn auch Zeit seines Lebens ein dankbares Andenken bewahrt hat. Doch bei der despotischen Zucht des Vaters mußten sich in dem Kind rebellische Gefühle, gleichzeitig Verstellungskunst entwickeln. Schon früh erwachte aber auch der unstillbare Lesehunger in ihm, und Poisson stellte bald sein überdurchschnittliches Gedächtnis fest. Vorwitz verriet sich nicht nur, als der Siebenjährige bei der Firmung die frömmelnde Großmutter durch eine von frühreifer Skepsis eingegebene Frage an den firmenden Kardinal empörte, die Wunder der Heiligen Schrift betreffend. Und mit acht Jahren brachte er die Tischgesellschaft im Schloß zum Lachen, als er der Mutter, die scherzend von seiner künftigen Gemahlin sprach, die Antwort gab, er hoffe sehr, daß sie nicht auf sein Gesicht

schauen werde. »Wohin sonst soll sie denn schauen?« fragte erstaunt die Marquise. »Das Untere wird dem Oberen helfen«, antwortete der Schlingel.
Poisson ließ seine drei Schüler auch fleißig auf der improvisierten Amateurbühne Theater spielen, die französischen Klassiker, wohl auch die Komödien von Plautus. Honoré-Gabriel entwickelte ein Talent, das ihm später, wenn er dereinst Volksaufläufe und die Nationalversammlung mit seiner Rede beherrschen wird, von Nutzen sein sollte. Mit dreizehn Jahren hatte er seine erste Liebschaft. Die gleichaltrige Demoiselle Poisson, die Tochter seines Erziehers, gab seiner vorzeitigen Verführungskunst nach. Trotz dem streng geregelten Stundenplan fanden sie Zeit und Gelegenheit, im Unterholz der Wälder von le Bignon sich ihre Liebesverstecke zu suchen.
Marquis Victor glaubte, bei dem Jungen Lügenhaftigkeit festzustellen. Der »Menschenfreund« drohte: »Seine Neigung zum Lügen wird er aufgeben müssen oder ich will sie ihm austreiben. Ich werde dafür sorgen, daß man ihn bei der nächsten Lüge derart mit einem glühenden Eisen brennt, daß er davon die Narbe für immer behalten wird.« Kein Ausdruck des Abscheus war dem Theoretiker der Humanität für seinen Sohn stark genug. In den Briefen an seinen Bruder nennt er ihn »eine schmutzige, kriechende Raupe«, spricht von seiner »vollkommenen Niedrigkeit« und betont immer wieder, er sei »tout Vassan«. Trotzdem hegt das Kind bangende Verehrung für den Vater und sehnt sich nach seiner Anerkennung. Der Marquis fürchtet aber ständig, die Kinder könnten mit der Mutter gegen ihn gemeinsame Sache machen. Er setzt Spione unter der Dienerschaft ein, die die Marquise, den Sohn und die jüngste Tochter bespitzeln müssen; sie hinterbringen ihm, was sie erlauschen können. Daß Honoré-Gabriel, im Grunde ganz und gar gutmütig, wie alle bezeugen, die ihm nahestanden, der Wohltätigkeit der

Mutter nacheifert und an Vagabunden und Bettler Almosen austeilt, einmal auch seine Mütze weggibt, erzürnt den Marquis, der schon der Gattin die großzügige Freigebigkeit vorwirft, weil es nichts Unangemesseneres und seinen Grundsätzen Entgegengesetzeres gäbe, als materielle Wohltaten, die das Elend bloß schamlos machten.

Das Ehedrama der Eltern treibt einem kritischen Höhepunkt zu, als sich in le Bignon eine Besucherin einstellt, die kluge, hübsche und mondäne Madame Marie de Pailly, geborene Malvieux, eine dreißigjährige Schweizerin aus Bern, die von ihrem alten invaliden Gatten, einem Offizier der Schweizer Garde, getrennt lebt und zum Pariser Freundeskreis Victors gehört, einer illustren Runde mit dem Herzog de Nivernais aus der Familie der Mancini-Mazarini, dem Minister Graf de Maurepas und der Gräfin de Rochefort, der Vertrauten des Marquis de Mirabeau und engen Freundin von Madame de Pailly. Die schöne Bernerin ist in jeder Hinsicht das Gegenteil der bis zur Schlampigkeit nachlässigen Hausherrin, die auch im Salon nicht gerade durch Schlagfertigkeit und Witz hervorsticht. Die kühle und freundliche Besucherin kleidet sich elegant und immer in Schwarz, vermutlich weil Schwarz ihr am besten steht. Unter ihren Bekannten hat sie den Spitznamen »la chatte noire«, und etwas von einer Katze ist auch in ihrem Wesen. Victor verfällt alsbald ihrer einschmeichelnden Art in leidenschaftlicher Liebe.

Nach der Geburt des jüngsten Sohnes, des Vicomte André-Boniface-Louis Riqueti de Mirabeau, im Jahre 1754, scheinen die intimen Beziehungen zwischen den Eheleuten, die, wie das elfmalige Kindbett der Marquise beweist, auch bei Victors Abneigung gegen die geborene Vassan nicht eingeschlafen waren, endgültig abgebrochen zu sein. Geneviève mußte jetzt auch auf die fleischliche Befriedigung ihrer schmachtenden Liebe zu Victor verzichten.

Madame de Pailly verstand es zunächst sogar, obgleich Protestantin, die alte Obristin zu bezaubern, die sonst gegen »Ketzer« heftig voreingenommen war. Auch die gutmütige Marquise Geneviève freundete sich mit ihr an. Der Besuch dehnte sich aus, und schließlich mußte die Hausherrin merken, daß ihr Mann der hübschen Schweizerin mit Haut und Haar verfallen war. Nach stürmischen Eifersuchtsszenen räumte sie 1763 der Rivalin das Feld und reiste zu ihrer Mutter nach Limoges. Es kam zum endgültigen Bruch, zumal in le Bignon ein Abenteurer auftauchte, der den Marquis mit einem Schreiben zu erpressen versuchte, das die Marquise allerdings in ziemlich skandalöser Weise kompromittierte. Sie hatte ihm attestiert, daß sie jederzeit seiner männlichen Potenz zur Verfügung stehe. Aus wachsendem Haß und vor allem auch aus materiellen Gründen entbrannte der schreckliche Familienkrieg zwischen den Gatten, der sich über mehr als achtzehn Jahre hinzog, und über den die Mitwelt laufend unterrichtet wurde, denn »wenig Familien haben soviel Sorgfalt darauf verwendet, das Publikum mit den Gründen vertraut zu machen, warum sie sich gegenseitig mit Vorwürfen verfolgten« (Peuchet). Da der Marquis durch seine Schriften längst eine europäische Berühmtheit geworden war, reichte das Publikum der schmutzigen Tragikomödie weit über die Grenzen Frankreichs hinaus.

In le Bignon war Honoré-Gabriel zu einem stämmigen Burschen herangewachsen. Er wurde nun fünfzehn. Der Vater nannte ihn »den dicken Freßsack«, und unkte: »Der älteste meiner Söhne könnte ebensogut ein Kind schlechter Eltern sein; jetzt erkenne ich die wahre Natur dieses Tieres, ich glaube nicht, daß man es je ändern wird.« Vor der außergewöhnlichen Begabung des schwierigen Jungen verschloß er die Augen. Er zog Boniface vor.

Zu allem Unglück erregte die Nähe der Geliebten des

Vaters in dem Heranwachsenden, der von beiden Elternteilen die starke Sinnlichkeit geerbt hatte, ein bei seiner Frühreife schon mehr als pubertäres Begehren, das *la chatte noire* womöglich durch kleine Koketterien noch gereizt hatte. Als er der schönen Zauberin einmal nachschlich, sie am einsamen Waldufer ein Bad im Fluß nehmen sah und dabei von der Badenden ertappt wurde, sorgte sie schleunigst dafür, ihn aus dem Vaterhaus zu entfernen. Obwohl sie nun schon die Rolle der Hausherrin spielte, fungierte sie weiterhin noch als »Gast«, des Rufes wegen. Der Marquis und sie blieben übrigens bis zu seinem Tod zusammen, und in dem besagten Familienkrieg zog sie oft im Verborgenen nach eigenen Interessen die Fäden.

Es fiel ihr nicht schwer, Marquis Victor davon zu überzeugen, daß es nun an der Zeit sei, den Jungen in eine Internatsschule zu geben. Da der Vater aber den Aspiranten bei der Umfrage nach einer geeigneten Pension immer als wahren »Teufelssproß« und als »Ungeheuer« schilderte, war es gar nicht leicht, ihn unterzubringen. Schließlich entschloß sich ein alter Bekannter des »Menschenfreundes«, Monsieur Sigrais, Gatte der ersten Kammerdame der Dauphine, der sich in Versailles der Erziehung junger Kavaliere widmete, das Wagnis zu versuchen. Er war ein rechtschaffener Kavallerieoffizier a. D. und ausgezeichneter Latinist.

So spannte denn eines Morgens der Kutscher des Marquis in le Bignon den Reisewagen an und brachte den jungen Herrn nach Versailles. Der neue Zögling durfte sich nicht Graf de Mirabeau nennen. »Er soll sich meinen Namen erst verdienen!« hatte der Vater entschieden und ihn als Chevalier de Pierre-Buffière angemeldet, nach einer Besitzung der Vassan im Limousin. Der Junge empfand es als bitter kränkende Zurücksetzung.

Doch siehe da, der neue Zuchtmeister entdeckte in ihm

ganz erstaunliche Begabungen: phänomenales Gedächtnis, überdurchschnittliche Intelligenz, rasche Auffassungsgabe, Lerneifer und große Herzensgüte. Er berichtete darüber nach le Bignon. Statt Stolz zu empfinden, versetzte es den Vater in eine kaum verständliche Wut. Sigrais mußte offenbar ein Einfaltspinsel sein, der sich von dem durchtriebenen Burschen hatte hinters Licht führen lassen. Schon nach wenigen Monaten holte er den Chevalier de Pierre-Buffière wieder ab. »In meinen Augen ist er wenigstens bis jetzt nichts als ein gänzlich verstockter Dummkopf mit den von der Mutter ererbten abscheulichen Eigenschaften.« Was Honoré-Gabriel tatsächlich von der Mutter ererbt hatte, war neben ihrer ungeheueren Vitalität ein überwältigendes Bedürfnis, sich zu betätigen, etwas zu schaffen, und außerdem ein Gefühl der sozialen Verpflichtung den niederen Ständen gegenüber. Zu Beginn der Revolution wird es ihm die Herzen zufliegen lassen.

Der »Menschenfreund« brachte ihn nach Paris in das Institut des Abbé Chocard, das schon darum besonders empfehlenswert schien, weil der Abbé ein Physiokrat war. Zudem war er als besonders strenger Pädagoge und sein Institut wegen der Rigorosität bekannt. Körperliche Züchtigungen waren bei Chocard durchaus nicht verpönt. Doch gerade weil dort ein System des Drills herrschte, schien sich der Chevalier de Pierre-Buffière nicht einfügen zu wollen, so daß der Abbé ihn alsbald mit Schande von der Schule weisen wollte. Aber dank seiner Überredungskünste und dank seiner Gabe, die Herzen zu gewinnen, wiegelte der Widerspenstige seine Mitschüler auf; einmütig widersetzten sie sich seinem Abgang und schickten Abordnungen zum Schulleiter und sogar zum Marquis de Mirabeau. Der Vater schäumte: »Dieser Mensch ist dickköpfig trotz aller Strafen; wenn auch ein letzter Versuch, wie ich es voraussehe, keine Besserung bewirkt, werde ich ihn einfach verban-

nen.« In die Kolonien nämlich. Immerhin ließ er es auf den »letzten Versuch« ankommen. Auch der Zögling hatte offenbar die Einsicht, daß es besser sei, sich wieder einmal zu ducken. Während der zwei Jahre, die er den pädagogischen Prinzipien Chocards unterworfen war, ist kein weiterer ernster Zwischenfall bekannt. Die geradezu heißhungrige Lernbegier des Schülers nahm dagegen womöglich noch zu. Der Unterricht umfaßte ein sehr weitgestecktes Programm: an Sprachen Lateinisch, Griechisch, Italienisch, Deutsch und Spanisch. Merkwürdigerweise fehlte das Englische, das aber Honoré-Gabriel trotzdem so gut zu beherrschen lernte, daß er später sich einmal eine Zeitlang mit dem Übersetzen englischer Autoren über Wasser hielt. Neben Sprachen wurden bei Chocard Mathematik, Zeichnen und Musik gelehrt. Über das Dilettantische hinaus erwarb der Vielbegabte sich Kenntnisse auf dem Gebiet der Musikwissenschaft; er wird einmal von den Zeitgenossen beachtete musikologische Schriften veröffentlichen. Seine machtvolle Stimme wußte er auch bei kunstvollem Gesangsvortrag zur Geltung zu bringen. Natürlich wurden im Chocardschen Institut auch körperliche Übungen nicht vernachlässigt: Tanzen und Fechten, auch Boxen und sogar Exerzieren nach preußischem Reglement. Reiten hatte er gewiß schon auf den Pferden des väterlichen Stalls gelernt.
Bei seinen Mitschülern, jungen Adligen, darunter auch zwei Schotten aus der Oberschicht, war er weiterhin offenbar höchst beliebt. Die beiden schottischen Brüder Elliot warfen ihm allerdings Rechthaberei beim Diskutieren, linkische Manieren, seinen plumpen Wuchs, Nachlässigkeit in der Kleidung und unerträgliche Anmaßung vor, mit der er zweifellos die despotische Unterdrückung während der Kindertage kompensieren wollte. Trotzdem sahen die Kameraden in ihm den unbedingten Anführer und ordneten sich ihm unter.

Bekannt ist der Eindruck, den die Lektüre des *Essay concerning Human Understanding* von Locke auf ihn machte. Er soll ausgerufen haben, als der Band des Begründers des englischen Empirismus ihm in die Hände geraten war: »Das ist das Buch, das ich brauche!« Am Tag des heiligen Ludwig 1766 zeichnete die Schulleitung ihn durch den Auftrag aus, die Festrede zu halten. Thema war eine Lobrede auf den Prinzen de Condé im Vergleich mit Scipio Africanus. Er machte seine Sache so gut, daß seine Schülerleistung sogar in der Pariser Presse Erwähnung fand.

Seine Mutter schickte ihm, den der Vater mit Taschengeld mehr als knapp hielt, auf einen Bittbrief hin etwas Geld. Sie saß inzwischen, auf eine von ihrem Gatten gegen sie erwirkte königliche Order hin, als Zwangspensionärin in einem Kloster im Limousin. Als der Marquis von dem Briefwechsel zwischen ihr und Honoré-Gabriel erfuhr, kam es wieder zu einem seiner Zornesausbrüche, zumal der Vorwitzige es sich nicht hatte verkneifen können, in seinen Briefen gewisse boshafte Anspielungen auf Madame de Pailly zu machen. Der Vater untersagte dem Sohn jede Korrespondenz mit der Eingesperrten.

Der Chevalier de Pierre-Buffière war nun achtzehn Jahre alt, und er hatte nichts dagegen, der Familientradition getreu in die Armee einzutreten. Daß der »Menschenfreund« ihm ein Regiment würde kaufen können, durfte er nicht erwarten. Denn dessen Budget war durch vielerlei anderweitige familiäre Ausgaben stark beansprucht. Für die älteste Tochter Marie hatte er, als sie den Schleier nahm, dem Kloster eine Aussteuer zahlen müssen. Die zweite Tochter, Caroline, heiratete um diese Zeit einen Herrn du Saillant, so daß er ihr eine Mitgift auszusetzen hatte, und auch die Jüngste, Louise, verlangte bei der Hochzeit mit dem unmöglichen de Cabris ihr Heiratsgut.

Außerdem aber bat ihn sein zweiter Bruder, Jean-Antoine,

der unter dem Namen des »Bailli Mirabeau« bekannt ist, um die Summe von 150 000 Livres, da er, dem Malteserorden zugehörig, sich den Titel eines Großmeisters der Galeeren kaufen wollte. Dieser mittlere der drei Obristensöhne war des Ältesten Lieblingsbruder und sicherlich der Vernünftigste der ganzen Sippe. In Honoré-Gabriels Leben sollte er übrigens in manchem prekären Augenblick eine Rolle spielen, da er sich nicht selten um einen Ausgleich zwischen Vater und Sohn bemühte. Er hatte eine sehr erfolgreiche Laufbahn in der königlichen Flotte zurückgelegt und wäre sogar einmal fast Marineminister im Versailler Kabinett geworden, da seine sachkundigen Berichte die Aufmerksamkeit auf ihn gelenkt hatten, wenn seine Reformvorschläge nicht auf Widerstand gestoßen wären; vor allem aber hatte Madame de Pompadour an seinem Starrsinn Anstoß genommen. Drei Jahre lang war er ein vorbildlicher Gouverneur von Guadeloupe gewesen, wo er sich redlich, jedoch vergeblich bemüht hatte, das Los der Negersklaven zu verbessern. Vielleicht waren es die kolonialen Erfahrungen, die ihn zu einem Misanthropen gemacht hatten. Er war in den Malteserorden eingetreten. Als Bailli des Ordens (ein Titel, der den Rang über dem Kommandeur bezeichnet) versuchte er, die mit der Zeit verlotterte Rittergemeinschaft zu reformieren. Viel ist sein Wort zitiert worden: »Ich werde wohl der erste Märtyrer der Keuschheit in meiner Familie, in meinem Beruf und vielleicht in meinem Orden sein.« Sein Verhältnis zu Victor war über die Jahrzehnte hinweg ungetrübt. Victor bat ihn, nach Frankreich zu kommen, und nachdem er sechs Jahre auf Malta verbracht hatte, lebte er seitdem in Aix oder auf Mirabeau. Die Bibliothek Arbaud in Aix verwahrt 4000 Briefe von ihm; die meisten davon sind an den Marquis gerichtet, zu dem er voll brüderlicher Zuneigung aufsah. Victor lieh ihm die erbetene Summe, obwohl er all seinen finanziellen Verpflichtungen, den Zinsen- und Rentenzahlungen, kaum nachzukommen vermochte. Jedenfalls war an den Kauf eines Offizierspatents für seinen ältesten Sohn gar nicht zu denken, für den der Marquis wohl auch die harte Schule als Reiter in einer Schwadron für heilsam hielt.

Er bewarb sich für ihn um den Eintritt in das Regiment Berry-Cavalerie, das in Saintes in Garnison lag. Freilich warnte er die Vorgesetzten wiederum vorsorglich vor dem ungebärdigen Charakter des Rekruten.

Der Oberst des Regimentes, Marquis de Lambert, sechsundzwanzig Jahre alt, war mit Victors guter Freundin, Madame de Rochefort, verwandt, ein Anhänger der Physiokratenschule und vor allem auch dafür bekannt, daß er seine Truppe in besonders strenger Zucht hielt. All das war dazu angetan, daß der Marquis Victor sich zu seiner Wahl gratulierte. Doch er gab überdies dem jungen Kavalleristen einen Diener mit, einen aus dem Gesinde bedachtsam ausgesuchten Mann namens Grévin, der als Aufseher und Spion über Tun und Lassen des Chevalier de Pierre-Buffière nach le Bignon zu berichten hatte. Am 19. Juli 1767 trafen sie zusammen im Garnisonstädtchen Saintes ein.

Honoré-Gabriel sah, so scheint es, den Himmel voller Geigen. Er war durchaus nicht ungern Soldat; er liebte das Dahinpreschen mit verhangenem Zügel und die Strapazen der nächtlichen Gefechtsübungen. Mit der Disziplin freilich haperte es, und immer wieder mußte er in der Arrestzelle Strafen absitzen. Es heißt sogar, von den ersten zwölf Monaten habe er ganze fünf darin verbracht. Trotzdem wurde er – Privileg des Adels – nach dem ersten Jahr zum Unterleutnant befördert. Er selbst war damals der Ansicht: »Wozu ich am ehesten geboren bin, ist zu einem Krieger, denn dabei bin ich ruhig, kalt, fröhlich ohne Überschwang, aber ich spüre selbst, wie stark ich dabei wachse.«

Römische Ruinen – und zudem recht spärliche – sind sicher nicht das, was einen jungen Reiteroffizier wie ihn fesseln konnte; sonst gab es in dem stillen Saintes nicht viel, um sich zu zerstreuen und zu beschäftigen. Aber wie in allen kleinen Garnisonstädten blieb das Kartenspiel, das im 18. Jahrhundert zudem ein universaler Zeitvertreib war; ob bei Hof oder in der »guten Gesellschaft«, ob im Badeort oder im Feldlager, ob im Casino oder im Café, wenn die Kerzen ihr stilles Licht zu verbreiten begannen, das Kartenspiel war immer zur Hand; mancher Roué lebte sogar davon und mancher Ehrenmann verlor dabei Besitz und Renommee. Natürlich spielte auch der Chevalier de Pierre-Buffière, natürlich verlor er und mußte Schulden machen. Bald stand er mit 80 Louisdor, den Louis zu 24 Livres, in der Kreide. Marquis Victor bezahlte unwirsch unter vielen Schmähungen erst, als er von der Beförderung erfuhr.
Noch weniger erbaut war er, der seine übermütigen Jahre an der Pariser Militärakademie offenbar nicht mehr wahrhaben wollte, als Grévin ihm von amourösen Abenteuern des Unterleutnants berichtete. Was hätte man von einem lebensfrohen Junker sonst erwarten können? Aber Honoré-Gabriel ging wohl einen Schritt zu weit, als er in jugendlicher Entflammtheit einem schönen Kind die Ehe versprach. Sie war die Tochter eines Wachtmeisters der Stadtwache und also nicht das, was in den Augen des Marquis und anderer besonnener Leute eine geeignete Heiratspartie für einen Mirabeau war. Vermutlich schrieb der erschrockene Vater dem Oberst, damit er dem Heißsporn den Kopf zurechtrückte, und de Lambert knöpfte sich den stürmischen Leichtfuß vor. Doch die Unterredung verlief nicht, wie es sich nach militärischem Komment zwischen dem Regimentskommandeur und einem unteren Offiziersdienstgrad eigentlich ziemte. Der junge Herr gab trotzigen Widerpart.
Honoré-Gabriel hat behauptet, es habe sich einfach nur um

Eifersucht eines Rivalen gehandelt: der Oberst habe dem Mädchen selbst nachgestellt und ihn als den Begünstigten kraft der Kommandogewalt ausschalten wollen. Möglich ist manches. Doch solche Verdächtigungen gingen ihm oft allzu leicht von den Lippen, sein Umgang mit der Wahrheit war nicht immer tadelsfrei. Er beklagte sich, von da an ständigen Schikanen und Demütigungen durch seinen Vorgesetzten ausgeliefert gewesen zu sein, und sicherlich gibt es im Dienstbetrieb einer Truppe vielerlei Gelegenheiten dazu. Schließlich seien sie unerträglich geworden.

Jedenfalls faßte er, nach einem nächtlichen Gelage mit Regimentskameraden, einen überstürzten Entschluß. Er bestieg im Morgengrauen die Postkutsche und fuhr nach Paris. Es war schlichtweg Desertation. In einer Herberge der Rue Saint-André-des-Arts im Quartier Latin logierte er sich unter dem angenommenen Namen Chevalier Dumesnil ein.

Sohnespflichten

> Können Sie sich wirklich vorstellen, Monsieur, was das ist, ein Sohn? Wissen Sie auch, wie man ihn ansieht, was man von ihm erhofft, was er für einen Vater bedeutet? Ist er für ihn etwa ein Mensch wie alle anderen?
>
> Marivaux, in: „*Spectateur français*“

Der Flüchtling meinte wohl, vor allem einen hochmögenden Fürsprecher nötig zu haben, der die Folgen seiner Fahnenflucht mildern könnte. Darum setzte er sich an den schäbigen Herbergstisch und schrieb an einen guten Freund seines Vaters, an den Herzog de Nivernais, in der Hoffnung auf dessen großherzige Verwendung beim Kriegsminister de Choiseul; er bat ihn, vorläufig seinem Vater noch nichts zu sagen. Des Herzogs Geliebte war Madame de Rochefort, die ihrerseits die enge Freundin von Madame de Pailly war. So bestand also kaum Aussicht, daß man in le Bignon lange in Unkenntnis bleiben werde. Übrigens teilte auch der Oberst de Lambert dem Vater des Delinquenten den Vorfall umgehend mit.

Victor war jetzt fest entschlossen, wie er dem Bailli in einem Brief mitteilte, »den Übeltäter seiner Exzesse wegen für immer aus der menschlichen Gesellschaft auszuschließen.« Ihn nämlich nach den holländischen Kolonien zu verbannen, »weil man dann wenigstens die Gewißheit hätte, den Unseligen, der nur seinen Eltern zu Leide und seiner Rasse zur Schande geboren sei, nie wieder auftauchen zu sehen.« Dort bestand nämlich – das meinte der Marquis doch wohl – eine ziemlich sichere Aussicht, daß das gelbe Fieber den Vater-Sohn-Konflikt ein für alle Mal bereinigen werde.

Honoré-Gabriel fand jedoch einen Fürsprecher in seinem Schwager du Saillant, der sich nicht nur bei Choiseul für ihn einsetzte und erreichte, daß man es mit einer Disziplinarstrafe bewenden lassen wollte, sondern dem es auch gelang, den Marquis umzustimmen. »Ein gutes, kühles und wohlverschlossenes Gefängnis, damit sein Appetit geringer und seine Figur schlanker werden«, wollte Victor nun für den Sohn finden, statt ihn nach Surinam zu schicken. Monsieur du Saillant holte den Ausreißer in Paris ab, um ihn nach Saintes zurückzubringen, wo man ihn zu einer Art Abbitte zwang, ihn verhaftete und nach der Inselfestung Ré bei La Rochelle brachte. Der Marquis warnte, nun schon alte Gewohnheit, den Kommandanten von Ré, einen Herren d'Aulan, vor der »bösartigen und verlogenen Natur« seines Häftlings.

Später schrieb Honoré-Gabriel von einem anderen Gefängnis aus in seinem *Mémoire à mon père:*

»Ich könnte sagen, daß ich von Kindheit an und seit meinen ersten Schritten in der Welt wenig Zeichen Ihres Wohlwollens erhalten habe, mein Vater; daß Sie mich, ehe ich Ihnen Anlaß dazu gegeben hatte, mit Strenge behandelten; daß Sie hätten sehen müssen, wie diese Methoden mein natürliches Ungestüm aufreizten, statt es zu dämpfen; daß es ebenso leicht gewesen wäre, mich zu rühren wie mich zu reizen; daß ich nicht geboren war, als Sklave behandelt zu werden. Es liegt mir jedoch fern, mich vor Ihnen herausstreichen zu wollen. Es möge mir nur erlaubt sein, Sie daran zu erinnern, daß Sie mir gestanden haben, Sie seien drauf und dran gewesen, mich in die holländischen Kolonien zu schicken. Dieses Wort machte tiefen Eindruck auf mich, es hat meine Haltung tiefgreifend beeinflußt, und darum erinnere ich Sie daran. Was hatte ich mit achtzehn Jahren getan, daß Sie einen solchen Gedanken faßten? Ich hatte geliebt.«

Von der Insel Ré aus blieb er offenbar in Verbindung mit der Wachtmeistertochter in Saintes; seine jüngste Schwester, Madame de Cabris, auch in Zukunft nicht selten seine Komplizin, vermittelte die Korrespondenz. Bei einem »Urlaub« scheint er das Mädchen sogar noch einmal in La Rochelle getroffen zu haben. Im großen und ganzen ging es ihm auf der Festung nicht allzu schlecht. Monsieur d'Aulan und seine bei ihm lebende Schwester waren an Musik und Literatur interessiert, und da der junge Mensch sehr bald das Wohlwollen des Kommandanten gewann, kam es zu gemeinsamem Musizieren und freundschaftlichen Gesprächen, an denen auch der zweite Kommandant, Monsieur de Malmont, und seine Tochter teilnahmen, die, wie es scheint, für den grundhäßlichen Gefangenen gewisse Sympathien empfand. Bei soviel geselligem Leben war jedenfalls für ihn eine Kerkerpsychose kaum zu befürchten. Innerhalb der Zitadelle hatte er völlige Bewegungsfreiheit und durfte sogar ein paar Mal zu Tagesausflügen nach Saint-Martin und auf das Festland hinüber, nach La Rochelle.

Aber es war immerhin ein zwanghaft müßiges Leben, und achtzehn Monate sind eine lange Zeit. Alles in dem Zwanzigjährigen drängte nach Betätigung, nach Selbstbestätigung. Monsieur d'Aulan schlug ihm vor, sich um eine Teilnahme an der militärischen Expedition zu bewerben, mit der die soeben von der Republik Genua durch Kauf erworbene Insel Korsika unterworfen werden sollte; die Korsen kämpften unter Pasquale Paoli um ihre Unabhängigkeit, und Frankreich mußte Truppen hinüberschicken, um sich seinen neuen Besitz zu sichern. Der Vorschlag, an dem militärischen Abenteuer teilzunehmen, kam dem Chevalier de Pierre-Buffière höchst gelegen; begeistert ging er darauf ein. Sein Gesuch wurde genehmigt; auch der Marquis, dem es sowieso ein schweres Ärgernis war, daß sich die Festungshaft trotz seiner empörten Briefe an d'Aulan kaum als Züchtigung erwiesen hatte, gab die Erlaubnis in der Erwartung, daß sich der »Verruchte« durch Heldentum rehabilitierte.

So wurde der Secondeleutnant in die »lothringische Legion« unter dem Kommando des Herrn de Vioménil eingereiht, nicht ohne in La Rochelle 10 000 Livres Schulden zurückgelassen zu haben, die der Vater zähneknirschend begleichen mußte. Auch hatte der Brausekopf noch Gelegenheit, auf dem Weg zu seiner Truppe ein Duell zu bestehen, angeblich provoziert von einem Offizier, der bei dem Zweikampf schwer verwundet wurde. Grévin berichtete darüber nach le Bignon, und den Marquis bestärkte es wieder einmal in seiner Meinung, daß »der Elende zwölf Teufel im Leibe« habe, wenn es auch eigentlich durchaus kein ungewöhnliches Vorkommnis war, daß übermütige junge Aristokraten aus Ehrsucht die Klingen kreuzten. Am 16. April 1769 traf Honoré-Gabriel in Toulon ein, wegen der verschneiten Straßen mit Verspätung, und wurde nach Korsika eingeschifft.

Er glaubte, seine Bestimmung gefunden zu haben und der geborene Kriegsmann zu sein. Es brauchte eine Weile, bis er dahinter kam, daß es auch Befehle gibt, »die oft dazu führen, eher eine Livree als eine Uniform zu tragen; der Dienst ist darum nichts für mich.« Zunächst war er begeistert Soldat und beschaffte sich sogleich die Klassiker der Kriegskunst, um sie zu studieren. Jedoch nimmt er den Mund ein wenig zu voll, wenn er behauptet: »Es gibt kein Buch über die Kriegsführung in irgendeiner Sprache, das ich nicht gelesen hätte.«

Bei dem Feldzug handelte es sich im übrigen auch nicht um Kämpfe gegen eine organisierte Armee, sondern eher um Scharmützel gegen Guerilleros, bei denen er durchaus seinen Mann stand. Aber der Freiheitskampf der Korsen

flackerte wohl nur noch hie und da auf; Paoli selbst hatte die Insel bereits verlassen und war nach London gegangen. Der Secondeleutnant de Pierre-Buffière bekam den Spezialauftrag, die Insel zu bereisen und ihre Topographie aufzunehmen. Er legte korsische Tracht an, war von einer kleinen Eskorte begleitet und nannte sich zur Tarnung Comte de Casinca. Dank seiner Sprachbegabung konnte er sich als Einheimischer ausgeben und sich unter die Bevölkerung mischen. Er machte sich auch daran, neben den Rapporten, die man von ihm erwartete, eine »Geschichte Korsikas« zu beginnen. Zehn Jahre später wird er in einem Artikel der *»Gazette Littéraire«* vom Dezember 1779 darüber schreiben: »Nach beendetem Feldzug bemerkte ich, als ich das Land durchquerte, die Spuren der Verwüstungen durch die Genuesen, die Zeugnisse ihrer Verbrechen. An diesen Zeugnissen des Despotismus erkannte ich meinen Feind. Mein Herz schlägt vor Empörung, ich kann nicht an mich halten, meine von Gedanken bedrängte Phantasie fließt über, ich schreibe, ich entwerfe ein rasches Bild vom Unglück Korsikas. Diese Arbeit wurde von meinem Vater unterdrückt. Sie war gewiß sehr ungenau, doch voller Wärme und Wahrheit, voller Ansichten und Tatsachen, die gut beobachtet waren.«
Den größten Erfolg bei seinem korsischen Abenteuer hatte er bei den Korsinnen. Seine Berichte darüber stehen einem Kapitel aus den Lebenserinnerungen Casanovas in keiner Weise nach. Wahrscheinlich ist, daß er ebenso wie der Herr de Seingalt ein wenig geflunkert hat, doch selbst nach Abstrichen bleibt noch genug. Wir begegnen in seiner Erzählung Frauen aus allen Schichten und Ständen. Es fehlt nicht die Klosterterrasse im Mondschein, wo er eine schmachtende Nonne verführt, es fehlt nicht das beherzte Fräulein, Angela ist ihr Name, die ihn als Mann verkleidet auf seiner Erkundungsreise begleitet. Da gibt es die Strick-

leiter, über die er zu einer schönen Unbekannten gelangt, und sogar ein Duell mit Stiletts, das zwei eifersüchtige Rivalinnen sich liefern. Da gibt es eine deutsche Magd und eine »richtige Italienerin voller Feuer«; da gibt es die kleine Prostituierte, die von ihrer Mutter verkauft wird, und die Frau des französischen Intendanten Chardon, sechzehn Jahre alt, die sich mit *einem* Liebhaber nicht begnügt, auch die Tochter des Generals Ceccaldi und eine Römerin, die sich mit ihm in einem Beichtstuhl einschloß. Und da er alle diese Eroberungen später aus der Erinnerung in den Briefen an seine Geliebte beichtet, setzte er hinzu: »Nur daran dachte ich, meinen Sinnen eine Befriedigung zu geben, weil ich meinem Herzen keine geben konnte.«

Nach mehr als zehn Monaten kehrte er nach Frankreich zurück. Er besuchte in Aix den Onkel Jean-Antoine, den Bailli, der durch den Marquis Victor unvorteilhaft gegen den Neffen voreingenommen war. Am 14. Mai 1770 sahen sie sich zum ersten Mal, und der Empfang war gewiß sehr kühl, da der Bailli ihm die Vorkommnisse in Saintes nachtrug.

Aix mit seinen Platanen, Brunnen und Adelspalästen war ein liebliches Städtchen. Der Präsident de Brosse, der in seinen Reisebriefen die Provence »eine parfümierte Betteldirne« nennt, schildert dagegen Aix: »Was noch fehlt, sind die schönen Equipagen . . . Ich begegnete nur zweien oder dreien, dafür sah ich aber viele schöne Sänften mit Wappen, vergoldet und samtgefüttert. Man erzählte mir, alle Häuser seien prachtvoll möbliert.« Aix, die einstige Hauptstadt der Provence, galt als die zweitschönste Stadt Frankreichs – nach Paris, und in Mirabeaus Leben sollte es eine entscheidende Rolle spielen.

Es dauerte nicht lange und Honoré-Gabriel hatte den Onkel völlig auf seine Seite gebracht. Der Bailli schrieb an den Marquis: »Ein so mordsgescheiter Mensch ist mir bisher noch nicht vorgekommen.« Über die »Geschichte Korsikas«, die der junge Verfasser ihm zu lesen gegeben hatte, war er des Rühmens voll und kränkte damit vermutlich grausam die Eitelkeit des berühmten Bruders: »Ich versichere Dich, Du hättest mit zwanzig Jahren dergleichen nicht fertiggebracht, und ich mit vierzig nicht den hundertsten Teil davon. Klare Grundsätze finden sich darin, ein Geist voll hoher Gesinnung, Begeisterung, Kraft und Genie und ein tapferes, starkes, gutes Herz.« Überschwenglich begeistert prophezeit er für ihn eine unerhörte Zukunft »als Minister, General, Admiral, Kanzler, Papst, als was er nur will, als der größte Sohn Europas, vielleicht sogar als Landwirt!« Letzteres sollte wohl vor allem um das Wohlwollen des Physiokraten werben, denn dem Bailli lag nun ehrlich daran, den Bruder zugunsten des Neffen umzustimmen, und das, obwohl Honoré-Gabriel ihn kräftig anpumpte, um alte Schulden zu bezahlen, die er bei Kameraden und Untergebenen in Korsika gemacht hatte.

Der Versöhnungsversuch hatte immerhin den Erfolg, daß der Chevalier de Pierre-Buffière auf dem Stammschloß Mirabeau Wohnung nehmen durfte, zum mindesten so lange, als der Marquis nicht selbst dort eintraf, denn sehen wollte er seinen Sohn nicht. Der mit so hartnäckigem Mißtrauen Behandelte beklagte sich bei dem alten Abbé Castagny, dem Schloßkaplan: »Ach, wenn der Vater mich doch seiner Bekanntschaft würdigen wollte! Ich weiß, er traut mir eine üble Gesinnung zu. Aber warum stellt er mich nicht auf die Probe?«

Der Marquis verlangte von ihm, sich mit den Lehren der Physiokraten vertraut zu machen, vor allem die ökonomischen Bücher des Vaters zu studieren und sich landwirtschaftliche Kenntnisse anzueignen. Er schickte ihm ein Paket mit seinen Werken. Honoré-Gabriel widmete sich mit Eifer der neuen Aufgabe. Er entwarf außerdem Pläne, um die Ländereien von Mirabeau gegen die Überschwemmungen durch die Durance zu schützen und den Waldbestand durch Aufforstung zu vergrößern. Häufig ging er auf die Jagd und nahm den Koch als Jagdgehilfen mit, weswegen der Bailli nicht immer seine gewohnten Mahlzeiten pünktlich bekam. Überhaupt geriet der Haushalt auf der Burg durch das Ungestüm des Junkers ein wenig durcheinander.

Der Bailli hatte die jüngste Tochter seines Bruders, Louise, und ihren albernen, impotenten Mann, Marquis de Cabris, nach Mirabeau eingeladen. Honoré-Gabriel sah seine Schwester nach einem Jahrzehnt nun als voll aufgeblühte junge Frau wieder. Geblendet von ihrem Reiz bekannte er: »Sie hatte geistige Weite und Scharfsinn, die sogar bei – wegen ihrer Talente – hervorragenden Männern nicht häufig sind; sie hatte mit dem Schmelz der brillantesten Jugend die Frische einer Hebe, das adlige Wesen, das man nur noch in den Gestalten der Antike findet, und eine Figur, wie ich sie so schön seither nicht mehr gesehen habe; sie hatte bei all dem jene Geschmeidigkeit, jene Grazie, jene Magie der Verführung, die nur dem weiblichen Geschlecht eigen sind.« Louise war zwar seit früher Kindheit im Kloster erzogen, doch hatte man ihr in Montargis eine eher frivole, fast galante Ausbildung angedeihen lassen, da ihre hochadligen Erzieherinnen, wie es scheint, mit dem Gedanken gespielt hatten, sie auf eine Rolle bei Hof vorzubereiten, die dann – zur Enttäuschung so mancher Spekulation – die Dubarry bei sehr viel weniger mondäner Zurichtung gespielt hat.

Die Zuneigung, die Bruder und Schwester zueinander faßten, ging offenbar über die Grenzen einer geschwisterlichen Liebe hinaus. Trunken voneinander durchstreiften sie die Hügel und Haine der Provence. Obwohl Louise in Begleitung ihres Liebhabers, eines Neffen von Vauvenargues, nach Mirabeau gekommen war, und obwohl Honoré-Gabriel noch mit der Wachtmeisterstochter in Saintes Briefe wechselte und vor allem in der Marquise de Limaye-Coriolis, einer in der Nachbarschaft lebenden Cousine, eine leidenschaftlich-sinnliche Geliebte hatte, ist ein Inzest zwischen den beiden kongenialen Geschwistern ziemlich wahrscheinlich, ein Vergehen übrigens, über das man im 18. Jahrhundert weniger streng zu urteilen pflegte als in der modernen Zeit.

In das muntere Leben auf Mirabeau platzte ein Brief des Marquis herein, der sich seines Sohnes in einer delikaten Sache bedienen wollte. Seine Schwiegermutter, Madame de Vassan, sehr alt und sehr kindisch geworden, lag im Sterben. Ihr Mann war schon seit einigen Jahren tot. Das hieß also, das große Vermögen, in dessen sehnlicher Erwartung Victor vor mehr als einem Vierteljahrhundert die Ehe mit Geneviève de Vassan geschlossen hatte, schien endlich in Reichweite. Da er selbst aber mit den Vassans längst in Fehde lag, brauchte er den Sohn jetzt in der Hoffnung, Honoré-Gabriel werde die alte Frau und seine Mutter günstig beeinflussen können.

Er schickte ihn also an das Sterbebett, und Honoré-Gabriel riß sich von der wiedergefundenen Schwester und dem vielfältigen Zeitvertreib los, froh, eine Gelegenheit zu haben, den Vater für sich günstig zu stimmen, vielleicht auch in dem Gedanken, bei der Erbteilung etwas für den eigenen Vorteil tun zu können. Es diente jedoch zu nichts, daß er dem mühseligen Tod der alten Frau beiwohnte. Das Testament, mehrfach schon abgeändert, war für den Schwiegersohn sehr enttäuschend, und der Enkel war darin überhaupt übergangen. Die Nutznießung eines Teils der Besitzungen fiel Geneviève zu; der Gatte war verpflichtet, ihr die gemutmaßte Rendite laufend auszuzahlen, in einer festgelegten Höhe aber, die dem wirklichen Ertrag kaum entsprach. Der restliche Besitz sollte in Gemeinschaftsverwaltung übergehen. Der Marquis beauftragte daraufhin seinen Sohn damit, seiner Mutter in Limoges zuzureden, daß sie die Verwaltung des gesamten Erbes in die Hände ihres Gatten legte. Die Marquise jedoch dachte gar nicht daran, dem Ungetreuen diesen Gefallen zu tun. Als ihr Sohn in sie drang und sie zu überreden versuchte, geriet sie in solche Wut, daß sie einen Pistolenschuß auf ihn abfeuerte, der zwar sein Ziel verfehlte, den entsetzten Sohn aber in der Seele verletzte.

Noch aufgewühlt davon traf er im August 1770 mit dem Vater in Aigueperse, dem Stammschloß der Baronie Pierre-Buffière, zusammen. Der Marquis hielt sich dort auf, um die Erbschaft zu entwirren. Ursprünglich hatte er darauf bestehen wollen, daß bei der Versöhnung zwischen Vater und Sohn der Oberst de Lambert aus Saintes anwesend sei, der ein Verwandter der Familie Vassan war. Honoré-Gabriel sah eine unerhört demütigende Zumutung darin, gegen die er sich so energisch zur Wehr setzte, daß der Marquis schließlich darauf, den Oberst hinzuzuziehen, verzichtete. In Aigueperse tauchte jedoch jetzt die Marquise auf, die die Klosterhaft brach. Der Sohn wurde Zeuge sehr unschöner Auftritte zwischen den Eltern.

Immerhin zeigte der Marquis Victor sich ihm gegenüber überraschend versöhnlich. Er überließ ihm für einige Zeit die Verwaltung der Baronie; vor allem aber gestattete er ihm, von nun an den Namen seiner Väter zu tragen und sich Riqueti Graf de Mirabeau zu nennen, wenn er in einem Brief an den Bailli auch raunzte: »Was zum Teufel soll man mit soviel heißblütigem Überschwang anfangen? Welches Land ist wohl groß genug für diesen Burschen? Nur die Kaiserin von Rußland wüßte ich, für die er sich als Gatte eignen würde.«

Honoré-Gabriel glaubte freilich an die Dauer und Echtheit

der Versöhnung. Doch in den Familienkrieg war er bereits mit hineingezogen, und wechselnd wird er Partei nehmen für die eine oder die andere Seite. Der Marquis focht das Testament der Schwiegermutter an; die Marquise prozessierte ihrerseits gegen den »Menschenfreund« und klagte auf Gütertrennung und Unterhalt. Sie ließ zudem ein haßerfülltes Mémoire gegen ihn aufsetzen, das in Paris gedruckt wurde. Wie ihr Prozeß, wurde es dadurch finanziert, daß ihre Tochter Louise ihr 20 000 Livres dafür zur Verfügung stellte. Das Entsetzen des Vaters, als er dahinter kam, war groß, denn sie war seine Lieblingstochter gewesen; von nun an zählte sie zur Gegenpartei, sie hatte sich mit seiner Feindin verbündet. In dem Pamphlet wirft die Gattin dem »Menschenfreund« u. a. vor, er habe sie dreimal mit seiner peinlichen Krankheit angesteckt, habe zweimal sie zu vergiften versucht und habe ihr Vermögen vergeudet. In ihrer Klosterpension führte sie durchaus kein klösterliches Leben. Mehrfach mußte der Gatte für große Spielschulden aufkommen, die von ihrer Unterhaltsrente abzuziehen er sich genötigt sah.

Der Winter 1770 auf 71 war streng, und im Limousin herrschte Hungersnot. Der Marquis hatte Korn und dreißig Doppelzentner Reis auf Vorrat gelegt, und der junge Graf sollte sie unter die Bauern der Baronie Pierre-Buffière verteilen; es war ein Auftrag, der ihm wie kein anderer zusagte. Er liebte den Kontakt mit dem Volk. In Verbindung mit dem Intendanten der Provinz, dem Physiokraten und späteren Finanzminister Turgot, organisierte er auch Hilfsmaßnahmen und Beschäftigung für die Arbeitslosen. Ferner setzte er einen Plan des »Menschenfreundes« mit großem Erfolg in die Wirklichkeit um, nämlich die Aufstellung von Schiedsgerichten, bei denen Meinungsverschiedenheiten zwischen Pächtern und Grundherren, zwischen Bauern und Gutsverwaltern außergerichtlich geregelt wer-

den sollten, denn Streitfälle über die Feudalpflichten und -lasten waren an der Tagesordnung. Auch diese Aufgabe löste der junge Graf aufs glücklichste; es verschaffte ihm zudem eine erste Berührung mit den Interessen des Volkes. In Aigueperse traf er seinen einstigen Erzieher Poisson wieder, der hier nun als Rentmeister residierte und der bei der Einweihungsfeier der neuen Einrichtung in einer bewegten Rede die Dankbarkeit der Bevölkerung zum Ausdruck brachte. Die Schiedsgerichte bewährten sich; im ersten Jahr bereits wurden hundert Streitfälle beigelegt.
Der Marquis war diesmal mit seinem einundzwanzigjährigen Stellvertreter zufrieden. Weil Honoré-Gabriel noch immer an eine militärische Laufbahn dachte, verschaffte er ihm, da er ihm ein Regiment auch jetzt nicht zu kaufen vermochte, wenigstens die Bestallung als Hauptmann *à la suite* (Hauptmann der Reserve) und lud ihn ein, nach Paris zu kommen, damit er ihn in Versailles bei Hof vorstellen konnte. Wieder war es eine Winterreise bei Eis und Schnee und eisigem Wind. Doch die Erwartung beflügelte den Debütanten.
Sein Schwager du Saillant patronierte ihn ein wenig und führte ihn in die Gesellschaft ein. Der Vater machte ihn unter anderen mit dem Herzog d'Orléans bekannt. Honoré-Gabriel erwartete fieberhaft den Tag, an dem er dem König vorgestellt werden sollte und bereitete eine kleine Ansprache an Seine Majestät vor, in der Hoffnung, Aufmerksamkeit zu erwecken, zumal bei Hof gerade eine Umwälzung vor sich gegangen war: die Partei der neuen Mätresse, der Dubarry, hatte Choiseul gestürzt, und der neue Minister, Maupeou, hatte womöglich Bedarf an jungen Genies? Man konnte nicht wissen . . . Doch als es dann soweit war und er das Knie vor Ludwig XV. beugen durfte, hatte der König sich von ihm schon abgewandt, ehe er sich erhoben hatte. Es kränkte ihn tief.

Er stürzte sich in einen Wirbel der Ausschweifungen und Vergnügungen. »Die Unordnung von Paris ist die erste Stufe zum Galgen«, unkte der Marquis. Jagden, Bälle, Theater, Liebschaften . . . Er selbst prahlte mit erlauchten Eroberungen, unter denen sich Namen wie der der Prinzessin de Lamballe finden. Immerhin zeigte der junge Provinzler arrogante Selbstsicherheit und ein vielleicht allzu unbekümmertes, ein wenig zudringliches Benehmen. In der guten Gesellschaft mißfiel auch seine Rechthaberei. Er drängte sich vor und wollte in allen Zirkeln die erste Rolle spielen. Jedenfalls stach auch seine temperamentvolle Naturwüchsigkeit gegen die gespreizte Überfeinerung der höfischen Welt kräftig ab, woraus sich manche seiner Alkovenerfolge erklären lassen mögen, sofern sie nicht ins Reich provençalischer Großsprecherei gehören. Er beging namentlich den allerunverzeihlichsten Fehler: er zeigte Geist und fühlte sich den reichen, glänzenden, soviel ranghöheren Kavalieren an Witz ebenbürtig. Es kam zu mancher für ihn peinlichen Situation. Vielleicht faßte er schon da eine Abneigung gegen die Kaste, der er durch Geburt angehörte.
Er zog bald eine andere Gesellschaft vor, die freiere, wohl etwas anrüchige der Halb- oder Fast-Deklassierten, wo der Firnis Sprünge hat, wo man sich aber um so unbekümmerter amüsierte. Zwischen Versailles und Paris pendelte er unermüdlich hin und her. Oft wurde er jetzt in Gesellschaft eines merkwürdig zweideutigen Menschen gesehen, eines amüsanten Liedrians, Chevalier Dubut de la Tagnerette, von dem es hieß, er sei ein natürliches Kind Ludwigs XV., vielleicht nur, weil er dem König verblüffend ähnlich sah. Der etwas weibische Jüngling pflegte die öffentlichen Bälle als Frau gekleidet zu besuchen, verdrehte in dieser Maske alten Lebemännern die Köpfe und schröpfte ihre Börse. Mirabeau teilte sich mit ihm in eine Geliebte aus dem großen Serail der Kurtisanen, und man hat sogar vermutet, daß er mit

dem Transvestiten das homoerotische Nebengeleise der Galanterie nicht verschmäht habe.
Einer Anekdote zufolge lernte er auch den jungen Abbé de Périgord, späteren Talleyrand, damals bereits kennen, der im Seminar von Saint-Sulpice Theologie studierte und bei einer nächtlichen Eskapade mit dem anderen Nachtschwärmer, mit Mirabeau, zusammentraf. Das Weltkind soll dem Theologen im Morgengrauen über die hohe Gartenmauer des Seminars geholfen und damit die Grundlage zu einer späteren, nicht immer ungetrübten Freundschaft gelegt haben.
Wie stets in seinem Leben hinderten ihn die aufreibenden Vergnügungen keineswegs daran, auf den Bibliotheken von Paris sich in das Studium der mannigfachsten Disziplinen zu versenken.
Seinem Körper mutete er aber offenbar doch zuviel zu. Es traten die ersten Anzeichen einer Nierenerkrankung auf. Der Vater fürchtete sogar bei seinem Sohn eine Minderung der Zeugungskraft, fürchtete, daß das Organ »in Fetzen an den Büschen hängen geblieben sei«, wie er schrieb, was ihn für den Fortbestand der Riqueti beunruhigte. Überhaupt kam es wieder zu Spannungen. Der Wirbel und die Tollheiten kosteten Geld, und das war ein wunder Punkt bei dem Marquis. Der Umgang mit dem lebenssprühenden, anstrengenden jungen Grafen ermüdete ihn wohl auch auf die Dauer. Er setzte der *vie de plaisir* also ein Ende und schickte ihn wieder ins Limousin, um ihn auf eine Art zu beschäftigen, die mehr nach dem Herzen eines Physiokraten war. Von der Soldatenlaufbahn hielt er nicht viel: »Dies überlebte Handwerk, für das er ein so seltenes Talent hat, ist ebenso außer Mode gekommen wie die Turniere.«
Auf dem Weg nach Aigueperse machte Honoré-Gabriel einen Abstecher nach Lyon. Eine Liebesintrige war vermutlich der Grund dazu. Dort lebte er wieder aus dem

vollen. Dazu mußte er aber neue Schulden machen. Er ahnte wohl nicht, daß der Marquis ihm abermals einen Spion mitgegeben hatte, der Rechenschaftsberichte nach Hause sandte. Als er schließlich doch dahinter kam, zeigte er sich tief gekränkt und beklagte sich bitter.

Ins Limousin zurückgekehrt erledigte er seine Aufgabe mit Geschick und zur Zufriedenheit des Vaters. Den Sommer verbrachte er in Aigueperse, kümmerte sich um Verwaltungsdinge, kontrollierte Pächter und Gutsintendanten, überprüfte die Ein- und Ausgänge, überwachte die Schiedsgerichte, auf deren Einrichtung er mit Recht stolz war, und prüfte, ob und wie sie funktionierten. Er konnte damit zufrieden sein. Bei den Kontakten mit den Bauern zeigte er eine glückliche Hand; er hatte ein großes Geschick, mit einfachen Leuten den richtigen Ton zu treffen.

Im Oktober 1771 suchte er den Marquis in le Bignon auf. Doch außer der Jagd gab es hier für ihn keine Beschäftigung. Auch Eroberungen schöner Frauen waren hier nicht zu machen. Madame de Pailly, auf ihren Einfluß eifersüchtig, mochte ihm zudem überall im Wege sein. Möglicherweise versuchte er – er macht einmal eine Anspielung darauf –, dem mißglückten Abenteuer des belauschten Nymphenbades eine amouröse Folge zu geben und mit der Enddreißigerin eine Liebelei anzuknüpfen, denn die Geliebte des Vaters war immerhin eine elegante und gescheite Frau. Aber ob er weit damit kam, ist zweifelhaft.

Der Marquis war in jenen Wochen bettlägerig und leidend, doch er erholte sich. Honoré-Gabriel organisierte ein herbstliches Fest für den Genesenden, mit Feuerwerk, Park-Illumination und ländlichem Tanz. Die bengalischen Feuer verrauschten, und der Alltag mit seinen Reibereien setzte sich fort. Das Zusammenleben ging auf die Dauer nicht gut. Der Marquis war reizbar und nahm an der unbekümmerten Selbstsicherheit des Grafen Anstoß. Den Störenfried der

bukolischen Harmonie, die zwischen ihm und der *chatte noire* waltete, suchte er wieder loszuwerden. Diesmal schickte er ihn in die Provence, wo es zu ernsten Unstimmigkeiten gekommen war. Der Marquis sprach von »Eseleien« des Volkes. Honoré-Gabriel sollte die Schwierigkeiten bereinigen. Ein undankbares Geschäft! Und für einen jungen Mann von Anfang zwanzig eine unerfüllbare Aufgabe.
Anders als im Limousin herrschte in der Provence im allgemeinen ein schlechtes Einvernehmen zwischen den Bauern und den Grundherren. Auch die Besitzungen der Riqueti, die Schlösser Mirabeau und Beaumont nebst ihren Ländereien, bildeten keine Ausnahme davon. Im Gegenteil. Hier hatte der Marquis sich sogar juristisch ins Unrecht gesetzt, als er einen zweihundert Jahre alten Vertrag annulliert hatte, wonach die Nutzung von gemeindeeigener Flur, hauptsächlich Waldbestand, Macchia und Ödland, geregelt war: Bauern und Häusler waren berechtigt gewesen, sich Holz darauf zu beschaffen, Kohle zu brennen und ihre Ziegen auf die Weide zu treiben. Der Physiokrat aber fürchtete wohl nicht ganz ohne Grund Raubbau und Erosion. Er ließ Einfriedungen errichten und die Nutzung durch die Hintersassen verbieten. Die Gemeinde wollte sich die Beschränkung ihrer Rechte nicht gefallen lassen, widersetzte sich und hielt am alten Brauch fest. Die Zäune wurden niedergerissen, die Köhlerfeuer glommen weiterhin und die Ziegen fraßen Büsche und Hänge kahl.
In dieser Situation sollte der junge Graf nach dem Willen des Vaters Klärung schaffen und natürlich die neuen Maßnahmen durchsetzen.
Im Dezember 1771 traf er in Mirabeau ein. Er berief eine Gemeindeversammlung, in der er das Wort ergriff. Er erinnerte die Bauern, wieviel autoritärer der Großvater verfahren wäre, und ermahnte sie, die Gutmütigkeit des Marquis nicht zu mißbrauchen. Er versprach ihnen, sich

ihre Sache anzuhören und nach dem Gesetz Recht zu sprechen. Er forderte sie auf, am folgenden Tag wiederzukommen. Als sich jedoch nur der Gemeindekonsul einstellte, befahl er ihm zornig, die anderen herbeizuholen; es kamen nur fünf oder sechs. Da ging das Temperament mit ihm durch; sehr ungeschickt kehrte er den Herrn heraus und drohte, alle in den Wäldern angetroffenen Ziegen beschlagnahmen und die Hirten einsperren zu lassen. Schweigend hörten die Bauern ihn an, schweigend kehrten sie ihm den Rücken und gingen davon.
In Beaumont hatte er den gleichen Mißerfolg. Hier ließ er sich dazu hinreißen, Heißsporn, der er war, einen Bauern zu verprügeln. Zu einem weiteren Zwischenfall kam es, als er am Abend des Dreikönigstages zusammen mit ein paar anderen Adligen aus der Nachbarschaft an das dörfliche Freudenfeuer trat, wie es Tradition war. Die Bauern entblößten respektvoll die Häupter. Nur ein ländlicher Advokat namens Boyer, der die Sache der Bauern schon immer gegen die Feudalherren vertreten hatte, blieb bedeckt. Mirabeau sah darin eine bewußte Provokation, die er nicht durchgehen lassen wollte. Mit dem Stock schlug er ihm den Hut vom Kopf. Boyer bückte sich, griff nach seinem Hut und setzte ihn sich wieder auf, gestikulierend und laut protestierend, daß er in dem jungen Grafen nicht seinen Herrn anerkenne. Als auch die Bauern eine drohende Haltung einnahmen, beschwichtigten die älteren Aristokraten seiner Begleitung den zornmütigen Junker und zogen ihn fort. Da aber Boyer eine mißverständliche Geste gemacht oder sogar nach ihm geschlagen hatte, ließ einer der Adligen ihn festnehmen. Auf das Vergehen, die Hand gegen den Grundherrn zu erheben, stand Todesstrafe. Aber Mirabeau rettete den Galgenkandidaten, indem er ihn entlastete: niemand habe nach ihm geschlagen. Der »Menschenfreund« legte es ihm als Schwäche aus.

In der Sache der gemeindeeigenen Flur siegte der Standpunkt der Bauern. Das *Parlement,* der Provinzialgerichtshof in Aix, sprach ihnen die überlieferten Rechte zu, und der Marquis verlor den Prozeß, dessen Kosten er übernehmen mußte. Die Schuld gab er seinem Sohn. Er verhöhnte ihn und deckte ihn mit sarkastischen Briefen ein.
»Ich sah, daß ich immer im Unrecht sein würde, da ich nicht geliebt wurde«, resignierte Honoré-Gabriel bitter.

Emilie de Marignane

Leider gibt es Tugenden, die man nur ausüben kann, wenn man reich ist.

Rivarol

Die Zukunftsaussichten für den Grafen de Mirabeau waren trübe. Die Hoffnung, sein Vater werde ihm doch noch durch den Kauf eines Regiments die militärische Karriere ermöglichen, hatte er wohl endgültig aufgegeben. Der monatliche Wechsel, den er von ihm erhielt, entsprach nicht den legitimen Bedürfnissen, die ein junger Adliger hatte; die seinen überschritten dabei das Übliche noch. Bei seinem Stand durfte er einen anderen Beruf als den des Offiziers kaum ausüben. Dabei drängte ihn seine ganze Natur dazu, sich selbständig zu betätigen.

Was Wunder, daß er den wilden, verzehrenden Wunsch hegte, endlich vom Vater unabhängig zu sein, der nicht müde wurde, ihn zu hänseln, zu kontrollieren, zurechtzuweisen! Dazu gab es nur einen einzigen Weg: eine reiche Heirat.

Mit diesem Wunsch kam er sowohl den Plänen des Bailli entgegen, der aus Familiensinn Ausschau nach einer glänzenden Partie für ihn hielt, als auch denen seiner Geliebten, Madame de Limaye-Coriolis, die ihn durch eine Ehe mit einer noblen Provençalin in ihrer Nähe festhalten wollte.

Er richtete sich in dem Haus ein, das die Riqueti in Aix besaßen. In prachtvoller Dragoneruniform sah man ihn durch die Straßen der fröhlichen Stadt reiten, in der der lebenslustige Adel der Provence in seinen Stadthäusern ein buntes, leichtfertiges Gesellschaftsleben pflegte. Gartenfe-

ste, Landpartien, Konzerte, Amateurtheater; Mirabeau nahm lebhaft daran teil.
Mit Vorbedacht und mit Feuer machte er der kleinen Emilie de Marignane den Hof, der reichsten Erbin in ganz Süd-Frankreich, auf die der Bailli ihn aufmerksam gemacht hatte. Sie war neunzehn Jahre alt, sehr klein von Wuchs, wohlgeformt; doch mehr anziehend als schön, mit dem dunklen Teint der Südländerin, mit einer etwas zu starken Nase, immerhin reizend, wenn sie mit schöner Stimme sang, und drollig, wenn sie im heimischen Dialekt auch recht derbe Verse deklamierte, denn prüde war sie nicht erzogen worden. Auf den Liebhaberbühnen der lebenslustigen Provence war sie die gefeierte Diva.
Ihr Vater, Covet Marquis de Marignane, besaß ausgedehnte Grundherrschaften an den Ufern des Etang de Berre, dazu bei Marseille, in der Nähe des Platzes, wo sich heute der Flughafen befindet, ein riesiges Schloß, als Kopie des römischen Palazzo Farnese erbaut; es steht noch heute. Im übrigen wußte alle Welt, daß er nicht der Sohn seines Vaters war, dessen Namen er trug und den er beerbt hatte. Seine Mutter hatte fern den heimischen Fluren in Paris ein ausgelassenes Leben geführt, und es war kein Geheimnis, daß der derzeitige Marquis de Marignane den Grafen de Vence, den unter allen anderen bevorzugten Liebhabern seiner Mutter, zum Vater hatte. Selbst war der Marquis auch nicht glücklich verheiratet; seine Frau, eine geborene de Maliverny, Tochter des ersten Parlaments-Präsidenten, war zwar ebenfalls sehr reich, aber häßlich, mürrisch, überdies nymphoman. Er hatte von ihr als einziges Kind die Tochter Emilie, und er lebte längst von seiner unangenehmen Frau getrennt mit seiner Geliebten, Madame de Crozé. Emilies Erziehung wurde darum in die Hände der leichtherzigen Großmutter gelegt. Die galante Dame war mit dem Grafen de Vence, dem Großvater des Mädchens,

in die Provence zurückgekommen und lebte abwechselnd im Stadtpalais in Aix und dem prunkvollen Schloß des Marquis de Valbelle in Tourves, der mit seinen verschwenderischen Festen und aufwendigen Amouren die ganze Provence in verwundertes Staunen versetzte. Das war das Milieu, in dem Emilie ihre Kindheit verbracht hatte, und so war sie selbst vergnügungssüchtig, sehr von sich eingenommen und voll mondäner Ambitionen. Ihr Reichtum verschaffte ihr eine große Anzahl Bewerber. Fast hätte de Valbelle, obwohl fast dreimal so alt, den Goldfisch eingefangen, wenn die Intrige seiner Geliebten den Fang nicht vereitelt hätte. Ein ernsthafter Freier war der Sohn des Präsidenten d'Albertas und fast schon begünstigt. Daß die Braut dann nicht ihm zufiel, war die Schuld seines Vaters, der nach der Auflösung der alten, in Opposition zur Regierung stehenden Parlamente durch den Minister Maupeou sich für das neu gebildete *Parlement* zur Verfügung gestellt hatte, in einer so mit dem Gerichtsadel verflochtenen Aristokratie wie der von Aix ein unverzeihlicher Mangel an Standessolidarität; sein Sohn wurde verschmäht. In enger Wahl standen nun der Marquis de Grammont und der Marquis de La Valette. Die Entscheidung schien schließlich für den letzteren gefallen zu sein, einen umständlichen, sehr zeremoniösen jungen Mann. Denn als der Bailli beim Herrn de Marignane als Brautwerber für den Neffen auftrat, erhielt er den abschlägigen Bescheid, Emilie sei bereits verlobt.

Der Marquis Victor, den man in le Bignon über den Gang der Verhandlungen auf dem laufenden hielt, reagierte wiederum nur mit Hohn; er befahl dem Grafen, auf der Stelle Aix zu verlassen, »andernfalls werden Sie öffentlich festgenommen und nach den Inseln Sainte-Marguerite gebracht werden«. Der Plan, den Sohn einsperren zu lassen, war offensichtlich seine fixe Idee.

Honoré-Gabriel scherte sich nicht um den väterlichen Befehl. Das Scheitern der Bewerbung machte ihn erst recht starrsinnig. Auf Biegen und Brechen mußte er sich die allbegehrte Braut nun erobern. Viele Mittel dazu waren ihm recht. Zunächst untergrub er bei der Großmutter Emilies den Ruf des Rivalen, indem er behauptete, dessen Adel sei Talmi-Adel. Er machte ihn auf viele Weise lächerlich. Sei es, daß es mit dem Marquisat des verunglimpften Nebenbuhlers tatsächlich nicht seine Richtigkeit hatte, sei es aus welchem psychologischen Grund auch immer, La Valette ging der weiteren Rivalität mit dem massiven Aggressor aus dem Wege; ziemlich abrupt kehrte er Aix und der Braut den Rücken und verschwand.

Mirabeau wußte dagegen das Herz der alten, galanten Madame de Marignane zu gewinnen; auch die Geliebte von Emilies Vater, Madame de Crozé, brachte er auf seine Seite. Jedoch de Marignane blieb bei der Weigerung: den Riqueti wollte er nicht zum Schwiegersohn haben. Was nützte es, daß seine Tochter und Graf de Mirabeau zusammen in öffentlichen Konzerten Duette mit recht verfänglichen Texten sangen und ihre schönen Stimmen vermischten. Was half es, daß Emilie auf Promenaden und im Salon nicht verbarg, wie wenig sie, trotz seiner Häßlichkeit, dem in der Gesellschaft von Aix geschätzten Charmeur abgeneigt war. Mehrfach ließ er nun seinen Wagen in der Rue Mazarine über Nacht vor dem Palais Marignane warten, ein oft verwendetes Mittel, Gerüchte in Umlauf zu bringen und eine Schöne fast schon zu kompromittieren. All dies genügte aber offenbar nicht.

Da sahen ihn verdutzte Leute eines frühen Morgens in Hemd und Unterhose von Emilies Schlafzimmerfenster aus seinem Kutscher eine Weisung zurufen. Das Gekicher war groß. Der alarmierte Hausherr stürzte ins Zimmer seiner Tochter, wo es zu einer Szene wie aus der Commedia dell'Arte zwischen

Pantalone, Isabella und Sganarell kam. In voller Uniform, grünem Rock mit scharlachroten Aufschlägen, verließ ein wenig später der Graf de Mirabeau das Palais, und Mademoiselle de Marignane war gründlich kompromittiert. Den Schaden zu beheben, blieb nur die Heirat mit dem, der sie bloßgestellt hatte, wenn auch Monsieur de Marignane sich immer noch eine Weile dagegen sträubte.
Jetzt widersetzte sich der Verbindung auf einmal aber der Marquis de Mirabeau. Der »Menschenfreund« hatte für seinen Sohn eine andere Gattin ins Auge gefaßt, eine noch weit glänzendere Partie; unter einer Prinzessin wollte er es jetzt nicht tun! Es war die Prinzessin d'Orléans-Rothelin, die dann den Herzog de Cossé-Brissac geheiratet hat. In Aix jedoch war die Sache schon zu weit fortgeschritten. Auch der Marquis de Marignane mußte sich wohl oder übel damit abfinden.
Die Hochzeit wurde auf den 23. Juni 1772 festgesetzt. Der überlistete Schwiegervater beauftragte Honoré-Gabriel nicht ohne Heimtücke mit der Zurüstung eines acht Tage währenden Festes, auf dessen Dauer und Pomp er bestand; auch sollte der künftige Gatte seiner Tochter deren Aussteuer selbst aussuchen und nicht vergessen, für die Brautjungfern Geschenke zu kaufen, die sich sehen lassen könnten. Post festum aber weigerte er sich, die Kosten für das alles zu tragen; sie fielen dem schon verschuldeten Bräutigam zur Last, eine abgefeimte Rache des Brautvaters.
Die Trauung fand in der Kirche zum heiligen Geist in Aix statt. Von der Familie Mirabeau stellte sich nur Madame de Cabris ein; sie fand die Braut »häßlich wie die Nacht«. Sowohl der Vater wie die Mutter blieben fern, was Honoré-Gabriel ihnen nicht vergessen konnte. Merkwürdigerweise fehlte bei der Zeremonie auch der Bailli, der zum Zustandekommen der Ehe beigetragen und von Schloß Mirabeau herüber keine weite Reise hatte.

Nachdem die Hochzeitsfeierlichkeiten und die Festwoche bei südlichem Sonnenschein vorüber waren, hatten Graf und Gräfin de Mirabeau die Verpflichtung, sich mit den künftigen Vasallen Emilies bekannt zu machen; sie fuhren nach Marignane und besuchten die einzelnen Gemeinden, wo sie sich selbstverständlich wiederum freigebig zeigen mußten. Kurzum, statt, wie gehofft, durch die Heirat der Schwierigkeiten ledig zu sein, begann das Eheleben mit neuer, großer Verschuldung.

»Sie erinnern sich, mein Vater«, wird er später schreiben, »daß ich Herrn de Marignane drängte, unsere Hochzeit auf Schloß Marignane zu begehen, wo sie uns fast nichts gekostet hätte; er wollte es nicht.«

Marquis Victor setzte immerhin den Sohn in die Herrschaften Mirabeau und Beaumont ein und stellte dem jungen Paar Schloß Mirabeau als Wohnsitz zur Verfügung. Leider unterließ er es aber, den neuen Schloßherrn auch offiziell mit dem Lehen zu bekleiden, ein feudalistischer Formfehler, der später einmal Folgen haben würde. Der »Menschenfreund« ließ sich ferner dazu herbei, dem jungen Ehemann pro Jahr eine Rente von 6000 Livres zu versprechen, deren spätere Erhöhung auf 8500 Livres er in Aussicht stellte. Noch geiziger zeigte sich wohl im Gefühl, übertölpelt worden zu sein, Herr de Marignane. Er bewilligte seiner einzigen Tochter nur eine jährliche Rente von 3000 Livres, als Zinsen einer nicht flüssigen Mitgift von 240 000 Livres. Das Grafenpaar auf Schloß Mirabeau hatte also die Summe von jährlich 9000 Livres zu erwarten, ein Einkommen, das bei weitem nicht dem Rang entsprach, den Honoré-Gabriel unter dem provençalischen Adel einzunehmen hatte. Dazu waren die Einkünfte des ersten Jahres bereits für die Kosten der pomphaften Hochzeitsfestlichkeiten verpfändet. »Ich werde die Schmach nicht ertragen, Sie unter Ihrem Stand und unter Ihren Wünschen leben zu sehen. Ich werde mich in Schulden stürzen, auch wenn wir uns tausend Schmerzen vorbereiten«, beteuerte er seiner Frau. Vergeblich erhoffte er von seinem Vater einen Zuschuß zur Überbrückung der ersten Monate. Der »Menschenfreund« war bei seiner experimentierenden Mißwirtschaft gar nicht in der Lage dazu.

So lebte denn der dreiundzwanzigjährige Graf wie in verzweifeltem Zynismus auf Borg und aus dem vollen. »Je stärker ich die innere Verwirrung spürte, desto mehr steigerte ich die wirbelnde Umgetriebenheit. Ich zwang mich, jenseits der Gegenwart nichts zu sehen, mein Bewußtsein zu ersticken und die Augen vor der Zukunft zu schließen. Das ist die genaue Beschreibung meines Zustandes; der war zweifellos bedauerlich, doch durch die Umstände erzwungen«, berichtet er später dem Vater.

Als er sich Herrn de Marignane eröffnete, machte der ihm den Vorschlag, die Summe, die er beim Ableben seiner Mutter dem Schwiegersohn schulden würde, schon jetzt auszuzahlen, sofern der Marquis Victor damit einverstanden wäre. Doch der »Menschenfreund« verweigerte seine Zustimmung.

Der junge Feuerkopf legte sich daraufhin überhaupt keine Zurückhaltung mehr auf. Seine Frau deckte er mit Geschenken zu: Diamanten, Spitzen, Toiletten, so daß sie ihn darin zu bremsen versuchte. Auch die eigene Garderobe wurde erneuert. Pferde, Hunde, Gewehre wurden angeschafft, die Schloßbibliothek verdreifacht und die Bücher nach seinem Geschmack gebunden. Die Burg bedurfte einer Renovierung, die er großzügig ausführen ließ: bei der Innenausstattung diente das Pariser Palais des Herzogs von Nivernais zum Modell. Da nur ein steiler Karrenweg zum Schloß hinaufführte, sollte eine sanft ansteigende Fahrstraße gebaut werden, die von der Durance-Brücke bis zum Schloßtor eine halbe Meile lang wurde und zum Teil in den

Felsen gehauen werden mußte. An die Bauern, die seine Ankunft mit einem Fackelzug gefeiert hatten, ließ er Getreide verteilen, und die Almosen, mit denen die Bettler und die Witwen bedacht wurden, waren wie die eines barmherzigen Krösus.

»Zu spät erst wußte ich, daß dieser gelbe Schlamm, den ich so überlegen verachtete, die Quelle aller Genüsse ist, und daß Armut einen so vielen Erniedrigungen, Zurücksetzungen und wirklichem Unglück aussetzt. Als ich es endlich wußte, war meine Neigung schon erworben; und sogar wenn ich mich mit der größten Aufmerksamkeit überwachte, habe ich mich oft bei einer Sorglosigkeit in Geldfragen ertappt, die nach den Heimsuchungen, die ich durchgemacht habe, unverzeihlich ist, besonders wenn ich unter meiner Not nicht allein zu leiden hatte.«

Späte und unwirksame Einsicht. Fünfzehn Monate nach der Hochzeit hatte er 200 000 Livres Schulden, ohne die Aussicht, sie bezahlen zu können. Daß Wut auf den Schwiegervater und seine nicht abzuleugnende Knauserei ihn packte, war bei seinem heftigen Charakter unvermeidlich. Seine Anfälle von Jähzorn wurden immer häufiger. Während der Besuche in Marignane kann er sich nicht beherrschen; wenn er sich betrunken hat, sucht er Händel mit anderen Gästen, ja er ohrfeigt seine Frau und behandelt den Hausherrn mit unangebrachter Arroganz. Gar in Tourves beim Grafen de Valbelle, wo Emilie vor der Ehe ihre Triumphe gefeiert hat, entsetzt er die tändelnde und auf ihr Vergnügen bedachte Gesellschaft durch seine Ausbrüche.

Am drückendsten waren die kleinen Schulden bei den einfachen Leuten, darunter sogar bei dem Pfarrer des Dorfes Mirabeau und bei ein paar anderen wenig begüterten Geistlichen der Umgebung, doch vor allem beim Bäkker, Metzger und Krämer, und wenn einer von ihnen zudringlich wurde, griff der Graf zum Stock und verprügelte ihn. Auch ein Jurist, der im Auftrag eines Gläubigers mahnte, mußte den Jähzorn des Schloßherrn am eigenen Leibe spüren. Die größten Summen schuldete er aber den Wucherern. Auf Mirabeau ging das gesellige Leben weiter. Nachbarn machten Besuche. Madame de Limaye-Coriolis erschien fast täglich. Man machte Spaziergänge zu dritt, musizierte zusammen, spielte Karten. Als sie eine Tochter zur Welt brachte, rühmte Honoré-Gabriel sich, der Vater zu sein. Als dann auch Emilie schwanger wurde, nahm er auch die Liebesbeziehung zu seiner Mätresse wieder auf.

Die Gräfin schreibt es dem Vater, und Herr de Marignane kommt nach Mirabeau und veranlaßt, daß das Grafenpaar sofort nach Aix übersiedelt, wo es laut Ehekontrakt gegen 200 Livres im Monat im Haus der Großmutter Marignane Wohnung nehmen kann. Aber längst ist die alte Marquise auf den Gatten ihrer Enkelin sehr schlecht zu sprechen. In Aix behandelt er alle Welt auch voller Überheblichkeit, da er sich jedermann überlegen fühlt und es der Intelligenz nach wohl auch ist. Die gesellschaftlichen Kreise der kleinen Stadt verzeihen es ihm nicht.

Ein Verkehrsunfall vergiftete die Atmosphäre noch mehr. Die schwangere Gräfin ließ sich in ihrer Sänfte ins Theater tragen, und ihr Mann folgte zu Fuß. Da brachte im Gedränge vor dem Theatereingang die zurückhufende Karosse des Präsidenten d'Albertas Emilies Tragsessel und sie selbst in Gefahr, zerbrach eine der Tragstangen und drückte den tragenden Lakaien an die Wand. Mirabeau sprang vor, beschimpfte den Kutscher und dann auch die Insassen des Wagens. Nicht genug, dem Zwischenfall folgte ein öffentlicher Abtausch von satirischen Epigrammen, und auf diesem Gebiet konnten der feierliche Präsident und seine Sippe den respektlosen Spötter gewiß nicht schlagen. D'Albertas rächte sich aber, indem er eine große Anzahl von

Mirabeaus Gäubigern veranlaßte, die Fälligkeit der geschuldeten Summen einzuklagen. Um sich einer Schuldhaft zu entziehen, verließ der Gehetzte eiligst Aix und kehrte auf seine Burg zurück, während Emilie bei ihrem Vater Wohnung nahm, wo sie die für später verhängnisvolle Bekanntschaft eines Gastes machte, eines jungen Offiziers der grauen Musketiere, namens de Gassaud, der vorübergehend im Palais Marignane logierte.

Honoré-Gabriel suchte verzweifelt, da die Niederkunft der Gräfin neue Kosten verursachte, nach Mitteln, zu Geld zu kommen. Von der funkelnagelneuen Einrichtung riß er vergoldete Simse herunter und verbrannte sie, um das Gold abzuschmelzen. »Die letzten Schulden damals ging ich wegen des Zustandes meiner Frau ein. Man hat sich sehr darüber aufgeregt, daß ich ihre Diamanten verpfändete; es geschah mit ihrer Zustimmung in einem Augenblick und für eine Dauer, in denen sie sie gar nicht tragen konnte«, schrieb er später zu seiner Rechtfertigung. Er versetzte auch den vergoldeten Toilettentisch, den Marquis Victor ihr zur Hochzeit geschenkt hatte.

Am 8. Oktober 1773 kam die Gräfin mit einem Sohn nieder, der nach dem Großvater auf den Namen Victor getauft wurde; im Familienkreis hieß er Gogo. Trotz aller Misere und trotz der Verstimmungen, die schon zwischen den Gatten Platz gegriffen hatten, war Graf de Mirabeau außer sich vor Freude. Übrigens jubelte auch der Marquis, da der Fortbestand der Riqueti de Mirabeau nun gesichert zu sein schien.

Die junge Mutter kehrte mit dem Kind nach Schloß Mirabeau zurück. In der hoffnungslosen Lage – schon machten Krämer und Bäcker Schwierigkeiten – schrieb sie an den Schwiegervater und bat ihn nun ihrerseits um Hilfe.

Die Hilfe, die er gewährte, war recht zweischneidig: er wandte sich an seinen Freund, den Minister Herzog de la

Vrillière, er möge den König ersuchen, den Sohn mit königlichem Bann zu belegen. Die *lettre de cachet* von Ende Dezember 1773 veordnete daraufhin dem Grafenpaar den Zwangsaufenthalt in Mirabeau.
Wohlmeinende Biographen sehen in dem Schritt des »Menschenfreundes« das einzige Mittel, Honoré-Gabriel vor seinen erdrückenden Verpflichtungen zu schützen, da er damit jeder gerichtlichen Maßnahme entzogen war, solange die Hand des Königs auf ihm lag. Der Betroffene selbst witterte darin eher einen feindlichen Akt des Vaters, der ihn abermals seine despotische Gewalt fühlen lassen wollte.
Alle Einkünfte wurden gesperrt, um die Schuldzinsen zu zahlen; nur 3000 Livres jährlich wurden dem jungen Paar für den Lebensunterhalt zugebilligt. Das Dienstpersonal wurde auf vier Personen beschränkt; sogar die Nahrungsrationen legte der Vater zum Ingrimm des Sohnes fest: für die sechs Erwachsenen und den Säugling immerhin täglich sieben Pfund Fleisch, wobei man allerdings auch die völlig anderen Eßgewohnheiten des 18. Jahrhunderts bedenken muß; drei Pfund Weißbrot und sechs Pfund Bauernbrot ergänzten die zugebilligte Tagesration des Burghaushaltes.

Der Winter war streng. Während dem Grafen die Bibliothek und die Freuden der Jagd blieben, begann die an ein festliches Gesellschaftsleben gewöhnte Gräfin sich in dem Gemäuer über dem kleinen Dorf zu langweilen. Sie lud also zu ihrer geselligen Zerstreuung den Chevalier de Gassaud, den Musketier, nach Schloß Mirabeau ein. Er kam und freundete sich auch mit Honoré-Gabriel an; zusammen jagten sie, auch um die Tafel zu bereichern, in den Revieren des Herrschaftsbereiches, den der gebannte Sohn des Grundherrn nicht verlassen durfte.
Unter den vier Bediensteten war natürlich auch wieder ein Spion des Marquis, der Verwalter namens Garçon. Als er

nach le Bignon meldete, der junge Herr lasse Wälder abholzen, wohl um ein so spärlich zugemessenes Einkommen heimlich aufzubessern, war der Marquis um den reichen Forstbestand des Lehens besorgt. Darum erwirkte er einen neuen Verbannungsbefehl, diesmal nach dem kleinen Städtchen Manosque, wohin auf königliche Weisung auch die in Ungnade gefallenen Richter des alten, aufgelösten Parlaments von Aix verbannt waren.

Das alte Manosque, ein heute durch kahle, moderne Bauten und Industrieanlagen ziemlich häßlich gewordener Ort, war im 18. Jahrhundert wegen seiner Weinberge, Olivenhaine und Obstgärten berühmt; den Hügel, auf dem es liegt, nannte man seiner Fruchtbarkeit wegen Mont d'Or. Auch die goldgelbe Färbung des Erdreichs rechtfertigt den Namen.

Der Graf und die Gräfin mit dem kleinen Gogo siedelten im März 1974 in die mit hellen Kalksteinmauern umgürtete Stadt über. Mitnehmen durften sie nur, was sie an Wäsche und Kleidern nötig hatten; doch es gelang Emilie, auch eine gewisse Anzahl von Büchern aus der Schloßbibliothek unter das Gepäck zu schmuggeln, so daß Honoré-Gabriel an einem Essay weiterarbeiten konnte, den er sich vorgenommen hatte, und von dem noch ausführlich die Rede sein wird. Doch in Manosque hatten die aus der Väterburg Vertriebenen noch kein Unterkommen. Die Zwangsanwesenheit des gleichfalls hierher verbannten Richterkollegiums aus Aix mochte zudem das Wohnungsangebot in Manosque verknappt haben.

Doch die befreundete Familie de Gassaud, die Eltern des Musketiers, nahm sie gastfreundlich auf. Der Sohn war in seine Garnison Valence zurückgekehrt und kam nur gelegentlich nach Hause, aber die drei Töchter leisteten Emilie Gesellschaft, und sie alle hätschelten und vergötterten Gogo.

Mit seinem fünfundzwanzigsten Geburtstag wurde Honoré-Gabriel volljährig. Doch der Vater hatte das Entmündigungsverfahren eingeleitet. Die bürgerlichen Rechte sollten ihm abgesprochen werden, und das Paradoxe ist, daß er bis an sein Lebensende entmündigt bleiben würde, selbst noch in den Jahren, in die seine für Frankreich und die Welt so folgenreiche öffentliche Tätigkeit fiel. Die Einleitung des demütigenden Verfahrens, das ihn tief verletzte, erfuhr er durch den Zufall, daß ihm ein Brief in die Hände gefallen war, den sein Vater an Emilie geschrieben hatte. Tatsächlich führte sie hinter dem Rücken des Gatten mit ihrem Schwiegervater eine Korrespondenz, bei der der Chevalier de Gassaud als Deckadresse und Mittelsmann diente.

Ende Juni wurde die Entmündigung ausgesprochen, und das Einkommen des Grafenpaares außerdem noch weiter gekürzt: auf 2400 Livres pro Jahr, den Verhältnissen nach ein wahrer Bettelbetrag.

Zu all den anderen Demütigungen und Mißhelligkeiten kam die jähe Erkenntnis, daß seine Frau ein Liebesverhältnis zu dem Chevalier de Gassaud unterhielt, daß sie sogar von ihrem Liebhaber schwanger war. In einem zärtlichen Brief an sie, der ihm in die Hände fiel, nannte sein vermeintlicher, immer ein wenig gönnerhaft behandelter Freund ihn seinen »grausamsten Feind«, und der Inhalt der Zeilen ließ keinen Zweifel daran, wie die Dinge zwischen Emilie und dem Musketier lagen. In seiner ratlosen Empörung schrieb der Graf an eine bejahrte Freundin, für die er große Verehrung hegte, an Madame de Vence, eine Verwandte von Emilies eigentlichem Großvater, die seine Frau von Kindheit an kannte. Als Antwort erhielt er ein besänftigendes Schreiben: »Seit der Geburt hat Deine Frau ständig nur schlechte Beispiele zu sehen bekommen, und Du selbst hast Dich ja bemüht, die wenigen religiösen Gefühle, die in ihr die Klostererziehung geweckt hatte, abzutöten. Bedenke doch bitte nur einen Augenblick lang, wie ungleich die Rechte von Mann und Frau vom gesellschaftlichen Gesichtspunkt aus sind, wie widersinnig aber dieser Zustand mit den Augen der Natur gesehen ist, daß Dinge, die man dem Manne als selbstverständliches Vorrecht zubilligt, bei der Frau so rücksichtslos geahndet werden, obwohl sie doch häufig nur dem Beispiel ihres Gatten folgt.« Sie bat ihn außerdem, den kompromittierenden Brief, den er an sich genommen hatte, sofort zu vernichten. Doch obwohl Mirabeau seine Frau damals gewiß kaum noch liebte, sofern sie sich überhaupt jemals wirklich geliebt hatten, wurde er von einer wütenden Eifersucht zerrissen. Wie er bei anderer Gelegenheit später bekannt hat, war Eifersucht – übrigens Eifersucht nicht nur in der Liebe, sondern auch in der Freundschaft und beim Erfolg – stets eine seiner stärksten Empfindungen. Seine Eitelkeit blutete. An den ungetreuen Freund schrieb er einen emphatischen, die Lächerlichkeit streifenden Brief im höchsten Tragödienton:

». . . Ein Barbar, wer seiner rohen und zügellosen Begierde alle Tugenden und die unschuldigste aller Frauen opfert! Ach, wer gab Dir das Recht, mich der Süßigkeit zu berauben, noch einmal Vater zu werden! Ein unglückliches Geschöpf, das ich vernichten könnte, kriecht zu meinen Füßen und küßt sie. Ich sehe ihre Gewissensbisse; ihre Reue entwaffnet mich. Ich denke an ihr Geschlecht und ihr Alter. Mein ganzer Zorn fällt auf den Verbrecher, der uns beide vernichtet hat . . . Unglücklicher! Wenn Dein Gewissen nicht der Morast aller Deiner Sünden wäre, so würde es Dein schrecklicher Scharfrichter sein!«

Er hatte die Eltern des Sünders und dessen Schwestern, Emilies Freundinnen, zusammengerufen, und vor ihnen als Zeugen sollte seine Frau ihm kniefällig Abbitte tun. Sie

weinte. Eine der Demoiselles schob den kleinen Gogo ins Zimmer. Als Emilie schluchzend um Verzeihung gebeten hatte, gewährte er in einer wortreichen Rede seine Vergebung, und die Familie de Gassaud, in deren Haus der theatralische Auftritt stattfand, flehte ihn mit vereinten Stimmen an, ihrem Sohn und Bruder nicht das Lebenslicht auszublasen. Auch diesen Verzicht gewährte er gnädig und schrieb dem Chevalier:
»Ihr Vater und Ihre Familie retten Sie. Aber treten Sie mir nicht unter die Augen. Denn der Blitz möge mich erschlagen, wenn ich Sie nicht vernichten würde!«
Er verbrennt auch die kompromittierenden Briefe seiner Frau an Gassaud, die sie zurückverlangen mußte, und die des Musketiers in einem feierlichen Autodafé. Er hat Emilie jedoch gezwungen, ihre Schuld schriftlich einzugestehen, und dieses belastende Schriftstück verwahrt er sorgfältig zu späterem Gebrauch.
Trotz der spektakulären Vergebungskomödie, dieser Inszenierung seiner sehr provençalischen Eitelkeit, blieb das Verhältnis zwischen den Ehegatten gespannt. Die Armut und das Zusammenleben auf ungewohnt engem Raum bei der gastfreundlichen Familie de Gassaud begünstigte nicht gerade die Harmonie; es kam zu häufigen Zusammenstößen. Einmal erwähnte Emilie in zorniger Selbstverteidigung den nicht tadelsfreien Lebenswandel seiner Mutter und seiner Lieblingsschwester Louise. Daraufhin ohrfeigte er die Sittenrichterin, weil er nicht dulden wollte, daß man seine nächsten Blutsverwandten Huren nannte. Als er ihr in eisiger Wut drohte, er werde sie wohl einmal noch umbringen, war das der Wermutstropfen, der den bitteren Kelch zum Überlaufen brachte. Schluchzend flüchtete sie nach Marignane, um sich dem Vater an die Brust zu werfen. Er versuchte sie zu überreden, sie solle sich endgültig von ihrem allzu unbeherrschten Mann trennen. Aber sie

bekam eine vielleicht provozierte Fehlgeburt; damit war der drohende Flecken auf dem Stammbaum der Riqueti vermieden. Sie kehrte nach einer Weile nach Manosque zum Grafen de Mirabeau zurück.

Er hatte einen erstaunlichen Entschluß gefaßt, nämlich sich bei seinem Freund, dem Marquis de Tourettes, dessen Tochter mit dem Chevalier de Gassaud verlobt war, für den Musketier einzusetzen, da es zwischen den Verlobten zum Bruch kommen wollte. Ob sein Schritt seiner unbezweifelbaren, angeborenen Großmut entsprang, ob ihn die Absicht bewog, der Familie seiner Gastgeber einen Freundschaftsdienst zu leisten, denn Mademoiselle de Tourettes war hochdotiert, oder ob nur die Aussicht auf eine Gelegenheit, heimlich den drückenden königlichen Bann zu brechen, ihn reizte, jedenfalls verließ er unerlaubt den Verbannungsort und reiste zum Schloß Tourettes-sur-Loup bei Cannes, wo es ihm ohne weiteres gelang, das Verlöbnis zu kitten.

Jedoch statt, froh darüber, daß der gefährliche Verstoß gegen die ihn bannende *lettre de cachet* bis dahin unbemerkt geblieben war, nach Manosque zurückzukehren, konnte er der Versuchung nicht widerstehen, noch am gleichen Abend nach Grasse hinüberzureiten. In Grasse lebte seine Lieblingsschwester Louise; ihr an Gehirnerweichung leidender, blödsinniger Mann, Marquis de Cabris, weilte nicht im kleinen Stadtpalais, sondern hielt sich zur Zeit zusammen mit der Frau seines Baders auf einem Landgut auf, wo er sich's wohl sein ließ.

Vergeblich hatte Louise sich an ihren Vater mit der Bitte gewandt, seine Verbindungen spielen zu lassen, um den unmöglichen Gatten, den er ihr aufgezwungen hatte, zu internieren, nachdem er einen öffentlichen Skandal provoziert hatte. Der kaum noch Zurechnungsfähige hatte ein die Damen von Grasse gröblich beleidigendes, obszönes

Gedicht an alle noblen Familien der Stadt und der Umgebung adressiert und außerdem ausgestreut, seine Frau habe ihn mit Beihilfe ihres Bruders vergiften wollen. Der Marquis Victor hatte sich aber geweigert, diesmal, wie es doch seine liebe Gewohnheit war, ein *lettre de cachet* zu erwirken, da er seiner Tochter wegen der Finanzhilfe zürnte, die sie der Mutter im Familienprozeß soeben wieder einmal gewährt hatte.

Mirabeau traf am Abend in Grasse ein. Er fand Louise, die ihn in ihrem Schlafzimmer empfing, im Spitzenhemd und in den Armen ihres derzeitigen Geliebten, Monsieur de Briançon; er kannte ihn vom korsischen Feldzug her; de Briançon war jetzt Feldarzt bei den Musketieren und dreiundzwanzig Jahre alt, ein hübscher und munterer Gespiele. Sie feierten am oder im Bett Louises zu dritt ein fröhliches Wiedersehen.

Am folgenden Morgen ritt man gemeinsam hinaus aufs Land, um eine jugendliche Tante de Briançons zu besuchen, Madame de la Tour-Remoules, die gewisse Schwächen für den Bruder ihrer Freundin Louise hatte. Sie wohnte mit ihren Papageien und Schoßhündchen im *Pavillon des Indes,* einem reizenden, kleinen Lustschloß. Das Essen wurde unter den Kastanienbäumen im Park serviert, und unter Getändel und Scherzen zog die Mahlzeit sich in die Länge. Der Park grenzte an eine im Bau befindliche Straße, die zu den Ländereien des Barons de Villeneuve-Mouans gehörte. Dieser Nachbar aber war mit den Damen de la Tour-Remoules und de Cabris bitter verfeindet. Das Unglück wollte es, daß er gegen Ende des Mahls auftauchte, um nach dem Stand der Straßenarbeiten zu sehen.

Louise, in Männerkleidung, jedoch tief dekolletiert, spottete wohl über den grotesk dickleibigen Herrn, dem man den Spitznamen »Fettbeule« angehängt hatte. Die Gesellschaft hatte natürlich dem Wein schon stark zugesprochen.

Jedenfalls kam es zu einem Wortwechsel, und Mirabeau erhob sich, lief zu »Fettbeule« hinüber, entriß ihm den Sonnenschirm und zertrümmerte ihn auf des Eigentümers Rücken. Nicht genug, sie kamen ins Handgemenge; der dicke, alte Baron stürzte und zog seinen Angreifer mit sich zu Boden. Zusammen rollten sie in den Graben, woraus sie sich, der eine lachend, der andere schimpfend, erhoben. Die Szene wurde vom Gelächter der Freundinnen und vom fröhlichen Gebell der Bologneser Hündchen begleitet. Die Straßenarbeiter standen schmunzelnd, auf die Schippenstiele gestützt, dabei, da die Damen ihnen zuriefen, die Herren den Handel untereinander austragen zu lassen. Mirabeau warf ihnen eine Handvoll Münzen hin, damit sie ein Glas auf sein Wohl leerten. Herr de Villeneuve-Mouans trollte sich mit beschmutztem Rock und verrutschter Perücke, von der Brombeerhecke ein paar Schrammen an der Hand; er stieß Drohungen aus. Als eine zufällig des Wegs kommende Wäscherin eilen wollte, um ihrem Herrn behilflich zu sein, sich vom Staub zu säubern, verscheuchte de Briançon sie, indem er sich ostentativ den Hosenlatz öffnete und zu pissen begann, so daß sie aufkreischend wendete und schamhaft davoneilte.
Leider waren die Flecken, die sein himmelblauer Rock davontrug, für den Grafen de Mirabeau nicht die einzigen Folgen dieses Auftritts. Denn der verprügelte Baron machte seine Drohungen wahr. Er wandte sich an die Kriminaljustiz und wollte eine Klage einreichen. »Hinterhältiger Überfall und versuchter Mord« waren die Beschuldigungen, die er gegen seinen mutwilligen Angreifer vorbrachte. Weder die Einwände einiger seiner Standesgenossen gegen solches nach ritterlicher Auffassung unziemliche Verfahren, noch die Weigerung einer ganzen Reihe von Richtern, die schwerwiegende und unangebrachte Klage entgegenzunehmen, hinderten ihn daran, auf einem Kriminalprozeß zu

bestehen, für den er dann schließlich doch noch einen weniger von Skrupeln zurückgehaltenen Richter fand. Der Strafprozeß lief an und am 22. August 1774 wurde Haftbefehl gegen den Grafen de Mirabeau erlassen.
Ein für ihn ehrenrühriger Prozeß. Jedoch was mindestens ebenso schlimm war: Es kam an den Tag, daß er sich von Manosque entfernt hatte und also dem königlichen Befehl, der ihn bannte, ungehorsam gewesen war. Ein schweres Vergehen.
In Manosque aus Grasse zurück beschwor er Emilie, nach le Bignon zu seinem Vater zu eilen, ihn zu beschwichtigen und ihn zu bitten, daß er zugunsten des Sohnes seine Verbindungen bei Hof spielen ließe. Die Gräfin war nur zu gern bereit, Manosque den Rücken zu kehren, wo die vielen Gläubiger ihr das Leben verbitterten. Doch das Reisegeld fehlte. Die Angehörigen Marignane weigerten sich, noch das Geringste für den Taugenichts zu tun. Irgendwo konnte sie endlich 25 Louisdor borgen, und von einem Diener und einer Magd begleitet bestieg sie die Postkutsche nach Paris. Am 2. September traf sie in le Bignon ein.
Der Marquis Victor war abwesend. Im Mai war Ludwig XV. gestorben; der neue Herrscher, Ludwig XVI., hatte in gutmütigem Reformwillen soeben einen Physiokraten zum Minister gemacht, den mit Victor befreundeten Turgot, und alles sah so aus, als werde nun auch für den berühmten »Menschenfreund« ein ehrenvolles Amt im Staat abfallen. Er war also mit Antichambrieren und Konferieren beschäftigt. Als er jählings erfahren mußte, daß seinem ältesten Sohn ein Kriminalprozeß drohte, entsetzte ihn diese Nachricht tief, da es die eigenen ehrgeizigen Hoffnungen zunichte machen mußte, wenn man nicht sofort den Unseligen der Justiz entzog, indem man ihn als Staatsgefangenen festsetzen ließ. Nach eiligen Bemühungen erlangte er eine neue *lettre de cachet.*

Emilie war zwischen widerstreitenden Gefühlen hin- und hergerissen. Aus einem auf Wahrung der Formen bedachten Pflichtgefühl äußerte sie – wenn sicherlich auch nicht sehr nachdrücklich – den Wunsch, den Gatten zu begleiten; der Marquis konnte es ihr ohne Schwierigkeit ausreden; sie hatte es verstanden, ihn ganz und gar für sich einzunehmen. Den »melodischen Affen« pflegte er sie wegen ihrer Gesangeskünste zu nennen. Sie sprach aber auch davon, daß sie sich von ihrem Mann endgültig trennen wollte. Während sie in den sehr spärlichen Briefen an Honoré-Gabriel ihm ihre Anhänglichkeit versicherte, bestärkte sie doch auch den Schwiegervater, wenn das überhaupt noch nötig war, in seiner Abneigung und Entrüstung. Auf Victors Einladung richtete sie sich in le Bignon ein, das wegen der Nähe von Paris großen Reiz für sie hatte. Häufig fuhr sie hinüber und begann im mondänen Bekanntenkreis des Marquis ihre kleine Rolle zu spielen. Seine Hoffnung, in den Kronrat berufen zu werden, erfüllte sich übrigens nicht.
In Manosque wurde am 20. September Graf de Mirabeau verhaftet. Er versuchte keine Gegenwehr. Gogo war stark erkältet, und er mußte das Kind krank in den Händen der Familie de Gassaud zurücklassen. Das schien ihm am schwersten zu fallen. Zwei Gendarmen legten ihm Ketten an und brachten ihn in einer geschlossenen Kutsche nach Marseille. Dort im Hafen, beim Arsenal der Galeeren, wartete das Boot, das ihn zur Inselfestung des Château d'If hinüberbrachte. Es war der 23. September 1774.
In Manosque hatte er gerade noch seinen langen *Essai sur le Despotisme* beenden können.
Seine Ehe mit Emilie de Marignane war, wenn auch nicht juristisch, mit dem Abschied in Manosque praktisch zerbrochen. Emilie blieb in le Bignon und Paris; sie kehrte dann zu ihrem Vater nach Marignane zurück. Mirabeau sah

sie erst neun Jahre später bei dem aufsehenerregenden Prozeß in Aix wieder.
An den Vater schrieb er: »Ich hätte nicht dorthin (Château d'If) kommen müssen, wenn ich mich Eurer Autorität hätte entziehen wollen. Ein Freund hätte mich in einem Wagen fortgeführt. Er drängte mich, 100 Louisdor anzunehmen und in das Asyl zu eilen, das er mir vorbereitet hatte. Ich widerstand der beredten Stimme der Freiheit.«

Despotismus

»Gabriel ist da, wo er hingehört und wird dort bleiben. Sollte das Wunder sich ereignen, daß er sich gut aufführt und den Kommandanten durch Reue erweicht, so werde ich ihn nach einer anderen Zitadelle bringen lassen, wo er mit einem Aufpasser zusammenleben muß. Sollte ein Mirakel ihn auch aus dieser Prüfung befreien, so halte ich andere stufenweise für ihn bereit.«

Der »Menschenfreund«

Trotz der Widrigkeiten, Ehezwiste und Beengungen durch Bann und Not hatte der Graf Mirabeau Zeit und Kraft gefunden, mit sechsundzwanzig Jahren sein erstes größeres literarisches Werk zu beenden, über ein Thema, das er gründlich aus eigener Erfahrung kannte, das er aber erstaunlich objektiv behandelte; es war der erwähnte *Essai sur le Despotisme*. Freilich würde er vier Jahre später dessen Schwächen erkennen und von seinem Opus abrükken. »Ich bereue es, ein so bedeutendes Thema dermaßen verhunzt zu haben«, meinte er, wenn die Selbstkritik in dieser Härte vielleicht auch nicht ganz berechtigt war. Gewiß ist das Buch mit einer Unmenge von Zitaten überladen; sie verraten zum mindesten aber die ungeheure und sehr ungewöhnliche Belesenheit des Autors. Als es anonym 1775 erschien, erregte es beim europäischen Publikum lebhafte Anteilnahme und bei den Regierungen Unruhe, finden sich doch Formulierungen darin, die der gärenden, vorrevolutionären Stimmung weiter Kreise entgegenkamen, etwa der folgende Satz, der sich gegen das Gottesgnadentum richtet: »Der König ist ein Lohnempfänger; der, von dem er den Lohn erhält, hat auch das Recht, den, der bezahlt wird, zu entlassen.« Oder noch heftiger: »Die

Nation ist schließlich immer mächtiger als der Tyrann, sobald die Willkürherrschaft im Todeskampf liegt, alle Bande der öffentlichen Meinung gelockert und die Mittel erschöpft hat, die der Boden denen gewährt, die ihn in Freiheit bebauen. Früher oder später rächen sich dann die Menschen.«

Der Autor setzt sich unter anderem auch mit Rousseaus Theorie des Gesellschaftsvertrags auseinander und widerlegt sie ziemlich schlüssig: Nach logischer Erwägung kann der Mensch als Einzelwesen gar nicht früher als die Gesellschaft gewesen sein, da er in die Familie, die Urform der Gesellschaft, hineingeboren wird; die Familie aber gab es von Urbeginn an. Das Gesellschaftsprinzip ist der natürliche Zustand des Menschen, ebenso wie bei der Biene oder der Ameise. Auch den angeborenen Hang zum Guten, den der Genfer Uhrmachersohn dem Menschen beilegt, zweifelt Mirabeau an. Im Gegenteil meint er, von Geburt an liege ein Keim zum Despotismus in jedem Menschen. Schon der Säugling in der Wiege versuche durch sein tyrannisches Geschrei der Umgebung seinen Willen aufzuzwingen. Verlangen nach Macht sei eine verzehrende Leidenschaft – und er kannte sie, denn sie war gewiß eine der Haupttriebfedern seiner politischen Ambitionen. Staatskunst heiße, diese Leidenschaft zu lenken und in Schach zu halten. Vom Despoten zum Sklaven und umgekehrt vom Sklaven zum Despoten sei immer nur ein Schritt, und mit Hilfe der Gewalt, mit Hilfe des Schwertes, werde er wohl sehr leicht getan. Gegen drei Stützen der Gewaltherrschaft polemisiert er: gegen die Willkür der Besteuerung, gegen das stehende Heer und gegen verknöcherte Bürokratie. Doch er wendet sich nicht nur gegen die Tyrannei eines einzelnen, er weiß – als sehe er damals schon den Terror des Konvents voraus –, daß Despotie auch von Körperschaften ausgeübt werden kann, »die vielleicht despotischer als alles andere sind«. In manchen Gedanken nimmt er bereits die Stellung ein, die während der Revolution der Standpunkt sein wird, zu dem er immer wieder zurückfindet.

Unverkennbar ist bereits auch, wie sehr er gegenüber jeder Art von Abstraktion skeptisch ist und wie er die Theorien ablehnt.

Seine bisherigen Erfahrungen mit dem Despotismus wurden auf Château d'If, diesem nackten Felseneiland vor der Küste bei Marseille, bestätigt, als er die übrigen Gefangenen dieses Staatsgefängnisses kennenlernte, denn er mußte feststellen, daß sie nicht wegen krimineller Verfehlungen, so wenig wie er selbst, sondern in den meisten Fällen aus Familiengründen und auf Grund von Intrigen im Kerker saßen. Einige waren von ihren Angehörigen wegen Verschwendung interniert worden. Unter den anderen waren drei Ehemänner, deren ungetreue Frauen sie durch hochmögende Liebhaber aus dem Weg geschafft hatten. Einen alten Kapitän hatte seine Tochter wegen angeblicher Trunksucht festsetzen lassen, in Wirklichkeit aber eher, weil er ihr bei ihrem ausschweifenden Lebenswandel durch Moralpredigten lästig gefallen war. Unter den dreißig Häftlingen war nur ein einziger, dem ein Verbrechen zur Last gelegt werden konnte, außerdem ein paar Geistesgestörte, die es hier freilich besser hatten, als in den üblichen Irrenhäusern, etwa in Bicêtre bei Paris.

Die *lettre de cachet*, das administrative Instrument, das jeden der unterschiedlichen Gefangenen auf den »Fels des Jammers« gebracht hatte, hatte mit dem juristischen Strafvollzug nichts gemein. Sie war eine Maßnahme, die bei einem hohen Hofbeamten, dem Sekretär des königlichen Haushaltes, beantragt werden konnte. Sie ging auf eine Verordnung aus dem Jahre 1318 zurück; seit 1673 hatte sie die noch im 18. Jahrhundert gebräuchliche Form. Unter

Ludwig XV. konnte man sie auf Grund guter Verbindung zum Herzog de La Vrillière oder durch Kauf erreichen, ein Sonderprivileg des Adels, mißliebige Personen ohne Gerichtsurteil einzusperren. Ein Appell an die ordentlichen Gerichte war für den Betroffenen nicht möglich, da er »unter königlicher Hand« stand und damit der Rechtsprechung entzogen war. Die Unterbringung auf einer Festung oder in einem Gefängnis war zeitlich unbegrenzt und dauerte so lange, wie es dem König, beziehungsweise dem Antragsteller beliebte. Es handelte sich also um reine Willkür, und die *lettre de cachet* war eine der bestgehaßten Maßnahmen unter dem Ancien Régime.

Honoré-Gabriel hatte nicht sofort Verbindung zu seinen Leidensgenossen auf dem Festungsfelsen, der übrigens als einer der uneinnehmbarsten Plätze des Mittelmeeres galt. In einer verliesähnlichen Zelle wurde der Gefangene in Einzelhaft gehalten. »Jeden Trostes war ich beraubt. Madame de Mirabeau war meine einzige Korrespondentin, doch sie nahm sich diese Mühe nicht lange Zeit. Ich hatte meinen Sohn todkrank in Manosque zurückgelassen; um zu erfahren, wie es ihm ging, mußte ich nach Paris schreiben. Das Verfahren war sehr hart; ich hatte doch nur meine Schwester verteidigt«, die der verprügelte Baron de Villeneuve-Mouans angeblich durch Ausstreuung von verleumderischen Gerüchten verunglimpft hatte.

In ihren spärlichen Briefen erzählte Emilie gedankenlos – oder um ihn zu verletzen? – von ihrem vergnüglichen Leben in Paris. Wenn dem Gefangenen in seinen Briefen zuweilen allzu sinnliche Zärtlichkeiten in die Feder geflossen sind, so verweist sie ihm in gezierter Prüderie die »Unanständigkeiten«; sie sei jetzt *»une demoiselle chaste«*, ein keusches Fräulein. Nicht ohne Grund vermutet er, daß sie mit seinem Vater gegen ihn Stellung bezogen hat, denn vergeblich bittet er sie, in die Provence zurückzukommen,

wenn sie nicht seine Gefangenschaft teilen wolle. Er schreibt ihr: »Mein Herz blutet bei der Vorstellung, verlieren zu müssen, was ich so sehr geliebt habe. Doch nun werde ich nicht länger von Ihnen getäuscht werden. Sie sind ein Ungeheuer . . . Adieu für immer.«
Vom *Du* der früheren Briefe sind sie beide zum *Sie* übergegangen. Schließlich redet Emilie den Gatten nur noch mit *Monsieur* an. Ihre Korrespondenz wird immerhin noch bis zum Frühjahr 1783 andauern, wenn auch mit großen Zeitabständen zwischen den einzelnen Briefen.

Im Château d'If gelang es dem Gefangenen in seiner gewinnenden Art wiederum, seinen Kerkermeister vorteilhaft für sich einzunehmen. Der Festungskommandant war ein vierunddreißigjähriger Offizier, Monsieur d'Allègre. Im übrigen hatte sich auch der Gouverneur der Provence, Marquis de Rochechouart, mit einem diskreten Schreiben an d'Allègre gewandt und den Gefangenen seinem Wohlwollen empfohlen. Madame de Rochechouart hatte den Gatten wohl zu dem Schreiben veranlaßt. Verbündete unter den Frauen zu haben, ist von jeher eine wirksame Hilfe gewesen. Aber offenbar gab es auch Leute, die die rigorosen Methoden des »Menschenfreundes« durchschauten und mißbilligten. Jedenfalls milderte sich das Los des Häftlings nach den ersten Wochen. »Ich hatte das volle Vertrauen des Kommandanten und ich mißbrauchte es nicht, seine ganze Freundschaft, und er mußte es nicht bereuen; seine Zeugnisse und Briefe beweisen es«, heißt es später in Mirabeaus großer Beichte an den Vater. Selbstverständlich hatte der Marquis Victor an d'Allègre geschrieben, ihn vor der Verführungskunst seines Sohnes gewarnt und um besonders strenge Behandlung ersucht. Doch in den Antworten ist der Kommandant des Lobes für den Unglücklichen voll und äußert sogar seine Verwunderung darüber, daß ihm die Freiheit nicht längst wiedergegeben worden ist. Er

gestattete ihm innerhalb der Festungsmauern soviel Freiheit wie möglich; nicht nur daß er jetzt lesen und schreiben durfte, was ihm in den ersten Wochen untersagt gewesen war, er konnte sich nun auch auf dem kleinen Eiland frei bewegen, zum Beispiel auf dem kahlen Plateau den kleinen Bauernhof des Kantiniers besuchen.
Nun hatte der Kantinier der Festung aber eine junge Frau, und Honoré-Gabriel begann sich mangels Besserem für diese Madame Mouret zu interessieren. »Es gab im Château d'If nur *eine* Frau, die einer Frau gleich sah, und ich war sechsundzwanzig Jahre alt.« Dazu war sie auch noch unglücklich, klagte ihm ihr Leid und suchte bei ihm Trost. Für einen gutmütigen, ja großherzigen Menschen wie Mirabeau ist Mitgefühl ein vortrefflich stimulierendes Korrelat der Sinnlichkeit. »Ein entsetzliches Vergehen, Anlaß zu dem Verdacht gegeben zu haben, daß ich sie hübsch fand!« Mouret, ihr Mann, ein Rohling, der sie häufig mißhandelte, übrigens eine Gevatterin zur Mätresse hatte, schöpfte Verdacht und wurde eifersüchtig. Als er einer Erkrankung wegen nach Marseille ins Hospital mußte, beschuldigte er Mirabeau, diese Entfernung beim Chirurgen veranlaßt zu haben, und verlangte, daß seine Frau ihm nach Marseille folge. Da sie sich verbarg, ließ er nach ihr suchen. Sie hatte sich aber in Mirabeaus Zelle versteckt, wo es den Alkoven gibt, den man heute noch sehen kann. Als der Kommandant merkte, was sich da entwickelt hatte, sorgte er dafür, Madame Mouret aus dem Fort zu entfernen, vielleicht auch, um sie vor weiteren Brutalitäten zu schützen, mit denen die Rivalin sie traktierte. Mirabeau gab ihr ein Empfehlungsschreiben an Monsieur de Briançon, den Geliebten seiner Schwester Louise. Sie flüchtete nach Grasse und nahm dabei ihre Sachen mit. D'Allègre ließ ihre Koffer kontrollieren, damit der Mann nicht behaupten könne, bestohlen worden zu sein. Madame de Cabris stellte sie als

Magd ein. Doch Mouret ließ sie in Grasse verhaften und polizeilich zurückholen. Er schrieb außerdem einen Brief an die Gräfin de Mirabeau, worin er nicht nur die Liebschaft denunzierte, sondern auch behauptete, Mirabeau habe ihm verschiedene Dinge entwendet, unter anderem auch 4000 Frs. aus der Kantinenkasse, mit denen er seine außerordentlich großen Ausgaben bestreite. Diese ungeheuerliche Anschuldigung wurde später immer wieder ausgegraben und auch von Emilie boshaft gegen Mirabeau verwendet; sie hatte nicht einmal Hemmung, Mourets Brief anläßlich des späteren Eheprozesses in einem Pamphlet zu veröffentlichen, obwohl Monsieur d'Allègre in einem Brief an den Marquis Victor die unwürdigen Unterstellungen entrüstet widerlegt hat und sie zehn Jahre später abermals als gemeine Verleumdung entlarvte. In Wahrheit war die Diebin, wie sich herausstellte, die Geliebte des Mouret, jene Vettel, die seiner Frau gemeinsam mit ihm das Leben in der Festung zur Hölle gemacht hatte. Mirabeau veranlaßte die Geplagte zu einer zweiten Flucht nach Grasse, denn sie war fest entschlossen, nicht mehr mit ihrem Folterknecht von Mann zusammenzuleben.
Während dieses kleine Drama innerhalb der Festungsmauern gerade dem Höhepunkt zustrebte, traf im Château d'If ein Besucher für den Grafen de Mirabeau ein, sein fünf Jahre jüngerer Bruder Boniface. Er kam aus Malta zurück, wo er anders als der Onkel Bailli nicht gerade nach strengen Ordensregeln gelebt hatte; schon begann er auch, sich den Spitznamen »Mirabeau-das-Faß« zu verdienen, den man ihm beilegte, um ihn von dem genialen Bruder zu unterscheiden; sein Leibesumfang war bereits beträchtlich. Die neue Verwicklung, in der er den Bruder fand, wurde ihm freudiger Anlaß, in le Bignon ausgiebig bei dem Vater und der Schwägerin zu berichten, um die Aufmerksamkeit von sich selbst und den auf Malta gemachten reichlichen

Schulden abzulenken, was ihm auch gelang, da er sowieso vom Vater vorgezogen wurde, dem nichts süßer in den Ohren klang als die seine Meinung bestätigenden Berichte über Verfehlungen, Irrtümer und Unordnungen im Leben seines ältesten Sohnes. Auch Emilie fand neuen, willkommenen Vorwand, dem Gatten fernzubleiben.
Besonders wütend war der Marquis, als er erfuhr, daß Honoré-Gabriel wieder oder noch in Verbindung mit Louise de Cabris stand. Denn natürlich hatte Boniface auch von dem Briefwechsel seiner beiden Geschwister erzählt. Ein Schreiben des Herrn d'Allègre goß nur noch Öl in die Flammen seines Zornes; der Kommandant von If schrieb ihm: »Ich bin überzeugt, daß dieses Zeugnis seine Wirkung auf das Herz des *Menschenfreundes* haben wird, der so vortrefflich Lehren in Humanität erteilt hat. Die Gnade, um die ich nachsuche, ist zugunsten eines Sohnes, der durch Ergebung in Ihren väterlichen Willen die gänzliche Umkehr eines hochgeachteten Vaters, den ganz Europa verehrt, wohl verdient hat . . . In den sechs Monaten, die der Herr Graf de Mirabeau auf Befehl des Königs gefangen gehalten wird, hat er nie den geringsten Anlaß zur Klage gegeben, sondern er hat sich immer vollendet korrekt benommen. Mit größtmöglicher Mäßigung hat er sich bei den Disputen aufgeführt, die ich manchmal, um seine Heftigkeit auf die Probe zu stellen, provoziert habe; auf sein Ehrenwort hin habe ich ihm innerhalb des Platzes Freiheit gewährt, die er niemals mißbraucht hat.«
Das Schreiben hatte genau das Gegenteil der erhofften Wirkung zur Folge. Der Marquis wandte sich in seinem Zorn abermals an Monsieur de La Vrillière mit dem Ersuchen, beim König eine neue *lettre de cachet* zu erwirken, durch die sein Sohn in ein anderes Staatsgefängnis, eines außerhalb der Provence, überführt würde. In den Vergünstigungen, die Monsieur d'Allègre dem Gefangenen ge-

währt hatte, sah er nur Pflichtverletzungen des Kerkermeisters. Vor allem lag ihm daran, zwischen den Geschwistern größere örtliche Entfernung zu wissen. Aber auch Emilie schien den boshaften Wunsch zu hegen, daß ihr Mann Gefangener blieb; sie wußte ihrem Vater und ihrem Schwiegervater weiszumachen, daß sie sich vor seiner Freilassung fürchtete.

Dem Opfer selbst aber flößte sie trügerische Hoffnung ein, wenn sie ihm zur Entschuldigung, daß sie im Norden bleiben wollte, schrieb, die kurze Zeit, die seine Haft noch dauern werde, lohne nun nicht mehr die Mühe, eine Reise von zweihundert Meilen zu unternehmen. Honoré-Gabriel rechnete fest mit dem baldigen Ende seiner Prüfung und fiel aus allen Wolken, als er das Gegenteil erfahren mußte. »Die Nachricht von dieser Überführung stürzte mich in unvorstellbare Ratlosigkeit«, schrieb er im *Mémoire* an seinen Vater. »Ich wußte nicht mehr, woran mich zu halten. Monsieur Veyrier, beauftragt mich fortzubringen, verlangte mein Ehrenwort, nicht zu entfliehen. Ich antwortete ihm, Kriegsgefangene gäben ihr Ehrenwort, ich hätte aber noch nie gehört, daß man es auch von Staatsgefangenen verlangte. Die Antwort verwirrte ihn zweifellos. Man hatte ihm anempfohlen, den Ort, wohin ich gebracht wurde, vor mir zu verheimlichen; ich kannte ihn aber schon, doch um sicherzugehen, wollte ich den königlichen Befehl sehen; er zeigte ihn mir. Ich wußte also, daß ich unter die Bären der Jura-Berge verbannt werden sollte.«

Der neue Verbannungsort war die Festung Joux bei Pontarlier, nahe der Schweizer Grenze. Der Gendarmerieoffizier namens Veyrier war erstaunlich großzügig und entgegenkommend; er war übrigens unbewaffnet, während sein Gefangener zwei Pistolen bei sich führte. Er gestattete ihm einen achttägigen Besuch in Grasse bei Louise de Cabris, was der Marquis zum Glück nicht erfuhr. Mit Briançons

Hilfe und, indem sie selbst ein paar ihrer Diamanten verkaufte, beschaffte sie dem Bruder 500 Livres, damit er die im Château d'If hinterlassenen Schulden tilgen konnte. Daß der neue Ort seiner Gefangenschaft so dicht bei der Landesgrenze lag, gab ihm den vielleicht nicht unbegründeten Verdacht ein, sein Vater habe ihm eine Flucht ins Ausland nahelegen wollen, um ihn endgültig loszuwerden. Diese vermutete Absicht warf er ihm später vor, nachdem er tatsächlich ins Ausland geflohen war. Zunächst resignierte er, noch immer in der Hoffnung, durch Wohlverhalten den Vater umzustimmen. Doch »vor mir sah ich nur einen bodenlosen Abgrund. Mein Vater hatte mich wissen lassen, er schicke mich in die neue Festung, um mein Los zu verbessern; doch was für eine Art, es zu verbessern, indem man mich aus einer Gegend entfernte, wo ich Freunde hatte, um mich mitten in Frost und Schnee zu bringen; indem man mich einem Kommandanten entzog, der mich wie einen Bruder behandelte, um mich einem Unbekannten auszuliefern.«

Am 25. Mai 1775 traf Mirabeau in Pontarlier ein. In den Felsspalten lag noch Schnee, ein eisiger Wind blies durch die Talschlucht, über der die beiden Festungen Larmont und Joux auf steilen Felshängen wie »Eulennester« sitzen, »auch an schönen Tagen häufig von Wolken eingehüllt, die sich an den Felszacken zerreißen«.

Joux hatte eine kleine Besatzung von Invaliden; deren Kommandant war ein sechzigjähriger Offizier, Monsieur de Saint-Mauris, der, wie Mirabeau feststellt, »fast ebenso häßlich war wie ich selbst«.

Doch trotz der unwirtlichen Umgebung und des düsteren Eindrucks, den sie auf den Ankömmling machte, erwies sich bald, daß der Aufenthalt nicht ganz so unerträglich war. Nicht nur war der Häftling täglicher Tischgast bei dem Kommandanten, er durfte auch auf die Jagd gehen, wozu

er eine Flinte bekam, durfte alle Tage nach Pontarlier hinabsteigen, wo er sich sogar in einem Gasthaus ein Zimmer mietete, obwohl er prinzipiell die Nächte innerhalb der Festungsmauern verbringen sollte. Vor allem konnte er sich wieder seinen Arbeiten widmen. Er feilte an seinem großen Essay über den Despotismus. Der Vater schickte ihm alte Nummern der *Ephémérides,* der inzwischen eingestellten Zeitschrift der Physiokraten. Er durfte Umgang mit einheimischen Familien pflegen, so mit den Michauds, die eine gute Bibliothek und reiche Archive besaßen, so daß er sich, durch den Festungskommandanten dazu angeregt, mit dem er zu diskutieren pflegte, vornahm, eine Geschichte der Salzbergwerke, *Les Salines de la Franche-Comté,* zu schreiben; sie geriet zu einer scharfen Kritik an der Gabelle, der Salzsteuer, und ihren Pächtern. Die Michauds hatten auch eine erwachsene Tochter; Belinde nannte er sie und bändelte ein Liebesverhältnis mit ihr an. Als der Pfarrer des Kirchspiels Franc-Bourg sich einmischen wollte, drohte er ihm mit Prügeln auf offener Straße. Doch Belinde war nur ein Zeitvertreib, ein leichtes Vorspiel zu sehr viel ernsthafteren Verwicklungen.
Auch die ewigen Geldsorgen hielten an. Der Vater hatte ihm, dem Entmündigten, eine jährliche Pension von 1200 Livres ausgesetzt. Große Sprünge ließen sich damit nicht machen. Um dem abzuhelfen, sann der Graf auf Mittel. Da er einen Urlaub von einigen Tagen erhielt – so weitherzig war immerhin Monsieur de Saint-Mauris –, fuhr er über die Grenze in die Schweiz nach Neuchâtel, um den *Essai sur le Despotisme* dem »königlich preußischen Buchhändler« Fauche anzubieten, der das Manuskript auch erwarb und herausgab. Neuchâtel war bekanntlich eine preußische Enklave. Mirabeau selbst rückte später von dem frühen Werk ab: »Ich weiß, daß die Eile, in der ich dieses Buch geschrieben habe, nicht auf Nachsicht ein Recht gibt, und daß alle

Autoren dem Beispiel des beredten Rousseau folgen sollten, der seine Talente solange reifen ließ, ehe er ihnen sich zu entfalten erlaubte; doch ich bestimmte damals ein formloses Manuskript zum Druck, das ich nur als eine Gedankensammlung ansah, und an das ich nicht den geringsten Anspruch stellte.« Es war also hauptsächlich der Wunsch nach klingender Münze, der ihn zum Verkauf und zur Veröffentlichung veranlaßte. Das aufrührerische Werk kam anonym heraus. Alle Welt zerbrach sich alsbald den Kopf darüber, wer Autor einer so kühnen Schrift sein könnte, auch die französische Zensurbehörde.

Nur Monsieur de Saint-Mauris hegte einen Verdacht, da er gewisse Gedanken seines jungen Zwangsgastes aus den Tischgesprächen wiederzuerkennen meinte. Relative Gewißheit kam ihm aber erst, als Eifersucht ihn hellsichtig machte. Honoré-Gabriel lief ihm nämlich den Rang bei einer von ihm lüstern hofierten Dame ab. Für den soviel jüngeren und glücklicheren Rivalen handelte es sich allerdings zum ersten Mal auch um mehr als Liebelei: um eine verzehrende Leidenschaft.

»Ich bemerkte mit Schrecken den Aufruhr, der sich in meinem Inneren entfacht hatte, und versuchte ihn zu dämpfen, indem ich mich meiner Pflichten entsann.«

Die Dame, die den Aufruhr in ihm erregte, war die Marquise Sophie de Monnier.

Sophie

Bis dahin hatte ich nur Beziehungen der Galanterie gekannt, die durchaus nicht Liebe, sondern nur Liebeslügen sind.

Honoré-Gabriel Graf de Mirabeau

Zu Ehren der Krönung Ludwigs XVI. gab Monsieur de Saint-Mauris am 11. Juni ein Bankett auf der Festung Joux, zu dem die Honoratioren aus der Umgebung, namentlich auch aus dem Städtchen Pontarlier, eingeladen worden waren. Der Graf de Mirabeau durfte bei dem Wohlwollen des Gastgebers für seinen sechsundzwanzigjährigen Schutzbefohlenen daran teilnehmen; seines Ranges wegen erhielt er sogar einen Ehrenplatz, und als ein in der Gegend Fremder mit abenteuerlichem Geschick erregte er die Neugier der ein wenig provinziellen Gesellschaft, die er trotz einer gewißen Plumpheit der Person und des Auftretens mit seinem südländischen Feuer, der Originalität seiner Gedanken und dem Zauber seines Redeflusses in den Bann zu schlagen wußte. Er saß als Tischherr neben der Gattin eines hohen, fast siebzigjährigen Juristen aus dem Parlamentsadel, des Marquis Claude-François de Monnier. Die Marquise Sophie de Monnier war freilich eine sehr junge, mollige Frau mit üppigem Mund und einer Stupsnase, hoher Stirn und schönem dunklen Haar.

Die ungleiche Ehe hatte eine pikante Vorgeschichte. Sophie war die zweite Frau des nun im Ruhestand lebenden Gerichtspräsidenten. Aus erster Ehe hatte er eine Tochter, die sich als junges Mädchen in einen Offizier der Musketiere, Herrn Le Bœuf de Valdahon, verliebt hatte. Da ihr verwitweter Vater sich jedoch der Verbindung widersetzte, ließ sie eines Abends den Geliebten heimlich in ihr Schlafzimmer ein. Der argwöhnische Alte überraschte das liebestrunkene Paar und riß die Hose des Musketiers an sich, um sie zum hellen Gespött der kleinen Stadt vor Gericht als Beweisstück gegen den dreisten Jungfernschaftsdieb vorzulegen. Mademoiselle wurde schnöde in ein Kloster gesperrt. Doch als sie zwanzig Jahre alt wurde, schloß sie entgegen dem Willen ihres vor Wut schnaubenden Vaters durch Spruch des Parlaments von Besançon die Ehe mit ihrem geliebten Verführer, unter dem Beifall des von der Beständigkeit der Liebenden gerührten Publikums, während die öffentliche Meinung dem hartherzigen Vater Familientyrannei vorwarf.

Obwohl von frömmelndem Gemüt, sann er von Stund an darauf, sich an der ungehorsamen Tochter zu rächen. Eine naheliegende Rache war, sich wieder zu verheiraten und ein spätes, zweites Kind zu zeugen, das mit eigens begünstigtem Anspruch ein durchaus nicht kleines Erbe schmälern würde, ein Erbe, das aus verschiedenen Schlössern und Grundherrschaften bestand; ja, man konnte die Tochter sogar gänzlich leer ausgehen lassen, wenn das Wunschkind ein Sohn werden sollte; doch da er leise Zweifel an seiner Lendenkraft zu haben schien, so setzte er gern hinzu, »selbst wenn er den erhofften Sohn dem Eingreifen des heiligen Geistes verdanken müßte«, was bei einem so gottesfürchtigen Mann ein ganz und gar frommer Wunsch war. Er sah sich also unter den Töchtern des Landes nach einem gebärfreudigen Weibe um.

Ein Kollege von ihm, der Präsident des Rechnungshofes von Dijon, Richard de Ruffey, hatte sechs Kinder, von denen die jüngste Tochter just ins heiratsfähige Alter gekommen war. Der Vater hatte sie, als sie fünfzehn Jahre alt wurde, einem berühmten Gelehrten zur Frau angetragen, dem zweiundsechzigjährigen Buffon, dem Verfasser der *Histoire naturelle,* der in weiser Resignation den Vorschlag abgelehnt hatte. Als de Ruffey dem noch älteren Freier das junge Mädchen zuführte, konnte sich sein Freund Voltaire, selbst längst ein Greis, die Bemerkung nicht verkneifen: »Ich wußte gar nicht, daß Monsieur de Monnier ein Jüngling im Heiratsalter ist. Nun, ich gratuliere ihm; er ist zu beneiden, daß er Ihre Tochter zur Frau erhält. Ich wünsche den beiden alles nur mögliche Gedeihen.« Den Umständen nach konnten eher Zweifel am Gedeihen der Verbindung aufkommen.

Jedenfalls wurde Marie-Thérèse-Sophie Richard de Ruffey am 1. Juli 1771, vier Jahre vor der verhängnisvollen Begegnung mit dem Grafen de Mirabeau, zur Marquise de Monnier. Seitdem führte sie ein moroses Leben in dem weiträumigen und freudlosen Haus in Pontarlier, in das de Monnier sich seit seiner Verabschiedung als Präsident der Rechnungskammer von Dôle zurückgezogen hatte. Er liebte es, seine junge Frau ständig zu maßregeln, und ließ an ihr seine Herrschsucht aus. Sie hatte auf ihn die kindliche Furcht übertragen, die sie vor ihrem Vater empfunden hatte. Blasse Abwechslung in der Monotonie des Provinzlebens boten die Wochen während der Sommermonate, in denen man nach dem Schloß Montpelat, einem Besitz der Monniers, umzog. Auch dort gehörten die endlosen Whistpartien mit dem Gatten zu den Pflichten, und die seltenen Vergnügungen bestanden aus gelegentlichen Wagenpartien und Fahrten zu einem Wallfahrtsort.

Die großgewachsene, ein wenig linkisch wirkende Frau mit der sehr weißen Haut und einem vollendet geformten Busen hatte einmal leichtsinnigerweise in der Langeweile ihres Ehelebens eine Beziehung zu einem Monsieur de Montperraux gehabt, einem Offizier der königlichen Artillerie. Sie hatte mit ihm Briefe gewechselt und ihm sogar vertrauensvoll ein Bild von sich gegeben. Sie mußte es bald schon bereuen, denn ihr undelikater Verehrer erpreßte sie damit und forderte Geld von ihr, obwohl ihr geiziger Mann sie sehr knapp zu halten pflegte. Es gelang ihr dann offenbar, Bild und Briefe zurückzubekommen, ehe de Monnier Verdacht schöpfen konnte.

Das Festbankett, bei dem sie den Grafen de Mirabeau kennenlernte und einen starken Eindruck von ihm erhielt, wurde zum Beginn einer sehr viel folgenschwereren Beziehung, obwohl Herr und Frau de Monnier zunächst im Juli und für einen Teil des Augusts sich aus Pontarlier entfernten, um wie üblich ein paar Sommerwochen auf Schloß Montpelat zu verbringen.

Honoré-Gabriel fürchtete sich zum ersten Mal vor der Liebe. Sophie rührte einen Gefühlssturm in ihm auf, der ihn nach einer Rettung vor der großen Leidenschaft Ausschau zu halten zwang. Er schrieb an seine Frau, um sie zu sich zu rufen: »Unsinniger, der ich war. Kann man denn einer solchen Passion gebieten? Immerhin versuchte ich es . . . Ich schrieb an Madame de Mirabeau den stärksten, drängendsten, von Augenblicksberedsamkeit funkelndsten Brief, um sie zu bewegen, zu mir zu kommen und mein Schicksal zu teilen, wie alle göttlichen und menschlichen Gesetze es ihr geboten. Ich schlug ihr vor, uns in die Schweiz zurückzuziehen, wo wir von unseren Einkünften leben könnten oder, wenn nötig, selbst ohne diese Hilfe, denn meine Arbeit gab mir die Möglichkeit zu unserem Unterhalt.« In der Tat hatte der Buchhändler Fauche ihm ein Fixum von tausend Talern geboten, sofern er für ihn allein arbeiten wollte. »Wenn sie eingewilligt hätte«, fährt Mirabeau in seinem *Mémoire* fort, »so hätte ich, dafür gebe ich mein Ehrenwort, meine Beziehung abgebrochen, und wäre ich auch vor Schmerz daran gestorben. Alles hätte ich vergessen, außer der Bindung, die mich mit Madame de

Mirabeau vereinigte. Mit Eifer hätte ich für meinen Unterhalt gearbeitet . . . Vielleicht wäre meine Leidenschaft für Madame de Monnier nicht bis zum höchsten Grad des Deliriums gediehen oder zum mindesten war ich noch nicht durch die heiligste der Ketten gefesselt, die der geschuldeten Dankbarkeit.«

Als er an seine Frau schrieb, hatten die Dinge sich allerdings schon weiterentwickelt. Übrigens war Emilies Antwort kategorisch: »Sie sind wohl verrückt?« Sie dachte gar nicht daran, die eheliche Gemeinschaft wieder aufzunehmen. Und Mirabeau stellte resigniert fest: »Torheit, auf einem Baum, der nur taube Blüten trägt, nach Früchten zu suchen.«

Zum zweiten Mal traf er Sophie ganz zufällig in Begleitung von anderen jungen Leuten, als er an einem schönen Herbsttag Arm in Arm mit Jeanneton-Belinde spazieren ging. Da er die Marquise begrüßte und ihre Begleitung ebenfalls Standespersonen waren, riß Jeanneton sich von seinem Arm los und flüchtete in die Büsche. Sophie wandte sich ihm freundlich zu und lud ihn ein, am folgenden Tag an einer Landpartie nach dem unteren Montepot teilzunehmen, die sie mit Freunden und Freundinnen unternehmen wollte, um eine Madonnenkapelle zu besuchen und anschließend im Grünen ein Picknick zu halten.

Am Tag darauf ist strahlend schönes Wetter. Die Gesellschaft besteht aus lauter jungen Leuten, die von ein paar Bedienten begleitet werden. Die Marquise fährt im Wagen, dem noch andere Wagen mit anderen Damen folgen, während die jungen Herren wie auch Mirabeau zu Pferd neben den Wagenschlägen hertänzeln. Nach dem kurzen Besuch in der Kapelle, der ja nur zum Vorwand für den Ausflug dient, richtet man sich auf Schemeln und im Gras unter hohen Buchen ein, die Bedienten packen Leckerbissen aus den Körben aus und Flaschen werden entkorkt. Mirabeau ist eifrig um die Marquise de Monnier bemüht. Nach dem Blindekuhspiel ergeht man sich paarweise, und natürlich ist sie seine Partnerin. Sie neckt ihn mit Jeanneton, doch er versichert ihr mit großem Ernst, daß er eine andere Frau liebt. Er macht ihr rundheraus eine Liebeserklärung, die sie halbherzig zurückweist: »Sie werden zu den Frauen in den großen Städten zurückkehren; ein Mann wie Sie wird über dem Ehrgeiz immer die Liebe vergessen.« Ist es nicht eher eine Ermunterung, verrät es nicht bereits, daß sie seiner Werbung gegenüber durchaus nicht unempfindlich ist?

Jedenfalls kam es zu vertraulichen Geständnissen von beiden Seiten. Sie erzählte ihm sogar von dem nicht sehr geglückten Flirt mit dem Artilleristen und von den kompromittierenden Briefen, die zurückzuholen er sich erbot, was sie erschrocken ablehnte. Auch über Monsieur de Saint-Mauris redeten sie; der schon betagte Offizier hatte Sophie mit zudringlichen Anträgen bestürmt und sich von ihr eine Abweisung geholt. Er war eng mit Monsieur de Monnier befreundet, weswegen die Marquise in seinen Verführungsversuchen eine besondere Infamie erblickte. Die Verliebtheit des alten Schwerenöters sei seitdem in Haß umgeschlagen, den sie aber lieber ertrage als seine wiederholten Annäherungsversuche, zumal er nie so abstoßend sei, wie wenn er rührselig werde. Vor allem erzählte sie aber auch von ihrer unglücklichen Ehe, was Öl ins Feuer von Mirabeaus Leidenschaft goß.

»Man bezeugte mir Interesse, man entwickelte alle Reize, die mich stark verführen können, die Reize einer großmütigen Seele und die eines angenehmen Geistes«, obwohl die Marquise durchaus keine besonders schöne Frau war. Häufig hatte sie gerötete Augen, vielleicht von zuviel heimlichem Weinen. Aber: »Ich war damals sehr unglücklich und mit dem Unglück steigt die Anfälligkeit des Gefühls.«

Sie bittet ihn, sie in Pontarlier oft zu besuchen, und er läßt sich nicht zweimal bitten. Er wird ein häufiger Gast im Haus des Gerichtspräsidenten, der sich darüber freut, in ihm einen Whistpartner zu gewinnen.

Unterdessen hatte er sich wieder vergeblich um eine Rittmeisterstelle beworben; auch daß seine Mutter sich auf seinen dringenden Wunsch hin um seine Bestallung bemühte, führte zu nichts. Kann man auch aus diesen Versuchen Furcht vor der Fesselung durch die Liebe und Fluchtgedanken herauslesen?

Seine Leidenschaft nahm um so mehr zu, als die Marquise noch vor dem letzten Schritt zurückscheute und sich wochenlang verweigerte, in der schönen Illusion bloßer Freundschaft. Längst duzten sie sich heimlich, aber das Du entschlüpfte ihnen zuweilen auch in der Öffentlichkeit, und es gab in der kleinen Stadt Ohren, die es aufmerksam zur Kenntnis nahmen. Er bestürmte Sophie mit rabulistischer Libertinerlogik, um ihre Einwände, die Berufung auf Sittsamkeit und Klugheit, zu besiegen. In der Erinnerung an diese erste Zeit wird er später in Vincennes in den *Dialogues* den ungleichen Disput der Liebenden noch einmal aus dem Gedächtnis wiederholen und für Sophie zu Papier bringen. Wenn sie sich auf das Gebot des Anstands und der Sitte berief, tat er es als wertloses Vorurteil ab, denn auch die Liebe habe ihre Gebote, vor denen alles andere schweigen müsse. Und wenn sie von den Pflichten der Ehe sprach und ihn sogar an seine pflichtvergessene Gattin erinnerte, beschwor er sie, sich nicht auf die gleiche Stufe mit Emilie de Marignane zu stellen. Eine Ehe wie die ihre mit Herrn de Monnier sei nichtig, da sie mit ihm nur Wappen und Namen gemeinsam habe, sonst aber nichts. Genügte es nicht, daß sie dem alten Ehemann freundliche Gefährtin, Helferin in Haus und Geschäften, Pflegerin seines müden Leibes bleibe? Zu kränken, zu erniedrigen brauche sie ihn ja nicht; doch »wie kann er Deine Reize beanspruchen, da er sie doch nicht zu genießen vermag? Der Verlust, den er scheinbar hätte, ist ja nur imaginär . . . Die Scham«, meint er, um auch dieses innere Hemmnis zu überwinden, »die Scham besteht so wenig darin, alles zurückzuweisen, wie die Mäßigkeit darin liegt, vor Hunger zu sterben . . . Tugend hat gar nichts mit der klösterlichen, naturwidrigen Forderung nach sogenannter Enthaltsamkeit zu tun . . . Eine Frau, die einem Mann ihre Liebe gestanden und einen Kuß gegeben hat, schuldet ihm ihre volle Gunst.«

Schließlich gewährte sie ihm für den 13. Dezember bei einer Freundin, Madame Barbaud, ein Rendezvous. Und da – bekennt er – »wurde ich glücklich.« Noch Jahre danach schwärmt er: »Welche Augenblicke, welche Wonnen, welche gedrängten Entzückungen!« Und er schwört: »Die heiße Liebe, mit der ich mich nach Dir verzehre, wird nicht erkalten, solange ich lebe.« Irrtum der Leidenschaft. Die Liebenden wurden immer unvorsichtiger, so daß Freunde sie warnen mußten. Der Klatsch begann ganz Pontarlier zu beschäftigen und erreichte zwar nicht die Ohren des Marquis de Monnier, aber die des Kommandanten von Joux, und er geriet in Zorn auf seinen Schutzbefohlenen und Rivalen.

Zum Dreikönigsfest 1776 waren sie zusammen im Haus de Monnier eingeladen, und es ergab sich, daß Mirabeau Bohnenkönig wurde. Er setzte die Krone bei tiefem Blick der Herrin des Hauses auf, was den Ingrimm des Kommandanten nicht gerade verminderte.

Hinzu kam ein weiteres Argument. Ein Geschäftsmann aus Pontarlier brachte einen Wechsel über 1500 Livres zu Monsieur de Saint-Mauris; Mirabeau hatte ihn zugunsten seines Verlegers Fauche ausgestellt und sich damit im voraus das Honorar für sein Buch beschafft. Der Wechsel war zwar noch nicht fällig; der Kaufmann wollte sich auch nur über

die Bonität des Ausstellers informieren. Da Mirabeau jedoch entmündigt und bankrott erklärt worden war, durfte er freilich derartige Finanzpapiere gar nicht ausgeben. Außerdem schien sich nun der Verdacht zu bestätigen, daß er auch der Autor des ärgerlichen Pamphlets über den Despotismus war. Kam es heraus, daß Monsier de Saint-Mauris durch die Gewährung eines Urlaubs dem Erscheinen, wenn auch ungewollt, Verschub geleistet hatte, konnte er selbst in Schwierigkeiten geraten.
Am 10. Januar stellte er Mirabeau zur Rede, warf ihm den Vertrauensbruch vor und drückte ihm höchst ärgerlich seine Mißbilligung aus. Die Ausstellung des Wechsels scheute er sich nicht, einen glatten Betrug zu nennen. »Diese törichte Übertreibung des Herrn de Saint-Mauris machte keinerlei Eindruck auf mich; ich bewies ihm leicht ihre Absurdität. Doch ein Mann, der die Autorität in den Händen hat, behält recht, wenn er will; er braucht nur auf seiner Meinung zu beharren . . . Die Unverschämtheit seiner Worte machte die Auseinandersetzung äußerst stürmisch.« Zumal der alte Offizier ihm auch seine Beziehung zu Madame de Monnier vorwarf, die ganz Pontarlier skandalisiere; eine Kokotte wie diese Dame werde ihn unweigerlich ins Verderben stürzen. Das ließ sich Mirabeau nicht sagen. »Ich antwortete dem Herrn de Saint-Mauris, daß der König, indem er ihm meine Überwachung übertragen habe, ihn dadurch noch lange nicht berechtigt habe, das, was er meine Liebelei zu nennen beliebe, zu beaufsichtigen.«
Doch der Kommandant verbot ihm, von nun an die Festung Joux zu verlassen. Mit den Besuchen in Pontarlier wäre es damit vorbei gewesen. Nur die vereinigten Bitten der Marquise und des Marquis de Monnier, die für den 14. Januar einen Hausball zu Ehren des Grafen de Mirabeau vorbereitet hatten, bewogen erstaunlicherweise Monsieur de Saint-Mauris, die strenge Maßnahme um vier Tage

hinauszuschieben, eine Nachgiebigkeit, die eigentlich geeignet ist, ernsthafte Zweifel an der Darstellung Mirabeaus einzugeben, der den Kommandanten immer nur als einen vor Eifersucht blindwütigen Unmenschen schildert. Der Aufschub, den man ihm gewährte, änderte den Lauf seines und Sophies Lebens.

Nach dem Ball kehrte er nicht mehr in die Festung zurück. Als die letzten Gäste gingen und die Kerzen gelöscht wurden, versteckte er sich in einem großen Schrank bei ihrem Schlafzimmer mit Einwilligung Sophies. Dort verpflegte sie ihn heimlich am nächsten Tag, und in der Dunkelheit des Januarabends schlich er sich zum Haus von Madame Barbaud, die auch ihren Rendezvous Vorschub geleistet hatte. Hier schrieb er einen Brief an den Kommandanten, um ihm seinen Ausbruch mitzuteilen. »Ich habe mich, Monsieur, einer Autorität entzogen, die, tyrannisch geworden, mir mehr und mehr Fallen gestellt hat, wie ich sie von einem Ehrenmann nicht erwartet hätte. Vielleicht werden Sie einige Gewissensbisse fühlen, wenn Sie bedenken, daß Sie alles getan haben, um einen hoffnungsvollen jungen Mann ins Verderben zu stürzen, dem Sie doch nichts vorzuwerfen hatten. Denn was ging Sie ein Wechsel an, dessen Begleichung ich erst schulde, wenn er fällig wird? Nennen Sie, wenn Sie können, einen anderen Grund Ihrer Unzufriedenheit, und wenn Sie es nicht können, dann geben Sie zu, daß es eine Perfidie war, meinen Vater gegen mich aufgebracht zu haben in einem Ausmaß, das mir jede Versöhnung mit ihm unmöglich macht, und meine Überführung verlangt zu haben, während Sie immer mit heiterer Miene meine Hand drückten und mich umarmten.«

Und an den Vater schrieb er am 18. Januar: »Wenn man mich unbedingt ins Verderben stürzen will, muß ich mich ja wohl retten!«

Tatsächlich hatte Monsieur de Saint-Mauris an den Marquis Victor geschrieben und einen Abtransport seines Schutzbefohlenen vorgeschlagen; der »Menschenfreund« hatte als neuen, strenger bewachten Festungsort Château Doullens in der Picardie vorgesehen.
Nach Mirabeaus Untertauchen erließ der Kommandant in Joux den Befehl, ihn festzunehmen, und die Gendarmerie machte sich auf die Suche. Das Haus von Madame Barbaud war kein allzu sicheres Versteck, doch Freunde, darunter auch die verschmähte Jeanneton und ihr Bruder, machten nacheinander andere Zufluchtsstätten ausfindig, und so wechselte der Flüchtling mehrfach das Quartier. Ein paar Tage wohnte er bei dem Barbier, dann bei einem Schreiner, sogar der Gerichtsdiener beherbergte ihn eine Weile, auch in einem Bauernhaus fand er Unterschlupf. Die Marquise, natürlich über seinen wechselnden Aufenthalt im Bild, brachte ihm Verpflegung, Leckerbissen und Bücher, lenkte aber dadurch die Aufmerksamkeit auf das Versteck, so daß es schon bald wieder untauglich wurde, zumal ihn andere Freunde und Freundinnen ebenfalls besuchten. Er selbst war auch nicht vorsichtig; nachts machte er sich auf Spaziergängen und Ausflügen Bewegung, schlich sich auch zu der Geliebten ins Haus Monnier. Fünf Wochen dauerte dieses heimliche Treiben.
»Ich war in Umstände geraten, in denen man nur noch Fehler begehen kann.«
Als er wieder einmal in dunkler Nacht durch den Garten den Weg in Sophies Schlafzimmer sucht, wird er von Bedienten gesehen, die einen Einbrecher vermuten und Lärm schlagen. Man holt Licht und umringt ihn in rasch bewaffneter Schar. Totenbleich kommt die Herrin hinzu. Doch er begrüßt sie in größter Unbefangenheit und verlangt zu Herrn de Monnier geführt zu werden. Der Marquis, bereits in Nachtmütze und Schlafrock, empfängt ihn ein wenig

erstaunt, und Mirabeau macht ihm weis, er sei auf einer heimlichen Reise aus der Schweiz nach Paris und habe nicht durch Pontarlier kommen wollen, ohne seinen Freund und geschätzten Whistpartner auf einen Sprung zu besuchen. Da die Reise aber nur in größter Heimlichkeit vor sich gehen könne, bitte er darum, die Dienerschaft zusammenzurufen und sie auf striktestes Stillschweigen zu verpflichten, was denn auch geschah.

Zum Eklat kam es erst, als ein Pfarrer den Ehemann über die Tatsachen aufklärte, die inzwischen schon ganz Pontarlier bekannt waren, Nach der Aussprache, zu der es zwischen Sophie und dem Gatten kam, stellte der Präsident seine Frau zu ihrer größten Demütigung unter die Aufsicht des Hauspersonals, bis sie ihm wütend und unter Tränen versicherte, lieber im Kloster leben zu wollen als unter der Bewachung durch ihre Dienerschaft. Den Ehebruch habe sie nur mit Rücksicht auf ihn möglichst vor den Augen der Welt verborgen; lieber wäre es ihr, ihre Liebe, auf die sie bei seiner Impotenz ein Recht habe, laut vor allen Menschen zu bekennen. Sie verlangte, zu ihrer Familie zurückzukehren. Sie wurde daraufhin von dem seinem Herrn ergebenen Kutscher nach Dijon gebracht, wo ihre Eltern und Geschwister lebten. Der Empfang war, wie sich denken läßt, kein herzliches Willkommen.

Mirabeau folgte der Geliebten heimlich. In Dijon wohnte er bei einer Wäscherin ganz in der Nähe des Hauses der Familie Richard de Ruffey. Als der Grand-Prévot von Burgund, Monsieur de Montherot, einen offiziellen Ball gab, führte Madame de Ruffey auch ihre Tochter Sophie hin, um Gerüchte über den peinlichen Hintergrund des Besuches im Elternhaus zu dementieren. Da tauchte aber mitten in einem festlichen Menuett im Ballsaal eine robuste Gestalt auf mit breiten Schultern und dickem Kopf, der durch die wirre Perücke noch größer erschien, und ließ sich mit dem Komödiennamen Marquis de Lancefoudras vorstellen. Am Erschrecken Sophies merkte die Mutter sofort, mit wem sie es zu tun hatte; sie brachte die Tochter schleunigst nach Hause und ersuchte am folgenden Tag den Grand-Prévot, den angeblichen Marquis de Lancefoudras verhaften zu lassen. Monsieur de Montherot ließ sich den Verhafteten vorführen, der aus seiner Identität kein Hehl machte, doch das Gespräch, das sie miteinander führten, gewann den Beamten im Handumdrehen, so daß er von der Einlieferung in den Kerker absah. Mirabeau durfte weiterhin in der Stadt wohnen, gegen das Ehrenwort, sie nicht zu verlassen, und so konnte er in heimlicher Verbindung mit Sophie bleiben, obwohl sie argwöhnisch überwacht wurde. Sein neuer Gönner setzte sich beim Kriegsminister sogar dafür ein, dem Rittmeister *à la suite* seinem Rang entsprechend eine Stelle in einem Regiment einzuräumen, was durchaus nicht aussichtslos schien. Jedoch um sich keine Nachlässigkeit zuschulden kommen zu lassen, erbat er sich gleichzeitig auch bei dem Minister des königlichen Hauses, Monsieur de Malesherbes, Instruktionen, wie mit dem zweimal Bannbrüchigen zu verfahren sei, den er nun doch in die Festung Dijon einschloß. Der Minister, der kurz vor seinem Rücktritt stand, im übrigen ein sehr menschlich denkender Mann, der zudem die ständigen Gesuche und Rekriminationen des »Menschenfreundes« satt hatte, verfügte zwar offiziell, den Delinquenten nach dem Wunsch seines Vaters auf die Festung Doullens zu bringen, gleichzeitig aber ließ er dem Bedrohten einen unmißverständlichen Wink zukommen: er solle, um diesem Schicksal zu entgehen, ins Ausland entweichen. Übrigens riet der Marquis Victor seinem Sohn dasselbe, wenn auch mit beleidigenden Begründungen.

Inzwischen hatte die Familie Ruffey die Sünderin durch ihre beiden bigotten Schwestern wieder zu ihrem Ehemann

zurückbringen lassen, wo sie unter deren Bewachung scheinbar resignierend lebte, jedoch in ständiger heimlicher Briefverbindung mit dem Geliebten blieb. Ihre Mutter aber war nach Paris gereist, um sich mit dem Marquis Victor zu treffen und gemeinsame Schritte zu unternehmen zur endgültigen Festsetzung des Ehebrechers möglichst an einem noch gesicherteren Ort als Doullens, nämlich auf dem Mont Saint-Michel in der Normandie. Sie bestürmten zusammen den Herzog de Nivernais, Minister ohne Portefeuille, der auch eine entsprechende *lettre de cachet* ausstellen und von Ludwig XVI. unterzeichnen ließ.
Da jedoch Malesherbes außer der amtlichen strengen Instruktion dem Grand-Prévot die vertrauliche Mitteilung hatte zukommen lassen, er möge einem Entweichen des Grafen de Mirabeau Vorschub leisten, hatte Monsieur de Montherot seinem Häftling das Ehrenwort zurückgegeben, und so entwich Honoré-Gabriel nach einem ersten mißglückten Versuch in der Nacht vom 25. auf 26. Mai 1776 aus der Festung und verließ in Begleitung zweier Freunde Dijon. Er ging über Pontarlier, wo er die Freundin vergeblich zu sehen gehofft hatte, in die Schweiz, während die beiden Freunde zurückblieben, in der Absicht, Sophie zu befreien. Zweimal war sie im Reitkostüm schon bereit und das Pferd wartete hinter der Gartenmauer. Doch die Flucht schien fast unmöglich; die älteste Schwester, eine Stiftsdame, ließ sie keinen Augenblick aus den Augen; Sophie mußte im selben Zimmer wie sie schlafen, eine Schnur um den Fuß, die am Arm der Schwester befestigt war. Als einmal ein Brief Mirabeaus, den ein Schmuggler gebracht hatte, abgefangen worden war, drohte man ihr, sie in die Pariser Salpétrière, eines des Dirnengefängnisse, zu bringen. Trotzdem – man fragt sich, durch welche List? – gelingt es, die Korrespondenz aufrechtzuerhalten; sie schreibt ihm heimlich zwanzig Seiten lange Briefe. In ei-

nem, der, unter Deckadresse und Pseudonym, an den Grafen de Montchevrey bei einem Juwelier in Thonon adressiert ist, heißt es:
»Ich schwöre, Dir zu gehören, nur Dir allein, nur Deiner Liebe, ich schwöre, daß nichts in der Welt diese Liebe trüben kann, die ich geschworen habe. Fürchte nichts! Wenn man mir irgendwelche Fallen zu stellen versuchte, ich wüßte sie zu vermeiden. Ich habe bereits erklärt, daß ich es auch dann für eine Fälschung hielte, sähe ich mit eigenen Augen in Deiner Handschrift geschrieben, Du liebtest mich nicht mehr, und trüge diese Schrift auch alle uns vertrauten Kennzeichen, alle Eigentümlichkeiten, die mich veranlassen müßten, sie wiederzuerkennen – so sicher bin ich Deiner, so sehr zähle ich auf Deine Beteuerungen, auf Deine Liebe.«
Die abenteuerlichsten Fluchtpläne schmiedet sie, sie stellt sich vor, in einem Koffer ihren Wächtern zu entkommen, wenn er nur ein wenig ausgepolstert wäre. Sie fürchtet, von ihrer Familie vergiftet zu werden.
Honoré-Gabriel wartet indessen kurz hinter der Schweizer Grenze in Verrières auf ihr Kommen, mehrfach schickt er Helfer nach Pontarlier, aber die Tage und Wochen verstreichen. Und obwohl er fast wahnsinnig wird vor Warten, weiß er doch auch: »Es war mir klar, daß es die größte Torheit war, sie zu entführen. Wenn ich im Ausland die Vorteile nutzen wollte, die meine Jugend, meine Geburt und mein Degen mir einbringen konnten, dann mußte ich allein gehen.« Und später wird er schreiben: »Das war der Zeitabschnitt des größten Fehlers in meinen Leben, eines Fehlers, den zu verkleinern ich nicht beabsichtige . . . Ich überließ mich meinen Empfindungen aus Ohnmacht, mich ihnen zu entziehen. Meine Freundin war in ihrer höchsten Verzweiflung zu allem fähig, außer mich aufzugeben. Einzigartige Frau unter allen! Meine ganzen Leiden legte sie

sich selbst zur Last, während ich doch alle ihren verursacht habe. Ach, wie eine solche Trunkenheit doch rührend und ansteckend ist! Ich behielt mehr Vernunft als sie, und doch behielt ich nur sehr wenig. Zerrissen von ihren Tränen und meinem Bedauern, kochend vor Liebe und Empörung, gezwungen zwischen den größten Übeln zu wählen, zog ich jene vor, die mir Kompensationen versprachen.«
Dem Vater gegenüber wird er sich später zu rechtfertigen versuchen: »Zweifellos hatte ich unrecht, mich so an Madame de Monnier zu binden, wie ich es tat; doch diese Bindung einmal vorausgesetzt, über die zu befinden keine Zeit mehr war, war ich im Recht, alle Mittel zu suchen und zu finden, um ihr zu dienen: sie konnte und mußte alles verlangen, was nicht Gift oder Mord war. Sie hatte zum Beistand nur mich. Sie war kompromittiert und durch meine Schuld dem Verderben ausgeliefert. Trotz aller Widerwärtigkeiten und Gefahren hatte ich von ihr Beweise der Hingebung erhalten. Wie hätte ich sie im Stich lassen können, wenn ich sie verteidigen konnte! Ach, ich wäre ja sonst der Niedrigste der Menschen gewesen.«
Da der Aufenthalt in Verrières sich hinzog, konnte er nicht mehr als sicher gelten. Marquis Victor hatte für 31 Livres pro Tag plus Spesen zwei Polizisten in Dienst genommen und auf die Verfolgung seines Sohnes geschickt; unbedingt sollten sie seiner habhaft werden. Sie hießen Muron und Bruguières. Eine abenteuerliche Hetzjagd begann; mehrfach waren sie ihm dicht auf den Fersen. Dem »Menschenfreund« kam diese kostspielige Verfolgung auf 6600 Livres zu stehen, ihm, der sich immer geweigert hatte, zugunsten des nun Verfolgten die geringste Sonderausgabe zu machen. Honoré-Gabriel ging nach Thonon am Genfer See und rief seine Schwester Louise de Cabris zu sich, die nach den Skandalen Grasse verlassen hatte und in Lyon lebte. In Reithosen traf sie zusammen mit ihrem Liebhaber Brian-

çon bei dem Bruder ein, bereit, ihn in seiner schwierigen Liebesangelegenheit auf jede Weise und nach allen Kräften zu unterstützen. Sie gab sich als Mademoiselle Raucourt aus, jene berühmte Schauspielerin der *Comédie Française*, deren lesbische Abenteuer die zeitgenössische *chronique scandaleuse* füllten; sie brachte auch eine siebzehnjährige Waise mit, Mademoiselle de la Tour-Boulieu. Zu viert suchte man Schloß Balmes auf, den Besitz des kleinen Fräuleins. Mirabeau bettelte bei der jugendlichen Schloßherrin um Trost, den sie ihm auch durchaus nicht verweigerte, vielmehr mit ihrer ganzen Person spendete. Vier Tage und vier Nächte verließen sie nicht das Schlafzimmer, bis die allzu trostreiche Orgie von einer langen Ohnmacht und Herzbeschwerden des Grafen unterbrochen wurde. In Genf, wohin man sich wiederum zu viert begab, verkaufte Louise von ihrem Schmuck, um die gemeinsamen Schwelgereien zu bezahlen, in denen er wieder Kräfte sammelte. Dann reisten sie, obwohl es ein gefährliches Wagnis war, nach Lyon.

Sophie, in ihrer erzwungenen Klausur, ahnte natürlich nichts von den Exzessen des Geliebten, obwohl sie ihre Befürchtungen haben mochte, zumal er ihr in den Briefen von seiner jungen Begleiterin erzählte, freilich ohne die ganze Wahrheit einzugestehen. Sophie schrieb ihm: »Damals glaubte ich es für Deine Gesundheit notwendig, daß Du Dich zuweilen mit irgendeinem Mädel abgabst, und ich fand mich mit der körperlichen Untreue ab. Doch jetzt ist es anders, ich wäre darüber untröstlich.« Sie riet ihm, wenn sein Trieb allzu stark werde, zu onanieren. Als Antwort warf er ihr mangelnde Sinnlichkeit vor; ihr ganzes Temperament liege nur in ihrem Herzen, nicht aber in den Sinnen. Und die eigene Sinnenglut bricht sich auch in seinen Briefen Bahn, wie in dem höchst merkwürdigen, in welchem er die Geliebte Glied nach Glied und in jeder körperlichen

Eigentümlichkeit mit seiner Schwester vergleicht, bald bei der einen, bald bei der anderen Vorteile sieht. »Deine Haut ist unendlich viel weißer. Louise hat einen zu dick gewölbten Schenkel: der Deine ist nur prall und dabei vollkommen gerade, was für den Gang wie für den Genuß unendlich viel vorteilhafter ist . . . Ihr Fuß ist besser als der Deine. In bezug auf das, was mir bei ihr zu beschreiben schwer fallen würde, da es schwarze Gedanken in mir wecken würde, will ich Dir nur sagen, daß Du unendliche Vorzüge vor ihr voraus hast, sowohl was die Einzelheiten der Reize, als auch was ihre Benutzung betrifft; bedenke, daß auch das Delirium der Liebe noch seine feinen Abstufungen hat.«
Aus diesem Brief hat man die blutschänderische Beziehung Mirabeaus zu seiner Schwester Louise herauslesen wollen, die der Vater ihm ja auch ganz öffentlich vorwarf. Sie ist wahrscheinlich, obwohl er sie immer abgeleugnet hat.
In Lyon war er noch immer mit der kleinen de la Tour-Boulieu zusammen. Die Pseudonyme, unter denen er sich bei seinen Irrfahrten verbarg, waren oft mehr als durchsichtig, zumal seine Gestalt und sein Wesen vom üblichen jungen Adligen abstachen. Er wechselte ständig die Namen, aber leichtsinnig machte er einen Ausflug nach Tournon, wo sein Bruder Boniface in Garnison lag, und sie durchzechten zusammen eine Nacht. Schon in Genf, wo er als Chevalier de Vassan aufgetreten war, hatte man ihn erkannt, und nur knapp war er der Festnahme entgangen. Die Schwester riet ihm, sich in Lorgues bei Draguignan im Schloß ihres Liebhabers zu verstecken, und so bestieg er das Rhôneschiff. Die Polizisten hatten aber den Kammerdiener des Herrn de Briançon verhaftet und von ihm unter Drohungen erfahren, daß sein Herr sich zusammen mit Mirabeau auf dem Fluß eingeschifft habe. Schleunigst folgten sie ihnen mit der nächsten *Coche*. In Lorgues sah der

Verfolgte durch ein Fenster die beiden Verfolger im Schloßhof und entkam durch einen Hinterausgang abermals mit knapper Not.
Über Nizza floh er nach Turin, über den Sankt Bernhard wieder in die Schweiz, die beiden Spürhunde, denen ein skizzierter Fluchtplan in die Hände gefallen war, manchmal nur eine halbe Tagesreise hinter ihm drein. Dann scheinen sie seine Spur wieder verloren zu haben. Drei Monate dauerte die ganze Odyssee. Und am 23. August 1776 kam er nach Verrières zurück, wo er bei einer Kaufmannsfrau, Madame Bôle, Wohnung nahm. Verrières war als Treffpunkt mit Sophie ausgemacht. Ein neuer Versuch von ihr, aus Pontarlier zu entkommen, stand unmittelbar bevor.
Längst war sie in Briefwechsel mit Louise de Cabris getreten; sie hatte ihr auch bereits Kleider und Schmuckstücke zu treuen Händen geschickt, für das Leben nach der Flucht. Und sie legte eine Reserve an Bargeld an. Sie hatte sich sogar einen Nachschlüssel zum Geldschrank ihres Mannes verschafft, den man nach ihrer Flucht fand. Mehrfach hatte sie dem Geliebten Summen zukommen lassen, die er bedingungslos und kaltblütig annahm und ohne Bedenken ausgab. Eine bis zum Zynismus gehende Verachtung des »gelben Schlammes« war eine seiner hervorstechenden Eigenschaften. Daher kam es auch bei seiner ständigen Geldknappheit, daß er zeitlebens Freunde, Untergebene, sogar seinen Kammerdiener, alle Welt um große oder kleine Beträge anpumpte, als handle es sich nur um eine Prise Tabak. Die mit dem Geld, mit Schulden, Verpflichtungen, Geschenken verknüpften bürgerlichen Ehrbegriffe waren dem in vieler Hinsicht noch in einer hochmütig feudalistischen Auffassung Befangenen völlig fremd. Ebenso großzügig, ja fast unbewußt war er im Geben wie im Nehmen.
Sophie dagegen hatte zur Beruhigung ihres Gewissens bei

einem Notar in Pontarlier ein Schriftstück hinterlegt, worin sie eidesstattlich beteuerte, die entnommenen Beträge aus ihrer Mitgift zurückzuerstatten; außerdem hatte sie in ihrem Testament einen entsprechenden Abschnitt eingefügt. Für den Fall, daß die Flucht mißlingen sollte, besorgte sie sich ein Fläschchen Laudanum, entschlossen, das Scheitern nicht zu überleben. Scheinbar reumütig besuchte sie in den letzten Wochen eifrig die Gottesdienste und nahm das Abendmahl, um jeden Verdacht einzulullen. Monsieur de Monnier war denn auch beruhigt und versicherte ihr, er wolle nicht den Henkersknecht spielen und alles könne wieder sein wie vorher. Im Städtchen erregte ihre plötzliche Frömmigkeit Erstaunen.
Ein Hausierer brachte ihr die Nachricht, daß ihr Geliebter wieder in Verrières eingetroffen war, und daß zu bestimmter Stunde ein Sendbote mit zwei Pferden sie erwarten werde.
Als am 24. August abends das Hausgesinde sich zur Abendandacht versammelte, die der Hausherr persönlich abzuhalten pflegte, zog sie Männerkleidung an, schlich sich bei strömendem Regen in den Garten und kletterte mit Hilfe einer Strickleiter über die Mauer. Der Sendbote wartete, wie verabredet mit zwei Pferden. Sie schwang sich im Herrensitz in den Sattel, als Monsieur de Monnier nach ihr schickte, da er sie bei der Abendandacht vermißte, war ihr Zimmer leer. Im Galopp hatte sie Pontarlier schon hinter sich gelassen, um es nie mehr wiederzusehen. Der Regen ließ den Abend vorzeitig dunkeln, und in der Finsternis ging der Ritt durch Bergwälder über einsame Schneisen, hinüber in die Schweiz.
Eine halbe Stunde vor Mitternacht treffen die zwei Reiter völlig durchnäßt in Verrières ein und die Liebenden fallen sich in die Arme. In den kurzen Notizen, die Mirabeau über seine damaligen Irrfahrten hinterlassen hat, zeichnete

er, statt Worten, am Datum ihrer Wiedervereinigung ein flammendes Herz.
Um Mittag des 25. August werden sie von der Wirtin geweckt, sie warnt sie vor einem Detachement französischer Reiter, die durch Verrières gekommen sind. Sophie greift entsetzt nach dem Fläschchen Laudanum. Mirabeau hält sie zurück. Aber das Fläschchen läßt sie sich nicht entwinden. Sie verbirgt es wieder.
Noch drei Wochen müssen sie bei Madame Bôle so nahe der Grenze ausharren, bis Louise endlich die ihr von Sophie anvertrauten Kleider und Juwelen geschickt hat. 12 000 Livres und für 8000 Livres Schmuck beträgt ihr Besitz. Mirabeau hat zwei Anzüge und sechs Hemden.
Am 15. September 1776 verlassen sie Verrières.

Graf und Gräfin de Saint-Matthieu

Schande und Unglück hängen eng miteinander zusammen: Armut stürzt mehr Menschen in Schande als lasterhafte Gesinnung.

Vauvenargues

In zehn anstrengenden Reisetagen, in überfüllten Postkutschen sich gegenübersitzend, fuhren die Liebesleute über Bern, Basel, Straßburg nach Holland. Aus Rotterdam schrieb Sophie an eine Freundin: »Hier sind wir in Sicherheit und fühlen uns sehr zufrieden.« Der französische Marineagent in der großen Hafenstadt war ein Provençale, Monsieur de Castigny, und von früher her mit Honoré-Gabriel befreundet. Er stand den Flüchtlingen mit Rat zur Seite; er war es auch, der den Grafen darin bestärkte, nach Amsterdam weiterzufahren, denn vermutlich hatte Mirabeau diesen Plan schon selbst gefaßt, da er ja willens war, mit Schreiben den Lebensunterhalt zu verdienen. Amsterdam war ein Zentrum des europäischen Buchhandels; hier erschienen unbehelligt und meist anonym unter anderem auch viele der Bücher, die in den Heimatländern der verschiedenen Autoren von Zensur und Henker bedroht waren; hier konnte er auf Verlagsverträge für geplante Erzeugnisse seiner Feder und auf Aufträge als Übersetzer rechnen.

Sie siedelten also über und mieteten bei einem Landsmann, dem Schneidermeister Lequesne, im ersten Stock über der Werkstatt in der Kalverstraat eine kleine Wohnung. Sie gaben sich als Graf und Gräfin de Saint-Matthieu aus. Der Name war einer Besitzung der Vassans entlehnt. Für Kost

und Logis mußten sie 20 Livres pro Tag zahlen, und auf gute Küche legten sie Wert. Mirabeau dachte daran, das Bürgerrecht in Amsterdam zu erwerben. Da er über die Freimaurerlogen gewisse Beziehungen besaß, war die Hoffnung darauf nicht unbegründet. Das Bürgerrecht würde ihm jedenfalls wirkliche Sicherheit gegen französische Demarchen und die Verfolgungen durch den Vater und durch die Familie Ruffey gewährt haben. Leider zog sich die Prozedur der Einbürgerung aber hin.
Sie führten zunächst von Sophies mitgebrachtem Geld ein recht sorgloses Leben mit Theaterbesuchen und Konzerten; sie genossen die Freiheit, die sie nach langen Sorgen erreicht hatten. Aber die Mittel gingen ziemlich rasch zu Ende.
»Ich hatte lange vor der Abreise vorausgesehen, daß ich in Holland mein Leben verdienen müßte; das tat ich denn auch. Nachdem unser Geld ausgegeben war, um Madame de Monnier anständig einzukleiden und die nötigen Bücher zu kaufen, mußte ich drei Monate auf Arbeit warten; ich deichselte es aber ziemlich gut, um mir in einer für mich völlig neuen Welt, in der ich gänzlich unbekannt war, in der man nur nach dem Nutzen beurteilt wird, und in der man bis zum Übermaß jedem nicht empfohlenen Fremden Mißtrauen entgegenbringt, einen Kredit zu verschaffen. Ich habe dort Schulden gemacht, und das ging gar nicht anders, denn in diesem Land, dem teuersten Europas, London nicht ausgenommen, kosteten Wohnung und Nahrung vor jeder anderen Ausgabe eine Pistole.«
Sophie aber beteuerte: »Ich habe eine unglaubliche Abneigung gegen Schulden; ich will lieber entbehren, als schuldig bleiben.« Es glückte Honoré-Gabriel auch schließlich, Arbeit zu finden. »Es war mir gelungen, mehr als einen Louisdor täglich für Übersetzungen aus dem Englischen zu verdienen, neben anderen Arbeiten. Ich war von sechs Uhr

früh bis abends um neun bei der Arbeit. Eine Stunde Musik entspannte mich, und meine anbetungswürdige Gefährtin, im Überfluß erzogen und aufgewachsen, war nie so fröhlich, so mutig, so aufmerksam, so zärtlich und von so gleichmäßiger Laune wie in den Tagen der Armut; sie verschönte mein Leben; sie machte Exzerpte für mich, arbeitete im Haus, las, malte, sah meine Korrekturbogen durch; ihre unerschütterliche Sanftheit, ihre Zärtlichkeit und ihre Feinfühligkeit entwickelten sich in ihrem ganzen Ausmaß.«

Neben Übersetzungen verfaßte Mirabeau auch eigene Arbeiten. Es war wie eine Explosion seines Schaffensdrangs. Ganz auseinanderliegende Themen ging er an. In dem musikologischen Werk *Le Lecteur y mettra le titre* (Der Leser möge es betiteln) untersucht er Probleme der Komposition für Orchester und warnt davor, die Musik mit allzu viel Theorie zu belasten, da es ihr eigentlicher Zweck sei, zum Gemüt zu sprechen; er fragt, ob Kontrapunkt und Harmonie vor der Melodie Vorrang haben. Auch eine burleske Verserzählung *Parapilla* nach einer italienischen Quelle schrieb er; die von Horace Walpole »Dame Thukydides« genannte Historikerin Catherine S. Macaulay hat sie ins Englische übersetzt. Ihre vom republikanischen Gesichtspunkt aus geschriebene Geschichte Englands begann Mirabeau ins Französische zu übertragen. Im Krieg der amerikanischen Kolonien um die Unabhängigkeit trat Miß Macaulay übrigens durch verschiedene Schriften für die Aufständischen ein. Auch Mirabeau ergriff in dieser großen zeitgeschichtlichen Auseinandersetzung Partei. Zum Anlaß nahm er eine Meuterei unter den Truppen, die Landgraf Friedrich II. von Hessen-Kassel an den englischen König verkauft hatte. Unsäglich waren die Umstände, unter denen sie nach Amerika verschifft wurden, um dort gegen die um ihre Unabhängigkeit Kämpfenden anzu-

treten. Zwei Drittel würden Europa nicht wiedersehen und drüben ihr Grab finden. Mirabeau sah darin einen scheußlichen Akt von Despotismus, seinem großen Thema. In kürzester Zeit schrieb er seinen *Avis aux Hessois et aux autres peuples d'Allemagne vendus par leurs princes à l'Angleterre* (Mahnung an die Hessen und andere deutsche Stämme, die von ihren Fürsten an England verkauft wurden). Verkauft, wie er mit rhetorischer Verve schreibt, »um Völker anzugreifen, die euch nichts Böses getan haben, die vielmehr die heiligste Sache verteidigen und euch das edelste Beispiel geben.« Er mahnt: »He, warum imitiert ihr sie nicht, jene tapferen Völker, statt sie zu vernichten? Sie zerbrechen ihre Ketten, sie kämpfen, um ihre natürlichen Rechte zu verteidigen und ihre Freiheit zu erringen; sie sind eure Brüder!« Die allzu in ihr Schicksal Ergebenen rüttelt er auf: »Die blinde Treue zu euren Fürsten, die Folgsamkeit aus Gewohnheit, deretwegen ihr vergeßt, daß es größere und edlere Tugenden gibt als den Gehorsam, Tugenden, die den Vorrang vor jedem Eid haben, dazu noch eure Leichtgläubigkeit, mit der ihr euch der Führung einer Handvoll ehrgeiziger Narren anvertraut, – das sind eure schlimmsten Fehler!«
Die Schrift erregte größtes Aufsehen. In Frankreich billigte man sie, da die französische Außenpolitik Interesse daran hatte, die aufständischen Kolonien trotz ihrer republikanischen Tendenz gegen Frankreichs Jahrhundertfeind Groß-Britannien zu unterstützen. Schon vor der französischen Kriegserklärung eilten viele Freiwillige den Truppen Washingtons zu Hilfe, darunter auch, neben berühmteren wie La Fayette, Mirabeaus Bruder Boniface. In Hessen-Kassel aber ließ man, um die Wirkung der anonym erschienenen Schrift möglichst abzuschwächen, rasch eine Erwiderung drucken, *Conseils de la raison*. Doch es fiel Mirabeau nicht schwer, in einer beißenden Antwort das Pamphlet seiner-

seits zu widerlegen und darzutun, mit wem die »Vernunft« sei. Sein *Avis aux Hessois* war in allen Händen, während die hessische Gegenschrift kaum beachtet wurde; ihre Widerlegung war für ihn bloße Gelegenheit, eine weitere Broschüre herauszubringen. Durchaus revolutionär ist ein an die Freimaurer gerichtetes Memorandum: *Mémoire concernant une association intime à établir dans l'ordre des francs-maçons pour le ramener à ses vrais principes et le faire tendre véritablement au bien de l'humanité* (Memorandum, eine Geheimvereinigung betreffend, die in den Freimaurerorden integriert werden sollte, damit er zu seinen wahren Grundsätzen zurückkehrt und wirklich das Wohl der Menschheit anstrebt).

Er besuchte auch die Versammlungen der Freimaurer, und da wurde es oft spät, ehe er in die Kalverstraat zurückkehrte. Auch sonst fand er trotz des Kampfes ums tägliche Brot – Sophie verkaufte ihrerseits Bilder, die sie gemalt hatte –, trotz seiner überwältigenden Arbeitslast noch Zeit für Geselligkeit, wenn es auch nicht die Crème der Gesellschaft war, in der der Verfemte verkehrte. Man erkannte sehr bald, daß Graf und Gräfin de Saint-Matthieu kein echtes Ehepaar waren, und man sah in Sophie, die alles für den Geliebten geopfert hatte, eine Deklassierte. Mancher Schatten fiel auf ihr Zusammensein, und wenn Mirabeau auch schrieb: »Wir liebten so sehr unser Bett«, so hatte er doch auch wieder Abenteuer zum Beispiel mit Schauspielerinnen, wovon Sophie nichts wußte. Doch er schrieb auch: »Ach, angebetete Freundin, unsere prekäre und abhängige Lage in Holland hat uns um viele Augenblicke gebracht. Du littest darunter, Deinen Freund als Lohnsklaven eines Buchhändlers zu sehen, Du hättest so sehr gewollt, daß seine Arbeit nur freiwillig wäre. Doch sicherlich wäre ich dann träger gewesen und wäre gewiß nicht so früh am Morgen aufgestanden.«

Es gab allerlei Verstimmungen. Sophie erteilte italienischen Unterricht, und Honoré-Gabriel wurde gänzlich grundlos eifersüchtig auf ihre Schüler, eifersüchtig sogar auf ihre Vergangenheit, auf jenen Artillerieoffizier, von dem sie ihm erzählt hatte. Er dagegen unternahm kleine Reisen nach Rotterdam ohne sie. Doch alle Trübungen zwischen den Liebenden wußte Sophie rasch zu beheben. »Niemals gab es langen Streit«, wird er später schreiben. »Du bist so gütig, Dich daran zu erinnern, o meine sanfte Freundin, daß einer Deiner Küsse immer Heiterkeit auf meine Miene und Frieden in mein Herz zurückbrachte. Ach, wer hätte Deinen Zärtlichkeiten, die so voller Nachsicht, so hingebend waren, widerstehen können? Denn schließlich ist sicher, daß ich oft ungerecht oder doch zum mindesten zu empfindlich gewesen bin, vor allem im ersten Monat.«

Nachbarinnen versuchen Zweitracht zwischen ihnen zu säen. Da ist eine Frau Bellin, die ihm unaufhörlich in den Ohren liegt, und die berichtet, daß viele Besucher Sophie hofieren, daß ein gewißer Drawman, ein Drucker, sie sogar auf der Treppe zu küssen versucht habe, und sie berichtet es so, als wolle sie nicht mit der ganzen Wahrheit herausrücken, um ihn nicht zu verletzen. »Ich gestehe, daß meine Eifersucht grenzenlos ist«, bekennt er. »Oft zürnte ich Dir wegen Deiner grammatikalischen Fehler, nur um das wahre Gefühl, das mich tyrannisierte, zu verbergen.«

Aber es sind Zweifel erlaubt, ob nicht das Wort Sophies aus den Anfängen ihrer Bekanntschaft prophetisch gewesen wäre: »Ein Mann wie Sie wird über dem Ehrgeiz immer die Liebe vergessen«, hätte das Schicksal nicht anders auf grausame Weise eingegriffen. Vielleicht hätte ihn Sophies opfermütige Liebe auf die Dauer der Zeit zu langweilen begonnen, da seiner vulkanischen Natur die hausfrauliche Betulichkeit wohl kaum ewig genügen konnte. Doch ihr

Zusammensein hatte nicht Zeit, sich peinlich und häßlich zu zersetzen. Die schreckliche Wendung, die der Lauf ihrer beider Geschicke nahm, bewahrte Sophie vielleicht vor einem Leben zwischen Schande und Tod.
Man hat Mirabeau vorgeworfen, er habe geplant, seine Frau und sein Kind nach Holland entführen zu lassen, ein Plan, der ihm aus Trotz durchaus durch den Kopf gehen konnte. Seine späteren Bemühungen, Emilie, die er von Grund aus haßte, zurückzuerobern, lassen einen verwegenen Gedanken dieser Art durchaus nicht abwegig erscheinen. Seine Anhänglichkeit an sein Söhnchen, den kleinen Gogo, und seine Besorgnis um ihn hätten ihm wohl einen so gefährlichen und schwierigen Plan eingeben können. Freilich war ein solches Unternehmen ohne große Geldmittel nicht zu realisieren, und gerade Geldmittel fehlten, da er höchstens den dritten Teil der täglichen Ausgaben mit dem Frondienst seiner Feder erarbeiten konnte. Zu den täglichen Plagen gehörten auch wieder die lästigen Forderungen der Gläubiger und das Anwachsen des Schuldenbergs in Amsterdam.
Im übrigen wähnten sich Graf und Gräfin de Saint-Matthieu in einer Sicherheit, die sehr trügerisch war. Sophies Mutter, Madame de Ruffey, setzte dem Marquis de Monnier solange zu, bis er ein Verfahren gegen seine Frau und Mirabeau in die Wege leitete. Auch seiner Tochter, Madame de Valdahon, lag viel daran, der Stiefmutter durch einen Ehebruchsprozeß die künftige Erbschaft abzujagen, und sie drängte ihren Vater ihrerseits. Er selbst dagegen hatte sogar versucht, Sophie zur Rückkehr zu bewegen. Als ihr holländischer Aufenthalt bekannt geworden war, woran Mirabeau selbst, wie man sehen wird, die Schuld trug, hatte der verlassene Ehemann seinen Diener Lesage nach Amsterdam zu ihr geschickt, ihr sogar Geld zukommen lassen und sie gebeten, zu ihm zurückzukehren. Seine

Bitten waren natürlich auf taube Ohren gestoßen. Der Prozeß nahm seinen Lauf. Mirabeau wurde *in absentia* »wegen Entführung und Raubes« zum Tode und zu einer Strafe von 45 000 Livres, davon 40 000 als Schmerzensgeld für Monnier, verurteilt; die Hinrichtung erfolgte *in effigie* auf dem Marktplatz von Pontarlier, indem seinem Bild der Kopf abgeschlagen wurde. Wenn es sich bei dem Spruch auch mehr um ein symbolisches Urteil handelte, symbolisch wie der Vollzug an seinem Bild, also mehr um eine Ehrenstrafe, von der man sich innerhalb von fünf Jahren durch Rechtfertigung reinigen konnte, so lautete das Verdikt für Sophie um so viel realer und drohender: Brandmarkung, Kahlscheren des Kopfes und lebenslänglich Zuchthaus in Besançon; ihre Mitgift – und das ärgerte wiederum die Familie de Ruffey – sollte dem Gatten verfallen. In dem anderen Prozeß wegen der Verprügelung des Barons de Villeneuve-Mouans im Park eines Lustschlößchens bei Grasse war ebenfalls ein Urteil gegen Honoré-Gabriel, und zwar wegen »Mordversuchs« ergangen: 6000 Livres Schmerzensgeld an den Kläger und eine *blâme* (Verweis), womit die Aberkennung der bürgerlichen Ehrenrechte verknüpft war. Die finanzielle Forderung wurde zwar nie beglichen oder vollstreckt, aber der Verlust der Ehrenrechte bestand auf dem Papier bis zu seinem Tode fort, genau wie die alte, vom Vater betriebene Entmündigung.
Mirabeau aber beging nun zwei verhängnisvolle Fehler. Erstens lüftete er gegenüber dem Buchhändler Rey sein Inkognito, um sich als Verfasser des so erfolgreichen *Essai sur le Despotisme* auszuweisen und ihn damit leichter zur Übernahme des *Avis aux Hessois* zu bewegen, woran ihm allein des Honorares wegen in seiner prekären Situation viel gelegen sein mußte. Freilich hatte Rey gezögert, das Buch eines offenbar völlig unbekannten Saint-Matthieu zu verlegen, und setzte sich nun mit seinem Kollegen Fauche

in Neuchâtel in Verbindung. Fauche aber, sei es aus versehentlicher Indiskretion, sei es in böswilliger Absicht, verriet den Aufenthalt Mirabeaus und also auch Sophies an Monsieur de Monnier, so daß über Madame de Ruffey auch Marquis Victor erfuhr, wohin sein Sohn geflüchtet war.
Nun war der »Menschenfreund« im Grunde ganz zufrieden damit, daß Honoré-Gabriel außer Landes gegangen war, und ohne weiteren Anlaß hätte er sicherlich keine Schritte unternommen, ihn zurückzuholen, auch noch nicht, als Madame de Ruffey seine Unterstützung bei den zuständigen Ministerien erbat, denn der Auslieferungsantrag mußte ja über amtliche Wege laufen. Da beging Honoré-Gabriel den zweiten Fehler, indem er seinen Vater aufs äußerste reizte. Er stand in Briefverbindung mit seiner Mutter, deren Trennungsprozeß gegen ihren Ehemann soeben in ein neues Stadium getreten war, das ihr den gewünschten Erfolg zu bringen versprach. Um ihn noch zu fördern, griff die Marquise de Mirabeau zu dem im 18. Jahrhundert nicht unüblichen Mittel, gegen den Prozeßgegner ein Pamphlet zu veröffentlichen, das sie mit Hilfe ihrer Tochter Louise de Cabris und eines gewieften Anwalts hatte verfassen lassen; sie griff darin mit erlaubten und unerlaubten Mitteln die Ehre des Gatten an. Honoré-Gabriel begnügte sich nun nicht damit, zu der Schmähschrift seinen eigenen Beitrag beizusteuern, sondern er veröffentlichte von sich aus, um die Sache der Mutter zu unterstützen – vielleicht in der Hoffnung, sie ihrerseits zu Unterstützungen geneigt zu machen, aber wohl auch aus Rachebedürfnis gegen den Vater –, zwei Pamphlete, in denen er den »Menschenfreund« mit grausamem Spott der Lächerlichkeit preisgab. Besonders die *Anecdote á ajouter au volumineux recueil des hypocrisies philosophiques* (Anekdote zur Ergänzung der großen Sammlung philosophischer Heucheleien) mußte

den darin Angegriffenen in rasende Wut versetzen. Denn es werden darin nicht nur seine persönlichen Schwächen und Fehler bloßgestellt, sondern auch seine volkswirtschaftlichen Theorien, die Axiome der Physiokraten, lächerlich gemacht. Boshaft wird der Marquis bezeichnet als Gesetzgeber von Königen und Bauern, der nicht einmal Roggen von Weizen zu unterscheiden vermöge; der Tugend, Mildtätigkeit, Sittlichkeit und Ordnung predige, dabei aber der schlimmste aller Gatten, der hartherzigste und verschwenderischste aller Väter sei. Sein persönliches Ansehen, vor allem aber auch sein Ruf als Schriftsteller werden auf außerordentlich wirkungsvolle Weise darin untergraben, so daß sie in der öffentlichen Meinung spürbaren Schaden nahmen. Was jedoch mindestens ebenso arg war: die Bloßstellungen mußten den Prozeß der Marquise de Mirabeau, in dem es vor allem um große materielle Interessen, nämlich um die Vassanschen Einkünfte und Liegenschaften ging, zu ihren Gunsten beeinflussen. Darum war auch *la chatte noire*, Victors intrigante Gefährtin, auf den Plan gerufen und tat eifrig das Ihre, um den Grafen unschädlich zu machen.

Marquis Victor setzte also seinen ganzen Einfluß ein, gemeinsam mit dem Gerichtspräsidenten Richard de Ruffey. Und so wies denn schließlich der Außenminister, Monsieur de Vergennes, den königlichen Gesandten in Holland, den Herzog de la Vauguyon, an, bei der niederländischen Regierung die Verhaftung und Auslieferung des flüchtigen Paares zu betreiben.

Dabei schien es sich aber zunächst hauptsächlich um Madame de Monnier zu handeln, deren Mutter sehr aktiv geworden war, weil sie fürchtete, der Verführer könne ihre Tochter fallen lassen und Sophie einem unsäglichen Schicksal der tiefsten Schande ausliefern.

Die Bedrohten ahnten zunächst nichts von dem Unheil, das

sich über ihren Köpfen zusammenbraute, zumal sie noch lange in der Illusion lebten, daß der Ort ihres Aufenthaltes zu Hause unbekannt geblieben sei. Sie waren umgezogen und bewohnten jetzt ein kleines Miethaus, weil sie hofften, als Wohnungsinhaber größere Sicherheit zu genießen. Sieben Monate dauerte nun schon ihr Aufenthalt in Amsterdam.

Die Marquise de Mirabeau hatte in dringlichen Briefen ihrem Sohn nahegelegt, Sophie aufzugeben, indem sie ihm die Vorteile auch juristischer Art schilderte, die es ihm einbringen müßte. Empört hatte er ihr erwidert, eher wolle er sein Leben, als seine Ehre opfern, und Sophie gelte ihm mehr als das Leben. Auch der französische Konsul hatte sich einmal, wohl auf ein Schreiben der Familie de Ruffey hin, an ihn gewandt; er hatte ihm sogar versprochen, er werde, wenn er Madame de Monnier ausliefere, selbst frei ausgehen, wobei er vermutlich die Erbitterung des Marquis Victor nicht in Rechnung stellte. Dieser Monsieur Maillet de Clairon war ein persönlicher Freund Mirabeaus und aufrichtig an seinem Schicksal interessiert. Auch sein Vorstoß war entrüstet zurückgewiesen worden.

Im Mai 1777 tauchten in Amsterdam verdächtige Gestalten, Geheimagenten, auf. Bekannte Mirabeaus, bei denen sie sich nach ihm und seiner Wohnung erkundigten, warnten ihn. Zunächst schlug er die Warnung in den Wind. Einmal traf er in einem Café selbst auf einen von ihnen, den Polizisten Bruguières, denselben, der bereits im vergangenen Herbst hinter ihm hergewesen war. Er provozierte ihn sogar, und Bruguières zog es vor, aufzustehen und zu verschwinden, was Mirabeau in seinem trügerischen Sicherheitsgefühl noch bestärken mußte. Offenbar waren die diplomatischen Verhandlungen über den delikaten Bagatellfall noch nicht weit genug gediehen. La Vauguyon war mit seinem Auslieferungsgesuch bei den holländischen

Ständen auf Widerstand gestoßen. Doch dann willigten sie in sein Ersuchen ein.
Schließlich – spät, zu spät – erkannte auch Mirabeau, daß Flucht ratsam sei. Die Freie Stadt Viane, nicht weit von Amsterdam entfernt, bot Schutz gegen den behördlichen Zugriff und die Auslieferung. Um nicht aufzufallen, beschlossen sie, auf getrennten Wegen dorthin zu fliehen. Doch die Chance war versäumt.
»Wäre man eine Minute später gekommen, war sie gerettet; ich war schon vorausgegangen, schon hatte ich das Haus verlassen. Ein Freund sollte sie auf einem anderen Weg fortbringen, denn wir durften uns nicht zusammen zeigen. Ich erfuhr alsbald, daß sie verhaftet worden war. Ich schwankte nicht, wie ich mich zu verhalten hätte; sowohl nach meinem Empfinden wie nach meinen Prinzipien mußte ich glücklich oder unglücklich mit ihr sein. Als sie sich allein den Polizisten gegenüber sah, begriff sie alles und folgte ihnen ohne Schwierigkeiten. Ich lieferte mich aus.«
Die Verhaftung fand am 14. Mai 1777 statt und wurde von vier holländischen Polizisten vorgenommen. Sophie war ruhig und ernst, auch als Mirabeau zurückkam und vor ihren Augen festgenommen wurde. Zwei Wochen lang blieben sie in Amsterdamer Gefängnissen in getrennter Haft, ehe sie nach Frankreich verbracht wurden. Der Gesandte, Herzog de la Vauguyon, besuchte Madame de Monnier in ihrer Zelle und versprach ihr, sich dafür einzusetzen, daß ihr Sainte-Pélagie, ein Pariser Dirnengefängnis, erspart bliebe. Bruguières, der französische Polizist, der den Fall in Amsterdam behandelte und auch bei der Verhaftung möglicherweise zugegen gewesen war, zeigte eine gewisse Menschlichkeit; er vermittelte eine Begegnung zwischen den beiden Liebenden, unter der Bedingung, daß Sophie ihm das Opium auslieferte, das sie aus Selbstmordabsichten noch immer bei sich trug. Als sie sich dann sehen

durften, drang Honoré-Gabriel unter Tränen in sie, trotz allem die Todesgedanken aufzugeben, vor allem auch, weil sie schwanger war; in der Frucht ihrer beider Liebe solle sie einen Sinn für ihr Weiterleben sehen. Das Kind durch ihren Tod zu töten, habe sie auch nicht das Recht. Aber unter Schluchzen murmelte er, als man ihn hinausführte: »Ich habe dich in tiefes Unglück gestürzt«. Sophie war auf ihr Lager hingesunken, doch als Bruguières ihr Trost zusprechen wollte, hob sie den Kopf und wies mit einer stolzen Antwort seinen Trost zurück.

Bei der Festnahme wurden bei Mirabeau folgende Gegenstände beschlagnahmt: zwei Uhren, ein Stock, ein Degen, zwei Pistolen, ein Ring, Ohrringe, Spitzen und 700 Livres in bar. Seine Bücher und Koffer mußte er zurücklassen; sie wurden ihm später teilweise wieder zugestellt.

Aber die Auslieferung des Verhafteten konnte nur statthaben, wenn seine Amsterdamer Schulden bezahlt waren. Es schien also noch Aussicht auf eine Verzögerung zu bestehen. Darum beeilte der »Menschenfreund« sich, zu erklären, daß er diese Schulden begleichen wolle, und so schoß der Herzog La Vauguyon die 9600 Livres vor. Damit war das Hindernis aus dem Weg geräumt. Marquis Victor zahlte außerdem eine Belohnung von 2000 Livres an Bruguières. Im ganzen gab er 18 600 Livres für die Gefangennahme und Rückführung seines Sohnes aus. Soviel war ihm seine Rache wert. An seinen Bruder, den Bailli, schrieb er: »Der Schurke ist gefangen und in Ketten. Ich wünsche, daß außer den Behörden und mir niemand seinen Aufenthalt erfährt, und daß nach meinem Tod mein Nachfolger dieses Geheimnis aus einem versiegelten Briefumschlag kennenlerne.«

Am 12. Mai hatte er vor einem Pariser Gericht den Prozeß gegen seine Frau gewonnen. Die von der Marquise gewünschte Trennung der Ehe war abgelehnt worden, und obwohl er sich selbstverständlich weigerte, die eheliche Gemeinschaft wieder aufzunehmen, blieben ihm weiterhin das Verfügungsrecht über die gemeinsamen Güter und deren Verwaltung. Außerdem erwirkte er nun gegen seine Frau eine *lettre de cachet*, die für sie wieder Zwangsaufenthalt in einem Kloster in Limoges verfügte. Auch seine Tochter Louise ließ er nun in Sisteron durch königliche Weisung in einem Kloster einsperren.

In Amsterdam begann die schmachvolle Rückkehr Honoré-Gabriels und Sophies unter der Bewachung von Bruguières am 28. Mai. Auch bei dieser traurigen Reise zeigte der Polizist sich entgegenkommend und menschlich. Mit seinen beiden Gefangenen verfuhr er keineswegs wie mit Verbrechern. Nachts durften sie sogar im selben Bett schlafen, da er sie weiterhin als »Monsieur und Madame de Saint-Matthieu« behandelte; freilich bestand er darauf, im selben Zimmer zu schlafen, doch er tat es, wie Mirabeau bezeugt, mit Zurückhaltung und mit Respekt. Er ließ ihnen auch eine gewisse Bewegungsfreiheit, nachdem Mirabeau ihm sein Ehrenwort gegeben hatte. »Die Versuchung, unterwegs zu fliehen, war freilich verführerisch, der Fluchtplan leicht und sicher; meine Freundin hätte ihn geteilt. Ich seufzte, aber ich verwarf ihn, und ich entdeckte ihn noch am selben Tag dem Polizeiinspektor.« Das Ehrenwort war eine unübersteigbare Schranke.

Am 7. Juni trafen sie bei schwülem Wetter in dem schon sommerlich heißen Paris ein. Bruguières brachte seine beiden Gefangenen zunächst in seine eigene Wohnung. Er ließ sie allein und holte sich weitere Instruktionen. Wie La Vauguyon setzte er sich beredt dafür ein, Sophie als einer Frau von Stand, Tochter und Gattin eines Gerichtspräsidenten und einer Verwandten hochstehender Persönlichkeiten, das besonders entehrende Gefängnis Sainte-Pélagie zu ersparen. Gewiß, es sei ein schlimmer Fehltritt, sich von einem jungen Mann entführen zu lassen. »Aber man lacht doch, wenn eine junge Frau von zweiundzwanzig Jahren einem Gatten von über siebzig untreu wird. Und dieser alte Herr de Monnier ist blind und beinahe schwachsinnig, er ist in seine Frau verliebt. Wer kann dafür bürgen, daß sie nicht zu ihm zurückkehrt. Sie ist im dritten Monat schwanger; das noch ungeborene Kind kann eines Tages eine große Rolle spielen. Monsieur de Monnier wird es vielleicht unangebracht finden, wenn man seine Frau in dem Dirnengefängnis einsperrt.«

Tatsächlich war nicht der Gatte es, sondern die Mutter, Madame de Ruffey, die für Sophie aus religiösen Bußvorstellungen das Sainte-Pélagie-Gefängnis forderte.

Der Polizeipräfekt Le Noir oder, wie sein Titel damals lautete, *le lieutenant général de la police* traf die Entscheidung, daß die Marquise de Monnier bis zu ihrer Niederkunft in das »Heim« der Demoiselle Douay, Rue de Bellefonds, faubourg Montmartre gebracht werde. Es handelte sich um eine Besserungsanstalt, die unter Polizeiaufsicht stand.

Die Abschiedsstunde war da. Der Wagen fuhr vor, der Honoré-Gabriel hinter die Mauern der Festung Vincennes bringen sollte. Letzte, stumme Umarmung. Als er in den Wagen kletterte, erlitt er einen Blutsturz; seine Kleider und die Polster wurden durchtränkt und färbten sich rot. Gleichzeitig zogen die Pferde an. Entsetzt und bleich wie eine Tote sah Sophie ihn davonfahren.

In der Rue de Bellefonds, wohin man sie brachte, teilte sie den völlig verwanzten Schlafraum mit Huren und geisteskranken Frauen. Die Fenster sind vergittert, die Türen verriegelt. Nie wird sie allein sein, gequält vom Geschrei der Irren und dem Klirren ihrer Ketten, von dem gellenden Heulen der Weiber, an denen als Strafe Züchtigungen vollzogen werden.

Vincennes

Wer alles ertragen kann, kann alles wagen.
Vauvenargues

Die Zelle in der Westecke der quadratischen Wallmauer, die mit ihren Gräben das Festungsgelände umgibt, war Mirabeaus Wohnstatt für die nächsten Jahre: zehn mal zehn Fuß groß, also etwa drei Meter im Geviert, möbliert mit einem Rollbett, zwei Holzstühlen, einem von der Gefängnissuppe befleckten Tisch und einem schadhaften Nachtgeschirr. Durch das vergitterte, winzig kleine Fenster fiel nur spärliches Tageslicht ein; erst abends, wenn die Sonne sich dem Horizont näherte, sandte sie für kurze Zeit ein paar Strahlen in das Mauerloch. Der Gefangene hatte Redeverbot. Auch dem Schließer war verboten, länger in der Zelle zu bleiben, als die Verrichtungen erforderten, und etwas anderes als das strikt dazu Notwendige zu sprechen. Keinerlei Gesellschaft. Alle vierundzwanzig Stunden eine Stunde Spaziergang in den steinernen Korridoren. An Sonntagen Messe in der Kapelle. An Kleidern nur das, was er auf dem Leibe trug. In den ersten dreiundzwanzig Tagen konnte er die Wäsche nicht wechseln. Ein altes Nierenleiden regte sich. Dazu häufiges Nasenbluten, ohne Schnupftücher zum Auffangen des Blutes. Bald meldeten sich auch Hämorrhoiden, eine Fistel entstand.

Am 7. September 1777 schrieb er: »Man kann sich das Leben, das ich hier führe, kaum vorstellen, aus dem man nur wahnsinnig herauskommen kann, wenn man nicht vor Raserei stirbt. Wenn es nur Schuldige träfe, doch es trifft auch Unschuldige.«

Erlaubnis zum Lesen und Schreiben erhielt er erst nach mehreren Wochen. Doch bei der spärlichen Beleuchtung holte er sich eine Augenkrankheit. Noch nach zehn Monaten reklamierte er beim Polizeipräsidenten Wäsche. »Kein Handtuch, vier Taschentücher und drei Paar Strümpfe, die anderen sind zerrissen«, zählte er als seinen Besitz auf. »Das Bedürfnis ist dringender als je, denn durch den Mangel an Wäsche bin ich von einer schweren Erkrankung bedroht (der Fistel) . . . Ich bin aufs höchste erstaunt, einen Arzt mit mir einer Meinung zu sehen, daß Sauberkeit absolut notwendig ist, um jede Verschlimmerung zu vermeiden, daß er aber, wenn ich ihn dränge, Wäsche für mich zu verlangen, mir andererseits antwortet, das sei nicht seine Sache, als ob nicht alles, was die Gesundheit betrifft, seine Sache wäre!« Als nach elf Monaten endlich seine Koffer aus Amsterdam eintreffen, enthalten sie zwar die Bücher, aber die Wäsche ist daraus entwendet worden. »Wahrscheinlich konnten die, die die Koffer durchsucht haben, die Wäsche besser gebrauchen als Bücher, die sie zurückließen. Doch ich meinerseits, der ich die beiden Arten von Gegenständen nicht miteinander vergleichen will, würde mich völlig nackt inmitten einer Bibliothek für reicher halten, als mit Gold bedeckt und Herr aller Vorräte der indischen Kompagnie.« Bücher zu haben, war sein großer Trost. »Meine Augen verderbe ich mir durch Überanstrengung. Von Tagesanbruch an, wenn ich aufstehe, bis abends zehn Uhr lese oder schreibe ich ohne Unterbrechung, sogar bei den Mahlzeiten; denn abgesehen davon, daß ich ans Essen nie mehr als fünf Minuten verschwende, lese ich auch dabei. Du kennst ja meine alte Gewohnheit: wenn ich allein bin, mit einem Buch in der Hand zu speisen.« Er schreibt es an Sophie. Denn es ist den Liebenden gelungen, wieder Verbindung zueinander aufzunehmen. Als erste hat Sophie ihm vier Wochen nach der Trennung einen Brief zukommen lassen

können. Die Tinte dazu hat sie sich heimlich aus Rost und Essig gemischt. Ein Bedienter der *Maison Douay*, den sie offenbar bestechen konnte, brachte ihn dem Arzt der Festung Vincennes, der ihn dem Adressaten auslieferte. Bei den ersten auf Schmuggelwegen gewechselten Briefen war ihnen der Polizeiagent Bruguières von großer Hilfe; er hatte die Erlaubnis bekommen, beide Gefangene, an denen er seit der gemeinsamen Rückkehr aus Holland großes Interesse nahm, zu besuchen, und er willigte ein, hin und her den Briefboten zu machen; er stellte nur die Bedingung, daß man ihm die Briefe nach der Lektüre zurückgab. Da er allerdings oft dienstlich in die Provinz verreisen mußte, gab es unregelmäßige Pausen, in denen sie nichts voneinander erfuhren. Im November 1777 erhielten sie aber vom Polizeipräfekten Le Noir die offizielle Erlaubnis, miteinander zu korrespondieren. Jetzt wurden die Briefe freilich zensiert. Außerdem blieb die Bedingung, daß die Briefe dem Vermittler zurückgegeben wurden, der sie im Polizeiarchiv deponierte. Auf diese Weise ist der größte Teil von ihnen der Nachwelt erhalten geblieben, und 1792 wurden sie, zum Teil freilich durch »Ergänzungen« gefälscht und in sensationeller Aufmachung, von Pierre Manuel herausgegeben, der während der Revolution eine Zeitlang die Pariser Polizei leitete.
Es handelt sich um einen der erschütterndsten Briefwechsel zwischen Liebenden, den die Weltliteratur kennt. Mirabeau beschränkt sich aber darin nicht auf persönliche und intime Themen, er behandelt auch politische und philosophische Fragen. Neben Zärtlichkeiten ist die Rede von Zeitproblemen, vom amerikanischen Krieg, von Erziehungsfragen, sogar sanitär-medizinische Ratschläge für die Schwangere finden sich, die im glühenden Pariser Sommer unter den Beschwerden ihres Zustandes leidet. Auch seine ewige Eifersucht bricht wieder durch:

Am 20. VII. 79: »Ich bin reizbar, unruhig und vor allem eifersüchtig, und Du mußt mir verzeihen; ja, ich bin es, und warum? Ich weiß es nicht; es ist wahrscheinlich eine von der Liebe nicht zu trennende Schwäche. Worauf? Auf keinen bestimmten Gegenstand und auf alles. Fast wäre ich auf mein Porträt eifersüchtig gewesen, das Du an die Lippen und Dein Herz mit zuviel Feuer gedrückt hast. Ich bin es sehr wirklich auf Deine Brüder gewesen, so sehr fand ich sie damals schätzenswert; ich bin es auf eine Frau gewesen, von der Du mir erzählt hast, und Du hast mir eine große Freude gemacht, als Du mir schriebst, ohne daß ich Dir davon gesprochen hatte: ‚Sie ist von meinem Geschlecht, und meine Lippen treffen nicht auf die ihren ohne Widerwillen; ich fliehe ihre Zärtlichkeiten; ich fürchte beinahe, daß sie ein Diebstahl an der Liebe seien.' Den ganzen Umfang meiner Schwäche hinsichtlich der Eifersucht habe ich Dir niemals verborgen, denn so bin ich nun einmal, und nicht besser als ich bin und als ich geliebt sein will. Ich habe sie nie zu besiegen versucht, weil ich sie nicht für schuldhaft halte, weil ich sicher bin, sie ist ein Teil meiner Zärtlichkeit.«
Immer wieder beteuert er ihr seine Liebe: »Ach, meine liebe, liebe Freundin, wenn wir uns jemals wiedersehen werden, werden wir nicht tausend Gründe haben, uns noch inniger zu lieben als in der Vergangenheit? Welche Prüfungen haben wir nicht erduldet! Wieviele Tränen werden wir trocknen müssen! Wieviel Dank schuldet Dir Dein Freund! Für Deine Hochherzigkeit, Deine Beständigkeit und Deinen Mut!« Über Seiten und Seiten schildert er, warum seine Liebe noch gewachsen sei, und er spricht über ihre gemeinsame, angebliche Schuld: »Es ist verdienstvoller, auf diese Weise zu straucheln als vorsichtig tastend die gewöhnliche Straße der allgemeinen Vorurteile zu gehen . . . Ja, meine Sophie, noch höher würde ich Dich stellen und meiner Sache

noch sicherer sein, wenn Du nicht meine Geliebte wärest, denn dann wäre meine Seele weniger anspruchsvoll und weniger von Eifersucht und Unruhe gequält. Du bist das Meisterwerk der Natur!«

Am liebsten schwelgen sie in Erinnerungen an glücklichere Zeiten. Am Jahrestag des 13. Dezember ruft er sich und ihr die Augenblicke in jenem Zimmer der Madame Barbaud zurück: »Dein Kopf in meine Arme gestützt, Dein schöner Hals, Dein Alabasterbusen sind meinem brennenden Begehren ausgeliefert, meine Hand, meine glückliche Hand wagt es, sich zu verirren. Ich liebe die gefährlichen Schanzen, von denen Du mich immer mit soviel Sorgfalt fern hieltest; Deine schönen Augen schließen sich, Du zitterst, Du erbebst. Sophie, darf ich's wagen? Oh, meine Freundin, willst Du mich glücklich machen? Du antwortest nicht . . . Du verbirgst Dein Gesicht an meiner Brust . . . Die Lust berauscht mich und Dich quält die Scham . . . Meine Begierde verzehrt mich, ich ersterbe . . . ich bin wiedergeboren . . . ich hebe Dich in meinen Armen hoch . . . vergebliche Mühe, der Boden entzieht sich meinen Füßen . . . Ich verschlinge Deine Reize und kann doch nicht genießen . . .«

Er nährt sich von zärtlicher Illusion: »Wenn ich mich niederlege, versäume ich es nicht, Dir Platz zu machen, ich drücke mich dicht an die Mauer und lasse einen großen leeren Raum in meinem Bett . . .«

Über den Arzt, einen Gärtner und auf anderen Schmuggelwegen führen sie auch eine heimliche Korrespondenz fort.

»Im Halbschlaf suche ich Dich neben mir, mein Mund sucht den Deinen, das Erwachen ist schrecklich. Welches Verbrechen haben wir denn begangen? Uns anzubeten, uns zu lieben. Dieses Verbrechen werde ich mein ganzes Leben hindurch begehen, auch wenn ich tausendmal dafür sterben müßte«, schreibt sie ihm in einem ihrer ersten Briefe. Und

1 *Mirabeau. Porträt von Dabos (Ausschnitt)*

2 *Victor Riquetti, Marquis de Mirabeau, der »Menschenfreund«*

3 *Schloß Mirabeau*

4 Sophie de Monnier

5 Mirabeau, Büste von Lucas de Montigny

6 Madame de Nehra bei Mirabeau

7 Mirabeau in seinem Kabinett mit seinem persönlichen Ratgeber. Anonyme Karikatur

8a Einzug der Generalstände

8b Eröffnung der Generalstände

auch in seinen Schreiben an Le Noir ist immer wieder von Sophie die Rede: »Ich hänge am Leben nur durch meine Freundin, sie hat mich davor bewahrt, das Leben zu hassen, und hält mich am Rand des Abgrunds der Verzweiflung zurück. Doch sie ist ebenso versklavt, wie ich es bin; wir können uns nur durch Sie verständigen, Sie allein haben bisher unsere Hoffnung aufrecht erhalten. Ach, Monsieur, werden Sie Ihre Wohltat dementieren?«

Die Briefe enthalten schon den ganzen Mirabeau. La Harpe urteilt über sie: »In ihnen entwickelten sich die moralischen Kräfte Mirabeaus in aller nur denkbaren Beziehung. Er entwirft darin schon die ganze Theorie der legalen Regierung; er sammelt die Ergebnisse seiner Lektüren und seines Nachdenkens über alle Gebiete der politischen Ökonomie, über Wissenschaften und Künste. Sein Talent, über alle Gegenstände zu schreiben, glänzt in diesen mit größter Eile hingeworfenen Briefen in vollem Licht. Unter einigen Nachlässigkeiten der Diktion und einigen Verstößen gegen den guten Geschmack bieten sie eine Fülle von Schönheiten aller Art. Als Gefühlsausdruck sind sie einzig an echter Wärme und echter Empfindung, nur mit den schönsten Briefen der Julie von Rousseau zu vergleichen. Doch dieselben Briefe, die so zum Herzen sprechen, daß man meinen könnte, der Autor sei nur damit beschäftigt gewesen, zu fühlen und zu lieben, sprechen gleichzeitig auch zur Vernunft auf eine Art, als sei er nur damit beschäftigt gewesen, nachzudenken. Alle Augenblicke stößt man darin auf starke Wahrheiten, die stark formuliert sind, auf geniale Ausdrücke, auf leidenschaftliche Züge, auf kraftvolle Überlegungen, auf umfassende Bemerkungen, auf feine Reflexionen und tiefe Gedanken.« (La Harpe, *Cours de Littérature*.)

Le Noir tat alles ihm nur Mögliche, um das Los des Gefangenen zu verbessern. Er ließ ihm Bücher besorgen,

er erlaubte, daß er sich auf den *Mercure de France* und *l'Esprit des Journaux*, die bedeutende literarische Zeitschrift und einen Zeitungsspiegel, abonnierte.
Er war theoretisch und politisch ein Gegner der physiokratischen Lehren, nicht nur weil Turgot, der Physiokrat auf dem Minstersessel, ihn, bis er selbst entlassen worden war, aus seinem Amt entfernt hatte.
Da Honoré-Gabriels Gefangenschaft aber das Werk des Marquis Victor war, des Vorkämpfers der ökonomischen Sekte, den er für mitverantwortlich für die zeitweise Ungnade hielt, gehörten natürlicherweise seine Sympathien solidarisch dem Opfer der väterlichen Willkür, die auch in der öffentlichen Meinung allmählich Aufmerksamkeit zu erregen begann. Namentlich bei der Sequestrierung von Madame de Cabris in einem Kloster gab es ein empörtes Echo, und der Minister Maurepas meinte ärgerlich, nachgerade sei ein eigener Staatssekretär zur Bearbeitung der Angelegenheiten der Familie Mirabeau nötig. Marquis Victor hatte im Lauf der Jahre vierzig Ersuche um *lettres de cachet* eingereicht, und natürlich versuchte auch Honoré-Gabriel, durch Eingaben sein Schicksal zu wenden. So schrieb er an den König:
»Sire, ich bin Franzose, jung und unglücklich, lauter Eigenschaften, die Eurer Majestät Anteilnahme erwecken müßten . . . Zweifellos gibt es in meiner Jugend verdammungswürdige Züge; doch wenn man ohne Fehl sein sollte, um die Freiheit zu behalten, so wären alle Ihre Untertanen eingesperrt. Ich begnüge mich mit der flehenden Bitte, meinen Fall meinen natürlichen Richtern zu unterbreiten. Die Organe der Justiz sollten ihn mit der gebührenden Zeit prüfen, wie es ihre Pflicht und Aufgabe ist . . .«
Le Noir gab übrigens bei all seinem Wohlwollen viele der Eingaben des Gefangenen an den König, den Marschall de Noailles oder den Herzog de Nivernais gar nicht weiter,

sei es, daß er sie sowieso für aussichtslos hielt, sei es, daß er damit lästig zu fallen fürchtete.
Sein Sekretär Boucher gehörte zu derselben Freimaurerloge wie Mirabeau; er tat seinerseits alles in seiner Macht stehende, auch aus eigener Initiative das Los seines Logenbruders zu erleichtern. Mirabeau nannte ihn »seinen guten Engel«. Der Gouverneur der Festung Vincennes, Monsieur de Rougemont, unterstand der Polizeipräfektur und war also an die Weisungen, die von dort kamen, gebunden. Doch Mirabeau scheint ihn in gewissem Umfang auch persönlich gewonnen zu haben, denn Rougemont schickte ihm von der eigenen Tafel zuweilen Speisen und Früchte, sogar alten Wein, und seine noch sehr jugendliche Frau schenkte ihm Parfüms und besuchte ihn; er lieh ihr Bücher und gab ihr die Übersetzungen, an denen er arbeitete, zu lesen.
Obwohl der Vater ihm nur ein völlig unzureichendes Taschengeld zukommen ließ, wurden nach und nach die Haftbedingungen und Lebensumstände leichter. »Das Essen sei vermutlich nur deshalb so gut, weil es nicht von seinem Vater stamme«, meinte er. Dabei unterschlug der Gouverneur nach der im 18. Jahrhundert weit verbreiteten Gepflogenheit jährlich einen Teil der für die Nahrung der Gefangenen ausgeworfenen Summe. Mirabeau durfte nun in den Korridoren der Festung frei umhergehen, nach zwei Jahren erlaubte man ihm sogar, im Garten zu sitzen und dort zu arbeiten.
Ein sehr ernstes Problem für ihn war der Mangel an Schreibpapier, da Schreiben und Exzerpieren sein einziger Zeitvertreib waren. Er versuchte abzuhelfen, indem er aus Büchern die unbedruckten Seiten heraustrennte und sich zwang, in winzigen Buchstaben zu schreiben, um möglichst viel darauf unterbringen zu können. Da er in dem unzureichenden Licht seiner Zelle die Augen überanstrengte und blind zu werden fürchtete, übte er sich darin, täglich eine

Stunde lang mit geschlossenen Lidern zu schreiben. Er entwickelte überhaupt eine unglaubliche Energie. »Entweder werde ich zusammenbrechen, oder ich werde es überstehen«, schrieb er an Sophie.

Am 7. Januar 1778, eine halbe Stunde vor Mitternacht, gebar Sophie in dem fürchterlichen Haus der Demoiselle Douay ein Mädchen; es wurde tags darauf in der Pfarrkirche von Montmartre auf den Namen Sophie-Gabrielle getauft. Doch schon wenige Tage nach der Geburt nahm man das Kind der Mutter fort und übergab es einer Amme auf dem Land.

Als Sophie ihm die Geburt seiner Tochter mitteilte – Le Noir ließ ihm den Brief schon am 9. Januar zustellen –, erwiderte ihr Mirabeau: »Meine liebe, meine einzige Freundin, ich tränke Dein Billet mit meinen Tränen, ich bedecke es mit Küssen. O meine Freundin, welches Gewicht hebst Du mir von der Brust! Doch wie bedrückt bin ich dennoch! Ach, Du sagst mir nichts über Deine Gesundheit. Dein Brief ist während der Wehen geschrieben, ich sehe es; Du hast nur ein Wort, ein einziges Wort nach dem Ereignis hinzugefügt. Wie zittrig es geschrieben ist! Wie haben diese kraftlosen Schriftzüge mein Herz zerrissen! Ach, wie geht es Dir? Sag es mir, meine Sophie!«

Und an Le Noir schrieb er am selben Tag in seiner Besorgnis: »Sie wissen wohl, Monsieur, daß eine Frau auch nach der Niederkunft noch weit entfernt davon ist, außer Gefahr zu sein; ihr vor der Entbindung geschriebener Brief sagt nichts über deren Folgen aus; die drei zittrig geschriebenen Wörter, die sie gewiß danach hinzugefügt hat, sind für immer meinem Herzen eingeprägt, doch meine Einbildung lassen sie in der schmerzlichsten Unruhe. Gestatten Sie bitte, daß sie auf meinen heutigen Brief antwortet, damit ich weiß, daß ich keine Befürchtungen hegen muß. Und das Kind, dieses Kind, das unter Ihren Schutz zu nehmen ich

Sie anflehe und das Sie gewiß beschützen werden, darf ich nicht erfahren, auf welchen Namen es getauft wurde, wo es verpflegt wird, wer für die Kosten aufkommt? Monsieur, krönen Sie Ihre Wohltaten: ein Brief meiner Freundin, aus dem ich ihren Zustand erfahre, Nachrichten über meine Tochter, und ich werde nicht lange genug leben können, um Ihnen ewig dankbar zu sein.«

Als er Gewißheit über den Gesundheitszustand von Mutter und Tochter erhalten hat, scherzt er in Selbstironie: »Du sagst, meine Tochter sähe mir ähnlich? Dann hast Du ihr aber ein trauriges Geschenk gemacht! Möge sie wenigstens Deine Seele haben! Wie reich wird sie dann sein, wie reich wird die Natur sie dann für die Nachteile ihrer Geburt entschädigt haben!«

Die Liebe zu seinen Kindern – zu dem kleinen Victor, zu der Tochter Sophie, zu einem späteren unehelichen Kind, das er als Pflegesohn zu sich nahm – ist eines der stärksten Gefühle dieses impulsiven und gefühlsstarken Mannes. »Ich bin zwar kein Menschenfreund, doch der Freund meiner Kinder werde ich immer sein!« versichert er in einem Brief an Le Noir mit bitterer Anspielung auf seinen Vater (24. Oktober 1777). Sophie konnte ihm ein Porträt und ein Büschel Haare der sechs Monate alten Sophie-Gabrielle schicken, die in Deuil bei einem Jacques Quillet, Paroisse de Notre-Dame, Pontoise, in Pflege gegeben worden war.

Vieles, was er in seinem Kerker unternahm, schien in Beziehung zu seiner Freundin und dem Kind zu stehen: für Sophie übersetzte er Tacitus, Lukrez, Catull, Ovid, Vergil, Horaz und Petrarca, Tasso, Guarini, Ariost, Boccaccio, für sie machte er auf Französisch Auszüge aus Miltons *Paradise Lost* und aus Popes *Ilias-Übersetzung* und wärmte sich an dem Gedanken, daß einst die Tochter sich dieses Bildungsgut in seinen Übersetzungen aneignen werde. Auch die *Basia,* die »Küsse« des Johannes Secundus, übertrug er aus dem Lateinischen, um sie ihr über Boucher, den treuen Vermittler, zu schicken. Sie hatte ihn wissen lassen, daß die Lektüre der »Mythologien« sie langweilte, daß sie aber gern dennoch etwas darüber erfahren möchte; seine Antwort: »Ich habe Dir ein Werk zusammengestellt, dessen Substanz Du nur in zwei- bis dreihundert Bänden gefunden hättest. Es ist zunächst für Dich bestimmt, dann auch für die Erziehung Deiner Tochter, ein wenig stark an Philosophie, aber doch auch verständlich für Dich.« Seine didaktische Neigung läßt ihn für Sophie eine Grammatik abfassen. Denn sie gesteht ihm: »Oft sehe ich, daß ich sehr unwissend bin; ich habe nur eine Wissenschaft, zärtlicher Freund: Dich recht zu lieben, und die ist Dir auch die wichtigste.« Ungeheuer produktiv ist er: Märchen, Erzählungen, ein bürgerliches Drama, Tragödien, Arbeiten über Impfen, über den Koran, über Toleranz, über Literatur entstehen. Vieles verbrannte er im Kamin der Zelle während einer tiefen Depression, die zu einem Selbstmordversuch führte.

Auch um Geld zu beschaffen, produzierte er. Boucher und Bruguières, die hilfreichen Polizisten, fanden für ihn Buchhändler, die die Werke in Druck nahmen. So das *Erotica Biblion;* der Freundin zeigt er es an: »Sieh, Madame virgo maculata, da ist das Werk, das eben ausgeliefert wird!« Nämlich ein mit vielen Zitaten gespicktes Erotikum. »Du wirst sehen, daß die heilgen Schriften sehr viel Merkwürdiges enthalten!« Einen erotischen Roman, den er in der Frauenferne und Einsamkeit verfaßte, betitelte er *Ma Conversion,* in der zweiten Auflage *Le Libertin de Qualité.* »Wenn ich Buchhändler wäre, brächte er mir ein Vermögen ein«, meinte er; auch »der Roman ist minder frivol, als man zunächst annehmen könnte.« Die bereits erwähnten *Dialogues* schrieb er gleichfalls in Vincennes, die nachgezeichneten Zwiesprachen mit der Geliebten. Sie sollte bei den Liebeserinnerungen mithelfen; er bat sie, nein, er forderte von ihr, daß sie ihrerseits die Geschichte ihrer Liebe rückhaltlos niederschrieb. »Ich will unbedingt, daß Du die geringsten Einzelheiten hinschreibst: denk daran, daß Du dabei nur für mich arbeitest, also für Dich. Weigere Dich nicht oder ich werde glauben, daß Du errötest, mich so sehr geliebt zu haben.«

Seit dem 18. Juni 1778 hatte man Sophie in das Kloster Sainte-Claire in Gien gebracht. Die Korrespondenz wurde schwieriger und seltener.

Das Hauptwerk unter den während der Gefangenschaft in Vincennes verfaßten Arbeiten trägt den Titel *Des lettres de cachet et des prisons d'Etat* (Über die Haftbefehle und die Staatsgefängnisse). Sein Thema kannte er aus leidvoller Erfahrung. Doch die leidenschaftliche Anprangerung der Willkürmaßnahmen und despotischen Usancen bildet nur einen Teil des Werkes, in dem über neunhundert Autoren zitiert werden, und das eine gründliche Beschäftigung mit der Geschichte, mit sozialpolitischen Problemen und mit Staatstheorien beweist. Über das Thema des Abschnitts, auf den der Titel sich bezieht, konnte der Mirabeau-Biograph Louis Barthou 1913 wie über etwas Abgetanes und Fernliegendes urteilen: »Die *lettres de cachet* erscheinen uns heute als eine so ungeheure Schändung der Gerechtigkeit und der Rechte des einzelnen, daß eine Begründung ihrer Ungerechtigkeit uns entweder langweilt oder uns als völlig überflüssig vorkommt.« Glückliche Epoche, die so urteilen konnte! Das 20. Jahrhundert hat inzwischen neue und noch ungeheuerlichere Schändungen der Gerechtigkeit und der Rechte des einzelnen in vielen Gegenden des Erdballs erlebt. Aber dieser Abschnitt ist eigentlich nur der Anlaß zu einer Ausbreitung von Mirabeaus ganzem politischen System, das er so gewiß nicht ohne Vorläufer, namentlich ohne Montesquieu und sogar ohne gewisse Ideen der Physiokraten, hätte konzipieren können. Doch er entwickelt dessen praktische Grundlagen in so mitreißendem Pathos, daß z. B. der Herzog de Castries das Buch in seiner Mirabeau-Biographie zu den unmittelbaren Auslösern der französischen Revolution rechnet. Die Forderung einer Volksvertretung, deren Kontroll- und Mitspracherechte bei Festsetzung von Höhe und Art der Besteuerung gehörten zu den Postulaten allgemein des dritten Standes. Doch Mirabeau macht sich zu ihrem neutönenden Sprachrohr. Die Wirkung wurde auch durch die Querelen und Gehässigkeiten, die sich namentlich in einem zweiten Band finden, in keiner Weise beeinträchtigt.

Das Buch erschien anonym 1782 mit dem Zusatz zum Titel *ouvrage posthume composé 1778,* 2 Bde., und als Druckort war Hamburg angegeben; in Wirklichkeit war es ja weder postum, noch stimmte die Ortsangabe. Der Verleger war vielmehr wiederum Fauche in Neuchâtel, der wegen der Veröffentlichung sogar ins Gefängnis gehen mußte, da der ferne Landesherr, Friedrich II. von Preußen, trotz seinem Ruf eines aufgeklärten Monarchen, empört darüber war, ein so rebellisches Werk auf dem ihm unterstehenden Territorium erscheinen zu sehen.

Über sich selbst und über sein bisheriges wirres Leben versuchte Mirabeau sich mit selbstkritischer Besonnenheit in einem an den Vater gerichteten, umfangreichen Memorandum Rechenschaft zu geben: *Mémoire apologétique à mon père.* Le Noir gab es übrigens nicht an den Adressaten weiter, sondern verwahrte es im Polizeiarchiv, wie die vielen anderen Gesuche und Eingaben des Gefangenen, in denen er um Gerechtigkeit und um ein ordentliches Gerichtsverfahren flehte. Man hat das *Mémoire,* eines der erschütterndsten menschlichen Dokumente, mit den *Confessions* von Jean-Jacques Rousseau verglichen. Es ist gleichzeitig eine Beichte und eine pathetische Verteidigungsschrift, die schon ganz das oratorische Talent des späteren Volksredners ahnen läßt. Doch die Apologie ist untermischt mit wahrhaft zu Herzen gehenden Aufschreien: »Für alle Freuden bin ich tot und lebe allein noch für den Schmerz. Wie fürchterlich ist mein Leben verstümmelt! Dieses Dasein kann ich nicht mehr ertragen, mein Vater, ich kann es nicht! Wenn Sie mir die Freiheit zurückgeben, wird die Gefangenschaft mich zur Vernunft gebracht haben, denn die Zeit, die über meinen Kopf mit soviel weniger leichtem Fuß hinwegeilt als über andere Sterbliche, hat mich aus meinen Träumen aufgeweckt.«

Weil er ohne Antwort bleibt, da die Bekenntnisse den Adressaten gar nicht erreichen, der darauf vermutlich auch nur mit Schweigen reagiert hätte, klagt Mirabeau in den Schreiben an Le Noir über die Härte des Vaters: »Seine Habgier und seine finanziellen Schwierigkeiten würden schon genügen, um ihn dazu zu bringen, mich hier lebendig zu begraben.« Das war allerdings auch die feste Absicht des »Menschenfreundes«.

Unter seinen Mitgefangenen, mit denen er nun im Garten zusammentreffen und gemeinsam auf und ab gehen durfte – sogar Erlaubnis, ein wenig dort zu reiten, hatte er –, war ein ganz besonderer: der Marquis de Sade, übrigens ebenfalls ein Sproß des provençalischen Adels. Die Familien waren sogar miteinander verwandt. Manches konnte wohl die beiden Männer verbinden: Beide büßten Verstöße gegen den Sittenkodex der Gesellschaft, beide besaßen scharfen, überragenden Geist, in beiden brodelte eine durch die Gefangenschaft auf Weißglut angeheizte Sinnlichkeit und das Denken beider folgte konsequenten Bahnen. Beider Moral hatte sich von den Fesseln der Konvention befreit. Leider hat kein Chronist ihre Kerkergespräche aufgezeichnet. Ein anderer Mitgefangener war der Transvestit Dubut de

Tagnerette, der lockere Gefährte der einstigen kurzen Pariser Zeit. Ein Dritter, Baudouin de Guémadeuc, ein ehemaliger königlicher Notar, unter dem Verdacht eines Diebstahls in Haft, ein »närrischer Intrigant«, war ein Ausbund an Klatschgeschichten aus den Kulissen der Politik und der Gesellschaft. Mirabeau ergötzte sich nicht nur daran, er stellte auch mit ihm eine Anekdotensammlung aus der *chronique scandaleuse* der Zeit zusammen und gab ihr den Titel *L'Espion dévalisé.* Zuweilen ermunterte er die Leidensgenossen, indem er mit seiner schönen, machtvollen Stimme Arien und Lieder sang, wie einst in den Duetten mit Emilie, der feindlichen Angetrauten.

Seiner Frau war er vor allem auch darum gram, weil sie ihn trotz seines Drängens völlig ohne Nachrichten über seinen Sohn ließ. Aus diesem Schweigen heraus traf es ihn um so härter, als er im November, freilich nicht durch dessen Mutter, den Tod des kleinen Victor erfuhr.

Der kleine Riqueti war während der ganzen Zeit in Manosque als Pflegekind bei der Familie Gassaud geblieben, während Emilie auf Schloß Tholonet, dem Lehen eines außerordentlich reichen Witwers, des Grafen de Gallifet, die *vie de plaisir* fortsetzte, die sie vor ihrer Ehe auf dem Schloß des inzwischen völlig von Greisenschwachsinn befallenen Grafen de Valbelle geführt hatte. Die Gallifets hatten ihren Reichtum als Plantagenbesitzer auf San Domingo erworben, und der derzeitige Graf de Gallifet verfügte über ein jährliches Einkommen von mehr als 500 000 Livres. Theaternarr, der er war, hatte er auf seinem Schloß einen prachtvollen Bühnensaal anlegen lassen, wo ausgiebig dem im 18. Jahrhundert sehr verbreiteten Gesellschaftsspiel der Amateuraufführungen gefrönt wurde. Emilie fiel dabei wieder die Rolle der umworbenen und gefeierten Diva zu, ganz wie einst, als sie noch ledig gewesen war. Wahrscheinlich war sie die Geliebte des anfangs der dreißig stehenden

Schloßherrn; sie hoffte wohl im stillen sogar, ihn und sein schönes Vermögen heiraten zu können, falls ihre Ehe mit dem lebendig begrabenen Mirabeau für nichtig erklärt werden könnte.
Als der kleine Victor im Lauf des Sommers 1778 in Manosque erkrankte, mußte sie *nolens volens* den Festestrubel in Tholonet unterbrechen. Doch sie ließ sich vom Arzt in Manosque versichern, daß eigentliche Gefahr nicht bestünde, und kehrte schleunigst auf den Schauplatz ihrer Triumphe zurück. Auch am 8. Oktober stand sie bei einer der großen Lustbarkeiten des Flitter- und Musenhofes von Tholonet auf der Bühne, als die Nachricht eintraf, der kleine Graf Riqueti de Mirabeau sei soeben in Manosque an Krämpfen verstorben; es war just sein fünfter Geburtstag. Der Schäferin im Singspiel entfiel der Fächer, sie sank in Ohnmacht auf die Bühnenbretter hin.
Übrigens bildete sich sofort das Gerücht einer Vergiftung des Kindes, da die Familie Marignane Interesse daran haben konnte, daß Emilie ohne Erben blieb. Anders der Großvater Mirabeau; Marquis Victor fühlte sich durch den Verlust des Namensträgers schwer getroffen, da er – wie sein Bruder schrieb – von einem »manischen Trieb nach Nachkommenschaft« besessen war. Er hatte doch immer gehofft, der Ahnherr »einer großen Familie in Frankreich« zu werden. Auf die Todesnachricht hin schrieb er an den Bailli in der für ihn so typischen Selbstverblendung: »Ich glaubte, eine Seele zu haben, die gegen Erschütterungen gefeit sei; es war mir gelungen, die Vulkane im Inneren zu ersticken, die den Menschen aufwühlen können. Nachdem ich alles ertragen hatte, glaubte ich an meine Kraft. Gott wollte mich eines Besseren belehren. Ich konnte mich nicht zurückhalten, ihn unter Tränen zu fragen, durch welches Vergehen ich eine so bittere Anhäufung von Schicksalsschlägen verdiente. Ich habe doch versucht, ein guter Sohn,

ein guter Bruder, ein guter Gatte, ein guter Vater, ein guter Nachbar zu sein! Nie habe ich jemandem Übles getan oder tun wollen. Trotzdem scheine ich für den Himmel die Zielscheibe seines Zorns. Die Mutter und vier von fünf Kindern sind eingesperrt . . . Überreste eines Namens, Reste eines Vermögens, nur ein paar restliche Freunde . . . Du mußt fühlen, warum mein Gewissen nach Zeugen ruft.«
Der Vater des Kindes erfuhr dessen Tod erst verspätet über Dritte. Er selbst war so krank, daß er mit seinem Ableben rechnete. Den großen Schatz an väterlicher Zärtlichkeit wandte er nun seiner Tochter Sophie-Gabrielle zu. Verzweifelt und von Selbstmordgedanken geplagt, schrieb er an die Marquise de Mirabeau, seine Mutter: »Maman, ich werde hier zugrunde gehen mit dem furchtbaren Schmerz, für Sophies Tochter, für dieses kostbare Kind, dem Ihr Blut in den Adern fließt, das Elend zu fürchten, wenn Ihre Großmut mich nicht vergewissert. Alle Hoffnung für diese unselige Frucht unserer Liebe liegt bei Ihnen.«
Tatsächlich setzte die Marquise sich auch mit Sophie in Verbindung. An dem Kummer über den Verlust seines Sohnes läßt Mirabeau aber vor allem die Herzensfreundin teilhaben: »Es ist nicht mehr, dieses Kind, das ich seit seiner Wiege nicht mehr habe küssen dürfen. Aber immer ist es mir gegenwärtig geblieben, selbst in den Stunden des erregtesten Liebestaumels. Es ist nicht mehr – und das einzige, was ich von ihm erfahre, ist sein Tod.«
Doch die Ironie, mit der zuweilen sich die Ereignisse verketten, fügte es, daß dieser ihn so tief bekümmernde Verlust gleichzeitig der Beginn einer Wende in seinem Schicksal wurde. In dem so oft von zwiespältigen Gefühlen zerrissenen Marquis Victor keimte der Gedanke, daß, wenn es gelänge, den Sohn und Emilie auszusöhnen, die Hoffnung auf einen neuen, ihm so teuren Stammhalter und Namensträger nicht auszuschließen wäre. Auch begann

man im Publikum über den »Menschenfreund« mehr und mehr zu spötteln, der die Seinen in Kerkern hielt. Louise de Cabris hatte aus ihrem Kloster von Sisteron ein neues Pamphlet gegen den Vater lanziert, das den Skandal im Gedächtnis der Öffentlichkeit auffrischte. Vor allem aber waren es wohl die alten Träume vom Florieren des Geschlechts der Mirabeau, die den Marquis nicht losließen. Von seinem zweiten Sohn, dem unmäßig dick gewordenen Vicomte Boniface, war Nachkommenschaft nicht zu erwarten; durch Ausschweifung und Trunk hatte er die Zeugungskraft geschwächt, außerdem sich als Freiwilliger im Krieg der Kolonien gegen die englische Krone nach der neuen Welt eingeschifft. Der »Menschenfreund« kämpfte viele Monate mit seinem Stolz, der ihm ein Nachgeben verbot. Schließlich sprach er in halben Andeutungen zu einem seiner Physiokratenjünger und Nachbarn in Le Bignon, zu Pierre-Samuel Dupont, der sich später den Zusatz »de Nemours« zu seinem Namen beilegte. Dupont ging darauf ein; gern übernahm er die Rolle des Vermittlers zwischen dem Vater und dem Sohn, obwohl er sich taub gestellt hatte, als Honoré-Gabriel eines seiner Memoranden an ihn gerichtet und um Fürsprache ersucht hatte. Jetzt, da der verehrte Meister selbst auf seine Dienste zu rechnen schien, übernahm er mit Eifer die schwierige Rolle des Schlichters zwischen zwei so widerborstigen und heftigen Charakteren. Zunächst redete er, ehe er ihn in Vincennes besuchte, dem Gefangenen brieflich ins Gewissen. Obgleich mit Starrsinn und Trotz gewappnet, mußte Honoré-Gabriel doch bald einsehen, daß er, um die Freiheit zu erlangen, sich geschmeidig zeigen und die stärksten Konzessionen machen mußte. Nach mehreren Besuchen Duponts und als einige Monate voll innerer Kämpfe verstrichen waren, schrieb er dem Vater und dem Onkel bußfertig klingende Briefe, bei denen seine große Verstellungsgabe und seine stilistische Sprachgewandtheit ihm zustatten kamen, wenn der Bailli auch meinte: »Hätte er weniger Talent zum Überzeugen, wäre er überzeugender.« Jedenfalls zogen die Verhandlungen sich hin.

Der wesentliche und heikelste Punkt war seine Beziehung zu Madame de Monnier. Sollte die geringste Aussicht auf Wiederaufnahme seiner ehelichen Gemeinschaft bestehen, das eigentliche Motiv seiner möglichen Freilassung, mußte er diese Bindung an Sophie aufgeben. Diesen wahrhaft tragischen Konflikt focht er in seiner Brust aus.

Da trat ein neuer Trauerfall ein. Kam er dem Unterhändler zu Hilfe? Am 24. Mai 1780 starb, zwei Jahre und 16 Tage alt, die kleine Sophie-Gabrielle bei ihren Pflegeeltern in Deuil an Krämpfen beim Zahnen. Mirabeau war es, der Sophie den für sie schrecklichen Schlag mitteilen mußte. Sofort dachte sie wieder an Selbstmord, der ihr immer als trostreicher Ausweg erschienen war. Selbst aufs tiefste erschüttert, schrieb er ihr: »Unser Kind ist nicht mehr, aber ich bleibe Dir. Du liebtest mich in ihr; übertrage alle Liebe, die Du für sie empfandest, nun auf mich, damit Deine bisher geteilte Zuneigung sich auf *einen* Gegenstand konzentriert. O Du mein Alles, mein Gut! Ach, ich kann meine Tränen nicht mit den Deinen vermischen!« Seitenlang beschwört er sie, ihrem Leben nicht aus Verzweiflung ein Ende zu setzen, und sie läßt sich von ihm zum Weiterleben überreden. Doch sind seine Liebesschwüre noch aufrichtig? Weiß er nicht schon längst, daß er von ihr das Opfer des Verzichtes wird verlangen müssen? Seine Liebe zu ihr ist in den Jahren der Trennung zwar gewiß nicht erloschen, da sie vom Feuer seiner Einbildungskraft genährt wird, doch – in der Einbildung lebend – kühler geworden. Die Ferne des Gegenstandes wirkt sich auf die Natur der Gefühle aus.

Ein schweres Hinderis auf dem Weg in die Freiheit war die

Feindseligkeit, die Emilie und stärker noch der alte Marignane, den der Vater in giftigen Briefen aufgehetzt hatte, ihm entgegenbrachten. Doch nur wenn Emilie bei ihrem Schwiegervater ein Wort zugunsten ihres Mannes einlegte, würde Marquis Victor entscheidende Schritte tun. »Mein Vater beharrt darauf, daß meine Freiheit und also mein Leben nur von Ihnen abhängen«, schrieb Honoré-Gabriel ihr. Er mußte sie dazu bringen daß sie sich für ihn verwendete. In seinen Briefen verpflichtete er sich, immer die von ihr gewünschte Distanz zu halten, und versicherte, daß er sie noch immer liebe und es als süß empfände, ihr verpflichtet zu sein. »Völlig bin ich Ihrer Gnade und der Gnade Ihres Vaters ausgeliefert!«

Und gleichzeitig unterrichtet er Sophie über den Gang der Verhandlungen und teilt ihr sogar den Inhalt seiner Briefe an Emilie mit. Er gesteht ihr zynisch: »Oh, ich kann sehr zärtlich sein, wenn ich mir Mühe gebe, deswegen komme ich auch leicht mit den Frauen zurecht.«

Sophie, die sich in quälenden Selbstanklagen die Schuld dafür beimaß, daß der Mann, den sie liebte, im Kerker saß, war zu großen Opfern bereit, wenn er nur frei käme. Den Ereignissen vorgreifend schwärmte sie schon: »Oh, wie bin ich überglücklich zu wissen, daß Du Dein Bündel schnürst! Welch wunderbare Beschäftigung! Alsdann aber erhole Dich, jage, reite, mache Fußmärsche!« Sie schrieb sogar selbst an die Gräfin de Mirabeau, um die Sache voranzutreiben. Sie wußte freilich nicht, daß Boucher ihm das Wort abgenommen hatte, nach der Freilassung die Korrespondenz mit ihr völlig abzubrechen.

Übrigens trat man mit neuen Forderungen in ihn heran. Seine Mutter hatte Berufung gegen das Urteil eingelegt, das nach achtzehnjährigem Prozeß dem Marquis Verfügungsrecht über ihr Vermögen gab. Der Sohn, der im Familienkrieg bisher zu ihr gehalten hatte, sollte bei ihr als scheinbar unparteiischer Makler mit List und Scharfsinn die Interessen des Vaters verfechten, da man wußte, daß er Einfluß auf die Marquise hatte. Seine Schwester, Gräfin du Saillant, immer auf der Seite des Vaters, bearbeitete ihn in vielen Briefen. Seine Gefangenschaft zog sich indessen immer weiter hin, wenn er auch die Zelle jetzt hatte verlassen dürfen; mit Rücksicht auf seine stark angegriffene Gesundheit bewohnte er jetzt im Schloß von Vincennes ein Zimmer. Sogar eine relative Freiheit gestand man ihm zu, die ihm Gelegenheit gab, mit Frauen zusammenzukommen, ein ihm unentbehrliches Lebenselement. Die Briefe an Sophie wurden seltener. Er machte ihr sogar den Vorschlag, zu ihrem Mann zurückzukehren. Das Ansinnen nannte sie »wahnsinnig und unanständig«; doch da er ihr klarmachte, es könnte seiner Sache dienen, weigerte sie sich in schmerzlicher Resignation nicht mehr. Ihr schwacher Versuch, sich mit dem Marquis de Monnier auszusöhnen, blieb erfolglos.

Der »Menschenfreund« war mit der bedingungslosen Freilassung des Sohnes noch immer nicht einverstanden; er wollte ihn unter der väterlichen Despotie wissen. »Wäre mein Enkel noch am Leben, so hätte ich fest bei meinem Wort gestanden, seinen Vater gefangen zu halten und sogar seine Spur zu verlieren! . . . Nur mit meinem Wissen und Wollen kommt er heraus, und ich will ihn immer fest in der Hand haben!« Mit Hilfe seines alten Freundes, des Herzogs de Nivernais, erhielt er bei dem aller Mirabeauaffären längst überdrüssigen Maurepas abermals eine *lettre de cachet* für den Sohn:

»Im Namen des Königs wird dem Herrn Grafen de Mirabeau befohlen, sich fortan an den Orten aufzuhalten, die sein Vater ihm als Wohnsitz zuweist. Wobei Seine Majestät dem Herrn Grafen de Mirabeau strengstens untersagt, sich unter welchem Vorwand auch immer von diesen Orten zu

entfernen, bis weitere Befehle ergehen. Ungehorsam zieht strengste Bestrafung nach sich. Versailles, den 13. Dezember 1780. Im Auftrag des Königs Amelot.«
Am selben Tag, dem 13. Dezember 1780, nach zweiundvierzig Monaten, verließ Honoré-Gabriel das Gefängnis, »nackt wie ein Wurm«, berichtete er. Es war ein nebliger und kalter Tag, echtes Pariser Winterwetter. Sein Schwager du Saillant und Dupont erwarteten ihn am Festungstor.

Prozeß um die Rehabilitierung

So schändlich wir uns auch betragen haben, fast immer steht es in unserer Macht, unseren guten Ruf wiederherzustellen.

La Rochefoucauld

Wohin in der Freiheit? Boucher, der humane Polizist, war auch jetzt wieder hilfreich und nahm ihn fürs erste bei sich auf. Außer dem völlig zerschlissenen Rock, den er in der Zelle getragen hatte, besaß Honoré-Gabriel nichts, nicht einmal seinen Namen, den er auf Befehl des Vaters wieder einmal nicht tragen durfte. Er war »Monsieur Honoré«, basta. Ist es verwunderlich, daß er sich, wo es irgend ging, durch Borg Geld zu beschaffen suchte? Zum Ärger des Schwagers du Saillant versetzte er die goldene Uhr seiner Schwester, und er pumpte Bouchers Freunde an, bis es dem Gastgeber zu arg wurde und er ihn höflich vor die Türe setzte. Vielleicht war auch ein Flirt mit Madame Boucher schuld.

In den nächsten Wochen wohnte er für 45 Sous pro Tag bei dem Militärarzt Fontellieu, dessen Wohnung freilich im Schloß von Vincennes lag, so daß er wohl oder übel, wenn auch als freier Mann, wieder hinter den Mauern seiner Gefangenschaft wohnen mußte. Aber auch hier war er nur für eine Weile geduldet.

Im Januar 1781 begegnete er zufällig im Büro eines Advokaten dem Vater; der Marquis Victor tat, als kenne er ihn nicht. »Beim Anblick meines Vaters haben sich mir die Eingeweide zusammengekrampft und alles Geschehene war in dieser Minute vergessen.« Unendlich mußte ihm daran liegen, den Vater, der laut königlichem Befehl Verfügungsrecht über ihn hatte, möglichst gnädig zu stimmen. Trotz allem regte sich in ihm, wenn nicht sogar spontane Sohnesliebe, so ein tief wurzelndes Gefühl der Zusammengehörigkeit. Kaum hatte er sich wieder anständige Kleidung beschafft, unternahm er, dem Vater zu Gefallen, ziemlich befremdliche Schritte, die, aus seinem unbändig aufflackernden Freiheitswillen geboren, nur in einer eiskalten Berechnung ihre Erklärung finden, wenn auch nicht ihre Rechtfertigung; aber es galt, um jeden Preis den »Menschenfreund« für den reuigen Sünder einzunehmen. Er antichambrierte eifrig bei den Ministern, um – welch böse Ironie! – eine *lettre de cachet* zu erwirken, er, der das Manuskript voll leidenschaftlicher Anklagen gegen die Willküreinrichtung verfaßt hatte; noch war es übrigens nicht gedruckt. Und eine *lettre de cachet* gegen wen? Gegen Briançon, der ihm einst bei der Flucht in die Schweiz behilflich gewesen war, und der jetzt – schließlich sogar erfolgreich – versuchte, zur größten Wut des Marquis Victor seine ins Kloster eingesperrte Geliebte, Madame de Cabris, freizubekommen. Mirabeaus Gesuch stieß auf taube Ohren; selbst der Herzog de Nivernais, Victors alter Freund, schüttelte ärgerlich den gepuderten Kopf, und Maurepas, der Minister, der in den inzwischen sechzig vom »Menschenfreund« beantragten Sistierungsbefehlen einen ungeheuerlichen Rekord sah, äußerte seinen Unwillen: »Es ist wirklich eine Schmach, daß die Skandale in dieser Familie kein Ende nehmen. Der König will nichts mehr davon hören!«

In dem Prozeß seiner Eltern vollzog Honoré-Gabriel den Frontwechsel, der ja eine der Voraussetzungen seiner Freilassung war, und verfocht sehr aktiv die Sache des Marquis. Durch einflußreiche Verbindungen war es auch der Marquise gelungen, die Klosterhaft zeitweilig zu verlassen; sie kam nach Paris, um vor Gericht ihre Sache zu vertreten. Die Begegnung mit der Mutter fruchtete nichts. »Soviel Starrköpfigkeit und soviel Unvernunft ist mir noch nie begegnet«, äußerte er über die Verbissenheit der alten Frau in einem Brief an Madame du Saillant. Kein Wunder! Für die Marquise stand außer ihrer finanziellen Autonomie nebst der Hoffnung, die großen Schulden bei einem ganzen Troß von Speichelleckern zu bezahlen, schließlich auch das endgültige Ende ihrer Klosterhaft auf dem Spiel. Sophie, die weiterhin zu der vom Gatten so schmählich Behandelten hielt, schrieb an Honoré-Gabriel, denn die Korrespondenz war zwar schon spärlicher und schwierig geworden, brach aber nicht ab: »Nun bist Du also auch noch mit Deiner Mutter entzweit . . . Sie hat uns soviel Güte bezeugt, besonders mir.«

Vor Gericht ergriff der Graf de Mirabeau zum ersten Mal öffentlich das Wort; er verteidigte in einer – nicht erhalten gebliebenen – Rede mit gewohntem Ungestüm die Sache des Vaters gegen die Mutter. Doch das Gericht entschied diesmal und in letzter Instanz gegen Marquis Victor und für die geborene Vassan. Bei der Urteilsverkündung ließ der Sohn, obwohl sich der mindestens zweiseitigen Schuld durchaus bewußt, sich zu dem Ausruf hinreißen, der Marquise den Sieg zuzuerkennen, »heiße das Laster krönen«, ein Ausruf, der beweist, wie sehr sich der künftige Volkstribun einer Sache verschrieb, für die er einmal Partei ergriffen hatte, wenn trotzdem gewiß auch wiederum die Berechnung des Eindrucks mit im Spiel war, die sein Auftreten auf den Verlierer machen mußte. Noch weniger als bei den meisten Leuten waren bei Mirabeau die Gefühle und Leidenschaften jemals eindeutig und ungemischt.

Für den »Menschenfreund« bedeutete der Ausgang des Prozesses den vollendeten Ruin. Auch seine Publikumsrolle als philanthropischer Philosoph war ausgespielt, er stand vor einem Scherbenberg, zumal mit Turgots Sturz und seinem im Frühjahr 1781 erfolgten Tod die Richtung der Physiokraten, die von einer Modewelle hochgespült worden war, allen Einfluß verlor. Die schmutzigen Familienquerelen, die seine häusliche Tyrannei aufgedeckt hatten, hatten dazu Victors moralischen Ruf gänzlich untergraben. Die vom Gericht verfügte Gütertrennung, die ihm die Einkünfte aus den Vassanschen Besitzungen entzog, machte aus dem nun Sechsundsechzigjährigen einen schuldenbeladenen, verarmten Mann. Dazu wurden ihm die hohen Kosten der über Jahrzehnte laufenden Prozesse aufgebürdet. Um den Lebensunterhalt für sich und das Gesinde zu bestreiten, war er ganz auf die pünktlichen Rückzahlungen angewiesen, die der Bailli auf die einst beim Bruder entliehenen 150 000 Livres leistete.

Endlich willigte er auch in eine Zusammenkunft mit dem ältesten Sohn ein. Am 19. Mai 1781, einen Tag nach der für ihn so katastrophalen Niederlage, empfing er ihn nach zehnjähriger Entfremdung wieder. Honoré-Gabriel kam in Begleitung von Dupont in das Pariser Palais der Rue de Seine. Es ging nicht ohne eine pompöse Ansprache des »Menschenfreundes«, so als zitiere er einen Heldenvater aus einer seiner in der Schreibtischschublade verstaubenden Tragödien. Jetzt raffte er sich endlich auch zu positiveren Urteilen über den so lange gänzlich Verkannten auf: »Er ist vielleicht der Mensch, der von allen im ganzen Königsreich am wenigstens zu einer vorbedachten Bosheit fähig ist.« In einem anderen Brief an den Bailli: »Glaube nur nichts von den Gerüchten, die man über ihn ausstreut, denn es gibt Leute, die ein Interesse daran haben, ihn zu vernichten.« Zu diesen in der Zukunft folgenreichen Gerüchten hatte Victor leider durch seine den Sohn maßlos verleumdenden Briefe an den Vater seiner Schwiegertochter, Monsieur de Marignane, das meiste selbst beigetragen.

Nun sieht er objektiver: »Er hat von seiner Mutter, der er so sehr ähnlich sieht, weder die Zänkischkeit noch die Unbeherrschtheit und böse Zunge geerbt, wenn er auch im Reden maßlos ist; auch nicht ihre Freude am Kartenspiel, das er nicht leiden kann; dafür ist er leichtgläubig wie eine Amme, indiskret, aus Frechheit, Angeberei und Rechthaberei ein Lügner, von einem Selbstvertrauen, das mit unendlich viel Geist und Begabung über alles zu täuschen versteht. Dennoch, Bruder, man muß ihm eher beistehen, als ihn am nächstbesten Baum aufknüpfen lassen, der ihn nur zu schwer finden würde.«

Er lädt Honoré-Gabriel nach le Bignon ein. Doch vergeblich erwartet er ihn am verabredeten Tag. Für den Leichtfuß, der zwar geistig enorm gereift, aber noch immer der zügellose und unbedenkliche Draufgänger geblieben ist, haben sich neue und gar nicht harmlose Schwierigkeiten ergeben.

Schon von Vincennes aus hatte er in den letzten Monaten mit einer Demoiselle Julie Dauvers korrespondiert, der Tochter eines Zahnarztes, dem auch die Zahnbehandlung von Mitgliedern der königlichen Familie oblag. Endlich wieder in der Lage, seiner heißen Sinnlichkeit Kühlung zu verschaffen, hatte er Julie bestürmt; sie blieb aber ablehnend. Da es just in den Tagen war, in denen er in Versailles für den Marquis in Sachen Briançon antichambrierte, prahlte er ihr von seinen Beziehungen bei Hofe vor. Schon lange hoffte sie darauf, in Versailles durch Vermittlung eines Gönners ein Zofenamt zu bekommen. Der Einfluß des Hofzahndoktors reichte dazu offenbar nicht aus. Sie wollte aber, ehe sie dem Drängen nachgab, von Mirabeau schlüssige Beweise. Da hatte er erfindungsreich den verwegenen Einfall, eine höchst gefährliche Komödie zu inszenieren, die gleiche, die ein paar Jahre später bei der ominösen, aufsehenerregenden Halsbandaffäre im Park von Versailles in Szene gesetzt werden würde. Mirabeau wählte zum Schauplatz den jährlichen Opernball. Dorthin führte er Julie und stellte sie zwei Damen vor: der Prinzessin de Lamballe und einer Geheimnisvollen, in der man höchstderoselbst die Königin Marie-Antoinette erraten durfte. Nur daß die Rolle der Prinzessin niemand anderes spielte, als der Transvestit Dubut de la Tagnerette, der sich also auch der Freiheit wieder erfreute. Die Geheimnisvolle aber war irgendeine Person aus der großen Schar loser Mädchen. Dieser Maskenspuk hatte zwar den doppelten Erfolg, daß Julie dem Grafen in die Arme fiel, und daß sie ihren Vater veranlaßte, ihm 25 Louisdor oder 500 Livres zu leihen, für die er allerdings dem Zahnarzt einen Schuldschein mit Ehrengarantie ausstellen mußte. Chimärischer Wunschtraum blieb natürlich die Zofenstelle für Julie nach wie vor. Der Vater der Geprellten aber wollte nun wegen der Rückzahlung des Geldes ein Ehrengericht bemühen und dort sogar höchst kompromittierende Briefe Mirabeaus an seine Tochter vorlegen; in ihnen war auch von dem die Prinzessin de Lamballe und womöglich die Königin selbst aufs ärgste ins Zwielicht setzenden, peinlichen Quiproquo die Rede. Höchst alarmierend. Vincennes oder die Bastille waren aufs neue eine akute Drohung. Darum hielt es Honoré-Gabriel im Augenblick für das Beste, inkognito das Weite zu suchen.

Vor allem hatte er auch ein anderes dringendes Anliegen. Er mußte auf Biegen und Brechen mit Madame de Monnier ins reine kommen, mußte sich endgültig von ihr lösen. Nur der engste Vertraute, ein neuer Freund, Jean-François Vitry, ein junger Beamter des Auswärtigen Amtes, der den »guten Engel« Boucher abgelöst hatte, war in Paris über die heimliche Abreise informiert. Mirabeau reiste über Nemours südwärts nach Nogent-sur-Vernisson. Dort traf er, wie im stillen vereinbart, einen Dr. Ysabeau aus Gien.

Gien war bekanntlich der Ort, wo das Kloster lag, in dem Sophie eingeschlossen war. Zwei Tage lang beherbergte der Arzt ihn bei sich und bereitete alles vor für sein heimliches Treffen mit der Geliebten. Mit Unterstützung einer Laienschwester und des Gärtners gelangte Honoré-Gabriel am 29. Mai, in Frauenkleider vermummt, durch ein Gartenpförtchen über verschwiegene Klosterwege zu der kleinen Klausurwohnung, die Sophies abscheuliches Gefängnis der Pariser Rue de Bellefonds abgelöst hatte. Sophie wohnte offenbar sogar in eigenen Möbeln. Denn da stand derselbe oder zum mindesten ein ganz gleicher Schrank, wie der, in dem er sich nach dem Hausball in Pontarlier versteckt hatte, und der auch jetzt wieder Gelegenheit bot, sich darin bei einem unerwünschten Zwischenfall zu verbergen.
Jäh standen sie sich im Dämmerlicht des Maiabends gegenüber. Der Augenblick, auf den Sophie vier Jahre lang mit sehnender Seele gewartet hatte, war da: sie schloß den Geliebten ihres Lebens wieder in die Arme. Tränen überwältigten sie.
Sie hatte zuviel geweint. Ihre Augen waren gerötet; vorzeitig war ihr Haar ergraut. Die Eingeschlossenheit und mangelnde Bewegung hatten bewirkt, daß sie füllig geworden war. Gewiß entsprach sie nicht mehr dem gehätschelten Bild, das ihm in der Einsamkeit der Zelle in den Nachtstunden und wenn er von der Arbeit aufgesehen hatte, gegenwärtig gewesen war. Auch war, schon ehe er mit der Fremdgewordenen die Küsse des Wiedersehens tauschte, seine Liebe unversehens erkaltet. Wie hätte sie es nicht empfinden sollen? Sie mußte fühlen, für sie war keine Hoffnung mehr.
Ein paar Tage lang hielt sie ihn – wie einst in Pontarlier – in ihrem Raum versteckt. Sie durften nur im Flüsterton miteinander reden. Nachts teilten sie das einzige Bett. Ver-

suchte er, sie zu überreden, zu ihrem Mann zurückzukehren? Dazu war es jetzt auf alle Fälle zu spät. Monsieur de Monnier hatte sich mit seiner Tochter ausgesöhnt, und Madame de Valdahon hätte schon aus Erbschaftsgründen nie und nimmer geduldet, daß der alte, hinfällig gewordene Marquis die Ehebrecherin bei sich wieder aufnahm.
Dr. Ysabeau, der viele Jahre später Mirabeaus Besuch in Gien und die eigene Rolle dabei aufgezeichnet hat, meinte sich zu erinnern, daß das Versteckspiel im Kloster ganze vierzehn Tage gedauert habe, doch sein Gedächtnis hat ihn wohl getäuscht. In den ersten Tagen des Juni bereits mußte er dem heimlichen Gast vorsichtig die Nachricht zukommen lassen, daß seine Reise nach Gien ruchbar geworden war, und daß die Polizei ihn bereits suchte; wieder waren es die Gläubiger, die hinter ihm her waren. Auch bat Dupont ihn dringend, nach Nemours zu kommen.
So galt es, überstürzt sich zu trennen. Die Plötzlichkeit machte gewiß den Abschied leichter für ihn, für sie um so schmerzlicher. Von einem alten Plan, gemeinsam nach England auszuwandern, war nicht mehr die Rede gewesen. Als an dem erwachenden Junimorgen das Gartenpförtchen hinter ihm zufiel, wußte sie, daß sie ihn nie mehr wiedersehen würde. In den Verzicht, den er von ihr verlangte, hatte sie um seiner Zukunft willen in schmerzzerrissenem Opfermut eingewilligt. Doch sie setzte sich hin und schrieb ihm: »Lebe wohl, mein Herzgeliebter, ich liebe Dich, wie ich Dich immer geliebt habe. Noch nie habe ich meine Liebe so stark gefühlt.«
Er dagegen jagte in aufquellendem Ehrgeiz nun schon sehr kühnen Zielen nach. Wenn auch das Todesurteil von Pontarlier noch rechtsgültig war, tauchte zum ersten Mal in seiner Korrespondenz noch halb scherzhaft das Spiel mit dem Gedanken an einen Ministersessel auf. Er fühlte seine Kräfte wachsen.

Sophie blieb in dem Kloster von Gien wohnen, auch als der Marquis de Monnier schon kurze Jahre danach verstorben war und die Klausur aufgehoben wurde. Sie hatte sich einen kleinen Eselkarren angeschafft, und man sah sie in schlichter Kleidung über Land fahren, um armen Familien zu helfen. Sie hatte den Namen Marquise de Malleroy angenommen. Später bezog sie ein kleines Haus am Ortsrand von Gien. Sie freundete sich mit einem Nachbarn an, einem Schloßbesitzer und ehemaligen Kavallerieoffizier, der an einer unheilbaren Krankheit litt, einem Monsieur de Poterat. Er bat sie, ihm für seine letzten Jahre Gesellschaft zu leisten und schlug ihr die Ehe vor, damit sie ihn beerben könnte. Acht Jahre waren seit der Trennung von Mirabeau vergangen, sie war 37 Jahre alt. Doch kurz bevor die Hochzeit festgesetzt werden konnte, starb Monsieur de Poterat. Es war im September 1789.

Am Tag nach seinem Tod beging Sophie Selbstmord, wie es ihr als letzter Trost schon immer vorgeschwebt hatte. Doch Opium hatte sie nicht zur Hand. In einem engen Nebenraum ihres Schlafzimmers band sie sich in einem Ohrensessel fest, nachdem sie rechts und links davon zwei glimmende Kohlenpfannen aufgestellt hatte. Dr. Ysabeau fand sie am nächsten Morgen tot. Mirabeau stand zu dieser Zeit auf dem Gipfel des Ruhms.

Bis dahin war aber für ihn noch ein mühsamer Weg. Von Gien aus war er nach Nemours geeilt. Von dort begleitete ihn Dupont nach le Bignon, und vielleicht auf Duponts Fürsprache hin zeigte sich diesmal Marquis Victor trotz eigener Geldnöte dazu bereit, die am ärgsten drängenden Gläubiger zu befriedigen, vor allem den bedrohlichen Zahnarzt Dauvers. Dazu mußte er freilich seine goldene Lieblings-Tabakdose versetzen. Honoré-Gabriel war dem Vater gegenüber ein wenig kleinlaut, da er ihm kraft königlichen Befehls auf Gnade und Ungnade ausgeliefert blieb. Er, den müßige Spiele langweilten, spielte stundenlang an den Abenden sogar Lotto mit ihm. Die Versöhnung wurde mit einem sechs Tage währenden Familienfest gefeiert, das um so eher ziemlich harmonisch verlief, als Madame de Pailly, *la chatte noire,* auf Besuch in die Schweiz gereist war. Doch während der ländlichen Festlichkeit erkrankte der Marquis schwer, so daß man sogar um sein Leben in Sorge war. »Es genügt, daß mir sein Leben nützlich und teuer war, schon ist es bedroht: so will es mein Unstern«, schrieb der Sohn an den Freund Vitry. Er trug sich mit dem Gedanken, im Schloßpark von le Bignon dem »Menschenfreund« ein Denkmal zu setzen, in Form eines »Tempels der Wahrheit« mit offener Kuppel, von Lorbeer umstanden. Im September schrieb er an Vitry: »Unter der Weile kümmere ich mich um ihn. Es ist mir süß, mich um ihn zu kümmern.« Und angenehm von dieser vielleicht nicht nur zur Schau getragenen Sohnesliebe angesprochen, beginnt der Vater seinerseits das Genie in ihm zu erkennen. In den Briefen an den Bailli spricht er von Honoré-Gabriels Verstand, Geist und Bildung. »Er fliegt wie ein Adler«, rühmt er. Doch mit gewohntem Spott nennt er ihn auch »einen gutmütigen Teufel, in dem trotz seiner abstoßenden Häßlichkeit, trotz seines stampfenden Gangs, trotz seines düsteren Mienenspiels und seiner sich überstürzenden, hastigen Art etwas steckt, das verrät, daß er im Grunde doch nur eine mit Wolle ausgestopfte Vogelscheuche ist.« Bei allem Spott ahnt er, daß der Bespöttelte noch zu Großem bestimmt sein könnte, und das wiederum schmeichelt seinem frustrierten Familienstolz.

In diesem Herbst 1781 erfährt Honoré-Gabriel aller Wahrscheinlichkeit nach, daß er in Paris einen Sohn gezeugt hat, dessen Vater dem Gesetz nach ein anderer ist. Eben freigekommen, hatte er bei Boucher, in dessen Wohnung Künstler und Literaten ein- und ausgingen, die Bekannt-

schaft des Bildhauers Lucas de Montigny und seiner hübschen, leichtsinnigen Frau gemacht. In seiner lang zurückgedrängten Sinnlichkeit hatte er sie verführt und geschwängert. Später wird er, wenn der betrogene Ehemann das Kind ableugnen wird, es zu sich nehmen und als seinen Adoptivsohn großziehen lassen.
In le Bignon wartet er ungeduldig auf die Akten seines Prozesses von Pontarlier, dessen Revision er betreibt und vorbereitet. Da das Dossier verschwunden zu sein scheint, vermutet er eine unsaubere Intrige und protestiert in der üblichen Heftigkeit. Endlich im Januar 1782 treffen die Akten bei ihm ein. Bis dahin beschäftigt er sich unter anderem damit, die Memoiren ihrer Liebe, die Sophie auf sein Drängen hin niedergeschrieben hatte, durchzusehen und zu redigieren, so daß er den ganzen tragischen Roman noch einmal vor sich vorüberziehen läßt, gewiß ein Anzeichen dafür, daß er sich doch innerlich noch nicht ganz von der Frau, deren Schicksal er geworden ist, gelöst hat.
Vor allem aber sucht er, mit seiner Gattin wieder anzuknüpfen. Emilie lebt im alten, vergnügungssüchtigen Stil bei ihrem Vater in Marignane oder auf dem Schloß des Marquis de Gallifet. Mirabeaus erstes Schreiben, gleich am 13. Dezember 1780, dem Tag seiner Entlassung, war an den Schwiegervater gerichtet. Doch in Marignane beantwortete man seine Annäherungsversuche mit Schweigen. In einem Brief an den Bailli meinte Emilie, ihr Mann solle doch nach Amerika gehen, um dort durch kriegerische Heldentaten die Erinnerung an seine Vergangenheit auszulöschen. Bei ihrer Verweigerung jeglicher Aussöhnung versteckte sie sich hinter ihrem Vater. »Ich stehe nicht unter Gewalt eines Gatten, da Monsieur de Mirabeau keine staatsbürgerliche Existenz hat; ich stehe also unter der Gewalt meines Vaters, der mir verbietet, zu Monsieur de Mirabeau zu fahren.« Er selbst war mit dem ihm eigenen

selbstbewußten Optimismus völlig davon überzeugt, daß es ihm gelingen werde, die eheliche Gemeinschaft wiederherzustellen, eine der Vorbedingungen, die ihm zustehende gesellschaftliche Stellung einzunehmen. Zunächst aber galt es, das ehrenrührige Todesurteil von Pontarlier anzufechten und aufheben zu lassen, wobei er gleichzeitig sich auch für die Sicherung gewisser Rechte Sophies einsetzen wollte. Einen »Tilgungsbrief« hatte der König verweigert und im Mai lief die Berufungsfrist ab.

Er brach also am 2. Februar 1782 nach Pontarlier auf. Begleitet wurde er von seinem neuen Diener Legrain, der ihm bis zu seinem Tod treu bleiben würde. Legrain war drei Jahre jünger als Honoré-Gabriel, ein Bauernsohn, der mit 28 Jahren nach Paris gekommen war und kurze Zeit bei der Marquise de Tourzel in Dienst gestanden hatte. Da ihm weibliche Herrschaft nicht zusagte, hatte sie ihn an Marquis Victor empfohlen. Legrain, der in le Bignon den jungen Mirabeau auf der Jagd zu begleiten pflegte, hatte das Pech, ihn versehentlich durch einen Flintenschuß zu verletzen. Statt ihn für die Tolpatschigkeit zu bestrafen, verzieh Honoré-Gabriel ihm, da er durch den Schreck, das Blut seines Herrn fließen zu sehen, genug bestraft sei. Er gewann dadurch Legrains durch nichts zu erschütternde Anhänglichkeit. Der treue Diener folgte ihm durch dick und dünn; er war es auch, der seinen Herrn auf dem Totenbett zum letzten Male rasierte.

Der Marquis Victor gab seinem Sohn als juristischen Berater einen Advokaten namens Desbirons mit, dessen Frau pikanterweise eine von Honoré-Gabriels Geliebten gewesen war.

Am 6. Februar kamen die Reisenden in Dijon an. Mirabeau erzählt von den Zwischenfällen dieser Winterreise. »Wir haben am selben Tag nacheinander den Bruch von Achse, Rad, Tragriemen und Wagentür erlebt. Dabei kann man zehn Hälse brechen. Doch wir haben nicht den kleinsten Kratzer abbekommen. Die Achse brach, als wir mit verhängtem Zügel dahinpreschten, zum Glück in geringer Entfernung von Vermaton; das Rad brach in Cussy-les-Forges auf der Poststation selbst; der Wagenriemen riß mitten in der Nacht auf der Landstraße und dabei sprang die Wagentür raus . . . Mein Vater wird im übrigen aus dem Bericht, den Desbirons ihm schickt, ersehen, daß wir wie Knauser gelebt haben; aber er weiß auch, was es heißt, unterwegs auf Handwerker angewiesen zu sein.«

In Dijon verhandelte Desbirons mit Madame de Ruffey, um festzustellen, welche Absichten sie mit ihrer Tochter habe, und sie zu bestimmen, der Revision des Prozesses nichts in den Weg zu legen, was sie auch unter der Bedingung zusagte, daß Sophie bis zum Tod de Monniers im Kloster bliebe und daß die Mitgift zurückkäme. Dann fuhr man nach Pontarlier weiter.

Ehe Mirabeau sich in Pontarlier den Kriminalbehörden stellte, machte er einen Abstecher nach Verrières, um sich dort Zeugen zu beschaffen, die Wirtin, bei der er auf Sophies Kommen gewartet hatte, einen Barbier, und alle begrüßten ihn mit größter Herzlichkeit. Legrain war ihm schon so ergeben, daß er ihm schwor: »Mögen Sie im Recht oder im Unrecht sein, zählen Sie auf mich.« Wenn sie im Gasthaus tafeln, sitzt er mit seinem Herrn am selben Tisch.

Am 12. Februar meldet sich Mirabeau in Pontarlier bei den Behörden und wird ins Gefängnis eingeliefert. Sechs Monate sollte diesmal die freiwillig auf sich genommene Haft dauern. Ganz Pontarlier ist aufgebracht gegen ihn. Namentlich Madame de Valdahon wiegelt die Leute auf. Der Frau ihres Metzgers droht sie, ihr die Kundschaft zu entziehen, nur weil der Metzger Mirabeaus Advokaten ein Pferd geliehen hat. Und ihr Gatte entläßt seinen Friseur, weil er der Bruder von Mirabeaus Bader ist.

War es tollkühn von Mirabeau, sich in die Höhle des Löwen zu begeben? Viele Freunde hatten ihm davon besorgt abgeraten. Mochte das gegen ihn *in contumaciam* ausgesprochene Todesurteil wohl auch kaum eine reale Gefahr für seinen Hals darstellen, so war es dennoch Schneid, sich der Gefahr auszusetzen, es im Berufungsprozeß noch einmal bestätigt zu sehen. Man hat seine Geste aber auch als typische Renommisterei ausgelegt, wie sie ihm durchaus nicht fremd war. Er kam freilich mit soviel Selbstvertrauen auf seinen Sieg, daß er Zweifel daran gar nicht kannte. Es ging zudem auch um die 45 000 Livres Schadenersatz, die laut Urteilsspruch an den Marquis de Monnier zu zahlen waren, sobald die Berufungsfrist ablief. Gewichtiger Grund! Vor allem handelte es sich, wie gesagt, darum, die bürgerlichen Rechte wieder zu erstreiten, soweit sie nicht durch die nie aufgehobene väterliche Entmündigung und die unangefochtene »blâme« suspendiert blieben. Außerdem – und es war nicht Prahlerei, wenn er es betonte – kämpfte er auch mit ganzem Einsatz für Sophie, damit sich ihre wenig aussichtsreiche Sache soweit wie möglich zum Besseren wandte; energisch wehrte er sich dagegen, daß man ihr Verfahren abzutrennen versuchte.
Der Marquis Victor schickte im übrigen den Schwiegersohn du Saillant, einen ziemlich besonnenen Herrn, nach Pontarlier, damit er hinter den Kulissen zu vermitteln versuchte, was dem Gefangenen freilich ein Dorn im Auge war. Vor allem war Legrain ein unersetzlicher Helfer. Bei Schnee und Eis war er unermüdlich zu Pferd unterwegs, bald in Dijon, bald in Verrières, bald in Neuchâtel; hier suchte er die Behörden dazu zu bringen, den Schweizer Belastungszeugen die Aussage vor einem französischen Gericht zu verbieten. Und er hatte Erfolg damit.
Das eigentliche Gewicht kam jedoch der persönlichen Verteidigung Mirabeaus zu. Er schüchterte durch sein selbst-

herrliches Wesen die Provinzrichter ein, die als Kollegen Monniers sichtbar gegen den Außenseiter eigenommen waren und es bei der Prozeßführung nicht verbargen. Die Hauptanklage lautete auf Entführung. Er wies darauf hin, daß Madame de Monnier, eine mündige, selbstverantwortliche Person, ihm aus freien Stücken in die Schweiz nachgereist war. Fiel der Vorwurf der Entführung fort, war dem ganzen Prozeß die Grundlage entzogen. Entgegen den juristischen Usancen erweiterte das Gericht daraufhin die Anklage durch die Bezichtigung des Ehebruchs, der aber nur verfolgt werden konnte, wenn der Gatte den Antrag stellte; Monsieur de Monnier, von seiner Tochter, Sophies Hauptfeindin, angetrieben, reichte also eine Klage auf Ehebruch nach, auf dem unter Umständen eine Galeerenstrafe stand. Die Sache drohte, eine üble Wendung zu nehmen. Mirabeau verlor seine Siegesgewißheit nicht. Wenn Ehebruch vorlag, so plädierte er, dann war er außerhalb der französischen Grenzen begangen worden; damit fiel er nicht mehr unter die Jurisdiktion eines französischen Gerichtes. Für ein Vergehen im Ausland waren die Richter nicht zuständig.

Aus dem Gefängnis heraus veröffentlichte er beißende Flugschriften zu seiner Verteidigung und brachte seine Gegner durch Anspielungen auf peinliche Wahrheiten in Bedrängnis. Mehr und mehr zog er damit auch die öffentliche Meinung auf seine Seite. Spott, Drohungen, Enthüllungen; jedes Mittel war ihm recht, und seine Beweisführungen waren brillant; die Habsucht von Madame de Valdahon setzte er dem öffentlichen Gelächter aus, er stellte den Marquis de Monnier bloß, schonte nicht den Ruf der Familie de Ruffey, wies die Vetternwirtschaft der Richter als Grund zu ihrer Voreingenommenheit nach. Vor allem griff er den Vertreter der Anklage, Monsieur de Sombarbe, mit großer Heftigkeit an, dessen Verwandtschaft mit dem Kläger er ins Licht rückte. Sogar für Monsieur de Saint-Mauris, seinen einstigen Kerkermeister, fielen ein paar bissige Seitenhiebe ab. Jedenfalls erregten seine Schriftsätze in Pontarlier und darüber hinaus Skandal und Aufregung. Er zeigte, daß es unklug war, ihn sich zum Feind zu machen.

Unter seinen Gegnern verbreitete sich Schrecken. Sie beeilten sich, du Saillant zu versichern, daß sie zu einem Vergleich bereit seien, bei dem allerdings Sophie die Kosten hätte tragen müssen. Dem widersetzte sich Mirabeau. Nachdem man schließlich zu einer Einigung gekommen war, wurde das Urteil des alten Prozesses aufgehoben. Sophies Ehe wurde getrennt, sie sollte aber bis ein Jahr nach dem Tod ihres Gatten in Gien im Kloster wohnen bleiben, dann würde ihr die Mitgift zurückbezahlt werden, und man sprach ihr eine lebenslängliche Rente von 12 000 Pfund zu. Es war ein glimpfliches Ergebnis, und was Mirabeau betraf, war der Ausgang des Prozesses ein Sieg, wenn auch ein zweifelhafter.

Am 13. August 1782 verließ er das Gefängnis von Pontarlier, das ihn in unmittelbarer Nachbarschaft des im Gefängnishof aufgeschlagenen Schafotts beherbergt hatte; von seinem Gitterfenster aus hatte er es sechs Monate lang betrachten können. Nun war das belastende Todesurteil von ihm genommen. An de Vitry schrieb er: »Ja, mein Freund, ich habe einen schlimmen Weg hinter mir, und ich schwöre Ihnen, daß ich dabei mehr Geschicklichkeit und Übersicht nötig hatte, als es für einen allgemeinen Frieden in Europa erforderlich gewesen wäre.«

Er benützte die Freiheit zu einer Reise nach Neuchâtel, wo er dem Verleger Fauche eine Reihe von Manuskripten anbieten wollte. Die Geldsorgen waren wieder übermächtig geworden. Zu den anderen Schulden waren die Forderungen seiner Anwälte hinzugekommen. Der Prozeß hatte

12 000 Livres an Kosten verursacht. Marquis Victor gab Schuldscheine auf seinen Nachlaß heraus; er drängte Honoré-Gabriel schon jetzt, die Regelung zu sichern, das hieß, die Versöhnung mit Emilie und den Marignanes dringlich zu betreiben. Mirabeau selbst hoffte daneben fürs erste auf ein ersprießliches Honorar von seinem Drucker.
Als er im Postwagen über die für ihn an Erinnerungen so reichen Straßen der spätsommerlichen Schweiz nach Neuchâtel reiste, vom treuen Legrain begleitet, brachte er sehr unterschiedliche Früchte seiner in Vincennes erduldeten Jahre mit, vor allem das Manuskript der *Lettres de cachet,* diese Sprengstoffladung, die in Europa einen Brand entzünden würde, durch dessen Folgen die Weltgeschichte den Lauf geändert hat. Daneben lagen in seinem Reisekoffer das Manuskript *Espion dévalisé* (der geplünderte Spion), das er dann nach Erscheinen verleugnete, als es Ärger erregte, weil darin das Gerücht aufgegriffen wurde, der Dauphin sei an Gift gestorben; und als drittes *Ma Conversion,* jene mit Witz gewürzte Pornographie, von der er sich einen Goldregen erhoffte.
Fauche zahlte zum mindesten einen Vorschuß, und die *Lettres de cachet* kamen alsbald heraus, zwar anonym, doch der Name des Autors blieb nicht geheim; das Buch brachte ihm jähen literarischen Ruhm. Es erweckte sofort einen ungeheuren Widerhall. Es waren die Gedanken, die die Zeitströmung erwartete. Vergennes, Außenminister Ludwigs XVI., wandte sich an den preußischen König, den Landesherrn der Enklave Neuchâtel, der daraufhin die Druckerei versiegeln und Fauche einsperren ließ. Der Staatsanwalt der Provence stellte den Antrag, den erratenen Verfasser zu verhaften und eine *lettre de cachet* wegen der *Lettres de cachet* auszustellen, doch bei dem zu fürchtenden Aufsehen, das der Schritt erregen würde, wagte das Ministerium ihn nicht. Die weltweite Sensation, die das

Buch hervorrief, veranlaßte vielmehr den König, das Staatsgefängnis von Vincennes zu schließen. Dem Autor mußte die Maßnahme aus ganz persönlichem Bezug eine großartige Befriedigung geben.

Neben den eigenen Schriften bot er Fauche auch ein Manuskript seines Vaters an, *Conseils à un jeune prince sur la nécessité de refaire son éducation* (Ratschläge an einen jungen Fürsten über die Notwendigkeit, seine Erziehung neu vorzunehmen). Fauche lehnte es ab. Darauf schickte Mirabeau es an den Autor zurück, nicht ohne davon eine Abschrift genommen zu haben. Als er sie dann 1788 unter dem eigenen Namen veröffentlichte, fand sie weithin Beachtung. Die Indelikatesse, sich auch mit fremden Federn zu schmücken, gehörte zu dem Komplex seiner etwas wüsten Großzügigkeit, mit der er auch in Gelddingen zu verfahren pflegte.

Er blieb ein paar Wochen in Neuchâtel. Er lernte hier drei Männer kennen, die in seinem späteren Leben einen Platz einnehmen sollten; alle drei würden in der Revolution keine unbedeutende Rolle spielen. Der Älteste, vierzehn Jahre älter als Mirabeau, war Etienne Clavière, ein politischer Emigrant aus Genf. Er war dort einer der Führer der demokratischen Partei gewesen, deren kurze Herrschaft von den vereinten Nachbarn Bern, Savoyen und Frankreich gestürzt worden war. Zu Hause proskribiert, fiel ihm das Exil doch nicht allzu schwer, da er sich Verbindungen einerseits in der internationalen Bankwelt, andererseits in politisch-literarischen Kreisen geschaffen hatte. Wenige Jahre später wird er einer der Hauptmitarbeiter Mirabeaus sein. Ein zweiter Emigrant aus Genf unter seinen neuen Freunden, der freiheitlich gesinnte, ehemalige Generalstaatsanwalt Jacques-Antoine Duroveray, war auf Ersuchen der französischen Regierung seines Postens enthoben worden und nach dem Zusammenbruch des kurzlebigen demokratischen Experiments aus der Genfer Aristorepublik ausgewandert. Wie Clavière hegte er gegen Versailles wegen des brutalen Eingriffs in die inneren Angelegenheiten seiner Vaterstadt persönliche Feindschaft. Auch er wird später ein enger Mitarbeiter Mirabeaus sein und namentlich dessen revolutionäre Zeitungen redigieren. Der Dritte war ein Franzose, Jacques-Pierre Brissot, der sich die adelig klingende Namensergänzung de Warville beigelegt hatte. Er stammte aus Chartres, Sohn eines sehr wohlhabenden Hoteliers, fünf Jahre jünger als Mirabeau. Mit 19 Jahren hatte er das Vaterhaus verlassen; er wollte auf eigenen Füßen stehen und auf eigene Faust leben. In seinen Memoiren bekannte er, »er habe ungeheuerlich den Ruhm geliebt«. 1782 war er ihm freilich noch nicht begegnet, obwohl er sich schon auf vielerlei Art umgetan hatte. Dafür hatte er bereits die Kasematten der Bastille kennengelernt, wegen eines Pamphlets auf Marie-Antoinette, das vermutlich gar nicht aus seiner Feder stammte. Oft genügte ja schon der Verdacht. Da seine Frau im Haus Orléans eine Erzieherinnenstelle hatte, war er auf ihr Betreiben bald wieder freigekommen. Eine Zeitlang war er übrigens Sekretär des Herzogs. Meist lebte er schlecht und recht von journalistischen Beiträgen zu den Gazetten und von grandiosem Pläneschmieden. Seine hervorstechende Eigenschaft war die Betriebsamkeit. In den ersten Jahren der Revolution, die ihm Gelegenheit geben würde, seine Talente zu nutzen, sollte geradezu das Wort *brissoter* für hektische Geschäftigkeit geprägt werden. Er wird einer der Führer der Partei der Girondisten werden, die man spöttisch auch die *Brissotins* nennen wird; mit ihnen mußte er 1793 das Schafott besteigen.

Doch solche Wolken verdüsterten nicht den Septemberhimmel in Neuchâtel, wo man sich in Herbergszimmern und kleinen Weinschenken zu Diskussionen traf, um festzustellen, daß es viele gemeinsame Ressentiments und ebenso gemeinsame Zukunftshoffnungen gab. Mirabeaus Begegnung mit den drei späteren Mitstreitern, dem ideenreichen Finanzmann Clavière, dem Verfassungsfachmann Duroveray, der später einmal Talleyrands Sekretär sein wird, und dem federflinken Brissot de Warville, war erst ein Blankowechsel auf die Zukunft. Alle drei bewunderten und bestaunten schon den in seiner mitreißenden Beredsamkeit unwiderstehlichen Provençalen, dessen Schrift, über ganz Europa verbreitet, wie das Grollen eines heraufziehenden Gewitters war. Talente an sich zu fesseln war eine von Mirabeaus großen Begabungen.

Die Genfer Sache verfechtend schrieb er gemeinsam mit Duroveray eine Denkschrift, schickte sie an den französischen Außenminister de Vergennes, der für die Einmischung Frankreichs in die Genfer Angelegenheiten die treibende Kraft gewesen war, und versuchte darzulegen, daß Frankreich aus Unkenntnis der Verhältnisse auf die falsche Partei gesetzt habe. Er legte einen persönlichen Brief bei, worin er sich darum bewarb, als Agent nach Genf gesandt zu werden. Die Freunde waren über diese Kühnheit bestürzt, die im übrigen seine erste Einmischung in die Politik darstellte, sieht man von den nur anonym erschienenen politischen Schriften ab. Er beschwichtigte die Erschrockenen mit der noch kühneren Voraussage: »In Frankreich werden ganz gewiß die Generalstände kommen, und ich werde Deputierter sein; ich werde das Vaterland wieder aufrichten.«

Soweit war es noch nicht. Vorläufig wurden – längst gewohnte Misere – die Geldsorgen dringlich. Fauche, nach kurzer Haft wieder frei, forderte von seinem Autor einen Schadenersatz von 2700 Livres, obwohl er in kürzester Zeit 15 000 Exemplare von den *Lettres de cachet* abgesetzt hatte, eine erstaunliche Zahl, wenn man die verhältnismäßig beschränkte Anzahl potentieller Leser bedenkt. Auch drängte der Vater, endlich die Beziehung zu Emilie wieder in Ordnung zu bringen und die eheliche Gemeinschaft mit ihr aufzunehmen. Er hoffte ja auf einen zukünftigen Namensträger. Außerdem war in der Tat die Aussöhnung der Eheleute auch die einzige Möglichkeit weit und breit, die finanziellen Probleme der Mirabeaus mit Hilfe des Marignaneschen Überflusses zu lösen.

Anfang Oktober machte sich „Monsieur Honoré“, wie er sich noch immer zu nennen hatte, mit zwiespältigen Gefühlen, doch wie stets siegesgewiß auf die Reise in die Provence, um sich seine Frau zurückzuerobern.

Es hatte kurz zuvor in dem von Erinnerungen so belasteten Verrières ein fast komödienhaftes Zwischenspiel gegeben: in dem Gasthof hatte er für eine Nacht seinem Diener Legrain dessen derzeitige Liebste ausgespannt, ein liebes Schweizer Kind. Legrain trug seinem Herrn den unverschämten Streich in keiner Weise nach.

Siegreiche Niederlage

Eine riesige Zuhörerschaft lauschte gierig auf alle Einzelheiten meiner Rechtfertigung, die ebenso vollständig wie feierlich war.

Mirabeau

»Mein Onkel überschüttet mich mit Wohltaten. Ich werde kaum jemals jemanden finden wie ihn, der nur atmet, um Gutes zu tun. Darauf, daß man ihn davor gewarnt hat, ich würde ihn verführen, habe ich ihm geantwortet: Mein Onkel, vorausgesetzt, ich verführe Sie bis zum letzten Ihrer Tage, werde ich mir diese Verführung nicht vorwerfen.« Tatsächlich mußte er den Bailli erst verführen, als er auf Befehl des Vaters am 10. Oktober 1782 in Mirabeau eintraf. Der Onkel hatte sich mit Händen und Füßen dagegen gewehrt, daß man ihm den turbulenten Neffen zuschickte. Er war stark gegen ihn eingenommen. Der Empfang war also ziemlich eisig. Trotzdem veranstaltete man zu Ehren des Grafen ein Feuerwerk, auf den Bergen brannten Freudenfeuer und die Straße war mit einem, wenn auch spärlichen, Spalier von Schützen gesäumt. Die Bauern jubelten, »denn ich hatte ihnen ja niemals etwas Böses getan«, stellte Honoré-Gabriel sachlich fest. Aber auch der Schwarm der alten Gläubiger stellte sich ein, als er auf der Burg seiner Väter einzog. Im Nu gelang es ihm dann, das Herz des Onkels wiederzugewinnen. Er konnte ihm sogar alsbald 5000 Livres entlocken, die er so bitter nötig hatte.

Sofort wandte er sich an Emilie. Ebenso wie der Bailli glaubte er, daß es ohne ernste Schwierigkeiten zu der Versöhnung kommen werde. Er schrieb an Vitry nach Paris

am 22. Oktober 1782: »Wenn seine Wünsche sich verwirklichen, so wird Ihr Freund in ein paar Monaten keinen Taler Schulden mehr in Europa haben, er wird seine ganze angemessene Existenz zurückbekommen, seine Verfolger werden die Ohren ein wenig senken, seine Freunde den Kopf erheben und alle unsere Ungelegenheiten werden ein Ende haben.«
Auf das letztere kam es an, von Liebe sprachen nur seine Briefe, sie heuchelten noch Zärtlichkeit, wo es sich um nackte Interessen und um seine Rehabilitierung handelte. Am 4. November erwiderte Emilie: »Sie sollten selbst fühlen, daß die Ereignisse, die stattfanden, für immer eine unüberwindbare Schranke zwischen Ihnen und mir sein werden. Sie erfreuen sich des gleichen Vorteils wie ich: Sie leben im Schoß Ihrer Familie; möchten Sie darin soviel Glück finden, wie ich es wünsche! Meines liegt darin, bei meinem Vater zu leben. Ich schmeichele mir, daß Sie nicht versuchen werden, es zu trüben, indem Sie mich zwingen, meine Freiheit mit Hilfe der Gesetze zu verteidigen. Seien Sie überzeugt, Monsieur, daß ich für jeden anderen Gegenstand nur Wünsche hege für alles, was zu Ihrer Befriedigung beitragen kann.«
Er gibt noch nicht auf. Am 6. November 1782: »Acht Jahre haben meine Jugend gereift. Ich werde schwerlich glauben, daß die acht Jahre voller Unglück als heiliger Anspruch an gütige Herzen mich aus dem Ihren vertrieben haben. Befragen Sie es, Madame, befragen Sie Ihre wahren Freunde, fragen Sie jene um Rat, die nicht daran interessiert sind, uns zu entzweien, uns auseinander zu bringen, uns gegeneinander aufzuhetzen, ich zweifele, daß Sie meinen Wünschen entgegen sein werden.« Am 13. November beharrt er: »Ich wünsche mir gewiß keine Frau, die meinem Ruf widerstrebend folgt. Aber ebenso gewiß ist, daß ich, aus tiefer Verpflichtung mir selbst gegenüber, mein Haus nicht

aussterben lassen darf, nur damit meine Frau sich die armselige Genugtuung leisten kann, dank ihrer hübschen Stimme als Primadonna einer Komödiantengruppe dazustehen.«
Er glaubte noch immer, daß nur der Einfluß ihrer Familie sie an der Versöhnung verhindere, und die Familie Marignane hatte tatsächlich nicht das geringste Interesse daran, daß sie zu ihrem Mann zurückkehrte; sie fürchtete im Gegenteil den künftigen Erben. Doch auch Emilie selbst wünschte es nicht. Sie hatte bei ihrem Vater und bei ihrem Geliebten, dem Grafen de Gallifet, das Leben, das ihr zusagte. Mirabeau bittet um eine Unterredung unter vier Augen; sie wird abgelehnt, denn Emilie sieht in ihm einen Gescheiterten, einen Desperado. Sie betont, daß seine Freilassung in Vincennes von ihr allein abgehangen habe, daß sie daher von ihm verlange, die Distanz zu wahren. Da sie aber sein trotziges Ungestüm fürchtet, läßt sie die Zugänge zu Schloß Marignane von Bewaffneten bewachen. Vergeblich beteuert er immer wieder, ein anderer geworden zu sein: »Ich weiß wohl, daß einen nicht die Elefanten plagen, sondern die Mücken, und daß ein Mann, der zu großen Dingen fähig ist, im Alltag unerträglich sein kann. Aber glauben Sie, daß ein Mann von 31 Jahren jenem gleicht, der er mit 21 gewesen ist?« Sein letzter Brief vom 28. Februar 1783 kam ungeöffnet zurück.
Ende Dezember ist er nach Aix übergesiedelt. »Mein Erscheinen erweckt Angst; als sei ich ein Gespenst, und die kleine Herrscherin will nicht erwachen, damit der Traum einer allzu reizenden Witwenschaft nicht abbricht.«
Es blieb ihm nur der gerichtliche Weg, den sein Vater wegen der daraus neu entstehenden Kosten nur zu gern vermieden hätte, obwohl er bei allen Versuchen, die Ehe des Sohnes einzurenken, eine der treibenden Kräfte war, nicht nur wegen des ersehnten Stammhalters, sondern auch

in der Hoffnung, sich am Marignaneschen Reichtum seinerseits zu sanieren. Honoré-Gabriel leitete das Verfahren ein, er klagte auf Rückkehr seiner Frau innerhalb von drei Tagen. Die Marignanes erwiderten mit der Gegenklage auf Trennung der Ehe.

Die erste Verhandlung, am 20. März 1783, fand vor einem Bezirksrichter statt. Mirabeau forderte, daß seine Frau bis zur Entscheidung des Prozesses in einem Kloster Wohnung nehme, um sie dem Einfluß ihrer Familie zu entziehen. Erstaunlicherweise hatte sich schon zu diesem ersten Termin ein großes Publikum eingefunden, als seien besondere Sensationen zu erwarten. Tatsächlich wurde der Prozeß zu einer der berühmtesten Ehe-Affären des 18. Jahrhunderts. Von Anfang an schien es sich um einen ungleichen Kampf zu handeln. Die Marignanes waren die reichste und mächtigste Familie der Provence und ihre Interessen in vieler Hinsicht mit denen des Gerichtsadels identisch, während ihr Gegner, ein schlecht beleumdetes Subjekt, als Entmündigter nicht einmal über die zivilen Rechte verfügte. Von den vierundzwanzig in Aix zugelassenen Anwälten hatte Emilies Vater dreiundzwanzig für ihre Sache eingespannt, unter ihnen eine Berühmtheit, Maître Jean-Etienne Portalis, den späteren Mitschöpfer des Code-Napoléon und im Kaiserreich Kultusminister, jedoch vor der Revolution bereits eine Koryphäe der Advokatur. Mirabeau hatte Mühe, überhaupt einen Anwalt zu finden, der seine wenig aussichtsreiche Sache vertreten wollte. Schließlich beauftragte er einen mäßig begabten Anfänger namens Jaubert, dem noch Pellenc aus Marseille zur Seite trat, weil er meinte, es sei eine Gelegenheit, mit dem provençalischen Adel ein Hühnchen zu rupfen. Doch sein bester Verteidiger war Mirabeau wiederum selbst.

Bei dieser ersten Begegnung wußte er sich zu mäßigen; er schlug nur säuselnde, auf Rührung abgestimmte Töne an.

Um zu beweisen, daß er von seiner Frau geliebt werde, ihre Weigerung also nur auf böswilligen Einfluß zurückzuführen sei, zitierte er aus früheren Briefen von ihr und malte das Glück ihrer ersten Ehejahre aus. Das Publikum vergoß Tränen und spendete Beifall; er wandte sich an seine Frau: »Zweifele nicht, daß ich siegen werde; es ist nötig auch für Dein Glück, denn sonst würde ich den Sieg gar nicht erstreben.« Portalis plädierte am Tag darauf, und wieder war Mirabeaus Antwort maßvoll. Das Gericht entschied in seinem Sinn: Rückkehr Emilies zu ihrem Mann oder vorläufiger Aufenthalt in einem Kloster bis zur Entscheidung in der Hauptverhandlung.

Monsieur de Marignane legte sofort aufschiebende Berufung ein. Damit ging die Sache an das *parlement* von Aix, den hohen Gerichtshof der Provence, wo er seine Freunde und Vettern hatte. Der Staatsanwalt hatte häufig im Schloß Tholonet neben Emilie auf den Brettern der Amateurbühne gestanden. Um Publikum und Gerichtshof zu beeinflussen, veröffentlichten die Marignanes zudem ein Pamphlet, ein bei Prozessen übliches Mittel. Es war von sechs der dreiundzwanzig Advokaten verfaßt. Die Unanständigkeit dabei war, daß sie – was im 18. Jahrhundert durchaus als ehrenrührig galt – das Briefgeheimnis gröblich verletzten. Zwar hatte auch Honoré-Gabriel vor Gericht aus Briefen seiner Frau vorgelesen, doch nur mit der Absicht, sie im besten Licht als gute Gattin zu zeigen. Anders seine Gegner: sie publizierten Briefe, die der Marquis Victor in den Jahren 1776–77 an den Marquis de Marignane geschrieben hatte, um den reichen Schwiegervater seines Sohnes zu einer Beteiligung an den Unkosten zu bewegen, die seinerzeit aus der Verfolgung des Flüchtigen entstanden waren. Er hatte darin Honoré-Gabriel auf das Wüsteste verleumdet, sich nicht damit begnügt, die Jugendtorheiten seines Sohnes, wie die Affäre mit der Kantinenwirtin von Château d'If aufs gehässigste auszubreiten, sondern ungeheuerliche Anschuldigungen zu erfinden: der Graf habe in der Provence eine Räuberbande angeführt, Straßenraub begangen und den Plan gehegt, die Marignanes samt der eigenen Frau zu ermorden. Die schändlichen Erfindungen des alten Marquis haben Mirabeau bis an sein Lebensende angehangen, in der Nationalversammlung werden seine politischen Gegner sie als Waffe gegen ihn verwenden und sogar noch Geschichtsschreiber des 19. Jahrhunderts haben sie geglaubt und weitergetragen.

Als der Bailli von dem Inhalt des Pamphlets erfuhr, denn man hatte ihm vor der Veröffentlichung Kostproben zukommen lassen, schrieb er entsetzt an seinen Bruder: »Du mußt auf merkwürdige Weise vom Schreibteufel besessen gewesen sein, als Du in solchem Ton schriebst. Und diese Leute, die ich für ehrenhaft hielt, drucken dergleichen!« Zu einem Dementi seiner Anschuldigungen ließ sich der Marquis Victor jedoch nicht herbei, er antwortete dem Bailli kleinlaut und riet nur dazu, den Prozeß sofort abzubrechen und einen Kompromiß mit den Gegnern zu suchen. Darauf aber wollte Honoré-Gabriel sich auf keinen Fall einlassen, er bestand auf der Fortführung des Prozesses und verfaßte eine »Antwort auf eine verleumderische Streitschrift«. Da man ihm auch vorgeworfen hatte, ein schlechter Vater gewesen zu sein, konnte er die anklagende Frage erheben: »Habe *ich* das Handwerk eines Mimen auf der Asche meines Kindes ausgeübt?«

Am 20. Mai 1783 begann die Verhandlung vor der großen Kammer. Ein Reisender, der Präsident de Brosses, schildert ein paar Jahre vorher den Bau des *parlement* so, wie er zu Mirabeaus Zeiten noch stand: »Die Fassade bildet eine geschmacklose Halbkuppel, die große Wartehalle ist schändlich, der Saal für die öffentlichen Verhandlungen sehr übel, und das ganze Gebäude ein häßlicher, schlecht angeordneter Bau. Dagegen sind die Innenräume schön und gut eingerichtet. Der Saal für den Senat ist in blauem Samt mit aufgenähter Goldstickerei ausgeschlagen; er hängt voll schöner Bilder . . . und der große Plafond ist bemalt und vergoldet. Alle anderen Sitzungssäle sind ähnlich ausgestattet.«

Wiederum hatte sich eine große Menge Zuhörer eingefunden. Als erstem wurde Portalis das Wort erteilt. Ausgiebig schöpfte er aus dem infamen Pamphlet, übertrieb Victors darin zitierte Phantastereien und schmückte sie rhetorisch aus: Mirabeau habe als Wegelagerer in den Wäldern gelebt und den Versuch unternommen, Frau und Kind umzubringen. Anders als bei Anklagen, für die er auf des Beklagten Forderung hin den Beweis nicht erbringen konnte, legte er nun den Richtern einen Brief vor, worin der eigene Vater diese unerhörte Beschuldigung erhob. Doch auch den Marquis Victor schonte Portalis nicht. Nach dem Ruf des Sohnes demolierte er den Ruf des Vaters; völlig ruiniert habe er es nur auf das Vermögen der Schwiegertochter abgesehen. Damit kam der Anwalt der Wahrheit schon beträchtlich näher. Aber er griff auch Victors literarisches Werk an, das die Sittlichkeit und den christlichen Glauben zu untergraben versuche. Kein Gericht könne einer jungen Frau zumuten, in einer so von Schmutz besudelten Familie zu leben.

In der nächsten Sitzung, die für Mirabeaus Erwiderung vorgesehen war, drängten sich noch mehr Leute in dem überfüllten Saal. Selbst auf dem Platz vor dem Bau stauten sich die Menschen. Es war am 23. Mai 1783. Von Jaubert und Pellenc beraten hatte Mirabeau seine Entgegnung gründlich vorbereitet. Hintereinander sprach er fünf Stunden lang. Er begann wieder mit der Forderung, die in erster Instanz schon als berechtigt erkannt worden war: seine Frau sei für die Dauer des Prozesses in ein Kloster einzuweisen. Denn das Vaterhaus, in dem sie lebe, sei für ihren Ruf höchst abträglich. »Wir müssen mitansehen, wie sie auf der Besitzung ihres Vaters, die als Tummelplatz von Wüstlingen eine allbekannte Berühmtheit erlangt hat, . . . sich in ausgelassener Gesellschaft aufs beste amüsiert, in einer Gesellschaft auf alle Fälle, in der Männer sehr viel zahlreicher vertreten sind als Frauen . . .« Jetzt schonte er seine Frau nicht mehr. »Man hat gesehen, wie sie einem Mann, der ohne Ehefrau lebt, angenehme Gesellschaft leistete; man hat gesehen, wie sie im Haus dieses Mannes den Glanzpunkt einer Amateurbühne bildete.« Und natürlich malte er auch die Situation aus, in der Emilie mitten in einer Theateraufführung den Tod ihres Kindes erfahren hatte. Er brandmarkte ihr Vaterhaus als eine Lasterhöhle und ihr jetziges Leben als zügellos und unmoralisch.

Er hält einen Augenblick an und überblickt sein Kopf an Kopf lauschendes Publikum. Denn fast mehr als für den Gerichtshof spricht er an diesem Tag für die Öffentlichkeit. Er hat den Genius seiner Beredsamkeit entdeckt, berauscht sich an ihr und reißt, wohl zum ersten Mal öffentlich, seine Zuhörerschaft mit. Einer der größten Redner des an Eloquenz so reichen 18. Jahrhunderts, vielleicht sein größter, entfesselt sein Talent. Nun zieht er bedachtsam ein Papier aus den vor ihm liegenden Akten, er hält es hoch, um es allen zu zeigen.

»Madame de Mirabeau beklagt sich, daß ich sie verleumdet hätte. Oh nein! Ich habe sie nicht verleumdet; ich hätte sie gar nicht verleumden können!«

Bei den gegnerischen Advokaten breitet sich Nervosität aus, sie ahnen den Schlag, den er der Gegenseite versetzen wird. Mit klarer, unbewegter Stimme verliest er das kompromittierende Schriftstück: den neun Jahre alten Brief, den an den Chevalier de Gassaud zu schreiben er in Manosque Emilie gezwungen hatte, worin sie selbst ihren Ehebruch bekennt und die Verbindung zu dem Mitschuldigen löst. Mirabeau steht als der gekränkte Ehemann da, der zehn Jahre lang das Geheimnis aus Großmut für sich bewahrt hat. »So wertvoll dieser Brief auch zu meiner Verteidigung sein konnte, ich besaß genug Feingefühl, ihn im Verlauf des Prozesses nicht zu verwenden; jedoch nach dem Pamphlet vom 6. April erlaubte mir das Interesse meiner Sache, das Interesse meiner Ehre und die unverletzlichen Rechte einer gerechten Verteidigung nicht mehr, irgendein Mittel auszulassen, das mich zu rechtfertigen vermochte.«

Nachdem er diese Bombe zum Platzen gebracht hat, mildert er wieder den Ton, und mit gerührter Stimme erinnert er sich abermals des jungen Glücks der ersten Ehejahre, in denen er, wie er zu betonen weiß, ein so guter Gatte gewesen sei. Das Publikum ist wieder zu Tränen bewegt, ein paar Frauen in der Menge schluchzen. Erdrückende Schwüle liegt über dem Saal. Mirabeau trocknet sich den Schweiß auf der Stirn und holt zu einem neuen Schlag aus; diesmal greift er den Star-Anwalt der Gegenseite an. An Portalis muß er sich wegen seines niederträchtigen Plädoyers rächen. Er weist ihm nach, daß er im Verlauf des Prozesses immer wieder seine Anwaltspflichten mißachtet habe. Er habe das Briefgeheimnis verletzt und unter Mißbrauch der Straffreiheit, die seinem Amt gewährt sei, schwere Beleidigungen gegen einen Edelmann, gegen den Marquis Victor de Mirabeau ausgesprochen. ». . . wer Tatsachen erfindet oder verdreht, wer alle Beweisstücke kürzt oder fälscht, die er anführt, dem hat Martial an meiner Statt den Namen gegeben: er ist ein Krämer mit Worten, Lügen und Beleidigungen.«

Nach diesem in die Rechtsgeschichte eingegangenen Zuruf setzte Mirabeau sich. Der Schweiß brach ihm aus allen Poren. Portalis, zitternd vor Erregung, forderte den Widerruf des soeben Gehörten; doch die Stimme versagte ihm, er sank um, man mußte ihn ohnmächtig aus dem Saal tragen. Er lag mehrere Tage lang krank.

Nach seinem Triumph jubelte das Volk Mirabeau zu. Emilie war von der öffentlichen Demütigung so aufgewühlt, daß sie einzulenken versuchte. In seinem Cassationsgesuch berichtet er: »Um Mitternacht entzog sie sich ihrer Umgebung, um den Wunsch, Frieden zu schließen, einem gemeinsamen Freund zu bringen. Dieses Glück wurde mir erst am Morgen des nächsten Tages mitgeteilt, eine Viertelstunde vor Beginn der Sitzung. Ich konnte mich nicht weigern, mich einzufinden, und wenn ich auch die Zeit nicht mehr hatte, mein Plädoyer in eine Friedenshymne abzuändern, so tilgte ich darin wenigstens die entscheidenden Punkte meiner Verteidigung.«

Die Worte beziehen sich vermutlich auf die Sitzung vom 17. Juni. Am 13. hatte Portalis, der sich von seiner Schlappe erholt hatte, als neuen Grund einer Trennung just den Brief vorgebracht, den Mirabeau vor dem Gericht verlesen hatte; er behauptete, der Brief sei unter Drohungen diktiert worden; ein Gatte, der seiner Frau einen derartigen Brief diktierte und sie öffentlich damit auch noch bloßstelle, dürfe nicht erwarten, daß man sie ihm rechtens zurückgebe.

Wenn die Marignanes nun auf einmal an einen Vergleich dachten, gab es dazu noch einen weiteren Grund. In Aix hielten sich zur Zeit der Bruder der Königin Marie-Antoinette, Erzherzog Ferdinand, und seine Gemahlin inkognito auf und wünschten, als Besucher an dem ebenso pikanten wie sensationellen Prozeß teilzunehmen. Aus Scheu vor den hochstehenden fremden Fürstlichkeiten unternahmen sie also vor der Sitzung des 17. Juni, an der Mirabeau wieder das Wort haben würde, Schritte, um den Skandal möglichst zu mildern; als Vergleich schlugen sie vor, wenn er die Beschuldigungen dementiere, wolle Emilie sich für zwei Jahre in ein Kloster zurückziehen. Zu dieser Sitzung war übrigens auch der Marquis Victor angereist und saß unter den Zuhörern. Mirabeau mäßigte sich tatsächlich aufs äußerste. »Meine Leidenschaft für Dich war zu aufrichtig«, wandte er sich an seine Frau, »um nicht in Deine Seele zu dringen. Du bist für mich entflammt und Du haßt mich, Du zerfleischst mich. Die Natur hat Dich so sanft, so rührend gebildet; Deine Stimme, Deine Blicke schmelzen einen und dringen zu Herzen. Sollte die Natur so grausam gelogen haben? Es gibt für Dich nur eine einzige Rettung: Dich dem Strudel zu entreißen, der Dein Verderben gewesen ist.«

Die Marignanes zogen den Vorschlag eines Vergleichs aber zurück, vermutlich hatten sie von ihren Freunden bei der Magistratur den Wink bekommen, daß sie am siegreichen Ausgang des Prozesses keinen Zweifel zu hegen brauchten. Am 5. Juli 1783 verkündete die Kammer den Urteilsspruch. Auf die Räte vom *parlement* hatte es einen negativen Eindruck gemacht, daß Mirabeau den Brief seiner Frau verlesen hatte; sie schlossen sich den Argumenten des Staranwalts Portalis an. Das Urteil lautete auf Trennung von Tisch und Bett. Für den Grafen bedeutete es weitere ausweglose Armut und Verlust der Möglichkeit, den ihm zustehenden Rang unter dem provençalischen Adel einzunehmen. Sein Vater verspottete ihn wegen des Mißerfolgs als »Seiltänzer und Puppenspieler«. Ein gerichtlicher Sieg hätte aus Honoré-Gabriel einen der reichsten und mächtigsten Männer im südlichen Frankreich gemacht. Die Niederlage trieb ihn dem Volk in die Arme. Beim Volk war der Jubel unbeschreiblich über sein Aufbegehren gegen die großen Familien, über seine Peitschenhiebe auf die sorglose Lotterwirtschaft des provençalischen Adels und über seine souveräne Haltung gegenüber dem Richterkollegium, dem er seine tatsächlich schamlose Voreingenommenheit und Abhängigkeit von Standesinteressen vorgeworfen hatte. Mirabeau wurde zum Abgott des provençalischen Volkes; mit seinen zwei oder drei forensischen Reden hatte er bereits das Fundament gelegt, von dem aus sich sechs Jahre später in einer Schicksalsstunde der Nation sein Aufstieg zum Abgott Frankreichs vollziehen konnte. In den Augen des Volkes war er schon jetzt der Sieger. Die Stimmung in Aix war so angeheizt, daß der Marquis de Marignane und seine Tochter sich nicht in der Stadt zu bleiben getrauten; viele Adelige zogen sich aufs Land und in ihre Schlösser zurück. Die Adelspalais in Aix standen verwaist.

Am Abend des 5. Juli nach der Urteilsverkündung war Mirabeau im Theater von Aix; er hatte gerade eine Liebschaft mit der berühmten Sängerin Saint-Huberti, die ein Saisongastspiel gab. Er traf im Foyer auf den Grafen de Gallifet, Emilies vermutlichen Liebhaber. Er forderte ihn zum Duell, und schon am nächsten Tag kreuzten sie die schweren Säbel vor den Toren der Stadt. Gallifet wurde leicht am rechten Arm verwundet. Mirabeau verlangte von ihm, die Gräfin de Mirabeau nicht wiederzusehen. Auf die Weigerung hin forderte er ihn zum zweiten Mal. Da jedoch die Polizei einschritt und das Duell verbot, sollte es auf päpstlichem Territorium in der Nähe von Vaucluse stattfinden. Gallifet zog es vor, nicht zu erscheinen; für den Spott brauchte er nicht zu sorgen. Mirabeau schickte ihm einen Korb Krebse mit einem Epigramm auf diese wegen ihres Rückwärtsgangs bekannten Tiere. Das Volk höhnte und die Popularität Riqueti de Mirabeaus nahm noch zu. Er blieb noch zwei Monate in Aix, um der Saint-Huberti weiterhin erfolgreich den Hof zu machen.

Daß der Vater ihm verboten hatte, nach Paris zurückzukommen, kümmerte ihn nicht. Im September tauchte er in der Hauptstadt auf, um die Cassation des Urteils zu betrei-

ben, auch das gegen den ausdrücklichen Wunsch des Marquis Victor, der schließlich nachgab und resigniert feststellte: »Seine Wege sind nicht mehr meine Wege.« Der »Menschenfreund« schickte nun an den Minister de Miromesnil die *lettre de cachet* zurück, die Honoré-Gabriels Aufenthaltsort dem väterlichen Gebot unterwarf. Damit gab er dem Vierunddreißigjährigen endlich die Unabhängigkeit.
Die Cassation des Urteils scheiterte. Monsieur de Marignanes Arm reichte bis Paris, er kam persönlich, um auch das Pariser *parlement* zu beeinflussen. Mirabeau wandte sich an den Großsiegelbewahrer de Miromesnil, der ein *Mémoire* über seinen Eheprozeß auf Betreiben der Gewinner hatte beschlagnahmen lassen. Es kommt zu einem gereizten Wortwechsel, den Mirabeau für die Nachwelt aufgezeichnet und bald darauf in Brüssel veröffentlicht hat. Der Minister will ihn abfertigen:
»Ihr *Mémoire* habe ich auf Grund der Gesetze eingezogen. Ich glaube, damit ist unsere Unterredung beendet.«
»Nein, Monsieur, durchaus nicht, und Sie werden mich anhören, weil Sie dafür da und beauftragt sind, mich anzuhören. Sie wissen oder sollten wissen, daß wir unter einem Berg von Gesetzen erdrückt leben, die uns am Atmen hinderten, wären die meisten nicht vergessen. Ich bestreite also nicht, daß es dieses oder jenes Gesetz in Frankreich gibt, denn ich möchte keine Wette eingehen, daß es nicht irgendeines gibt, das festsetzt, um Mitternacht sei es Tag; doch ich sage, unendlich tyrannisch ist es, ebenso vergessene wie undurchführbare, unnötige, ungerechte, verrückte oder absurde Gesetze zum Leben zu erwecken, um im gegebenen Augenblick einen Bürger zu unterdrücken, der, wenn er nicht ein Mann mit Kredit ist, den Arm nicht erheben kann, ohne eines Ihrer Gesetze zu verletzen. Welch ein verabscheuungswürdiger Mißbrauch der Autorität, sich so zum Komplizen der Unterdrückung zu machen...«

»Monsieur, wir sind nicht hier, um philosophische Diskussionen zu führen.«
»Ich bin nicht in Unkenntnis darüber, daß Ihr Kabinett für Philosophie wenig zugänglich ist, doch für den gesunden Menschenverstand sollte es nicht unzugänglich sein.«
»Ach, der gesunde Menschenverstand? Was sagt er denn, der gesunde Menschenverstand?«
»Lange würde ich reden müssen, wenn ich es unternähme, Ihnen alles zu wiederholen, was der gesunde Menschenverstand über Sie und die Verfügungen sagt, die aus Ihren Büros stammen. Ich will mich darum an den besonderen Fall halten.«
Das Geplänkel geht noch eine ganze Weile weiter, bis Mirabeau dem Großsiegelbewahrer droht, um sein Recht zu bekommen, werde er sich an den König persönlich wenden. Er setzt auch die Eingabe auf und übergibt sie dem Gouverneur von Versailles, einem Höfling von liebenswürdigen Manieren, der sie dem König überreichen soll. Ob sie je in die Hände Ludwigs XVI. gelangt ist, steht nicht fest; jedenfalls blieb sie ohne Antwort.

Ganz ohne Existenzmittel mußte Mirabeau sich von seinem Vater noch eine Jahresrente erstreiten, der erklärt hatte: »Wenn er an meine Türe klopft, wird er ein Billett finden, das ihm meine Absicht mitteilt, ihn weder zu sehen noch zu hören; ihm nicht zu schaden und nicht zu nützen; darauf zu verzichten, ihm Ratschläge oder Befehle zu geben, kurz ihm volle Freiheit zu lassen und sie auch mir vorzubehalten.«
Die Freiheit, die der Marquis sich für sich selbst vorbehielt, bestand auch darin, die dem Sohn seit der Entmündigung gerichtlich geschuldeten Alimente auf die Kosten anzurechnen, die er den Häschern für die Verfolgung und Aufspürung Honoré-Gabriels bezahlt hatte. Neuerlich erkannte nun ein Gericht dem Grafen jährlich 3000 Livres aus den

Besitzungen der Riqueti zu. Doch der Marquis versäumte weiterhin ziemlich regelmäßig, sie ihm zu bezahlen.
Auch mit der Mutter kam es zu einem unliebsamen Zerwürfnis. Von einem Kredit, den er für sie auf ihren Wunsch bei einem Elsässer Wucherer aufgenommen hatte, behielt er einen Löwenanteil für sich selbst ein. Die alte Marquise war darüber so erbost, daß sie in südländischem Feuer einen als Duell getarnten Meuchelmord an ihm anstiften wollte. Doch der dazu Ausersehene, einer aus der großen Schar der sie umgebenden suspekten Ritter, versagte.

Madame de Nehra

> Alles war damals gegen ihn: Verwandte, Freunde, Schicksal, alles hatte ihn im Stich gelassen. Ich allein blieb ihm. Ich wollte ihm alles ersetzen.
>
> *Madame de Nehra*

In Paris fand Mirabeau Wohnung und Essen bei de Vitry, der selbst nicht reich war. Er führte nun eine Abenteurerexistenz, auf Borg, mit Verlegenheitsmitteln und als Kunde der Pfandhäuser. Paris wimmelte von Malkontenten, von Pamphletisten, brotlosen Advokaten, bedenkenlosen Spekulanten, eifernden Utopisten, Pläneschmieden, es herrschte eine gärende Atmosphäre, in der sich Überdruß, Hoffnung, Neugier, Gehässigkeit und Neuerungsdrang auf seltsame Weise mischten. Er gewann einen Freund in dem scharfzüngigen Moralisten Nicolas Chamfort, der großen Einfluß auf seine Entwicklung und seinen Stil hatte. Chamfort, unehelicher Sohn eines Geistlichen, eine Zeitlang Sekretär des Prinzen de Condé, hatte große Erfolge in der höfischen Gesellschaft, namentlich in den Libertinerkreisen um den Grafen de Vaudreuil und die Herzogin de Polignac, war aber zum erbitterten Gegner des *Ancien Régime* geworden und trachtete leidenschaftlich nach der Umwälzung der bestehenden Ordnung. Das *Journal de Paris,* dieser Ahnherr der modernen Presse, würde sarkastisch über ihn schreiben können: »Er eiferte gegen die (höfischen) Pensionen, bis er keine mehr hatte; gegen die Akademien, deren Einkünfte seine einzige Hilfsquelle gewesen waren, bis es keine mehr gab; gegen den übermäßigen Reichtum, bis er keinen Freund mehr besaß, der reich genug gewesen wäre, ihm seine Kutsche zu leihen oder ihn zum Essen einzuladen; er eiferte gegen die Frivolität, gegen die Schöngeisterei, sogar gegen die Literatur, bis alle seine Bekannten, nur noch mit den öffentlichen Angelegenheiten beschäftigt, sich um seine Schriften, seine Theaterstücke, seine Unterhaltung nicht mehr kümmerten.« Und wie man hinzusetzen kann: bis er selbst ein Opfer der Revolution wurde; er würde durch Selbstmord im Kerker sterben. Noch lebte er aber nicht nach dem Grundsatz aus seinen unsterblichen Maximen: »Man muß gerecht sein, ehe man großzügig ist, wie man Hemden haben muß, ehe man Spitzen hat.« Noch fühlte er sich wohl in der bunten und glänzenden Gesellschaft, sie zwar durchschauend und verachtend. In seinen hochmütigen und wenig sittenstrengen Kreis von Höflingen und Favoriten führte er seinen neuen Freund ein. Er und Mirabeau schienen eine Zeitlang unzertrennlich.

In jenem Winter 1783 auf 1784 mit seinen tausend Pariser Verführungen machte er ihn auch mit einem Mann von streng republikanischen Sitten bekannt, mit dem amerikanischen Gesandten in Frankreich Benjamin Franklin, dem Verfechter der Unabhängigkeit Nord-Amerikas, dem der Abschluß des amerikanisch-französischen Bündnisses gelungen war. Franklin beauftragte den Grafen de Mirabeau mit einem Pamphlet. Es wurde das erste Werk, das unter seinem Namen erschien: *Considérations sur l'Ordre de Cincinnatus ou Imitation d'un pamphlet franco-americain par le comte de Mirabeau, London, J. Johnson, 1784, 8°* (Betrachtungen über den Cincinnatus-Orden oder Imitation einer franko-amerikanischen Streitschrift). Es handelte sich um ein Pamphlet gegen einen adeligen Verein von aus Amerika heimgekehrten französischen Offizieren, der, von Washington gegründet, den republikanischen Anschauungen Franklins widersprach, da Adel die Voraussetzung der Mitgliedschaft war. Grundlage zu Mirabeaus Schrift, an der auch Chamfort mitgearbeitet hat, war eine in Philadelphia erschienene Broschüre. Mirabeau lud sie mit beißendem Spott zu einer grimmigen Satire gegen den Adel auf.

Von alten Bekannten traf der Graf unter anderen einen einstigen Waffengefährten aus Korsika, den Herzog de Lauzun, der als Herzog de Biron später Oberbefehlshaber der revolutionären Rheinarmee wurde, und über den Finanzmann Panchaud erneuerte er die nützliche Bekanntschaft mit dem intriganten Abbé de Périgord, Generalagenten des Klerus und späteren Fürsten de Talleyrand, ohne daß sie besonders warm miteinander wurden.

Rechtzeitig fiel ihm sein übertrieben großer Anteil an der für seine Mutter aufgenommenen Leihsumme in die Hand, und um mit den wohlsituierten Herren Schritt zu halten, mietete er in leichtsinniger Verkennung der Begrenztheit seiner Mittel eine möblierte Wohnung in der Chaussée d'Antin, schaffte sich Wagen und Pferde an und stellte neben seinem treuen Legrain noch Lakaien und einen Kutscher ein.

In seiner persönlichen Lebenshaltung trat insofern eine Komplikation ein, als dem Bildhauer Lucas de Montigny, der übrigens die beste Büste von Mirabeau geschaffen hat (heute im Musée Arbaud, Aix-en-Provence), berechtigt Zweifel daran kamen, Vater des kleinen Coco, des vierjährigen Sohns seiner Frau zu sein, und als er den Jungen dem einstigen Liebhaber von Madame de Montigny zuschickte. Wie erinnerlich hatte Frau de Montigny Mirabeau nach seiner Entlassung aus dem Gefängnis von Vincennes die ersten Wochen der Freiheit versüßt. Schon immer närrisch an den Kindern seiner Lenden hängend, nahm er seinen mutmaßlichen Sohn mit Freuden bei sich auf und sorgte unbekümmert um die neue Belastung von nun an für ihn.

Anfangs des Jahres 1784 fädelte er eine Liebesaffäre mit einer entfernten Kusine ein, der Marquise de Saint-Orens, die er in der Dauphiné auf ihrem Schloß besuchte. Nach vier Wochen wurde der Marquis de Saint-Orens auf den hartnäckigen Gast eifersüchtig und zwang ihn abzureisen. Die Verliebten verabredeten ein heimliches Stelldichein in Paris.

In Paris stieg die Marquise de Saint-Orens, um von jedem Verdacht abzulenken, bei einer jungen Freundin im Kloster der Petites-Orphelines ab. Diese Freundin, ein kaum neunzehnjähriges Mädchen, nannte sich Amélie-Henriette de Nehra, wobei der Nachname das Anagramm des Namens ihres Vaters bildete. Sie war die uneheliche Tochter des niederländischen Politikers, Humanisten und Dichters Willem van Haren, der sie 1765 sechzigjährig kurz vor seinem Bankrott und Selbstmord mit einer kleinen Abenteurerin, Henriette Amélie Dufour, gezeugt hatte. Das Kind wurde, als auch die Mutter bald darauf starb, von einem Bruder ihres Vaters in Friesland mit großer Sorgfalt erzogen und als junges Mädchen zur weiteren Ausbildung, wie üblich, in das Pariser Kloster gegeben. Während ihres Aufenthalts in Paris starb der Onkel, hinterließ ihr aber eine kleine Rente.

Sie war nicht entzückt davon, daß ihre ältere Freundin, Madame de Saint-Orens, angereist war, um ihre klösterlichen Zimmer als Absteige und heimlichen Treffpunkt für die Rendezvous mit einem Liebhaber zu mißbrauchen. Sie versagte ihr diesen heiklen Dienst. Als Mirabeau von der unbequemen Starrsinnigkeit eines Kindes erfuhr, erschien er selbst auf dem Plan, um den Widerstand mit seiner Suada zu brechen, die so selten unwirksam zu bleiben pflegte. Als der heftige, häßliche, ungepflegte Mann, ein gedrungener Koloß mit breiten Schultern und dickem Kopf, fürchterlich von den alten Pockennarben entstellt und mit anmaßendem Auftreten, wie ein Sturmwind in ihre stille Klause einbrach, erschrak Amélie-Henriette zu Tode. Mirabeau aber war auf den ersten Blick von der »Engelsphysiognomie und ihrer magischen Anziehungskraft«, wie er schreiben wird, hingerissen. Er schmiedete sofort einen Plan: Madame de Saint-Orens sollte sich in Paris eine Wohnung mieten und als »Anstandsdame« das junge Mädchen zu sich nehmen. Zum Nachteil der verliebten Marquise geschah es auch so. Doch da die Blicke ihres Liebhabers durch die sanfte Gesellschafterin so stark von ihren eigenen üppigen Reizen abgelenkt wurden, schickte sie Amélie-Henriette wütend in ihr Kloster zurück. Mit dem Erfolg, daß Mirabeau täglich am Gitter des Sprechzimmers erschien, um der kleinen Klosterpensionärin mit Feuer und Demut den Hof zu machen. Er bettelte um ihre Zärtlichkeit.

Seine Stimme war es, die sie zuerst beeindruckte. Ihr Pflegevater hatte sie im Sinn der aufgeklärten Philosophie und im Haß auf den Despotismus erzogen, und so war das Mitgefühl mit dem armen, verfolgten Mann die Pforte, durch die die Liebe kam, wenn es überhaupt Liebe und nicht vielmehr Zuneigung, frauliche Hilfsbereitschaft, zärtliche Freundschaft war, was sie für ihn empfand. Sie selbst hat gestanden: »Ich fühlte wohl, daß er nicht der Mann war, den mein Herz brauchte. Doch ich nahm wahr, wie die ständige Weigerung, mich an ihn zu binden, ihn leiden ließ. Ich wagte zu glauben, daß ich die Frau sei, deren sein Herz bedurfte, und ich hoffte, die Verirrung einer allzu heißblütigen Phantasie mit der Zeit in die richtigen Bahnen lenken zu können. Was mich aber vor allem bestimmte, war sein Unglück. Alles war damals gegen ihn: Verwandte, Freunde, Schicksal, alles hatte ihn im Stich gelassen. Ich allein blieb ihm. Ich wollte ihm alles ersetzen . . . Ich gelobte mir, von nun an nur noch für ihn dazusein, ihm überallhin zu folgen, mich allem preiszugeben, um ihm in Glück und Unglück beizustehen.« Sie ahnte sicherlich, daß sie sich

Gefahren aussetzte, und daß diese Verbindung vielerlei Turbulenzen mit sich bringen werde. Wie man zugeben wird, waren ihre Worte nicht die Sprache der himmelstürmenden Leidenschaft. Man kann vermuten – und man hat es ausgesprochen –, daß die sanfte und zierliche Amélie-Henriette mit ihren mandelförmigen Blauaugen, der er den Kosenamen Yet-Lie, zusammengesetzt aus den Endsilben ihrer beiden Vornamen, gab, zwar großmütig, doch fischkalt, frigide, gewesen ist.

Die verabschiedete Marquise de Saint-Orens, rasend vor Eifersucht, reiste zu ihrem Mann zurück. In ihrer Wut tat sie sich mit ihm zusammen und nahm auch Verbindung zu der aus anderen Gründen erzürnten alten Marquise de Mirabeau auf. Zusammen sannen sie auf Unheil. Was lag da näher als wieder einmal eine *lettre de cachet,* diesmal für die Herzensräuberin und abermals für den Abtrünnigen?

Die Bedrohten ahnten noch nichts. Madame de Nehra zog zu Mirabeau und versuchte, Ordnung in seine Verhältnisse zu bringen. Mit größter Umsicht und erstaunlicher Energie nahm sie die Leitung des Haushalts in die Hand. Wagen und Pferde wurden verkauft, die Dienerschaft außer Legrain entlassen; die Geschenke, mit denen er sie überhäufte, brachte sie schnurstracks zu den Geschäftsleuten zurück. Die große Wohnung in der Chaussée d'Antin wurde aufgegeben, statt ihrer drei Zimmer gemietet. Sie begann, genau über die Ausgaben Buch zu führen, sie sorgte selbst dafür, daß die Wäsche rechtzeitig zur Wäscherin und zurückkam, sie achtete auf möglichste Sparsamkeit. Sie kümmerte sich um den kleinen von Mirabeau vergötterten Coco, der bei ihnen lebte. Sogar ihre eigenen Möbel verkaufte sie, um Honoré-Gabriels alte Schulden abzuzahlen. Er ließ sie in allem gewähren; sie konnte ihn lenken, wie es bisher noch niemandem gelungen war. Ihre Macht über ihn war ungeheuer, und sie benützte sie nur zu seinem Besten.

Trotz aller Einschränkungen war wieder Schmalhans Küchenmeister. An einen Freund, den Literaten Ruhlière, schrieb er damals: »Madame de Nehra . . . braucht ein schwarzes Kleid, um zum holländischen Botschafter zu gehen und dort einige Formalitäten zu erledigen (eine ihrer Tanten war gestorben, was diese Formalitäten nötig machte). Wäre es Dir möglich, uns sofort auf Kredit ein Kleid aus glattem St.-Maur-Tuch zu beschaffen? Denn wir haben nicht einen Sou. Die Modistin Deiner Frau würde ihr auch gewiß ein paar Chiffons auf Kredit geben . . . Ich habe nur lächerliche Schnallen, die man nicht tragen kann, und keine Strumpfbandschnallen; könntest Du mir ein paar beschaffen? Dringend brauche ich auch eine schwarze Hose.« Und ein paar Wochen später, am 17. Juli 1784: »Ich besitze in natura nur 15 Livres. Weder ich noch Madame de Nehra haben den geringsten Lappen zu versetzen. Es ist mir unmöglich, abzureisen von hier, ohne zu bezahlen. Es handelt sich also nicht mehr darum zu lavieren. Kannst Du oder willst Du mich nicht aus der Verlegenheit ziehen? Es ist Zeit, Dich zu entscheiden. Ich halte mich nur an die Rechte, die die Freundschaft gibt, doch ich beanspruche sie inmitten der grausamsten Krise. Was Du täglich aus dem Fenster wirfst, um Krethi und Plethi verrückte Diners zu geben, Leuten, die Du gewiß weniger liebst als mich, würde mir aus der Verlegenheit helfen. Eine kategorische Antwort, ich flehe Dich an, denn ich bin sehr unglücklich.« Vergeblich versuchte Madame de Nehra bei Dupont für ihn etwas zu leihen. Dupont schuldete dem berühmten Lavoisier, dem Begründer der modernen Chemie, noch 60 000 frs. für den kleinen Besitz, den er bei Nemours gekauft hatte, und nach dem er sich Dupont de Nemours nannte. Er lehnte das Ersuchen Mirabeaus ab, bemühte sich aber, Madame de Nehra zu bewegen, statt bei dem Freund auszuharren, lieber zu ihm zu kommen. Mehr noch als über den Verführungsversuch soll Mirabeau über die Ablehnung eines kleinen Darlehens erbost gewesen sein. Peuchet, der 1824 *Memoires sur Mirabeau et son époque* herausgegeben hat, schrieb: »Dem Grafen Mirabeau ging in den Augenblicken der Not jede Zurückhaltung ab, er quälte seine Freunde und zapfte ihre Verbindlichkeit an; er wußte sich nicht in seinen persönlichen Vergnügungen zu beschränken und lag denen, die ihm zuzuhören aufgelegt waren, immer mit Klagen in den Ohren.« Andere freilich haben die ungeheure Faszination seiner Unterhaltung gerühmt. Wenn er in einen Salon eintrat, soll er schüchtern und provinziell gewirkt haben, sobald er aber in ein Gespräch verwickelt worden war, beherrschte er im Nu durch Witz, Wissen und Ausdrucksgabe die gesamte Unterhaltung.

Im Frühsommer 1784 reiste er mit der neuen Freundin nach Brüssel, wo er die von Miromesnil beschlagnahmte Denkschrift über seinen Eheprozeß in 15 000 Exemplaren neu drucken ließ, bereichert um den Bericht über seine Audienz beim Großsiegelbewahrer, der darin lächerlich gemacht wurde. Lavoisier schmuggelte sie nach Paris. In Brüssel half Madame de Nehra mit Geld und Kredit aus. Mirabeau schrieb an den Grafen d'Antraigues: »Nur Liebenswertes kann ich von der jungen Madame Vanhare (Nehra) sagen; meine Reise wurde durch ihre rührende Sanftheit sehr verschönt.« Die Denkschrift brachte zwar ein kleines Honorar ein, war aber eine Herausforderung des Ministers und erhöhte ganz erheblich die Gefahr neuerlicher Verhaftung. Willkürlich und aus reiner Trotzhaltung lud Mirabeau damit den Zorn des Großsiegelbewahrers auf sein Haupt.

In Paris zurück, bekam Madame de Nehra Wind von der Bedrohung, auf die nicht gefaßt zu sein allerdings nur einem Naivling unterlaufen konnte, der Mirabeau gewiß nicht war. Sie beschlossen, eiligst ins Ausland zu gehen, ehe es zu spät dazu war. Amélie-Henriette besorgte einen Paß auf den Namen Madame de Nehra mit der Unterschrift des Außenministers de Vergennes. Honoré-Gabriel fungierte unauffällig als ihr Sekretär. Anfangs August 1784 schifften sie sich nach England ein.

Von nun an veröffentlichte er die meisten seiner Schriften nicht mehr anonym. »Ich habe noch nie etwas unter meinem Namen, den zu führen mein Vater schwierig gemacht hat, drucken lassen. Ich habe bisher geglaubt, mir erlauben zu können, die ersten Versuche eines noch jungen Mannes nicht einzugestehen. Noch lange und vielleicht sogar für immer hätte ich es so gehalten. Doch sehr bekannte Umstände zwangen mich, mein Vaterland zu verlassen, und so glaube ich fürderhin nur noch eingestandene Schriften veröffentlichen zu dürfen. Denn man würde nicht verfehlen, mich als Autor von Werken auszugeben, die mich aufs höchste zu kompromittieren in der Lage wären.«

Die erste »eingestandene Schrift« war, wie gesagt, die in London erscheinenden »Betrachtungen über den Cincinnatus-Orden«.

London

Der gute Stern dieses Landes hat gewollt, daß Sitte und soziale Gewohnheiten sich hier unter Formen gebildet haben, die den Geist oppressiver Institutionen abstoßen.
Mirabeau

Hoffnung, die Cincinnatus-Schrift vorteilhaft zu verkaufen, beflügelte die Reisenden. Von dem Aufenthalt in England erwartete sich Mirabeau überhaupt sehr viel. Die britischen Inseln waren für die »Philosophen« und politischen Denker des 18. Jahrhunderts mit dem Nimbus ihrer freiheitlicheren Institutionen umgeben; selbst der in Frankreich so populäre Unabhängigkeitskrieg der amerikanischen Kolonien und die Amerika-Schwärmerei der französischen Regime-Kritiker hatten daran wenig geändert. Für Mirabeau gab es noch eine ganz besondere Lockung. Er hatte Verbindung mit seinen einstigen britischen Mitschülern aus der Pension Choquard frühen Angedenkens aufgenommen, mit den beiden Elliots, von denen der eine Gesandter der englischen Krone in Dänemark, der andere Unterhausabgeordneter geworden war. Letzterer hatte mit Begeisterung Mirabeaus Abhandlung über die Staatsgefängnisse gelesen, ihn ermutigt, herüberzukommen und ihm sogar vorgegaukelt, für den Autor sei möglicherweise ein Platz im britischen diplomatischen Korps zu ergattern, an sich keine Absurdität in einem 18. Jahrhundert, in dem Generäle, Minister und Diplomaten häufig genug in den Dienst fremder Mächte traten.
Solche Aussicht mußte auf jemanden wie den Grafen de Mirabeau in seinem vor Unbefriedigtheit fast zwanghaften

Tätigkeitsdrang wie die Verheißung höchsten Mannesglükkes wirken.
Mit seiner »Familie«, nämlich Yet-Lie, dem kleinen Coco, einem Sekretär, Zofe, Legrain und Hund traf er in London ein; sie nahmen Wohnung im Saint-James-Park.
Sofort suchte er Verbindung mit Sir Gilbert Elliot, dem Abgeordneten und späteren Lord Minto (nach dem Namen seiner schottischen Besitzung). Dessen Familie weilte zur Zeit in Bath, und Sir Gilbert nahm ihn dorthin mit, während Yet-Lie mit Coco und dem Hund in London zurückblieb, wohl weil die steifen englischen Damen, Frau und Schwägerin des Gastgebers, Anstoß genommen hätten, eine so »unregelmäßige« Familie bei sich zu empfangen. Immerhin schrieb Mirabeau an die Gefährtin: »Gilbert ist die Güte selbst. Er hegt allerlei Pläne für meine Zukunft und für ein engeres Zusammenrücken von uns allen; er will uns zum Beispiel in Schottland ein auf seinem Landgut gelegenes Häuschen zur Verfügung stellen, weil er den Sommer gern mit uns zusammen verbringen möchte; das würde ebenso billig wie angenehm für uns sein.« Er wußte aber nicht, daß der Vorschlag von Lady Elliot ausging, die auf jeden Fall vermeiden wollte, daß die unkonventionellen Gäste ihres Mannes womöglich im Herrenhaus untergebracht würden. Der extrovertierte Franzose hatte sich bereits in Bath bei den Damen ein wenig unmöglich gemacht. Gilbert schrieb an seinen Bruder: »Ich fand in ihm denselben treuen Freund wieder, der er gewesen war, als unsere Wege sich damals trennten; nach zwanzig Jahren eines bewegten Lebens, von denen er sechs im Gefängnis verbracht hat, scheint er mir unverändert. In seinen wirklich bedeutenden Fähigkeiten ist er sehr reif geworden und hat sich auch großes Wissen erworben. Im Gespräch ist er noch immer so überheblich, in seinem Gehabe ebenso plump und schwerfällig, in seinem Äußeren ebenso häßlich und

mißgebildet, in der Kleidung ebenso schmuddelig und im Wesen ebenso selbstgefällig, wie wir ihn als Schuljungen vor uns sahen. Und dennoch liebten Du und ich ihn damals herzlich. ... Vor einigen Tagen nahm ich ihn mit nach Bath, wo er Harriet (Gilberts Schwägerin) in so überstürzter Weise den Hof machte – er war überzeugt, sie im Lauf einer einzigen Woche erobern zu können! –, und wo er mein erz-englisches Weib so völlig aus dem Konzept brachte, da sie für einen Franzosen nicht mehr Verständnis aufbringt als unser Hausmädchen Molly – wo er mein Söhnchen durch seine Liebkosungen so verschüchterte, mich von morgens bis abends mit Beschlag belegte und unsere Freunde so verblüffte, daß es mir kaum gelingen wollte, seinetwegen den Frieden im Haus zu erhalten ... Wäre er nicht heute früh unerwartet nach London zurückgerufen worden, so hätte die Geduld meiner Frau – denn Höflichkeit kann man es nicht mehr nennen – keine vierundzwanzig Stunden mehr angehalten.« Außerdem wunderte sich der Engländer, daß die »angebliche Gräfin, mit der er im Konkubinat lebt, ihm so treu anhängt, obwohl er der häßlichste und ärmste Bursche von ganz Europa ist«.
Er wurde nach London zurückgerufen, weil Amélie-Henriette erkrankt war. Auch sonst gab es Schwierigkeiten. Am 10. November 1784 schrieb er an Chamfort: »Ich bin traurig und unglücklich, meine sanfte, reizende Gefährtin ist krank, und krank aus Ermüdung; sie hatte ihren elften Fieberanfall. Andererseits kann meine Börse sich diesen Schock gar nicht leisten: jede Visite eines reputierten Arztes (und kann man für seine Freundin denn einen anderen wählen?) kostet in London einen Louis. Das heißt die Unruhe teuer erkaufen. Kurzum, meine Mittel sind am Ende, und nicht nur habe ich das mir gesetzlich zustehende Brot nicht bekommen, sondern ich erhalte auch von meinen Geschäftsträgern keine Antwort.«

Um das ihm »gesetzlich zustehende Brot«, die ihm zugesprochene Pension, mußte er von London aus wieder mit dem Vater prozessieren; vergeblich suchte er auch, die Entmündigung aufheben zu lassen. Nichts außer dem Druck der Schrift über den Cincinnatus-Orden wollte glücken.

Schon bald zog man um in eine weniger teure Gegend, nach Hatton Street, Holborn, in ein paar möblierte Zimmer. Um sich Einnahmen zu verschaffen, plante er, eine Art Zeitschriftenspiegel herauszugeben, den *Conservateur* (im Sinn von »Aufbewahrer«). Die Anregung ging von einem Amsterdamer Verleger aus. »Das Werk, das man mir vorschlägt, ist ein beachtliches Unternehmen. Es handelt sich um nichts weniger, als die Leute über alle gesunden Ideen der politischen Ökonomie ins Bild zu setzen, die in der Metaphysik behandelt worden sind. Das Werk würde in Englisch und in Französisch erscheinen. Ich bekäme monatlich ein Fixum. Doch dieses Einkommen würde durch exzessive und unangenehme Arbeit verdient werden, die mir die Zeit nähme, meine eigenen Ideen zu verwirklichen.« Trägheit konnte man ihm aber nicht vorwerfen, er arbeitete wieder vom frühen Morgen bis in den späten Abend, und er tröstete sich: »Männer, die mehr wert sind als ich, waren zu ebenso schlimmem Galeerendienst verurteilt«; dann zitiert er in dem Brief an Chamfort das arabische Gleichnis von dem Mann, der aus Not keine Schuhe besitzt und in der Moschee einen Bettler ohne Beine sieht; da lobte er Gott und beklagte sich nicht mehr, keine Schuhe zu haben. Der Zeitschriftenplan platzte jedoch, ehe er zur Ausführung kam.

Eine Zeitlang arbeitete er am *Courier de l'Europe* mit, den der Abenteurer Thévenot de Morande in London herausgab, dessen üble Methoden dem Grafen de Mirabeau aber nicht zusagten, so daß er die Mitarbeit sehr rasch wieder abbrach. Die in Europa weit verbreitete Zeitung, von

Latour gegründet, hatte sich unter dem neuen Herausgeber zu einer Art Verleumdungs-Offizin entwickelt und bediente sich erpresserischer Methoden. Bekannt ist die Antwort des Marquis de Millette auf Morandes Drohung, einen Skandalartikel über ihn zu veröffentlichen: »Herr Lumpenkerl, schicken Sie mir 100 Taler, dann liefere ich Ihnen noch viel skandalöseres Material über mich, mit dem sie Ihr Machwerk erweitern können.«

Sir Gilbert Elliot kümmerte sich auch weiterhin um seinen südfranzösischen Gast, der seine Damen so sehr befremdet hatte. Er zeigte ihm Windsor und Oxford, nur zu der Reise nach Schottland kam es nicht mehr.

Er machte ihn mit dem Astronomen Herschel bekannt und brachte ihn mit einigen seiner Kollegen aus dem Unterhaus zusammen, meist von der Whig-Partei, der er selbst angehörte. Mit dem oppositionellen John Wilkes, der sich mutig gegen die massiven Einschüchterungsversuche der »King's Friends« für die Pressefreiheit eingesetzt hatte, geriet Mirabeau in einen heftigen Disput über die Todesstrafe, die in England wegen fast hundert Delikten verhängt werden konnte, und deren öffentlicher Vollzug zu den beim Volk beliebtesten Schaustellungen gehörte; aber er hatte offenbar eine ironische Auslassung von Wilkes für dessen wirkliche Meinung genommen. Der schwarze Humor des Engländers lag dem lateinischen Geist eines Mirabeau anscheinend nicht.

Sehr gut verstand er sich mit dem Juristen Sir Samuel Romilly, mit dem er sich anfreundete, und der auch das Cincinnatus-Traktat ins Englische übersetzte. Romilly stellte dem häufig verleumdeten Freund nach dessen Tod das schöne Zeugnis aus: »Für mich steht es fest, daß er sich sowohl bei seinem öffentlichen Auftreten wie in seinen Schriften von dem Bestreben leiten ließ, Gutes zu tun, und daß sein Ehrgeiz von der nobelsten Art war.«

Mit Lord Lansdowne, der 1783 als Schatzkanzler zurückgetreten war, um gegen die absolutistischen Bestrebungen Georgs III. zu protestieren, kam Mirabeau über die Genfer Emigranten in Berührung, seinen Bekannten aus Neuchâtel, deren Projekt, in Irland ein »New Geneva« zu gründen, Lansdowne protegierte. Clavière, Duroveray und Dumont verkehrten mit den *Rational Dissenters* des Dr. Price und in Lansdownes *Bowood Circle,* einem Kreis wissenschaftlicher, utopischer und utilitaristischer Theoretiker der Opposition »zwischen praktischer Politik und intellektuellen Tagträumen« (Albert Goodwin), und auch der berühmte Gast aus Frankreich wurde bei ihnen eingeführt.
Wichtig für Mirabeau war vor allem die Bekanntschaft mit Edmond Burke, der 1784/85 noch nicht seine scharf gegnerische Position zu den Grundsätzen der *Friends of Liberty* bezogen hatte; aus Entrüstung über die trostlose Lage des entstehenden Proletariats neigte er vielmehr noch Ideen zu, wie sie auch Mirabeau bewegten. Burke nahm ihn in die Sitzung des Unterhauses vom 25. Januar 1785 mit, in der über den Skandal bei der Indischen Kompagnie und die Rolle des ehemaligen Generalstatthalters Warren Hastings verhandelt wurde. Es war zugleich die erste Sitzung der neuen Session, die mit der üblichen Feierlichkeit eröffnet wurde, und Mirabeau hatte Gelegenheit, die Institution der ältesten Volksvertretung Europas bei ihrem Funktionieren zu beobachten. Das Erlebnis regte seine ganze politische Leidenschaft auf und machte einen unauslöschlichen Eindruck auf ihn. Die Rede Burkes, der wie ein gereizter Löwe gegen Hastings, den Günstling Georgs III., vorging, riß den fremden Zuhörer auf der Galerie derart mit, daß er sich nicht zurückhalten konnte: er schickte dem Redner einen Zettel mit einem Zitat aus Plinius auf die Tribüne, das er in der aktuellen Situation für einen trefflich passenden Einfall hielt, der dem Debattierer gleichsam hilfreiche

Munition liefern sollte; daß er vermutlich durch diese Anmaßung Burke eher verärgerte, kam ihm gar nicht in den Sinn. Burke hat später, nach seiner Abkehr von den Strebungen, die zur französischen Revolution führten, sich auch über Mirabeau negativ geäußert; zum Abbé Maury, dem monarchistischen Abgeordneten der französischen Nationalversammlung, der nach London emigrierte, sagte er sarkastisch, er habe nach Mirabeaus Besuch sein Haus ausräuchern lassen. Im Winter 1785 aber diente Burke dem Ehrgeiz seines Gastes als Vorbild. Es kam sicherlich keine feindselige Stimmung auf, da Mirabeau ihn als Meister der parlamentarischen Debatte bewunderte.
Zum ersten Mal nahm Mirabeau auf Clavières Anregung hin zu einer brennenden Frage der internationalen Politik öffentlich Stellung. Ende Dezember 1784 erschien seine Schrift mit dem Titel *Doutes sur la liberté de l'Escaut* (Zweifel an der Freiheit der Schelde). Sie ging publizistisch auf den Konflikt zwischen Österreich und Holland ein, einen Konflikt, der sich zu einem europäischen Krieg auszuweiten drohte. Joseph II. spielte mit dem Plan, Belgien gegen Bayern einzutauschen, und forderte von den Niederländern, die Sperrung der Schelde aufzuheben, damit Antwerpen mit Amsterdam und Rotterdam in Wettbewerb treten könnte. Die Schelde war für den internationalen Schiffsverkehr seit dem spanischen Erbfolgekrieg und dem Frieden von Utrecht gesperrt, ein holländisches Privileg. In pathetischen Worten riet Mirabeau, Frankreich solle der bedrohten Republik zu Hilfe kommen; er beschwor den Außenminister de Vergennes, die Holländer nicht im Stich zu lassen, das Bündnis mit dem Kaiser zu lösen und sich England anzunähern, zunächst mit ihm einen Handelsvertrag zu schließen. Um der Freiheit des holländischen Volkes willen sei auch der Krieg zu vertreten. Heftig griff er Joseph II. an, den Bruder Marie-Antoinettes, die er da-

durch stark gegen sich einnahm, was noch spätere Auswirkungen haben sollte.
Schon zog der Kaiser Truppen zusammen, schon beschossen die Holländer ein Schiff, das die Ausfahrt aus der Schelde erzwingen wollte, schon kaperten sie ein anderes. Doch der Konflikt wurde schließlich beigelegt. Der Prince de Ligne schrieb: »Die einzige ernsthafte Affäre, mit der ich die Königin von Frankreich beschäftigt sah, war, den Krieg als Französin und Österreicherin zu verhindern, der sich ohne sie an der Scheldefrage entzündet hätte. Die zehn Millionen, die der Republik Holland zu leihen sie den König bestimmte, damit die Holländer den vom Kaiser geforderten Abstand bezahlen konnten, hat Anlaß zur dümmsten aller Verleumdungen gegeben: sie habe das Geld nur ihrem Bruder zuspielen wollen.«
Wenn der Konflikt also auch anders, als es Mirabeaus Vorschlag gewesen war, und auf friedliche Weise gelöst wurde, so hatte seine Schrift über die Freiheit der Schelde ihn doch in weiten Kreisen als engagierten Kenner außenpolitischer Probleme bekannt gemacht. Sie war überdies für ihn ein finanzieller Erfolg, der fürs erste wieder einmal über den Berg half, wenn auch nicht für lange. Enttäuscht wurde seine Hoffnung, durch die Schrift die Aufmerksamkeit des französischen Außenministers auf sich gelenkt und sich vielleicht den Eingang zu einer diplomatischen Laufbahn geöffnet zu haben. Vergennes war eher ungehalten über den Außenseiter, der sich in die hohe Politik einzumischen versuchte.
Der ganze Aufenthalt in England war für Mirabeau enttäuschend. Schon im November hatte er an Chamfort geschrieben: »Ich bin von England nicht begeistert, und ich weiß jetzt genug, um Ihnen zu sagen, daß, wenn seine Konstitution die beste ist, die man kennt, die Verwaltung aber die schlechtest-mögliche ist; und daß, wenn der Englän-

der der sozial freieste Mensch ist, den es auf Erden gibt, das englische Volk eines der wenigst freien ist, die existieren. Ich glaube ferner noch, daß individuell gesprochen wir mehr wert sind als sie, und daß das Gebiet des Weins vor dem der Kohle den Vorrang hat, auch was den Einfluß auf das Geistige betrifft. Doch was ist es mit der Freiheit! Das Wenige, das sich davon in einem oder zwei guten Gesetzen findet, stellt ein von der Natur so wenig begünstigtes Volk auf den ersten Platz. Was vermag nicht eine Verfassung, da doch diese hier, obgleich unvollkommen und mangelhaft, noch immer das verderbteste Volk der Welt vor seiner eigenen Verderbnis rettet und retten wird.«
Vielleicht rechnete er zur »Verderbtheit« der Engländer auch die Härte, der er bei Geschäften mit Londoner Drukkern und Buchhändlern begegnete. Er klagte: »Die meisten großen Autoren sind hier den Hungertod gestorben. Nun erst ein Ausländer!« Anerkennend äußerte er sich dagegen über die Bürgersteige in London, eine Einrichtung, die Paris noch nicht kannte. Er sah darin Rücksichtnahme auf das zu Fuß gehende Volk, da über Wagen und Pferde in erster Linie die herrschenden Schichten verfügten. Die Unverschämtheit der Pariser Herrschaftskutscher den Passanten gegenüber war sprichwörtlich.
Im Februar 1785 schickte er Madame de Nehra nach Paris, damit sie dort eventuell Geldgeber für die Planung des immer noch nicht ganz aufgegebenen *Conservateur* zu finden versuchte und mit seinen Gläubigern verhandelte. Vor allem sollte sie auskundschaften, wie die Sachen überhaupt ständen, ob er ungefährdet zurückkommen könnte oder ob die Drohung einer *lettre de cachet* noch immer über ihm hing, zumal er gerüchteweise vernommen hatte, Marie-Antoinette selbst habe eine solche gegen ihn gefordert. Doch dann vermißte er die Freundin sehr. »Ihre Abreise hat mir wirklich weh getan und mich um den einzigen Trost

gebracht, der mir auf Erden geblieben ist, in einem Augenblick, in dem ich die schwerste Last zu tragen habe.«
Sofort nach ihrer Ankunft in Paris suchte sie den Minister de Breteuil auf, der ihr nach zweimaliger Audienz schließlich versicherte, daß Mirabeau unbesorgt nach Frankreich zurückkommen könnte. Bei den Bemühungen um einen Geldgeber war sie weniger erfolgreich. Sie fand keinen Buchhändler, der das Projekt mit tragen wollte.
Als das Wetter wärmer wurde, brach in London wieder einmal die Pest aus, wenn es sich auch diesmal nicht um eine so mörderische Epidemie wie jene vom Jahre 1665 grausigen Angedenkens handelte. Sehr viel mehr aber verleidete eine höchst unangenehme Affäre persönlicher Art dem Grafen den Londoner Aufenthalt. Als Sekretär, der daneben aber auch Kammerdienerdienste versah, hatte er einen jungen Mann aus Frankreich mit herübergebracht, einen gewissen Jacques-Philippe Hardy. Das Gehalt hatte er ihm wohl kaum regelmäßig zu zahlen vermocht; er hatte sogar gelegentlich kleine Summen von ihm geborgt. Nun war nicht jedermann so geduldig und treu ergeben wie Legrain. Es kam zu Reibereien, und der Graf konnte recht barsch sein. Von Hardy war es unschön, daß er sich mit einer Reihe dunkler Existenzen eingelassen hatte, darunter auch mit Thévenot de Morande, dem Pasquillanten und Gazettenfreibeuter; auch mit einem anderen skrupellosen Pamphletisten verkehrte er, einem ausgesprochenen Konkurrenten und darum literarischen Gegner des Grafen de Mirabeau; dieser Simon-Nicolas-Henri Linguet hatte unter anderem eine Schrift über die Bastille geschrieben, in der er gefangen gesessen hatte; auf den Erfolg des ein ähnliches Thema behandelnden Buches über die *Lettres de cachet et les prison d'Etat* war er neidisch.
Schon nach seiner Ankunft in London hatte Mirabeau zwei Manuskripte vermißt, eine kleine Anekdotensammlung mit

dem Titel *Journal de Monsieur,* etwa von der Art des *Espion dévalisé,* und die Kopie einer unveröffentlichten Korrespondenz zwischen Voltaire und d'Alembert, dem Mitherausgeber von Diderots Enzyklopädie. In den Besitz des Briefwechsels war Mirabeau freilich auf eigenartige Weise gekommen. Das Original gehörte dem Prinzen de Condé, und wahrscheinlich ohne Wissen auch von dessen Sekretär Chamfort hatte der Graf eine Abschrift davon nehmen lassen, wobei ihm Hardy neben anderen als Kopist gedient hatte.

Als beide Manuskripte in London im Gepäck unauffindbar blieben, fürchtete Mirabeau namentlich wegen der Briefe einen Skandal, sofern eine Veröffentlichung davon auftauchte. Als dann noch persönliche Gegenstände des Grafen verschwanden, inspizierte Amélie-Henriette heimlich Hardys Koffer; sie fand darin aus dem Besitz des Grafen: siebenundzwanzig Hemden, zwei baumwollene Nachtmützen, sechs Paar seidene Strümpfe und einige Kleinigkeiten sowie das *Journal de Monsieur.* Sir Gilbert Elliot riet, den offensichtlichen Dieb anzuzeigen.

Die Verhandlung fand am 23. Februar 1785 vor dem Kriminalgericht Old Bailey statt. Madame de Nehra war schon abgereist, aber viele von Mirabeaus Freunden nahmen als Zuschauer teil. Man sah unter anderen Lord Lansdowne, Edmond Burke, Dr. Price, Brissot de Warville, den der Graf in London wieder getroffen hatte, auch Romilly und natürlich Sir Gilbert Elliot. Dem Angeklagten zuliebe hatten sich Thévenot de Morande und Linguet eingestellt. Der Versuch des Verteidigers, Mirabeaus Glaubwürdigkeit zu erschüttern und seine Ehrenhaftigkeit in Zweifel zu setzen, wurde vom Richter als unzulässig zurückgewiesen, und Sir Gilbert verbürgte sich für den Grafen. Das Geschworenengericht befand aber, daß sich im Zimmer eines Sekretärs und Kammerdieners durchaus auch Gegenstände finden

könnten, die dem Brotherrn gehörten, ohne daß man dabei sogleich auf Diebstahl schließen müßte. Hardy entging dem Galgen und wurde freigesprochen. Mirabeau bekam sein Eigentum nebst den beiden Manuskripten zurück.
Um jeder böswilligen Darstellung des Prozesses zuvorzukommen, verfaßten noch am selben Tag Romilly, Burke und Elliot einen genauen und sachlichen Bericht, der von ihnen im *Public Advertiser* veröffentlicht wurde, Beweis, welcher Wertschätzung Mirabeau sich bei ihnen erfreute. Der Bericht verhinderte freilich nicht, daß Hardy mit Linguets Hilfe eine englische Schmähschrift gegen den Grafen drucken ließ, die von Verleumdungen aller Art strotzte, Verleumdungen, von denen einige, genau wie die vordem von seinem Vater in die Welt gesetzten, über den Tod hinaus an dem Verleumdeten kleben blieben. In London schadeten sie ihm in einem Ausmaß, das sein Bleiben unerträglich belasten mußte.
Nach einem Aufenthalt von acht Monaten kehrte Mirabeau anfangs April 1785 – nicht nur darum – nach Paris zurück. Amélie-Henriette hatte ihm geschrieben, daß sie die Schwierigkeiten bei Breteuil, der zunächst ziemlich ablehnend gewesen war, aus dem Weg hatte räumen können. Falls er sich still verhielte, wollte man ihn ungeschoren lassen. Obwohl er sich die ganze Zeit über in England als Fremdling gefühlt hatte, brachte er einige positive Eindrücke von englischen Institutionen mit. So hatte ihm auch die Sachlichkeit und Unparteilichkeit des Geschworenengerichts nicht wenig imponiert; für die Einführung dieser Einrichtung in Frankreich würde er sich kräftig einsetzen.

Bankiers und Spekulanten

> Selbst das größte Genie würde nicht weiterkommen, wenn es alles seinem eigenen Innern verdanken wollte; und Mirabeau hatte daher vollends recht, wenn er sich der äußeren Welt und ihrer Kräfte bediente, wie er konnte. Er besaß die Gabe, das Talent zu unterscheiden, und das Talent fühlte sich vom Dämon seiner gewaltigen Natur angezogen, so daß es sich ihm und seiner Leitung willig hingab. So war er von einer Masse ausgezeichneter Kräfte umgeben, die er mit seinem Feuer durchdrang und zu seinen höheren Zwecken in Tätigkeit setzte. Und eben, daß er es verstand, mit anderen und durch andere zu wirken, das war sein Genie, das war seine Originalität, das war seine Größe.
>
> *Goethe zu Eckermann*

Madame de Nehra hatte sich bei Breteuil dafür verbürgt, daß Mirabeau sich ruhig verhalten werde. Als er sie in Paris gerührt wieder in seine Arme nahm, beschwor sie ihn, sich für eine gewisse Zeit, zwei oder drei Jahre nach Mirabeau zurückzuziehen, wo sie billiger als in der Hauptstadt leben konnten und wo er in Ruhe endlich eine größere literarische Arbeit verfassen würde. Er ging auf den Plan ein, und man bereitete die Abreise schon vor. Aber da Mirabeau eine Abhandlung über die Pockenimpfung veröffentlicht hatte, lud der Graf d'Artois, der Bruder des Königs, ihn ein, Cocos Impfung gleichzeitig mit der des eigenen Sohnes, des Prinzen von Geblüt, in Versailles vornehmen zu lassen, da sein fachmännisches Wissen dabei erwünscht war.

Der Aufschub der Reise in die Provence gab dem Zufall die Gelegenheit, Mirabeau abermals mit Clavière zusammenzuführen. Der exilierte Genfer war um die gleiche Zeit nach Frankreich zurückgekommen, wo er seine ausgezeichneten Beziehungen zur Hochfinanz zu nutzen beabsichtigte. Die Vorschläge, die er dem Grafen de Mirabeau zu machen wußte, waren verführerisch genug, um dessen Reisepläne umzustoßen, denn sie versprachen Publikumserfolg und finanziellen Gewinn.

In Paris herrschte in den achtziger Jahren des 18. Jahrhunderts ein gefährliches Börsenfieber. Alle Welt spekulierte, alle Welt begann, sich für Finanztransaktionen zu interessieren, alle Welt gewann oder verlor. Der französische Staat stand – nicht zuletzt wegen der Kosten des amerikanischen Krieges – am Rand des Bankrotts, aber große Vermögen bildeten sich über Nacht. Das Bankhaus Rohan-Guéméné war zusammengebrochen, aber die industrielle Entwicklung, die auf das Königreich übergriff, heizte die Chancen des leichten Geldgewinns an. Ein Zentrum der Spekulation war der Salon des wie Clavière aus Genf stammenden Bankiers Panchaud. Er hatte vor acht Jahren auf Betreiben Turgots die *Caisse d'Escompte* gegründet, die Vorläuferin der *Banque de France.* Gegnerischen Financiers war es aber gelungen, ihn aus der Leitung seiner Gründung hinauszudrängen, was er den Nachfolgern begreiflicherweise nachtrug. Inzwischen war er jedoch als Freund des Finanzministers Calonne, »eines Tänzers statt Rechners«, wie Beaumarchais spottete, zum Bevollmächtigten der Regierung und zum Hofbankier geworden. Clavière führte Mirabeau bei ihm ein, der dort den Herzog de Lauzun, den Grafen de Narbonne-Lara, nachmaligen Kriegsminister, den Abbé de Périgord, späteren Talleyrand, Dupont de Nemours und lauter gewiefte Finanzexperten traf, die alle auf große Gewinne hofften.

Inzwischen waren die Aktien der *Caisse d'Escompte* in schwindelnde Höhe geklettert, von 3000 auf 8000 Livres. Sie hatte zudem die Schirmherrschaft über eine spanische

Schwesterbank übernommen, über die von Cabarus, dem Vater der späteren Madame Tallien (Notre-Dame de Thermidor), gegründete Sanct Carolus Bank in Madrid, deren Aktien daraufhin das von aller Welt begehrteste Wertpapier wurden. Sie wurden sogar in Paris weit höher gehandelt als in Spanien. Die Folge dieser ungesunden Aktienhausse aber war, daß Monsieur de Calonne seine so dringend benötigten Mittel für den laufenden Haushalt nicht hereinbekam, da er die festverzinslichen Staatsanleihen nicht plazieren konnte und der Fiskus also das Nachsehen hatte.

Der Minister und sein Mittelsmann Panchaud suchten nun nach einer Feder, der es zuzutrauen war, sie würde mit einer geschickten Propaganda-Flugschrift den zu hoch gespielten Aktienkurs negativ beeinflussen, was den Staatspapieren zugute kommen mußte, falls man das Publikum entsprechend umstimmen konnte. Wenn bei Calonne nationales Interesse zum mindesten eines der Motive war, so war bei Panchaud seinerseits ein Rachebedürfnis und vor allem gut getarnter Eigennutz im Spiel. Letzteres galt gewiß auch für den ehrgeizigen Finanzexperten Clavière, als er sich an Mirabeau wandte, um dessen stilistisches Talent für diese Aufgabe anzuwerben.

Mirabeau, der drauf und dran war, sich enttäuscht in seine stille Burg am Ufer der Durance zurückzuziehen, hatte im Mai geäußert: »Meinerseits sehne ich mich nach Ruhe; ich überlasse die Karriere glücklicheren Männern, vor allem unabhängigen, wenn auch gewiß nicht durch Gefühl und Mut, so doch mindestens durch ihre Lebensumstände unabhängigeren.« Doch Clavières Vorschlag weckte in ihm sofort das lebhafteste Interesse; es schien sich ein Weg zu öffnen, auf die öffentlichen Angelegenheiten einen bestimmten Einfluß zu nehmen und eine Art offiziöse Rolle zu spielen. Er sagte sofort zu. Mit der ihm eigenen wilden

Energie arbeitete er sich in die Materie ein. Panchaud selbst unterwies ihn in den Fragen des Börsen- und Bankwesens, die dem Grafen übrigens längst nicht ganz unvertraut waren.

Brissot de Warville und Clavière, vielleicht auch Panchaud selbst, hatten bereits entsprechende Kampfschriften vorbereitet, denen sie aber offenbar die rechte Durchschlagskraft nicht zutrauten. Jedenfalls stellten sie ihre Entwürfe Mirabeau zur Verfügung; er arbeitete sie in seinem Stil um und prägte ihnen seinen Stempel auf, und siehe da, sie wurden zu scharfen Waffen. Die Schrift, die nun unter seinem Namen erschien, hieß: *De la Caisse d'Escompte,* und da es ein Thema war, für das sich naturgemäß das ganze Heer der Spekulanten interessierte, fand sie behenden Absatz. Innerhalb von drei Monaten folgten dann: *De la Banque d'Espagne, dite Saint-Charles,* und *Lettres à M. le Couteulx de la Noraye sur la Banque de l'Espagne et la Caisse d'Escompte.* M. le Couteulx de la Noraye war der Leiter der Diskont-Kasse; er hatte Panchaud auf dem Direktionssessel, nach dessen Entlassung, ersetzt, weswegen der Genfer Bankier besonders schlecht auf ihn zu sprechen war; Panchaud wünschte, sein ihm entwundenes Institut möglichst zu ruinieren.

Doch hier läßt sich bereits ein Charakteristikum von Mirabeaus Arbeitsweise erkennen; später wird er sie auf ähnliche Art auch bei vielen seiner zündenden Reden in der Nationalversammlung anwenden und dabei unter anderen auf dieselben Mitarbeiter zurückgreifen. Namentlich Etienne Clavière wird in Fragen der öffentlichen Finanzen bis zum Ende sein ideenreicher Sachberater sein. Es hat dem Grafen den oft erhobenen Vorwurf eingetragen, er habe ständig fremdes Talent ausgenutzt, sich geistiges Eigentum anderer angeeignet und sich mit fremden Federn geschmückt, ein Vorwurf, der in dieser Schärfe sicherlich nicht zutrifft, wenn man auch Übergriffe solcher Art drei oder vier Mal im Lauf seines Lebens feststellen kann, etwa bei den *Conseils à un jeune prince qui sent la nécessité de refaire son éducation,* einem Manuskript seines Vaters, wovon er, wie oben erwähnt wurde, in Neuchâtel eine Kopie angefertigt hatte, und das er auszugsweise 1788 als eigenes Produkt und unter seinem Namen veröffentlichte. Um etwas ganz anderes handelt es sich jedoch bei seiner Art, sich von Fachleuten Material zu beschaffen, und wir können hier auf das diesem Kapitel vorangestellte Zitat von Goethe verweisen, das den Gesprächen mit Eckermann entnommen ist. Gerade darin, »mit anderen und durch andere zu wirken«, sah Goethe Mirabeaus Genie und seine Größe.

So barsch der heißblütige Provençale zu sein vermochte, kam er doch mit seinen Mitarbeitern, auch mit dem jähzornigen und schwierigen Clavière, in der Regel aufs beste aus. Im Umgang war er liebenswürdig und fand Gefallen daran, den Leuten etwas Angenehmes zu sagen. Sein Ausdruck war freilich häufig ein ironisches Lächeln auf der trotz der Pockennarben nicht abstoßenden Miene mit den feurigen Augen. Gern sprach er von sich selbst und liebte es, seinen Gesprächspartner über seine eigenen Motive ins Vertrauen zu ziehen. Er hatte eine besondere Gabe zur Freundschaft, was gewiß auch die Anhänglichkeit der Mitarbeiter erklärt, die ihm vorbehaltlos das Material für seine Schriften und Reden zulieferten.

Seine Warnungen vor der »Agiotage« im Jahre 1785 konnte er dank der Fülle des ihm zur Verfügung gestellten Materials solide untermauern. Dabei nahm er in der Polemik kein Blatt vor den Mund: »Mit den Finanzgeschäften hat es keine andere Bewandtnis, als daß Scharlatane ihren Nutzen daraus ziehen; denn sie wissen, wie leicht sich Leute aus Gewinnsucht verlocken lassen. Die Täuschungen auf diesem Gebiet gehen soweit, daß jemand, der in einem Laden kein Tuch kaufen würde, ohne es sich zehn Mal zu überlegen, bei den Spekulationen, von denen er nicht das Geringste versteht, erhebliche Summen investiert. Die absurde Sorglosigkeit über den wahren Wert der Papiere, die man so leichtsinnig kauft und verkauft, eröffnet den Beutelschneidern, Gaunern, Lügenaposteln und Wucherern ein unbegrenztes Tätigkeitsfeld. Bei ihrer Habgier sind sie wahllos in den Mitteln, unersättlich in ihren Wünschen, rastlos in immer neuer List und brüsten sich noch damit, die Einfalt ihrer ahnungslosen Mitbürger hinters Licht zu führen.«

Mit persönlich engagierter Leidenschaft vertrat er den eigentlich konservativen Grundsatz, der übrigens auch dem Marquis Victor gefallen mußte, daß nicht die Börse und die gerade damals in Frankreich um sich greifenden Gründungen von Aktiengesellschaften, sondern allein der Acker eine gesunde Quelle des Wohlstandes sei. Es beweist wieder einmal, daß auch allgemein weitschauende Persönlichkeiten blind für die besondere Entwicklung sein können. Der auf politische Änderungen so erpichte spätere Volkstribun und Politiker, von fast hellseherischer Voraussicht in vielen Dingen, hegte, was Fragen der Wirtschaft betraf, im Grund durchaus noch auf der alten Feudalordnung basierende Ansichten.

Die Wirkung der ersten, in zehn Tagen verfaßten Schrift war gleich bei Erscheinen über Erwarten groß. Die Aktien der Caisse d'Escompte fielen über Nacht auf die Hälfte ihrer Notierung. Die Wut der Hausse-Spekulanten auf den Autor läßt sich leicht denken. Im Vorwort zu der zweiten Schrift, jener über die Sanct-Carolus-Bank, schrieb er mit Schmunzeln: »Einige Personen waren sehr unzufrieden mit meinem Büchlein; dieses hier wird ihnen nicht besser gefallen; wenigstens hoffe ich es.«

Inzwischen hatte Panchaud ihn mit Calonne bekannt gemacht; wie es scheint, verstanden sie sich bei der ersten Begegnung ausgezeichnet, und Mirabeau mochte höchst zufrieden darüber sein, sich dem Zentrum der Macht damit genähert zu haben. War nun nicht auch ein offizieller Posten bald in Aussicht? Sie unterhielten sich eingehend, und wie der Herzog de Castries in seiner Mirabeau-Biographie vermutet, wäre es durchaus wahrscheinlich, daß Mirabeau den Minister davon zu überzeugen versucht habe, es sei von größter Dringlichkeit, um der Finanzmisere des Staates abzuhelfen, an der die wechselnden Finanzminister seit Jahren mit untauglichen Mitteln laborierten, eine »beratende Versammlung« einzuberufen, wenn nicht gar nach englischem Muster ein Repräsentantengremium. Gewiß waren auch Talleyrand, jetzt noch Abbé de Périgord, und der aus dem »freien Amerika« heimgekehrte La Fayette bei Calonne mit ähnlichen Ratschlägen zur Hand. Die Notabeln-Versammlung, zu deren Einberufung Calonne den König im Dezember 1787 bestimmte, und die den Generalständen die Tore öffnete, wäre also unter anderem auf die Anregungen Mirabeaus zurückzuführen.
Für den Angriff auf die spanische Bank mit seiner zweiten Schrift gab Calonne *expressis verbis* dem Publizisten Mirabeau das Zeichen. Sie erschien denn auch prompt, und ihre Wirkung war für die Aktienkurse ebenso katastrophal. Allerdings hatte sie auch eine mißliche Folge. Der spanische Botschafter, Marquis d'Aranda, protestierte beim französischen Außenminister de Vergennes und verlangte, daß die Schrift unverzüglich eingezogen und verboten werde. Der König und Miromesnil, Minister des königlichen Hauses, kamen aus diplomatischen Rücksichten dem Verlangen sofort nach, und überdies wurde der Verfasser von Calonne, dem es auf einmal darauf ankam, seine Verbindung zu Mirabeau zu leugnen, öffentlich getadelt: »Es

handele sich bei dem Autor des Werkes um eine jener privaten Existenzen, die sich erfrechten, über bedeutende Themen zu schreiben, von denen sie gar nicht genügend Kenntnis besäßen, um sie dem Publikum nutzbringend übermitteln zu können.«

Immerhin gewannen Panchaud, Clavière und einige andere Eingeweihte, die – wie vermutlich sogar Monsieur de Calonne selbst – vorsorglich auf Baisse spekuliert hatten, an dem Aktiensturz ein Vermögen, nur der, der ihn verursacht hatte, ging, bis auf die nicht übermäßigen und durch das Verbot noch beschnittenen Buchtantiemen, leer aus. Daran, daß es ihm an Kapital zu groß angelegten Börsenspekulationen fehlte, mochte es in der Hauptsache liegen; andererseits war er – eine wirkliche Ausnahme im spielwütigen 18. Jahrhundert – ein Gegner des Glücksspiels jeder Art, und nicht zu leugnen ist auch, daß er, der im Privatleben leichtsinnig, verschwenderisch und ziemlich skrupellos war, sich überall, wo das öffentliche Interesse in Frage zu stehen schien, bis zu offensichtlicher Selbstlosigkeit einsetzen konnte. Vielleicht weil Calonne zu den Hausse-Spekulanten übergegangen war, wurde auch Mirabeaus *Lettre à M. le Couteulx* unterdrückt.

Calonne bot ihm eine Entschädigung von 600 Livres. Er strich sie zähneknirschend ein, wohl immer noch mit der Hoffnung, weitere und vielleicht handfestere Verwendung möglichst im Staatsdienst zu finden. Monsieur de Calonne hielt ihn hin.

Im Auftrag von Panchaud und Clavière machte er sich an eine neue Streitschrift, abermals Finanzfragen betreffend. Der technischen Entwicklung gegenüber verrät sie eine noch größere Blindheit. Diesmal ging es um die Wasserversorgung der Stadt Paris. Von jeher lieferte die Seine das Trinkwasser. Mercier belehrte in seinen Schilderungen von »Paris am Vorabend der Revolution«, man solle den

Schlamm im Becher sich setzen lassen. Es gab ein Heer von Wasserverkäufern, die ihre Fässer möglichst in der Flußmitte, fern den einmündenden Kloaken, füllten und auf Karren in die einzelnen Stadtviertel brachten. Daneben gab es einige öffentliche Brunnen. Wenige Häuser besaßen eigene Ziehbrunnen. Ende des 18. Jahrhunderts wurden an der Seine Dampfmaschinen installiert, die das Seinewasser durch Pumpen auf die Viertel zu verteilen hatten. Ihre Schöpfer waren zwei Industrielle, die Brüder Périer, die bei Paris eine Maschinenfabrik besaßen, wohl eine der frühesten auf dem europäischen Kontinent; für die Verbreitung der Dampfmaschine in Frankreich, also für die Ausbreitung der industriellen Revolution kam ihr große Bedeutung zu. Für den Bau einer Wasserleitung in Paris, die jedes Haus mit Trinkwasser versorgen würde, war eine Aktiengesellschaft gegründet worden, und dank der allgemeinen Spekulationssucht waren ihre Aktien sehr rasch von 1200 auf 4000 Livres gestiegen.

Mirabeau verfaßte nun, von den Baisse-Spekulanten angestiftet, sein Pasquill *Sur les actions de la Compagnie des eaux de Paris,* worin er sich pathetisch an die Familienväter wandte: »*Pères de famille!* Gar zu leichtgläubige Verwalter des Gutes Eurer Kinder! Man hat Euch eingeredet, daß bald pures Gold aus den für die Wasserverteilung bestimmten Röhren fließen wird, und schon fallt Ihr darauf rein und kauft zu teuren Preisen diese schillernde Perspektive! Doch in welchem Land und zu welcher Zeit hat man nicht derartige Hoffnungen verschachert, die mehr als die Wirklichkeit ins Geld gehen?« Er prophezeite – und irrte sich darin gehörig, daß das Benefiz des Unternehmens die aufzuwendenden Kosten, die freilich erheblich waren, nie und nimmer decken und das investierte Kapital keine Rendite bringen werde. Mit anderen Worten, er war überzeugt, daß der zukunftsträchtige Plan zum Scheitern verurteilt sei.

Und es hat etwas Paradoxes, den künftigen Vorkämpfer des revolutionären Bürgertums hier gegen den Zeitgeist anfechten zu sehen. Seine Berater hatten freilich sehr egoistische Motive. Seine Kassandra-Rufe hatten wieder unmittelbaren Erfolg; die Aktien der Wasserwerke fielen rapide (und die Baisse-Spekulanten machten wieder ihren Schnitt). Die Schrift war um so wirkungsvoller, als Mirabeau diesmal darin von persönlichen Angriffen ganz abgesehen hatte.
Ob er die lukrativen Hintergedanken seiner Auftraggeber erriet und über ihre Gewinne im Bild war, läßt sich nicht erraten. Jedenfalls waren Termingeschäfte in Frankreich erst seit 1780 erlaubt. Ihm selbst brachten seine Finanzpolemiken nur sehr wenig ein. Mit der Schrift über die Wasserwerke hatte er zudem in ein böses Wespennest gestochen. Einer ihrer Hauptaktionäre war nämlich Monsieur de Calonne selbst, und auch der König verfügte über ein beträchtliches Aktienpaket. Längst hatten die Bourbonen hinter der feudalen Kulisse ihres Hofes mit seinem barocken Zeremoniell Anschluß an moderne Entwicklungen gesucht. Nicht nur an den Wasserwerken waren sie beteiligt, auch in der Schwerindustrie, den Gießereien, diesem zukunftsträchtigsten Zweig, waren sie längst die Hauptaktionäre. Wenn die Staatsfinanzen auch im argen lagen, so gehörten das Königshaus und viele aus dem Hochadel zu den Vertretern des jungen Kapitalismus und zu den auf moderne Art reichen Familien.
Bei dem plötzlichen Wertverlust der Papiere war man über den unzeitigen Kursverderber bei Hofe, vor allem auch Calonne selbst, aufs höchste verärgert. Ferner verschaffte sich Mirabeau mit seinem Angriff einen der gefährlichsten Gegner in einem der Direktoren des Unternehmens, der kein anderer war als der in Geschäften so gerissene, geistreiche und federgewandte Beaumarchais, der Schöpfer des

Figaro, der auf Mirabeaus Schrift mit einer scheinbar sachlichen, doch um so beißender ironischen Erwiderung reagierte. Nur viel weiter unten hatte sich Mirabeau ungewollt Freunde erworben; die Wasserverkäufer, die ihr Geschäft durch die von der Aktiengesellschaft versprochene Wasserversorgung bedroht sahen, gehörten von nun an zu seinen Anhängern und machten beim Volk Propaganda für ihn. Wieder einmal konnte er die Wonnen der Popularität kosten. In seiner Antwort auf Beaumarchais, *Réponse du comte de Mirabeau à l'écrivain des administrateurs de la Compagnie des Eaux de Paris,* fielen Seitenhiebe auch für Calonne ab, der daraufhin geneigt war, wieder einmal das probate Mittel einer *lettre de cachet* anzuwenden, wovon er nur auf freundschaftliche Bitten Talleyrands und des Herzogs de Lauzun Abstand nahm. Beide rieten aber dem Grafen de Mirabeau, sich doch lieber im Ausland ein wenig umzusehen, da es für ihn zweifellos besser sei, ein wenig Abstand zwischen sich und die französische Regierung zu legen.

Die Feindschaft mit Beaumarchais dauerte übrigens bis in den Beginn der Revolution. Sie versöhnten sich auf ein Einlenken von Beaumarchais hin. Es gehörte zu Mirabeaus Charakter, daß er, mochte sein Haß auf jemanden auch heftig sein, beim geringsten Zeichen des Entgegenkommens sofort bereit war, die Hand zur Versöhnung auszustrecken.

Im Winter 1785 auf 86 hoffte er trotz seiner Enttäuschung über die kränkende Desavouierung durch Calonne noch immer auf Verwendung im Staatsdienst, und offenbar wurden ihm auch entsprechende Aussichten ausgemalt. Jedenfalls besorgte der Abbé de Périgord ihm vom Außenminister de Vergennes ein Empfehlungsschreiben an den französischen Gesandten in Berlin, den Grafen d'Esterno, wenn man seiner Mission auch noch keinerlei offiziellen Charakter verlieh. Calonne aber ließ sich sogar herbei, einen, wenn auch kleinen, Zuschuß zu den Reisekosten zu geben. Die Finanzgruppe um Panchaud versprach sich nützliche Informationen von einem so lebhaften und scharfsichtigen Beobachter.

Berlin

> Ich verließ Frankreich in dem vielleicht unvernünftigen Wunsch, daß man mich dort vermissen werde.
>
> *Mirabeau*

Trotz der Empfehlung und trotz des (geringen) Zuschusses reiste Mirabeau ins Ungewisse, nicht anders als die große Schar der glücksuchenden Abenteurer, die im 18. Jahrhundert zu Pferd oder im Wagen die Landstraßen Europas bevölkerten, von Stadt zu Stadt zogen, an den Fürstenhöfen großer und kleiner Potentaten um eine standesgemäße Bestallung antichambrierten, und von denen es manche – wie der Prinz Eugen – zu Glanz und Ruhm gebracht haben. Mirabeau trug sich wieder mit dem Gedanken an die Gründung einer Zeitschrift.

Zu sechst saß man, winterlich vermummt, in dem schweren Reisewagen mit den stahlbereiften Rädern: außer Mirabeau Madame de Nehra, der fünfjährige Coco, ein Sekretär, der unerläßliche Legrain und eine Zofe für Madame. Auch ein Hund war wieder dabei, aber es läßt sich nicht ermitteln, ob es ein Mops, ein King-Charles oder ein treuer Bastard gewesen ist. In der Karosse muß jedenfalls auf der langen Fahrt über tief verschneite Straßen drangvolle Enge geherrscht haben. Der erste, ein wenig rätselhafte Zwischenfall ereignete sich zwischen Toul und Verdun. In dem Dorf Woëvre pfiffen plötzlich Pistolenkugeln um die friedlich dahinschwankende, mit Koffern hoch bepackte Kutsche. Der Kutscher schlug auf die Gäule ein, und man kam unbeschädigt davon. Einer der räuberischen Überfälle, wie sie sich bis zum Jahrhundertende vermehrten? Oder gab es

doch womöglich einen recht unwahrscheinlichen Zusammenhang damit, daß Woëvre zum Lehen des Herrn de Calonne gehörte? Dem mondänen und eigentlich gutmütigen Finanzminister wäre ein so derber Schurkenstreich wohl kaum zuzutrauen gewesen, wenn er und manche anderen auch erleichtert darüber waren, den unbequemen, skandalumwitterten Mann, dessen Feder so gefährlich werden konnte, fern von Paris zu wissen.
In Frankfurt am Main hatte der immer leicht entflammbare Graf im Gasthof ein galantes Abenteuer. Dergleichen war Yet-Lie von ihrem wilden und zarten Liebhaber wohl längst schon gewohnt, da er kein hübsches Frätzchen sehen konnte, ohne sofort zum Sturmangriff zu rüsten. Meist ertrug sie es resigniert. Dann fuhr man über Leipzig, wo man ein paar Tage verweilte, und wo Mirabeau sich nach eventuellen Mitarbeitern für seine geplante Zeitschrift umsehen wollte, weiter. Am 19. Januar 1786, in Berlin angekommen, stieg man im Hotel zur Stadt Paris ab. Er übergab dem naserümpfenden Gesandten das Empfehlungsschreiben Vergennes', und der Graf d'Esterno berichtete alsbald verärgert nach Versailles, der unwillkommene Gast habe nichts Eiligeres zu tun gehabt, als unverzüglich um eine Audienz bei Friedrich II. nachzusuchen, obwohl doch die in der preußischen Enklave Neuchâtel gedruckten Schandschriften noch in frischer Erinnerung seien; er selbst habe sie ja dem preußischen König denunziert. Doch ebenso prompt wie Mirabeaus Gesuch war auch die Antwort darauf: »Ich weiß Ihr Anerbieten zu schätzen, mit dem Sie sich hier vorzustellen wünschen. Wenn es Ihnen beliebt, bitte ich übermorgen um das Vergnügen«. Offensichtlich war der alte Fritz auf den so seltsam beleumdeten Fremden selbst neugierig.
Am 25. Januar begab sich Mirabeau nach Potsdam und wurde in Sanssouci zu einer allerdings kurzen Audienz

empfangen. Vom Anblick der Hinfälligkeit des Königs, in dem er, wie er schrieb, »den größten Mann dieses und manch anderen Jahrhunderts« sah, war er tief erschüttert. Friedrich empfing ihn in einem großen Lehnstuhl beim brennenden Kamin sitzend. »Die Morgenspazierfahrt hatte ihn ermüdet«, schrieb der Besucher. »Er war so rasch gefahren, daß zwei Pferde gestürzt waren. Unmöglich kann man sich einen frischeren Kopf und eine liebenswürdigere Konversation vorstellen. Aber ich konnte sie nicht voll genießen, denn die Schwierigkeit, mit der er atmete, bedrückte mich mehr als ihn selbst. Ein erschütternder Anblick, einen großen Mann leiden zu sehen! So wenig fühlte er sich wohl, daß ich Folgen befürchtete und in abergläubischer Angst alles mied, was das Gespräch in die Länge ziehen konnte.« Das Gespräch drehte sich um die Befreiung der Juden und überhaupt um Toleranz, und Mirabeau versichert, ihre Ansichten hätten darin übereingestimmt.
Auch der König war von dem Besucher, den er vor der Begegnung noch wegen dessen pornographischer Schriften »einen weibischen Satyr« genannt hatte, stark beeindruckt und spürte offensichtlich, daß er einen außergewöhnlichen Mann vor sich hatte. Mirabeau schickte ihm tags darauf ein ausführliches Schreiben, worin er indirekt, doch kaum versteckt auf den Wunsch anspielte, in den Dienst des Königs zu treten: ». . . . Sire, ich gestehe Ihnen, Ihnen allein, in jenem Land eine Bestallung zu suchen, das, soviel ich weiß, Ausländer am meisten nötig hat: nach Rußland werde ich gehen. Doch diese erst im Entstehen begriffene Nation und ihr rauhes Land würde ich ganz gewiß nicht aufsuchen, hätte ich nicht zu der Erkenntnis kommen müssen, daß die Regierung Eurer Majestät eine zu vollkommene Organisiertheit aufweist, als daß ich mir mit dem Gedanken schmeicheln könnte, Eurer Majestät nützlich werden zu können. Eurer Majestät zu dienen – und nicht

in Akademien herumzusitzen –, wäre mein erstes Bestreben gewesen, Sire, doch die Stürme meiner frühen Jugend, die Enttäuschungen in meinem Vaterland haben meine Gedanken von diesem schönen Plan längst abgebracht; denn ich fürchte, es ist zu spät.«
Auf diese Anspielung ging der Monarch allerdings nicht ein; er gab im höflichen Antwortschreiben nur die gnädige Erlaubnis zu bleiben und stellte auch eine mögliche zweite Audienz in Aussicht. Für Mirabeau war der Brief gewiß eine neue Enttäuschung. Desto mehr nützte er seinen Aufenthalt, um sich in den verschiedensten Bevölkerungskreisen umzusehen. Unschwer wurde er in den Berliner Salons empfangen. Adel, Hochfinanz und Bildungsbürgertum öffneten ihm ihre Türen. Berlin teilte die Vorliebe des Königs für die französische Kultur. Er lernte bedeutende Leute aus der Berliner Gesellschaft kennen, u. a. den Historiker Christian Wilhelm von Dohm aus dem Auswärtigen Amt, der ihn über die Hintergründe des von Friedrich kürzlich ins Leben gerufenen Fürstenbundes unterrichten konnte; ferner den späteren offiziellen Hofhistoriographen Prof. Jean-Pierre Erman aus einer Westschweizer Familie, der ihn in die preußische Geschichte einführte. Der Schriftsteller und Verleger Nicolai, Herausgeber der Allgemeinen Deutschen Bibliothek und Freund Lessings bis zu dessen Tod, war der geeignetste Mann, den Wißbegierigen mit der deutschen Literatur bekanntzumachen. Im Salon des Bankiers Levin lernte er auch dessen fünfzehnjährige Tochter Rahel, nachmalige von Varnhagen, kennen, die in ihren Aufzeichnungen die Begegnung mit Mirabeau geschildert hat. Der Marquis du Luchet, ihm von Paris her bereits bekannt, stellte ihn dem Thronfolger Friedrich Wilhelm und vor allem dem Prinzen Heinrich, dem jüngeren Bruder des Königs, vor, der sofort großen Gefallen an der brillanten Unterhaltung mit dem auf fast allen Gebieten so gründ-

lich unterrichteten Franzosen fand und ihn für ein paar Tage in seine Residenz Rheinsberg mitnahm. Jeder wunderte sich über die rapiden Fortschritte, die Mirabeau in der Beherrschung der deutschen Sprache machte. Er las sogar Kant schon im Original. Überhaupt las er viel und entwickelte wieder eine Arbeitskraft, die Ermüdung nicht kannte. Madame de Nehra erzählt:

»Unglaublich, was er aus seiner Zeit zu machen verstand. Oft ging er erst eine Stunde nach Mitternacht schlafen, und morgens arbeitete er von fünf Uhr an, selbst mitten im Winter in einem so kalten Klima, ohne ein anderes Kleidungsstück als einen gesteppten Morgenrock, ohne Strümpfe, ohne Weste, ohne auch nur einen Diener wekken zu wollen, damit er Feuer mache. Wenn er abends nicht in Gesellschaft ging, belustigte er sich mit Nolde und seinem Sekretär wie ein Kind. Er hatte einen Kammerdiener Boyer, der gutmütig, wenn auch etwas nichtsnutzig war; der hatte chinesische Schattenspiele und eine Art von Komödie ersonnen. Wenn der kleine Coco und ich den Vorführungen beiwohnen wollten, gab ich des Morgens Nachricht. Dann arrangierte man die Szenen und beschnitt, was zu frei war. Boyer war darüber sehr unzufrieden, daß man seinen Stücken das Salz wegnahm. Doch wenn Mirabeau gesagt hatte: ‚Wehe Ihren Ohren, wenn Madame nicht zufrieden ist‘, so mußte er wohl oder übel gehorchen.«

Mirabeau war übrigens ein großer Theaterfreund und nicht bloß wegen der Schauspielerinnen. In Berlin besuchte er aber auch Kneipen, in denen er Kontakt mit dem Volk fand. Johann Ludwig Tieck erinnert sich, als dreizehnjähriger Gymnasiast ihn im »Dustern Keller« am Kreuzberg mit Handwerkern und Kutschern zusammen zechen gesehen zu haben, als sein Vater ihn zum Bierholen hingeschickt hatte. Seine Briefe brachte Mirabeau täglich selbst zur Post.

Unter seinen Arbeiten, die im Frühjahr 1786 in Berlin entstanden, war auch eine *Lettre du comte de Mirabeau sur MM. Cagliostro et Lavater,* ein Pamphlet gegen den Aberglauben und überhaupt gegen die Leichtgläubigkeit, so daß er darin auch ein paar Spitzen gegen Calonne unterbringen konnte.

In Paris waren die Angriffe gegen ihn inzwischen nicht abgeflaut; die Wirkung seiner Finanzschriften schlug noch immer Wellen, und es erschienen weiter polemische Broschüren gegen ihn, auf die er antworten mußte. Da er hinter ihnen den Finanzminister persönlich vermutete, verfaßte er einen »offenen Brief«, worin er dessen private Spekulationen ausplauderte. Vorsichtshalber schickte er ihn aber zunächst an den Abbé de Périgord und an den Herzog de Lauzun, seine Freunde, zur Begutachtung. Sie rieten ihm dringend von der Veröffentlichung ab. Dagegen zeigten sie brisante Stellen daraus, mit oder ohne Wissen des Autors, dem Angegriffenen selbst und ließen durchblicken, Mirabeau sei bereit, auf die Drucklegung zu verzichten, wenn Calonne seinerseits Entgegenkommen zeige. Dieser verzweifelte Erpressungsversuch – denn um nichts anderes handelte es sich eigentlich – zeitigte einen gewissen Erfolg. Calonne erbat sich von Mirabeau ein Resümee über die politische Lage Europas, ein offizieller Auftrag! Außerdem wurde er zur Besprechung nach Paris eingeladen, sicherlich unter der Garantie der persönlichen Sicherheit. Ein Eilbote brachte den Brief.

Vor seiner Abreise schrieb er wieder an Friedrich II., der ihm daraufhin eine zweite Audienz gewährte; sie fand am 17. April statt und dauerte diesmal trotz des noch verschlechterten Gesundheitszustandes des Königs eine volle Stunde. »Soviel steht fest«, schrieb Mirabeau über dessen Befinden, »daß der König keine Falte mehr im Gesicht hat, alles ist von Ödem-Schwellungen befallen.« Es war Wassersucht, an der der alte Schlachtensieger litt. Mirabeau fragte ihn, warum er es vorgezogen habe, den deutschen Cäsar zu spielen, statt die Rolle eines deutschen Augustus zu ergreifen und seine Macht und sein Genie für die literarische Wiedergeburt der deutschen Nation einzusetzen. In dem verquollenen Gesicht des Moribundus blitzte die Ironie auf, als er dem Frager erwiderte, ob es nicht eine größere Wohltat für die deutsche Literatur gewesen sei, daß er sie völlig in Ruhe gelassen habe.

Madame de Nehra und das Kind blieben in Berlin zurück, als Mirabeau anfangs Juni über Braunschweig nach Paris reiste. In Braunschweig hatte er erwartet, dem Herzog vorgestellt zu werden, der nach Friedrichs II. offensichtlich bevorstehendem Ableben in der deutschen Politik eine wichtige Rolle spielen würde, zumal er, als Großmeister der Freimaurerlogen in Deutschland, einen die Grenzen überspringenden Einfluß besaß. Doch der Herzog war verreist. Dohm hatte dem Grafen ein Empfehlungsschreiben an seinen Freund, den Major Mauvillon, mitgegeben, einen Hugenotten, der an der Militärschule von Braunschweig, dem Carolinum, als Pionieroffizier unterrichtete. Zwischen ihm und seinem Gast, für den er sofort stärkste Sympathie empfand, entwickelte sich eine sehr enge Freundschaft. Als Kenner der wirtschaftspolitischen Verhältnisse in Preußen und Sachsen stellte er ihm sein großes Wissen vorbehaltlos zur Verfügung, und Mirabeau wußte es zu benutzen; es kam zu einer harmonischen Zusammenarbeit im Hinblick auf Mirabeaus Geschichte Preußens, in der der Graf sein literarisches Hauptwerk sah.

Diesmal trug er in seinem Gepäck den für den Minister verfaßten Essay *Sur la situation de l'Europe et de la France en particulier* mit sich. In scharfsinniger Beurteilung der politischen Lage Europas malt er ein düsteres Bild vom inneren Zustand Frankreichs, das weder in der Lage sei, den Frieden zu gewährleisten noch Krieg zu führen. Er empfiehlt seinen lang gehegten Gedanken eines Vertrages mit England, wenn nicht das Defensiv- und Offensiv-Bündnis möglich sei, dem auch Preußen sich anschließen könnte. Innenpolitisch kam er auf den revolutionären Plan der Provinzialversammlungen zurück, denen die Steuerbewilligung zu gewähren sei. Ein Vorschlag, der vielleicht in Frankreich die Entwicklung beschleunigte.

In Paris galt sein erster Besuch dem Abbé de Périgord in der Rue Saint-Dominique, wo der intrigierende Kleriker in einem Kloster wohnte. Die Freundschaft war noch ungetrübt, und der Abbé machte sich zum Fürsprecher bei Calonne, der dem Außenminister den Grafen empfahl. Nur halbherzig ging Vergennes darauf ein. Für Mirabeau war es ein glücklicher Umstand, daß Prinz Heinrich von Preußen den Leiter des französischen Außenministeriums just darauf hingewiesen hatte, von welchem Vorteil es für die französische Regierung sein werde, neben dem wenig geschickten d'Esterno einen wachen Beobachter in Berlin zu haben. Und so traf es sich denn, daß Calonne für den Beschäftigung-Suchenden einen geheimen Auftrag erhielt, womit auch dessen »offener Brief« hinfällig wurde. Der sanfte Druck hatte seine Wirkung getan. Spesen für Reise und Unterhalt des geheimen Agenten übernahm das Finanzministerium, das Gehalt wurde auf monatlich mäßige 600 Livres vereinbart. Im ganzen wurden 42 000 Livres für Mirabeaus Mission ausgegeben. Er sollte seine chiffrierten Berichte an den Abbé Périgord schicken, der sie redigieren und an Calonne oder Vergennes weiterleiten würde, damit sie von Fall zu Fall eventuell Ludwig XVI. vorgelegt werden könnten. Der Abbé, der längst auf einen einträglichen Bischofssitz spekulierte, erwartete sich von dieser Kombination, die sicherlich seinem eigenen Gehirn entstammte, Aufmerksamkeit an hoher Stelle für sich selbst. Vor Mirabeaus Abreise kam es übrigens noch zu einer Verstimmung zwischen Périgord und ihm, weil er ein Manuskript des Abbés an Brissot de Warville weitergegeben hatte, der sich anschickte, es zu veröffentlichen.

Jedenfalls hatte es Mirabeau ziemlich eilig, nach Berlin zurückzukommen, gewiß, weil er bei Friedrichs drohendem Tod schon in Berlin sein wollte, aber auch, wie man annimmt, weil ihn eine jähe und völlig unbegründete Eifersucht auf Yet-Lie gepackt hatte, da ein abermaliger leichter Sieg über Madame de Montigny ihm an der Beständigkeit der Frauen im allgemeinen Zweifel eingegeben hatte.

Bereits nach drei Pariser Wochen brach er wieder auf, machte in Braunschweig erneut halt. Diesmal traf er den Herzog in seiner Residenz an und wurde sofort vorgelassen. Er berichtete: »Gestern habe ich mit dem Herzog von Braunschweig diniert und soupiert. Nach Tisch nahm er mich in einer Fensternische beiseite, und wir plauderten ungefähr zwei Stunden, zunächst mit viel Zurückhaltung von seiner Seite, dann mit größerer Offenheit, schließlich mit dem augenscheinlichen Wunsch, als aufrichtig genommen zu werden.« Man sprach auch von der wieder drohenden Gefahr eines europäischen Krieges, und Mirabeau beschwor den Braunschweiger, nach Friedrichs bevorstehendem Tod allen Einfluß auf den Nachfolger geltend zu machen, von dessen Willensschwäche und Nachgiebigkeit alles zu fürchten war. Daß der Herzog, der nach Friedrich für den größten Feldherrn in Deutschland, vielleicht in Europa galt, aufrichtig den Frieden wollte, davon war Mirabeau gänzlich überzeugt. Er schilderte ihn: der Herzog von Braunschweig »ist höflich bis zur Künstelei, spricht mit Präzision und sogar mit Eleganz, doch ein wenig gesucht. Manchmal fehlt ihm das eigentliche Wort. Er ist wunderbar fleißig, klarsichtig und gut unterrichtet; wenig große Kabinette sind so gut informiert wie er. Seine Mätresse, Mademoiselle von Hartfeld, ist die vernünftigste Frau des ganzen Hofes; ihre Wahl ist derart angemessen, daß, als der Herzog vor einiger Zeit einmal Neigung für eine andere Frau merken ließ, die Herzogin sich mit Mademoiselle von Hartfeld zusammentat, um sie vom Hof zu entfernen.«

Die Gedanken an eine Allianz Frankreich-England-Preußen, wie Mirabeau sie geäußert hatte, waren dem Herzog nicht fremd; er selbst hatte sie bereits gehegt, so daß der Graf in Berlin dann sogar mit dem englischen Gesandten Mylord Dalrymple darüber sprach.

Der König lebte in Sanssouci völlig zurückgezogen, nur die Vertrautesten hatten Zugang. Er verbrachte auch die Nächte im Lehnstuhl. Die Beine waren bis zu den Schenkeln voller Wasser. Mehrmals am Tag spuckte er Blut. »Heilen kann man mich wohl nicht mehr?« fragte er den Dr. Zimmermann. »Man kann Euer Majestät Erleichterung verschaffen.« Als er sich anfangs Juli besser fühlte, stieg auch sein Appetit. Zum Abendessen ließ er sich eine Suppe mit Muskat und Ingwer, in Branntwein gekochtes Rindfleisch, eine Polenta mit viel Knoblauch und eine große stark gepfefferte Aalpastete bringen. Darauf befielen ihn Spasmen und Erbrechen. Wenn Zimmermann ihn sich zu mäßigen bat, begann er von der Fürstenliga zu sprechen, seiner letzten diplomatischen Schöpfung. Er diktierte die Manöverpläne. Am Abend des 16. August machte er, von zwei Husaren gestützt, ein paar Schritte, wurde aber ohnmächtig. Die Glieder begannen zu erkalten. Neben ihm zitterte seine Windspielhündin, mühsam beugte er sich und richtete ihr die Decke. Er begann zu röcheln. Abwechselnd mußten zwei Lakaien seinen Oberkörper stützen, damit er atmen konnte. Nach einem schweren Hustenanfall flüsterte er: »Wir sind übern Berg, es geht uns besser . . .« Um 2.20 Uhr starb Friedrich sachte ohne Konvulsion in den Armen seiner Husaren.

Mirabeau schrieb: »Alles ist düster, nichts ist traurig, alles ist geschäftig, nichts betrübt. Kein Gesicht, das nicht Entspannung und Hoffnung verriete, kein Bedauern, kein Seufzer, keine Lobrede. Dazu führen also soviel Schlachtensiege, soviel Ruhm, eine Regierungszeit von fast einem halben Jahrhundert so voller Großtaten? Alle Welt wünschte das Ende herbei. Alle Welt beglückwünscht sich. Man war seiner überdrüssig bis zum Haß.«
Sofort setzt er sich hin und verfaßt für Friedrich Wilhelm II., den Nachfolger, ein Memorandum mit Reformvorschlägen und kühnen Ideen: *Conseils à un jeune prince. Lettre remise à Frédéric-Guillaume II, roi regnant de Prusse, le jour de son avénement au trône, par le comte de Mirabeau.* (Ratschläge an einen jungen Fürsten. Brief, dem regierenden König von Preußen überreicht, am Tag seiner Thronbesteigung), 1787 in Berlin im Druck erschienen. Er warnt darin vor zuviel Regierung. Wo die Freiheit herrscht, entwickele sich die Liebe zum Fürsten und der Staat gewinne an Stärke. »Lassen Sie das Ausreiseverbot jenen Staaten, die aus ihrem Gebiet ein Gefängnis haben machen wollen, als sei das nicht ein Mittel, den Aufenthalt dort noch hassenswerter zu machen. Die tyrannischen Gesetze über die Auswanderung haben niemals eine andere Wirkung gehabt, als das Volk zur Auswanderung zu treiben, entgegen dem Willen der Natur, der es mit seiner Heimat verbindet.« Dieses Prinzip wird er später auch während der Revolution von der Tribüne aus verfechten. In seinen Ratschlägen an Friedrich Wilhelm II. fordert er den König zu Toleranz auf und empfiehlt ihm die strikteste Friedenspolitik. Die Privilegien sollte der Herrscher auch auf das Bürgertum ausdehnen, denn die Macht des Fürsten leite sich allein vom Volke her. Es sind die Punkte eines Programms, das seinem politischen Wirken bis an seinen Tod zugrunde liegen wird.

Graf d'Estero war über das eigenmächtige Schreiben höchst ungehalten, er begann gegen Mirabeau zu intrigieren. Auf den Adressaten blieben die Ratschläge natürlich ohne jede Wirkung, die der Absender, wenn überhaupt, höchstens aus allzu begeistertem Optimismus erwartet haben konnte. Schon bald mußte er feststellen: »Der König umgibt sich mit Abschaum, mit Pfaffen, Visionären und Buhlerinnen.« Der neue Herrscher hatte zudem eine Abneigung gegen Franzosen und alles Französische, und ein Erlaß richtete sich gegen »Sozianer, Deisten und Naturalisten«. Schwüle Mystik wurde das Klima bei Hof.
Wenn Mirabeau zunächst über seine Berliner Mission erfreut gewesen war, weil sie der seit Jahren erhoffte diplomatische Auftrag zu sein schien, so kam ihm doch sehr bald schon die Begrenztheit und eigentliche Fragwürdigkeit dieser zu schlecht bezahlten Bestallung als halbamtlicher geheimer Agent zum Bewußtsein. Er hoffte noch immer auf einen ehrlich-offiziellen Posten. »Wenn man mich zu etwas tauglich hält, muß man mich irgendwohin schicken, wo ich akkreditiert sein werde, sonst, fürchte ich, werde ich hier mehr kosten, als ich einbringe.« (29. August 1786). Oder: »Meine Rolle wird täglich schwieriger und verdächtiger, und damit ich wirklich nützlich sein kann, brauche ich irgendeinen amtlichen Charakter oder eine Verwendung an anderer Stelle.« (5. September 1786). Und am 14. November schreibt er an Périgord: »Lohnt es überhaupt die Mühe, daß ich einem so subalternen Interesse, wie es die Neugier ist, meine Zeit, meinen Geschmack, meine Kräfte, mein Talent opfere? Was bringt mir das alles ein? Nicht einmal Geld, denn das geht gänzlich für die Sache drauf und durchaus nicht für meine persönlichen Bedürfnisse . . . Ach, ich eigne mich viel mehr für die Freundschaft als für die Politik.« Immer wieder klagt er über die Beschränktheit der Mittel: »Wir sind zu neunt im Haus; gewöhnlich werden nur vier

Räume geheizt, ich selbst halte mich in einem ungeheizten Zimmer auf. Machen Sie sich klar, daß ich einen Wagen unbedingt brauche, und daß das leidige Kartenspiel bei Hof Geld kostet. Findet man mich zu teuer? Zwei Dinge kann man tun: mich abberufen oder aber für meine Stellung aufkommen. Zu dem ersten bin ich durchaus bereit. Wenn es der Regierung bis Mitte Dezember nicht beliebt, mein Gehalt festzusetzen, verlange ich von ihr als Billigkeit, daß sie wenigstens meine Schulden bezahlt, die ich machen mußte, ebenso die Rückreise für die Meinen und für mich . . . Man muß etwas sein oder nichts sein. Was hätte ich hier unter den obwaltenden Umständen anderes tun können, als Schulden machen, Schulden, die mir zuletzt jede Türe verschließen, jede Achtung entziehen und die gräßlichsten Peinlichkeiten bereiten? So kann es nicht weitergehen! Ihr Freund ist nicht der Mann, zwischen zwei Strömungen zu schwimmen und sich behandeln zu lassen wie ein subalterner Spitzel, wie ein Handlanger.«

Dabei versicherte der Abbé de Périgord, der seinerseits die Hofgunst so weit auf sich zog, daß er alsbald Bischof von Autun wurde, ihm immer wieder, daß seine Berichte von großem Nutzen seien. »Man ist mit Ihren Nachrichten vollauf zufrieden . . . Der König liest sie mit großem Interesse. Monsieur de Calonne dankt Ihnen für Ihre Genauigkeit und Sorgfalt. Man würdigt das volle Verdienst Ihrer Arbeit.« Es war freilich nur Vorspiegelung, um ihn bei guter Laune zu halten; Lobhudeleien waren billiger als eine Gehaltserhöhung und Spesenerstattung. In Wirklichkeit verschwanden seine Depeschen unbeachtet in den Akten, und höchstens der Hofklatsch aus Berlin, den er sardonisch aufsammelte, und mit dem er die scharfsichtigen Beobachtungen und weitschauenden Kombinationen seiner chiffrierten Berichte würzte, wurde mit Genugtuung konsumiert. In dem guten Halbjahr bis zum Januar 1787 sandte er siebzig Briefe und lange Depeschen an seine Auftraggeber; in ihrer Gesamtheit verraten sie, daß Mirabeau das Zeug zu einem genialen Außenpolitiker in sich hatte, dessen Talente von den maßgeblichen Stellen in Paris und Versailles auf ziemlich schäbige Weise mißkannt wurden. Vor allem seine Gabe, kommende Dinge vorauszusehen, war ungewöhnlich. Er wußte es selbst: »Ich habe kein Ereignis vorhergesagt, das nicht eingetroffen wäre; kein Ereignis ist in Preußen eingetroffen, das ich nicht vorausgesagt hätte.« Über seinen Tod hinaus läßt sich das bis auf den Zusammenbruch bei Jena und Auerstedt bestätigen.

Bei den Intrigen am preußischen Hof versuchte er nach den beschränkten Möglichkeiten eines Geheimagenten mitzumischen. Die Mätresse des jungen Königs war Juliane von Voss, eine zwanzigjährige Adlige, die der antifranzösischen Stimmung der neuen Hofclique entsprechend aus Berechnung Frankreich-Gegnerin war. Um ihrem Einfluß auf Friedrich Wilhelm II. vielleicht entgegenwirken zu können, schrieb Mirabeau an Périgord, er möge »eine etwas fette Blondine mit musikalischem Talent, die keine zu eklatanten Abenteuer hinter sich hat«, nach Berlin schicken. »Sie sollte eher Gnaden zu spenden geneigt scheinen, als Bedürfnisse anzumelden.« Der mit den Lastern nicht unvertraute Abbé sandte Madame de Fleury, eine Kurtisane, die freilich brünett und zudem eine stadtbekannte Lesbierin war, unter anderem dadurch berühmt, daß sie eine »anandryne Sekte« gegründet hatte, deren Schutzherrin Sappho war. Madame de Fleury traf in Berlin mit glänzender weiblicher Suite ein. »Da ich sie um meiner Sünden willen seit längstem und von Grund auf kenne, hat sich die verdammungswürdige Sirene an mich gewandt, um bei Hof eingeführt zu werden«, meldete er nach Paris. Doch das Experiment scheiterte, offensichtlich zu Mirabeaus Befriedigung, der sich eine andere Egeria für den Preußenkönig gewünscht hatte. »Ein so gieriges, perverses und gefährliches Geschöpf trägt seine Talente besser anderswohin, damit sie nicht noch Europa in Brand steckt, nur um zu raffen und sich zu belustigen.«

In dieser zweiten Hälfte des Jahres 1786 sah Mirabeau sich auch im übrigen Deutschland um. Er besuchte Dresden, Magdeburg und München, trug sich sogar mit dem Gedanken, als Händler verkleidet die unter türkischem Joch stehende Walachei zu bereisen, kam statt dessen aber nach Berlin zurück, wo er trotz allem ziemlich glückliche Tage verlebt hat. Der siebenjährige Coco machte ihm viel Spaß, und Madame de Nehra wußte seinem vielbeschäftigten und umgetriebenen Leben den ruhenden Pol einer bei aller Geldknappheit geordneten Häuslichkeit zu geben.

In der Berliner Zeit schrieb er auch den politisch-philosophischen Essay *Sur Moses Mendelssohn et la réforme politique des Juifs et en particulier sur la réforme tentée en leur faveur en 1754 dans la Grande-Bretagne* (Über Moses Mendelssohn und die politische Reform der Juden, insbesondere die Reform, die 1754 zu ihren Gunsten in Groß-Britannien versucht wurde). Die Arbeit erschien 1787 in London. Vor allem aber war Graf de Mirabeau mit den Vorarbeiten für seine große preußische Geschichte beschäftigt, für die ihm Mauvillon das hauptsächliche Material zulieferte. Er suchte ihn abermals in Braunschweig auf und ihre Freundschaft vertiefte sich noch. Wiederum wurde er auch vom Herzog empfangen, doch diesmal kamen ihm Zweifel an dessen Friedenswillen.

In Frankreich hatten sich inzwischen die Dinge zugespitzt. Der Staatsbankrott schien immer unvermeidlicher. Die *parlements,* diese mächtigen Institutionen des juristischen Amtsadels, wollten neue Steuern nicht bewilligen. Vier Fünftel des französischen Bodens waren als Eigentum des Adels steuerfrei, doch die privilegierten Stände sträubten sich, das geringste Opfer zu bringen. Monsieur de Calonne sah keinen anderen Ausweg mehr, als den, der von Mirabeau und einigen anderen längst angeraten worden war, nämlich die Einberufung der Notabelnversammlung. Von ihr erhoffte der Leiter des Finanzwesens sich doch noch Einsichtigkeit.

Als Mirabeau in Berlin die Nachricht las, schrieb er elektrisiert an Périgord: »Ich betrachte den Tag als den schönsten meines Lebens, an dem Sie mir die Einberufung der Notabelnversammlung melden, die zweifellos den Generalständen nur um weniges vorausgehen wird. Ich sehe darin eine Disposition, welche die Monarchie erneuern kann.«

Unverzüglich brach er, am 16. Januar 1787, von Berlin auf, wo Madame de Nehra, das Kind und der Hund vorläufig noch zurückblieben. Schmerzlich war er über die sogenannte »geheime Mission« enttäuscht, auf die er ursprünglich so große Hoffnungen gesetzt hatte. Doch sein Temperament, sein Optimismus verführten ihn immer wieder dazu, sich an jeder Wegkreuzung des Lebens sofort die Erfüllung seiner geheimsten Wünsche auszumalen. Er glaubte in überspannter Erwartung, zum Sekretär der Notabelnversammlung berufen zu werden. Doch immer fand er auch die Kraft zu resignieren:

»Mir selbst bin ich es schuldig, mich um eine Stellung zu bewerben und sie zu erhalten. Oder aber zu meinem Beruf eines Weltbürgers zurückzukehren, der meinen Geist und Körper weniger ermüdet und für meinen Ruhm weniger fruchtlos ist.«

Gegen Necker

Ich fühle meine Stunde herannahen.
Mirabeau an Mauvillon

Den Sekretärsposten der Notabelnversammlung erhielt er keineswegs; der war schon an Dupont de Nemours vergeben. Unter den 140 Notabeln saßen im übrigen nur acht Nicht-Privilegierte, aber 7 Prinzen, 14 Prälaten, 36 Herzöge, Marquis und Grafen, 12 königliche Räte, 34 Räte der *parlements* usw. Daß sie sich herbeilassen würden, auf Vorrechte zu verzichten und sich selbst mit Steuern zu belegen, war kaum zu erwarten.
Mirabeau griff wieder zu seiner alten Waffe, der Feder. Obgleich im eigenen Finanzgebaren wie eh und je völlig unbekümmert, nahm er an der öffentlichen Finanzmisere mit Leidenschaft Anteil. Wenn Madame de Nehra an den leeren Geldbeutel erinnerte, wehrte er ärgerlich ab: »Ich habe ganz anderes zu tun, als an diese Bagatellen zu denken! . . . Wissen Sie denn nicht, daß wir uns dem Augenblick nähern, an dem kein einziger Taler mehr im Staatssäckel sein wird?« Die Börsenhaie, den Abbé d'Espagnac und andere gewissenlose Spekulanten nahm er diesmal aufs Korn; er schrieb eine geharnischte *Dénonciation de l'agiotage au Roi et à l'Assemblée des Notables* (Anzeige des Börsenschwindels, an den König und die Notabelnversammlung adressiert). Auch den Lenker der Staatsfinanzen selbst schonte er nicht, und obwohl Calonne nicht namentlich genannt war, bot der Minister ihm die Abfindung von 3600 Livres, falls er auf die Drucklegung verzichtete. Beinahe höhnisch lehnte Mirabeau ab; die

Schrift erschien Ende Februar 1787, rechtzeitig zum Tagungsbeginn der Notabeln. Das Material hatte ihm diesmal der Zürcher Bankier Jakob Kaspar Schweizer beschafft, von dem er auch finanziell unterstützt wurde. Die ökonomischen Fakten ergänzte Mirabeau durch einen politischen Teil, in dem er klipp und klar als die einzige Rettung für die monarchische Gewalt Volksvertretung und eine Verfassung forderte.

Die Wirkung der Schrift in einem von Gerüchten, Krawallen und Agitationen aufgeregten Paris war ungeheuer. Die Regierung sah sich genötigt, die ärgsten Spekulanten wie den Abbé d'Espagnac, Kanonikus von Notre-Dame und Generalvikar von Sens, aus Paris zu verbannen, obwohl Calonne vermutlich über die Millionenspekulationen des geistlichen Ehrenmannes im Bild gewesen war. Doch gleichzeitig erließ Breteuil wieder einmal eine *lettre de cachet* gegen den Verfasser, die letzte gegen ihn. Chamfort stellte sarkastisch fest: »In Frankreich läßt man die Brandstifter laufen und verfolgt den Glöckner, der die Sturmglocke läutet.« Mirabeau wich ins Habsburgische Belgien nach Tongeren bei Lüttich aus, als vollkommen mittelloser Flüchtling, da auch der Vater sich beharrlich weigerte, die dem Sohn zugesprochene, kleine Pension auszuzahlen. Dennoch ließ Honoré-Gabriel seine »Familie« und den Hund aus Berlin herüberkommen. Auch fand er wieder Freunde, die ihm auszuhelfen bereit waren. Im Königreich aber »hallte jeder Salon, jedes Boudoir, jeder Grenzstein von Mirabeaus Namen wider«, wie er mit berechtigtem Stolz zu melden wußte.

Unterdessen starb Vergennes, zur Unzeit für den Grafen, der bei ihm mit einer gewissen Gewogenheit rechnen konnte, und Calonne stürzte. Die neuen Leute: Montmorin für das Auswärtige; Loménie de Brienne, Erzbischof von Toulouse, für die Finanzen; am Sturz seines Vorgängers hatte er aktiv mitgewirkt, ohne ein besseres Rezept für eine Staatssanierung mitzubringen.

Im belgischen Exil entstand in Eile ein neues hochexplosives Pamphlet: *Lettres du Comte de Mirabeau sur l'administration de M. Necker* (Briefe des Grafen de Mirabeau über die (Finanz-)Verwaltung des Herrn Necker). Ein heftiger Angriff auf den Genfer Bankier. Der Calvinist deutscher Abstammung, der so ostentativ seine puritanischen Tugenden zur Schau trug, war während des amerikanischen Unabhängigkeitskrieges unermeßlich reich geworden, da er das Börsenspiel als ein Meister beherrschte. Als Frankreichs Eintritt in diesen Krieg riesige Rüstungskosten verursachte, berief man ihn in Versailles auf den Posten, den man heutzutage als den des Finanzministers bezeichnen würde (1777–81). Tatsächlich gelang es ihm, dem der Ruf eines Wundermannes vorausging, die Staatsfinanzen des Königreichs durch sein abenteuerliches Geldbeschaffungssystem völlig zu ruinieren. Mirabeau prangerte seine Methoden an und fragt: »Was wird man jetzt tun? Die Zahlungen einstellen? Die Staatsschuld abschreiben? Vergessen, daß das Wort eines Königs mehr gelten muß als der Eid eines gewöhnlichen Menschen?«

Die Schrift gegen Necker war nicht nur wegen des hoch benötigten Honorars verfaßt worden. Den Genfer zwang sie, Frankreich eilig den Rücken zu kehren. Mirabeau täuschte sich jedoch, wenn er ihn für endgültig aus dem Spiel gebracht glaubte, da Necker schon im August des nächsten Jahres (1788) wieder dem Versailler Kabinett angehören und von der Volksgunst getragen sein wird. Doch einen unversöhnlichen Feind hat das grimmige Pamphlet seinem Verfasser eingetragen, eine Feindschaft, die für den Ablauf der Revolution nicht ohne Folgen bleiben wird.

Fern von Paris verzehrte Mirabeau sich vor Ungeduld,

denn nur in der Nähe des Zentrums konnte er hoffen, wenigstens einen Zipfel der Macht zu erhaschen. Seine tiefste Überzeugung war, daß er der einzige in Frankreich sei, der den Staat mit Hilfe neuer energischer Methoden vor dem immer tieferen Abgleiten retten konnte. Und man kann durchaus der Meinung sein, daß er sich bei dieser hohen Selbsteinschätzung nicht einmal täuschte.

Wie einstmals von London aus, machte sich Madame de Nehra als erste auf den Weg nach Paris, um die Aufhebung der *lettre de cachet* zu erreichen. Sie suchte Miromesnil auf, der ihr vorhielt, wie verärgert das Herrscherpaar über den Grafen sei. Immerhin versprach er, den Haftbefehl, ohne ihn zurückzunehmen, ruhen zu lassen. Doch da tauchte im Hôtel de Gênes, wo sie abgestiegen war, Mirabeau selbst, uneingedenk des Risikos, bei ihr auf und versicherte, die Sehnsucht nach ihr habe ihn hergetrieben. Er hegte aber vor allem die kühne Hoffnung, Loménie, der neue Mann, werde sein Gesuch um Verwendung berücksichtigen; doch der Prälat zeigte die kalte Schulter.

Darum entschloß sich Mirabeau, in der Erwartung, sich damit einen Namen zu machen, der die Flecken seiner Vergangenheit verdecken könnte, zur Fortführung des großen Werkes *De la monarchie prussienne sous Frédéric le Grand, avec un appendice contenant les recherches sur la situation actuelle des principales contrées de l'Allemagne* (Über die preußische Monarchie unter Friedrich dem Großen, nebst einem Anhang mit Untersuchungen über die gegenwärtige Lage der Hauptgegenden Deutschlands). Das Opus von acht Bänden, eine Art Kompendium des friderizianischen Preußen mit vielen Statistiken und ökonomischen Angaben, diktiert von der Bewunderung für den König, hielt Mirabeau für die wesentlichste literarische Arbeit seines Lebens. Bei allem Lob auf Friedrichs „gewaltiges Wesen“ weist er darin unmißverständlich darauf hin,

daß das Hauptübel, an dem der preußische Staat leide, der Absolutismus sei, denn die Reglementierung aller Lebensbereiche zeige sich selbst unter dem genialsten Herrscher als schädlich, verkündet er, einer der Väter des Liberalismus. Er wendet sich an die Deutschen: ,,Bürger Deutschlands, welchen Standes Ihr auch sein möget, hört auf einen Fremden, der Euch als große, weise und aufgeklärte Nation verehrt, weil Ihr, weniger verderbt als die meisten anderen Völker, Eurer Wesensart nach nicht dazu angetan seid, Europa zu unterjochen oder es zu verwüsten, erblickt in der Fahne Brandenburgs das Wahrzeichen Eurer Freiheit! Schart Euch um diese Macht!« Scheinen die Worte nicht, hundert Jahre voraus, das Bismarcksche Reich für Deutschland zu wünschen? Allerdings nicht auf Blut und Eisen gegründet, »wenn das sinnlose Durcheinander großer, mittlerer, kleiner und winziger Fürstentümer eines Tages aufhören wird«. Doch der Prophet hat sich, was die Verwüstung Europas betrifft, leider fürchterlich getäuscht.
Von seiner preußischen Geschichte erhoffte Mirabeau sich mit dem Ruhm auch die offizielle Beachtung durch die Regierung in Versailles; er hoffte, sich damit Türen aufzustoßen zu den Räumen der Macht. »Meine Freundin«, schrieb er an Yet-Lie, »wenn dieses Werk erscheint, werde ich achtunddreißig Jahre zählen; ich wage vorherzusagen, daß ich mir damit einen Namen schaffe. Vielleicht wird das Vaterland es bedauern, einen solchen Beobachter müßig gelassen und seine Dienste schlecht belohnt zu haben.«
Um sein Material zu vervollkommnen, reiste er abermals nach Braunschweig zu dem befreundeten Mauvillon, der so selbstlos für ihn entscheidende Vorarbeiten leistete. Diesmal nahm Mirabeau aus wer weiß welchen Gründen den Weg über Straßburg, durch das er einst auf seiner Flucht mit Sophie de Monnier gekommen war. Wie weit lag jenes

Abenteuer jetzt zurück, da er mit seinen Schriften schon eine öffentliche Kraft geworden war, mit der man rechnen mußte. Schon durfte er sich rühmen, mit seiner Feder »Minister stürzen zu können«. Doch der Frühling im blühenden Elsaß gab ihm wieder einmal Gedanken an ein friedliches Leben ein. »Bei der Durchreise durch die wunderbare Landschaft, die Straßburgs Umgebung bildet, habe ich gefühlt, daß, wenn der Teufel mich verführen wollte, er mich nicht auf einen hohen Berg, wie die Höhe von Zabern, führen dürfte. Der Ehrgeiz verließ mein Herz. Ich sagte mir, oh, wie glücklich wäre man, würde man nur seinen Garten pflegen und allein für seine Freundin leben, der Menschen und Dinge satt.«

Im August waren die acht Bände im Manuskript so gut wie abgeschlossen. Er fuhr nach Hamburg, wo der Sohn des Buchhändlers Fauche aus Neuchâtel, Fauche-Borel, einen Verlag gegründet hatte, dem er die Arbeit anbot und von dem er vertraglich ein Honorar von 20 000 Livres zugesagt erhielt. Das Buch sollte gleichzeitig auch in Paris herauskommen. Zu Schiff kehrte Mirabeau nach Frankreich zurück; es wurde eine stürmische Überfahrt, die ihm stark zusetzte. Siebzehn Tage lang wurde die Brigg von den Äquinoktialstürmen geschüttelt. Ende September traf er in Paris ein, wo der Versuch, die Lage durch die Notabelnversammlung zu meistern, gründlich gescheitert war.

Auch international hatte sich eine Krise zugespitzt. Der neue König von Preußen, Schwager des Statthalters der Niederlande, drohte zu dessen Gunsten in die inneren Verhältnisse Hollands einzugreifen. Georg III. von England war höchst geneigt, Preußen zur Seite zu stehen. Der Herzog von Braunschweig erhielt den Oberbefehl über die preußische Armee. Frankreich hatte ein Bündnis mit Holland und unterstützte die in Opposition zum Statthalter stehenden demokratischen Kreise. Mirabeaus lang gehätschelter Plan einer Triple-Allianz zwischen Frankreich, England und Preußen war der Verwirklichung ferner als je. Die französische Partei in den Niederlanden wandte sich an ihn und bat um seinen propagandistischen Beistand, Beweis, wie hoch man seine Feder bereits international einschätzte. Als preußische Truppen in Holland einmarschierten, ließ Montmorin aber die Verbündeten im Stich und zeigte damit auch außenpolitisch, wie ohnmächtig die französische Regierung war.

Mirabeaus Wunsch zielte bei allen publizistischen Erfolgen in fieberhaftem Betätigungsdrang vor allem auf eine amtliche Verwendung. Er bewarb sich in dringenden Schreiben abermals bei Loménie, der sich wieder taub stellte, und bei Montmorin, der ihm Audienz gewährte. Die Bitte um einen diplomatischen Posten in Warschau, Petersburg, Konstantinopel oder Alexandrien – ,,mir wäre alles gleich lieb" – wurde ihm nicht erfüllt. Als Abspeisung erhielt er die Erlaubnis, eine Zeitung herauszugeben, die *Analyse des papiers anglais,* deren Redaktion er in die Hände von Brissot und Clavière legte, eine Waffe gegen die, die seine Dienste verschmähten. Vorläufig aber brachte die Zeitung nichts ein. Auch das Hamburger Honorar ließ auf sich warten. Wieder einmal mangelte es am Lebensnotwendigsten; man mußte Kleider versetzen. Yet-Lie war wiederum krank. Arztkosten liefen auf.

Innenpolitisch kam es zu dramatischer Entwicklung. In einer Thronsitzung des *parlement* wollte die Regierung die Ratifizierung einer Territorialsteuer erzwingen. Vergeblich. Darauf löste der König, wie es Ludwig XV. schon einmal getan hatte, das *parlement* auf und verbannte die Räte nach Troyes. Doch das Volk nahm für sie Partei. Törichterweise sah es in ihnen die Verfechter der Freiheit, während sie in Wahrheit nur die eigenen Vorrechte, die Privilegien des Adels, verteidigten. In den Straßen von

Paris kam es zu Aufruhr. Schmährufe gegen die Königin gellten durch die Gassen. Die Krone gab nach, verzichtete auf die Steuer und rief das *parlement* zurück. Paris illuminierte. Wo ein Fenster nicht erleuchtet war, wurde es vom Pöbel eingeschlagen.

Mirabeau forderte die Einberufung der Generalstände. Am 20. November schrieb er an Montmorin: »Ist der Fanatismus des Eigentums oder der des Elends weniger glühend, weniger unauslöschlich als der Fanatismus des Glaubens? Ich wüßte gern, wer es wagen wird, für die persönliche Sicherheit aller, die den Thron umgeben, und für die des Königs selbst, die Verantwortung zu übernehmen.« Dabei wußte er: »Nie ist Frankreich stärker und in besserem Zustand gewesen, nie näher daran, sich ganz zu entwickeln. Das einzige Übel ist nur die ganz vorübergehende Unzuträglichkeit einer wenig systematischen Verwaltung und die lächerliche Angst, sich an die Nation zu wenden, um die Nation zu konstituieren.« Tatsächlich hatte Frankreich in den achtziger Jahren wirtschaftlich einen Höchststand erreicht, auf den es erst Mitte des 19. Jahrhunderts wieder kommen sollte, der freilich einen krassen Gegensatz zu der Leere der Staatskasse, der Ohnmacht der Regierung, aber auch zur Armut mancher Teile des Volkes bildete.

Der warnende Brief blieb ohne Antwort. Die an den Hebeln der Macht saßen, versteiften sich darauf, den klarsichtigen Mahner zu mißachten und zu verkennen.

Im Winter 1787/88 war Mirabeau zwei Monate schwer krank ans Bett gefesselt. Blutungen und Nierenkoliken waren offensichtlich noch späte Folgen seiner Kerkerjahre in Vincennes. Ungeschickte Ärzte, die ihn übermäßig zur Ader ließen, ruinierten seine Gesundheit, die Gesundheit eines von Kraft strotzenden Körpers, vollends. Ganz würde er sich nun nie mehr erholen. Die Krankheit hinderte ihn nicht an der Arbeit. In diesen Wochen erschien eine ganze Reihe von Schriften: *Suite à la dénonciation de l'agiotage*, worin er den Ruf nach einer Verfassung als der Grundlage gesunden Wirtschaftens abermals formulierte; eine *Adresse aux Bataves sur le stathoudérat*, wohl als Antwort auf das Ersuchen der »französischen« Partei in Holland, worin er sich zum Sprachrohr der Empörung über den preußischen Einmarsch in den Niederlanden machte. Sie brachte ihm einen Zuwachs an Popularität ein. Ferner *Observations d'un voyageur anglais sur la maison de force appelée Bicêtre, suivies de réflexions sur les effets de la sévérité et sur la législation criminelle de la Grande-Bretagne, imité de l'anglais* (Betrachtungen eines englischen Reisenden über das Bicêtre genannte Zuchthaus, mit nachfolgenden Gedanken über die Wirkungen der Strenge und über die Kriminalgesetzgebung Groß-Britanniens). Der reisende Engländer, um den es sich handelte, war der britische Jurist und Philanthrop Romilly, der Freund aus den Tagen seines Aufenthalts in England, der nach Paris gekommen war. Nach einem Besuch im Hospital und Gefängnis von Bicêtre skizzierte der Brite seinen verheerenden Eindruck von den dortigen Zuständen und überließ zusammen mit einem Traktat über den englischen Strafvollzug das Manuskript Mirabeau, der beides bearbeitete, ins Französische übersetzte und zusammengefaßt mit Romillys Einwilligung unter seinem Namen herausgab. »Fragen des Urheberrechts konnten zwei Männern, die sich in benachbarten Ländern jeder für sich um das gemeinsame Anliegen der Menschlichkeit abmühten, kein Kopfzerbrechen machen«, wie Mirabeaus englischer Biograph Oliver J. G. Welch anmerkt. Mirabeau selbst motivierte die Herausgabe im Vorwort: ». . . Wir leben inmitten einer Masse Unterdrückungen und Elend, die uns so gut wie gleichgültig läßt . . . und auch ich überraschte mich darin als Schuldigen, obwohl ich mich doch mit dem Thema am meisten beschäftigt habe, als habe ein aristokratischer Rost den von Vorurteilen freiesten Geist verdunkelt. Als ob die Ängste des Plebejers oder des Armen weniger Empörung verdienten als die des Reichen und des Mannes von Stand, hatte ich mich um die Zuchthäuser kaum gekümmert.« *Lettres de cachet* und Staatsgefängnisse bedrohten tatsächlich ja in erster Linie Standespersonen. Für die Angehörigen des dritten Standes war bei der geringsten Straffälligkeit oder Anklage die unvorstellbare Hölle der Zuchthäuser vorgesehen, wo auch die Geisteskranken eingesperrt und einer unmenschlichen Behandlung unterzogen wurden.

Die *Réponse aux alarmes des bons citoyens* (Antwort auf die Beunruhigungen der guten Staatsbürger), die er gegen Ende des Winters verfaßte und anonym herausgab, weil er fürchten konnte, sie werde seine Popularität beeinträchtigen, war vermutlich eine Auftragsarbeit für die Regierung; er rechtfertigte darin den beim Volk so unbeliebten Schritt der Krone, die *parlements* aufzulösen. Tatsächlich waren diese Institutionen für Mirabeau nach seinen jüngsten Erfahrungen ein Erzübel, da sie die Gesundung des Staatswesens verhinderten und sich zwischen König und Volk schoben. In diesem Winter nämlich entdeckte Mirabeau, daß er zwar den Despotismus in jeder Gestalt haßte und bekämpfte, daß er dabei aber trotzdem ein überzeugter Monarchist blieb, da er den König als den wahren Verteidiger des Volkes wünschte. König und Volk sollten zusammengehen. Darum riet er auch, unverzüglich die Generalstände einzuberufen. Alle Schwierigkeiten seien nur aus der unseligen Schwäche der Regierung erwachsen, die sich nicht dazu aufraffen könne, sofort zu gewähren, wozu sie morgen unfehlbar gezwungen sein werde. Er brandmarkte damit in der Tat einen der Hauptfehler, der in der Folge immer aufs neue wiederholt, schließlich zum Sturz des Königtums führen sollte, und der, wie man sagen kann, nicht nur in der Französischen Revolution, oft genug zum Umsturz geführt hat.

Loménie de Brienne erwies sich als einer der unfähigsten in der langen Reihe unfähiger Minister; er trieb den eben genannten Fehler auf die Spitze. Kaum waren die *parlements* verbannt, dann aus der Verbannung zurückgerufen, versuchte man, sie durch die Errichtung einer übergeordneten Instanz, einer *Cour plénière,* zu entmachten. Sie begannen daraufhin, gemeinsam mit Klerus und Adel, die Massen gegen die Regierung aufzuhetzen. In den Provinzen brachen Unruhen aus, Straßenkrawalle in Paris nahmen zu. Die große bürgerliche Revolution sollte sich am Widerstand des Adels gegen den König entzünden, also auf seiten der Privilegien und in paradoxer Verkennung der Umstände gegen deren Schmälerung. Einer der wenigen, die klarer sahen, war Graf de Mirabeau.

In seiner Ratlosigkeit entschloß Loménie de Brienne sich, seinerseits dem König endlich als letzten Ausweg aus dem Staatsdilemma die Generalstände anzuraten, die seit 1614 nicht mehr zusammengetreten waren. Sie wurden durch die Verordnungen vom 5. Juli und 8. August 1788 auf den 1. Mai des folgenden Jahres einberufen.

Mirabeau jubelte: »In vierundzwanzig Stunden ist die Nation um ein Jahrhundert vorangeschritten!« Nicht nur erhoffte er sich eine glückliche Entwicklung Frankreichs mit ganzer Seele; er wußte auch, daß seine Stunde gekommen sei, wußte, er würde nicht nur seinen Platz unter den Abgeordneten finden, sondern daß dieser Platz dank seiner ungewöhnlichen Gaben der erste sein würde, sein mußte.

In diesem Herbst 1788 sah er allerdings mit bitterem Ressentiment einen Mann zurückkommen, den er sich zum unversöhnlichen Feind gemacht hatte, und der in so vielen Dingen sein genaues Gegenteil war. Loménie de Brienne demissionierte und der neue omnipotente Minister wurde, aus der Schweiz zurückgekehrt, der Bankier Jacques Nekker. »Endlich ist Herr Necker König von Frankreich!« schrieb der Graf seinem Freund Mauvillon. Dem »Wundermann aus Genf« hatte man ganz unübliche Vollmachten eingeräumt. In Mirabeaus Händen – ohnmächtiger Wunsch – hätten sie, davon war er nicht zu Unrecht überzeugt, den Geschicken der Welt einen anderen Verlauf gegeben.

Wahlkampf

Dieser Mensch sieht nicht danach aus, als ob er jemals zu Ansehen kommen könnte; er muß Karriere machen und mit dem Pöbel leben.

Chamfort

Der Platz eines Riqueti Grafen de Mirabeau war selbstverständlich in den Reihen der Abgeordneten des Adels. Voraussetzung seiner Wählbarkeit war allerdings, wenn auch die Wahlmodalitäten im einzelnen noch nicht festgelegt waren, der Besitz eines Lehens. Darum war es für Honoré-Gabriel eine Notwendigkeit, sich mit seinen Anverwandten auszusöhnen.

Da der Bailli, so oft schon sein Fürsprecher, sich diesmal völlig ablehnend verhielt, mußte er sich an den Vater wenden. Um ihn geneigt zu machen, verfiel der Graf auf einen Schachzug. Er widmete dem Marquis das literarische Hauptwerk seines Lebens: *La Monarchie prussienne sous Frédéric le Grand.* Die Widmung klingt so herzlich ergeben und so aufrichtig, daß manche seiner Biographen daran gezweifelt haben, nur Berechnung könnte das Motiv gewesen sein. Die ungeheuer reiche Seele Mirabeaus hatte so viele Schichten, Strömungen und Gegenströmungen, daß man es kaum entscheiden kann. Vielleicht bewahrte sie tatsächlich für den alten, zerstörerischen Peiniger seiner jungen Jahre in der Tiefe noch immer Reste ehrfürchtiger Sohnesliebe. Gewiß ist sein starker, über allen Zwist hinaus währender Familiensinn.

Der Marquis Victor war im Alter ein gescheiterter Mann. Le Bignon hatte er durch seine agronomischen Experimen-

te gänzlich heruntergewirtschaftet und schließlich an den Schwiegersohn du Saillant verkauft. Auch von dem Pariser Haus in der Rue de Seine hatte er sich trennen müssen, um mit dem Erlös dem jüngsten Sohn, Vicomte de Mirabeau, eine eventuelle Heirat zu ermöglichen, woran ihm um der Fortsetzung seines Namens willen soviel lag, wenn auch Mirabeau-Tonneau nach der Rückkehr aus dem amerikanischen Krieg bei seiner Trunksucht und Körperverfassung nur noch wenig Hoffnung auf Nachkommenschaft ließ. Der alte Marquis bewohnte, krank und verbittert, jetzt ein kleines Anwesen in Argenteuil bei Paris; um dem »Anstand« Genüge zu tun, bestand es aus zwei Pavillons, dessen zweiten Madame de Pailly bewohnte. Der abgetakelte »Menschenfreund« legte auf den Schein einer reinen Freundschaft heuchlerisch großen Wert.
Zunächst verweigerte er jede Versöhnung mit dem Grafen, der hochmögende Leute bitten mußte, die Vermittler zu machen. Endlich ließ er sich zu einer Begegnung auf neutralem Boden in Paris herbei. Honoré-Gabriel leistete den geforderten dreifachen Kniefall; die Kritik an dem Werk über die preußische Monarchie ertrug er stoisch, auch einige Belehrungen auf dem Gebiet der Nationalökonomie. Obwohl der Marquis sein Urteil über seinen ältesten Sohn revidierte und dem Bailli schrieb: »Ich habe wirklich Genie in ihm entdeckt. Seine unermüdliche Arbeitskraft ist einzigartig«, erhielt Honoré-Gabriel nur die Versicherung, daß der alte Mann ihm fürderhin »weder nützen noch schaden wolle«. Doch an den Bruder meldete der Marquis: »Sein gebieterisches Wesen hat zusammen mit seinem reichen Geist aus ihm eine Persönlichkeit vor allem in der gegenwärtigen Politik gemacht. Er gesteht offen, daß er es nicht dulden werde, wenn man in Frankreich die Monarchie zerstört, und gleichzeitig ist er mit den Koryphäen des dritten Standes befreundet.«

Die acht Bände der *Monarchie prussienne* hatten beim Publikum freilich nicht den Erfolg, den der Autor sich davon versprochen hatte. Lag es an der etwas pedantischen Materialfülle des Werkes oder lag es daran, daß die öffentliche Meinung zum Zeitpunkt des Erscheinens durch die politische Entwicklung viel zu aufgeregt war, um Geschmack an einer nicht unmittelbar mit den Tagesfragen beschäftigten, umfangreichen Darstellung zu finden? Die Flut der Druckerzeugnisse, die sich in diesen Monaten über Frankreich ergossen, schwoll in einem bis dahin nicht vorstellbaren Maß an: Pamphlete, Analysen, Propaganda, Satiren . . . Für Mirabeaus Werk hatte die französische Regierung dagegen aus nicht recht erkennbaren Gründen die Druckerlaubnis verweigert, und so kam die beim Buchhändler Le Jay erscheinende Pariser Ausgabe mit dem Schutzvermerk »gedruckt in London« heraus. Le Jay kam dabei nicht auf seine Kosten, es hieß sogar, er sei durch den Mißerfolg vom Konkurs bedroht gewesen. Natürlich ging auch der Autor leer aus. Der Herzog de Castries stellt in seiner Mirabeau-Biographie fest: der finanzielle Fehlschlag »ist nicht nur für Mirabeaus Leben ein Wendepunkt, sondern für die ganze französische Geschichte . . . Aus Mangel an den unentbehrlichen materiellen Mitteln wird ein Aristokrat, der an Aristokratien glaubt, zum Volk hinuntergestoßen, und ein Monarchist, der die Leute haßt, die das Königtum ausbeuten, wird in den Augen Frankreichs als Volkstribun erscheinen, der dem Tyrannen trotzt. Daraus entsteht ein falsches Bild, das es der Bestimmung eines großen Mannes nicht erlauben wird, seine letzte Vollendung zu finden.« Im August schrieb der Graf an Madame de Nehra: »Vier Exemplare meines Buches wurden auf Pergament abgezogen und sind für die Menschen bestimmt, die mir auf der Welt am nächsten stehen: nämlich für Dich, den Abbé de Périgord, den Herzog de Lauzun und Panchaud.«

Die erwähnten Männer gehörten, gleich ihm, der Freimaurerloge »Gesellschaft der Dreißig« an, in der auch La Fayette und der Philosoph Condorcet verkehrten. Zu Mirabeaus Umgang gehörten wieder seine Bekannten aus Genf, dazu jetzt auch der Genfer Pfarrer Etienne Dumont und Reybaz, die später häufig den Rohstoff für seine Reden zusammenstellen werden.

In vieler Hinsicht war dieses Jahr 1788 in Mirabeaus Leben folgenreich, so durch neue Bekanntschaften, jedoch in manchem höchst verhängnisvoll, so durch die Beziehung, die er im Herbst mit Eveline Le Jay, der Frau des Verlegers, anknüpfte. Sie scheint der »teuflische Geist« gewesen zu sein, dessen Einmischung er vielleicht schon geahnt hatte, als er kurz vorher an Madame de Nehra schrieb: »Ach, Henriette, wenn jemals ein teuflischer Geist sich zwischen uns drängen sollte, wenn Du mich jemals meinem Schicksal überlassen würdest, so könnte ich im Wirbel der Vergnügungen zwar Zerstreuungen suchen, aber das Glück könnte ich dabei nicht finden; ich würde dort dem Tod begegnen.« Die düsteren Worte waren prophetisch.

Madame Le Jay war eine ungewöhnlich schöne Frau, deren vorherrschende Eigenschaft die Besitzgier war. Sie umgarnte Mirabeau, der ihr völlig hörig wurde. Er mietete – mit Yet-Lies Geld – ein Landhaus bei St. Maur an der Marne und schaffte wieder einen Wagen an, um dort mit der neuen Geliebten sich treffen zu können. Henriette-Amélie de Nehra war es gewohnt, ihn bei anderen Frauen physische Abenteuer suchen zu sehen; sie hatte es in sanfter Resignation geduldet, vielleicht nachsichtig seine sinnlichen Unbeherrschtheiten belächelt, solange sie wußte, daß in ihm ein Gefühl der unbedingten Zusammengehörigkeit lebendig war. Daran kamen ihr jetzt Zweifel. Madame Le Jay wollte ihre Eroberung völlig und allein besitzen, sie intrigierte berechnend und eifersüchtig gegen seine bisherige

Gefährtin. Er gab ihrem Einfluß nach. Immer seltener kam er in das kleine Haus in Passy, wo Henriette auf ihn wartete. Und wenn er erschien, kam es zu Szenen, die für beide qualvoll waren.

Nach fünf Jahren, in denen Madame de Nehra lächelnd und mit sanfter Hand sein wirres Leben ein wenig zu ordnen versucht hatte, sah sie ihre selbstgewählte, beharrlich verfolgte Aufgabe als gescheitert an. Gegen die sinnliche Anziehungskraft und die Verführungskünste ihrer Rivalin hatte sie nichts einzusetzen, als ihre opfernde Hilfsbereitschaft, ihre sanfte Liebe, ihre still ordnende Geduld, ihren jugendlichen Charme. »Dieser Zustand«, schreibt sie, »war zu heftig; er ging über meine Kräfte; ich fühlte mich sterben. Ich faßte meinen Entschluß und ich faßte ihn unwiderruflich.«

Am 18. August 1788 verließ sie abends das Haus. Sie küßte noch einmal den schlafenden Coco und ging fort. Sie verließ Paris und verließ Frankreich. Sie fuhr nach London. Mirabeaus Schutzengel zog die Hand von ihm ab. Sein Leben verirrte sich wieder in Unordnung, wilde Ausschweifung, ein Drunter und Drüber wie nie zuvor.

Die »verabscheuungswürdigen Hände«, vor denen sie ihn noch gewarnt hatte, griffen zu und sahen in ihm eine leichte Beute, die sich willenlos ausnutzen ließ. Selbst seine Freunde schüttelten den Kopf. Er litt unter den Fesseln, die er nicht sprengen konnte. Seine alte Schwäche, die Verschwendungssucht, wußte Madame Le Jay zum eigenen Vorteil zu steigern.

Als sie in seinen Papieren stöberte, stieß sie auf die Entwürfe zu den Geheimberichten, die er aus Berlin an Périgord geschickt hatte; sie waren mit indiskreten Anekdoten gespickt und gaben den ganzen frivolen Kulissenklatsch des preußischen Hofes wieder, wie er hinter vorgehaltener Hand in den Palastkorridoren und den Berliner Kneipen geflüstert worden war. Etwa: »Mademoiselle von Voss deckt bei Verlassen des Theaters den Ausschnitt zu, um ihre sehr schönen Brüste vor Zugluft zu schützen, und sagt dabei zur Prinzessin Friederike: Pflegen wir sie gut, denn ihnen läuft er nach!« Oder schlimmer: »Eine Neuigkeit, die mir wirklich unfaßbar scheint, die nach einer Beglaubigung verlangt, und die zu glauben mir noch widerstrebt: daß der König seine Tochter Friederike dazu prostituiert, die Gefährtin seiner Mätresse zu sein.« (6. Januar 1787).

Madame Le Jay erkannte sofort, daß von der Veröffentlichung ein Skandalerfolg und also ein Riesengeschäft zu erwarten waren. Für die vor der Pleite stehende Firma ihres Mannes, deren Haupttriebkraft sie war, ein willkommener Rettungsanker. Sie drängte ihren Liebhaber, und er willigte in die Herausgabe ein. »Nehmen Sie also dieses Sensationsfutter, drucken Sie es, verkaufen Sie es; es ist mein Verderben, aber Sie rette ich damit.« Die Anekdote hat der Marquis du Luchet in einer Lobrede auf Mirabeau am 11. April 1791 berichtet.

Anfangs des Jahres 1789 erschien also die *Histoire secrète de la cour de Berlin ou Correspondance d'un voyageur français, du 15 juillet 1786 au 19 juillet 1787,* Zwei Bände, Alençon (Geheime Geschichte des Berliner Hofes oder Briefe eines französischen Reisenden vom 15. Juli 1786 bis zum 19. Juli 1787). Es waren weder der Verfasser, noch der Verleger, noch der Drucker angegeben. Der Hersteller war, im Auftrag von Le Jay, eine Geheimdruckerei in einem Kellergewölbe von Alençon. Um sich vor Verfolgung zu schützen, fingierte man einen Einbruch bei Mirabeaus Sekretär, Monsieur de Comps, bei dem das Manuskript entwendet worden sei. Eine plötzliche Reise Mirabeaus in die Normandie im Dezember 1788 dementiert diese Schutzbehauptung, mit der er die ganze Affäre als eine gegen ihn gerichtete Machenschaft darstellen wollte. In wenigen Tagen waren 20 000 Exemplare verkauft worden. Der Berliner Hof leitete diplomatische Schritte ein und verlangte Bestrafung des Verfassers. Mirabeau aber erklärte in einem Artikel im *Journal de Paris,* es handele sich nicht nur um Diebstahl, sondern auch um eine Fälschung der Briefe. Doch in Paris brach eine Pressekampagne gegen ihn aus; man nannte ihn einen »tollwütigen Hund«, und Montmorin wollte ihn nach Ost-Indien reportieren lassen. Nur der Einspruch des Hofes verhinderte seine Exilierung. Doch die Publikation entzweite ihn auch mit dem Abbé de Périgord, von dessen privaten Finanzmanipulationen indiskreterweise darin auch die Rede war, und der neue Bischof von Autun und spätere Fürst de Talleyrand war kein zu verachtender Gegner. Erst in Mirabeaus Sterbestunden sollten sie sich wieder versöhnen. Doch der noch ärgere Vertrauensbruch, den die Veröffentlichung amtlicher Depeschen darstellte, sanierte immerhin die Firma seiner Geliebten trotz der dem Buchhändler auferlegten Strafgelder und obwohl die beiden Bände öffentlich vom Scharfrichter verbrannt wurden. Dem Verfasser selbst, der schließlich unbehelligt blieb, brachte die »Geheime Geschichte des Berliner Hofs« das Geld ein, das er für seine Wahlkampagne in der Provence so dringend benötigte.

Es war ihm gelungen, in der Dauphiné ein fiktives Lehen zu erwerben, doch die Gebühren dafür von 4800 Livres konnte er dem Steueramt nicht bezahlen, deren Begleichung freilich für die Gültigkeit des Lehensbesitzes die Voraussetzung war. Doch wichtiger noch war es, daß er sich jetzt sofort in die Provence begeben konnte, wenn er dort kandidieren und Wähler gewinnen wollte.

Zu den Reisekosten trug auch die Veröffentlichung einer Korrespondenz mit einem Freund, dem Ex-Jesuiten Cerutti, bei; er gab sie anfangs Januar ohne dessen Wissen heraus. Ceruttis ärgerlicher Protest steigerte den Verkaufserfolg der kleinen Gelegenheitsschrift. Es ging darin um Neckers Politik, zu deren Verteidiger Cerutti sich machte, was dem Grafen die Möglichkeit gab, den Leiter der Staatsfinanzen abermals anzugreifen, der dieselben halsbrecherischen Methoden anwandte, die er selbst bei Calonne getadelt hatte. Mirabeau übergoß ihn mit Ironie, wenn er auf die calvinische Tugendfestigkeit hinwies: »Monsieur de Necker mag vielleicht ein Heiliger sein, wenn man unbedingt so will, ein Weiser aber ist er nicht.« Ein so persönlicher Angriff verzeiht sich nicht leicht; Neckers Zorn bekam neue Nahrung, was schon bald einschneidende Wirkung auf die Geschicke Frankreichs haben sollte. Von seiten Mirabeaus gehörte immerhin große Selbstgewißheit dazu, kurz bevor er sich zu den Wahlen stellte, einen von der Volksgunst so gefeierten Mann, wie Necker es war, öffentlich zu attackieren. Doch an Selbstgewißheit hat es dem Grafen de Mirabeau zeit seines Lebens nie gemangelt.

Kurz bevor der Skandal wegen der »Geheimen Geschichte des Berliner Hofes« seine hohen Wogen schlug, hatte er an Montmorin unter ausführlicher Darlegung seiner politischen Ansichten geschrieben. »Als Staatsbürger bange ich um das königliche Ansehen, das für uns gerade jetzt, wo es vom Untergang bedroht zu sein scheint, wichtiger ist als jemals . . . Nie stand eine Nationalversammlung unter so stürmischen Vorzeichen wie die kommende, die über das Schicksal der Monarchie entscheiden dürfte . . . Nun frage ich: hat das Ministerium einen festen und ernsthaft zu erwägenden Plan, den die Vertreter der Nation nur noch zu bestätigen brauchten? Ich habe diesen Plan, Herr Graf. Er beruht auf dem Entwurf zu einer Verfassung, die uns vor den Verschwörungen des Adels, vor der Übertreibung der Demokratie und nicht zuletzt vor der völligen Anarchie bewahren könnte, in die eine Staatsgewalt, indem sie absolut sein wollte, sich selbst und uns gestoßen hat. Wollen Sie meine Gedanken darüber kennenlernen, sie vielleicht dem König unterbreiten? Haben Sie den Mut, an den ihm zukommenden Platz ausnahmsweise einmal einen Mann zu stellen, der die Freiheit liebt, ein treuer Untertan ist und tapfer für Wahrheit und Gerechtigkeit kämpft?« Der Brief war ohne Beachtung, ohne Antwort geblieben, die man einem Mann von zweifelhafter Vergangenheit, dem Bittsteller um ein Amt, dem völlig ungebetenen Ratgeber nicht schuldig zu sein glaubte.

Ende Dezember war entschieden worden, daß die Anzahl der Vertreter des dritten Standes für die Versammlung der Generalstände verdoppelt werden und der Summe der Abgeordneten des Adels und der Geistlichkeit entsprechen sollte, »soweit dies geschehen kann, ohne die Belange der beiden anderen Stände zu beeinträchtigen«, wie Necker vorsichtig formuliert hatte. Das Volk hielt ihn für den Urheber der Maßnahme, was seine ungeheure Beliebtheit noch vermehrte. Auch die Vorbedingung zur Wählbarkeit eines Adligen, er müsse Inhaber eines Lehens sein, wurde aufgehoben. Der Absicht Mirabeaus, für den Adel der Provence zu kandidieren, schien nichts mehr im Wege zu stehen.

In der zweiten Januarwoche machte er sich auf die Reise. Es war der seit Menschengedenken strengste Winter. Da Bäche und Flüsse fest zugefroren waren, standen landauf, landab die Mühlen still. Der Frost behinderte auch die Getreidetransporte; es kam in den meisten Provinzen zu Versorgungsschwierigkeiten, zumal das Jahr 1788 Mißernten gebracht hatte; es kam zu regelrechten Hungersnöten, wie Europa sie übrigens noch bis in die Mitte des 19. Jahrhunderts immer wieder kannte. Sechs Tage war Mirabeau unterwegs; er schrieb seiner Schwester Caroline, Madame du Saillant: »Überall sah ich verhungerte und erfrorene Menschen.« Die Bettler drängten in Schwärmen in die Städte, und erbarmungslose Räuberbanden, wie die *Chauffeurs d'Orgères,* terrorisierten die Dörfer.

Am 15. Januar 1789 traf Mirabeau in Aix-en-Provence ein. Schon in den nächsten Tagen nahm er an der Zusammenkunft des Adels teil. Seine Ankunft hatte die Bevölkerung elektrisiert. Sein Prozeß gegen seine Frau und die Sippe der Marignane lag erst sechs Jahre zurück und seine forensischen Bravourstücke, mit denen er den korrupten Adel der Provence gegeißelt hatte, waren noch in aller Erinnerung. Auch jetzt schrieb er in dem Brief an seine Schwester: »Eine gierigere, arrogantere und unwissendere Adels-Clique habe ich niemals gesehen; sogar gegen meinen Willen könnten diese Leute mich dazu treiben, ein Volkstribun zu werden.« Dennoch rechnete er noch immer damit, als Vertreter seines Standes gewählt zu werden. In der Sitzung vom 21. Januar verteidigte er die Verdoppelung der Abgeordneten des dritten Standes, gegen die die Adelsversammlung protestierte; sie will auch entgegen der königlichen Verordnung nur den Lehensinhabern ein Stimmrecht einräumen, und wieder steht Mirabeau, diesmal auch in eigener Sache, mit seiner gewaltigen Beredsamkeit in Opposition.

Der Marquis de Lévis gibt in seinen *Souvenirs et portraits* (Paris 1813) ein anschauliches Bild von Mirabeaus Auftreten als Redner: »Auf der Tribüne waren seine Manieren nobel, die Stimme laut und dröhnend, die Gestik treffend und akzentuiert. Man war nicht darauf gefaßt, ihn bei seinem ungestümen Charakter langsam und manchmal gewählt sprechen zu hören, obwohl er bei anderen die Affektiertheit nicht mochte. Sein Stil war bildhaft, doch rauh und ungefällig. Ihm lag es, Vorwürfe zu erheben, auch wenn sie überraschten; falls sie berechtigt waren, war der Ausdruck doch meist bizarr und die Wörter wunderten sich, sich beieinander zu finden. Man entdeckt diese Mängel auch in den Werken, die er veröffentlicht hat, ebenso in den Briefen an Sophie . . . Unterbrechungen und sogar Beleidigungen ertrug er mit Gleichmaß und Geduld. Nur schwere, ungerechte Beschuldigungen erregten seinen Zorn; dann konnte er nicht an sich halten, sein Talent entwickelte sich in ganzer Stärke wie ein Sturzbach, der die Dämme durchbricht; er donnerte und sein niederschmetternder Redestrom ließ die Gegner kuschen: wie ein Riese, der Zwerge zerschmettert. Seine Darlegungen waren begründet und zwingend, seine Dialektik straff, ohne subtil zu sein. Abschweifungen gestattete er seiner reichen Phantasie niemals. Seine Gedanken hatten Größe, seine Gefühle waren edel.«

Seine machtvolle Persönlichkeit begann der Aristokratie der Provence Angst zu machen; daß einer der ihren die Privilegien bekämpfte, versetzte sie in Wut. Unter dem eigentlich entkräfteten Vorwand, daß er nicht Inhaber eines Lehens sei, denn das fiktive Lehen in der Dauphiné erkannte man nicht an, wurde beschlossen, ihm den weiteren Zutritt zu den Adelsversammlungen zu verwehren. Als er am 8. Februar noch einmal das Wort ergriff, rief er den Gegnern zu: »Überall und immer haben die Großen unnachsichtig die Freunde des Volkes verfolgt, und wenn durch einen Glücksfall sich einer aus ihren Reihen erhob, wurde er von allen anderen zur Zielscheibe genommen, um durch die Wahl ihres Opfers Schrecken zu verbreiten. So kam der letzte der Gracchen durch die Hand der Patrizier um: doch zu Tode getroffen, schleuderte er den Staub gen Himmel, und aus diesem Staub entstand Marius; Marius, der nicht so sehr wegen seines Siegs über die Cimbern groß ist, sondern weil er in Rom die herrschende Macht des Adels brach.«

Da erreichten ihn mitten in seinem Wahlkampf aus Paris die beunruhigenden Nachrichten vom Umfang, den der

Skandal wegen der Veröffentlichung der geheimen Berliner Briefe und Depeschen annahm. Er sah sich gezwungen, nach Paris zu eilen, um zu retten, was zu retten war. Eilig verfaßte er sein Dementi und zog sich, zwar mit neuerlich ramponiertem Ruf, doch ohne gerichtliche Verfolgung aus der Affäre. Dann kam er zurück in die Provence, wo er am 5. März eintraf.

Das Volk erwartete seine Rückkehr und bereitete ihm einen stürmischen Empfang. Fünf Poststationen vor Aix hatte man Späher aufgestellt, die mit verhängtem Zügel die Meldung von seinem Kommen brachten, um den Bewohnern der Stadt die Zeit zu geben, ihn mit Pomp willkommenzuheißen. Überall, wo er vorbeikam, lief das Volk zusammen. Ehrensalven krachten und Hochrufe brausten auf. Man will ihm die Pferde ausspannen, will ihn auf den Schultern tragen. Er wehrt ab: »Die Menschen sind nicht dazu geschaffen, einen Menschen zu tragen, und Ihr tragt deren schon vielzuviele . . . Jetzt sehe ich, wie die Menschen zu Sklaven geworden sind; auf ihre Dankbarkeit hat sich die Tyrannei gestützt.«

Man geleitete ihn bis zu seinem Haus, vor dem sich eine Menschenmenge versammelt hatte. Ansprachen, Salven, Vivatrufe nahmen kein Ende. Militärmusik, Feuerwerk, Deputationen. Ein Zeitgenosse meinte: »Noch nie war der Empfang eines Souveräns in einer Stadt von mehr Anzeichen der Freude, der Begeisterung und der Anhänglichkeit begleitet.« Die Ovationen und Demonstrationen für ihn waren aber ebenso sehr auch gegen die Adeligen gerichtet, die ihn proskribiert hatten, und Zeichen der Mißbilligung ihres Verhaltens.

Ein Volkshaufen zog zum Palais Marignane, um Emilie aufzufordern, zu ihrem Gatten zurückzukehren, denn die Sippe Mirabeau dürfe nicht aussterben. Die Gräfin trat ans Fenster und hörte sich die Reden in provençalischem Dialekt mit eisigem Lächeln an. Doch sie begann, sich von nun an für das Schicksal Honoré-Gabriels wieder zu interessieren. Sie nahm die Korrespondenz mit Caroline du Saillant wieder auf.

Obwohl seine Wahl als Vertreter des dritten Standes bei dem allgemeinen Taumel sicher war, wollte er auch in Marseille kandidieren.

Bei seinem Einzug in Marseille wurden bis zu 50 Livres für einen Fensterplatz bezahlt, nur um den Volkshelden sehen zu können. Sein Wagen wurde mit Eichen- und Olivenzweigen geschmückt. Die Begeisterung übertraf die von Aix, wenn möglich, noch. Man bezeigte ihm die größten militärischen Ehren. Die Bevölkerung war in einem Taumel der Freude.

Er selbst distanzierte sich, soweit es möglich war, von diesen Gefühlsausbrüchen. Zu denen, die sich nicht genug tun konnten, ihn zu feiern und zu umjubeln, sagte er: »Wenn Ihr die Unterdrückung ebenso haßt wie Ihr Eure Freunde liebt, dann werdet Ihr niemals unterdrückt werden.« Trotzdem genoß er natürlich seinen einzigartigen Ruhm. Er hielt sich auch keineswegs zurück, Öl ins Feuer zu gießen. Er ließ eine Rede, die zu halten man ihn in der Adelsversammlung gehindert hatte, im Druck erscheinen. Man hat sie »die erste, große, unsterblich gewordene Rede der Revolution« genannt. Bei seinem triumphalen Einzug in Marseille zirkulierte eine anonyme Schrift, in der Mirabeau als der Retter der Provence gefeiert wurde, und die von niemandem anderem als von ihm selbst stammte. Doch er wandte sich auch offen an das Volk: »Ohne öffentliche Kundgebung, ohne Hilfe des Volkes würden alle Maßnahmen scheitern; ich brauche die Festigkeit des Volkes, um es zu retten. Nur durch den Schrecken lassen die Behörden sich in Bewegung setzen, und gerecht sind die Beamten nur, so lange sie zittern.«

Kaum war er nach Aix zurückgekehrt, brachen in Marseille Unruhen aus, nicht zuletzt auch wegen der enorm gestiegenen Lebensmittelpreise. Doch nicht nur in Marseille. In Manosque bedrohte die Menge das Leben des Bischofs von Sisteron, Monseigneur de Suffren, der in einer Predigt Mirabeau angegriffen hatte. Als er den Wagen besteigen wollte, begann die Menge ihn zu steinigen. Nur schwer verletzt konnte er sich retten. In anderen Orten gab es bei Ausschreitungen bereits Tote. In Marseille drangen die Demonstranten ins Stadthaus ein, zertrümmerten Türen und Fenster und forderten sofortige Senkung der Preise; der Gemeinderat mußte nachgeben und ließ öffentlich die Herabsetzung des Brot- und des Fleischpreises verkünden, sandte aber gleichzeitig zum Kommandanten der Provence, Monsieur de Caraman, übrigens einem Riqueti aus der Nebenlinie. Denn die Masse tobte weiter; es kam zu Plünderungen.

Caraman hatte in einem Schreiben an Mirabeau den Tumult »eine betrübliche Gärung« genannt, »deren Ursache man nicht kenne«, und in seinem Antwortschreiben wies Mirabeau ihn zurecht: »Zwei Dinge erstaunen mich gleicherweise: die Bedeutung, die Sie dem Wort ›öffentlich‹ geben, und die Zweifel, die Sie über den wirklichen Grund für das äußern, was Sie eine ›betrübliche Aufwallung‹ nennen. Die allgemeine Unzufriedenheit, die Sie Aufwallung nennen, hat viel zu bekannte Gründe, um nicht alle Ihre Zweifel zu zerstreuen. Erstens stirbt das Volk vor Hunger; das ist einer der Gründe. Die Hauptvertreter der Autorität in dieser Provinz werden seit vierzig Jahren des Kornraubes beschuldigt; da haben Sie einen weiteren Grund. Die Unverschämtheit und Ungerechtigkeit der Privilegierten steigern sich von Tag zu Tag: das ist der dritte Grund.«

In Marseille hatte sich unter Mirabeaus Freund, dem Rechtsanwalt Brémond-Julien, eine Bürgermiliz gebildet,

9 *Mirabeau*

11 *Mirabeau auf dem Totenbett* ▷

10 Saal des Jakobinerclubs in Paris während einer Rede Mirabeaus

12 *Totenmaske Mirabeaus*

die sich an Mirabeau wandte, damit er Ordnung schaffe. Caraman gab ihm seinerseits dazu Vollmacht.
Mutig kehrte Mirabeau also nach Marseille zurück. Bei den Maßnahmen, die er zu ergreifen hatte, setzte er seine Popularität und damit die einzige Chance, Abgeordneter bei den Generalständen zu werden, aufs Spiel. Sofort baute er die Schutztruppe aus Handwerkern, Hafenarbeitern und Bürgersöhnen aus, deren Kommandant er wurde. Da die Polizeigewalt zusammengebrochen war, wurde die Bürgermiliz zum einzigen Machtfaktor; sie zerstreute Ansammlungen, säuberte Kneipen und verrufene Gassen von verdächtigen Elementen, und erreichte, daß die aus den städtischen Magazinen gestohlenen Lebensmittel zurückgebracht wurden. An den Mauern ließ Mirabeau einen Aufruf anschlagen, *Avis du comte de Mirabeau au peuple de Marseille:* »Meine lieben Freunde, jeder von Euch will nur das Gute, denn Ihr alle seid redliche Leute, aber mancher weiß nicht, was er tun soll; man irrt sich oft genug über den eigenen Vorteil.« Dann geht er im Tonfall einer Fibel darauf ein, wie der Brotpreis zustande kommt, und versichert, daß genug Brot für mehr als ein Vierteljahr vorhanden ist und außerdem Lieferungen aus dem Ausland erwartet würden. Er mahnt sie zur Ruhe, allein schon, um »den guten König nicht zu betrüben«. »Er wird Euch noch mehr lieben und schätzen.«
Der Aufruf glättete die Wogen. In einer Dankrede an die Marseiller legt er eine Art politisches Glaubensbekenntnis ab, dem er bis zum Schluß treu bleiben wird. »Meine Pflicht wird es immer sein, überall mit ganzer Kraft die ewigen Rechte des Menschen zu verkünden: Freiheit, Gleichheit und das einzige, das sie erhalten kann: Einheit. Nicht blinde, wütende Freiheit, die keine Gesetze anerkennt, sondern die aufgeklärte, versöhnliche Freiheit, die alles unter ein gemeinsames Gesetz stellt. Nicht die wesen-

lose, widersinnige Gleichheit, die sich ein verderbliches Spiel daraus macht, Rangstufen und Personen zu vermischen, während die Natur immer unvermeidliche Unterschiede zwischen den einzelnen aufrichten wird, sondern die von Natur und Vernunft vorgeschriebene Gleichheit, die doch von den Menschen immer wieder verletzt wird; nicht jene fürchterliche Einheit einiger weniger gegen das breite Volk, die sich nur zusammenschließt, um es zu beherrschen. Nicht einmal jene Einheit der Vielen gegen die Wenigen, die das Erbe vernichten will, statt es zu regeln, und die nur Zwietracht gebiert, ohne je Frieden zu bringen. Sondern die Einheit aller zum allgemeinen Glück, die jedem Gerechtigkeit zusichert und niemandes Despotie befürchten läßt.«

Als er nach Aix zurückkehrte, herrschte in Marseille wieder Ruhe, obwohl er den Brotpreis auf den volkswirtschaftlich vernünftigen Preis heraufgesetzt hatte, da bei dem von den Aufständischen ertrotzten nirgends Getreide zu beschaffen gewesen wäre.

Doch in Aix wollten die Dinge einen noch schlimmeren Verlauf nehmen. Als das Volk hier das Stadthaus bestürmt, begeht der Marquis de la Fare die unverschämte Taktlosigkeit, einem nach Brot schreienden Weibe zuzurufen, sie solle sich doch mit den Roßäpfeln seines Gauls sättigen. Die Menge will ihn lynchen, und der Militärgouverneur Caraman wird durch Steinwürfe verletzt; die Getreidelager werden geplündert. Caraman läßt Mirabeau zu Hilfe rufen. Sofort bildet der Retter in der Not wie in Marseille eine Bürgermiliz und sorgt dafür, daß das Militär aus der Stadt zurückgezogen wird. Als es am folgenden Morgen auf dem Markt zu Tumulten kommt, reitet er hin und stellt allein mit seiner Redegewalt die Ruhe her. Viele der gestrigen Plünderer bringen freiwillig das geraubte Korn zurück. Ja, die Menge verlangt sogar die Bestrafung der Rädelsführer,

denen sie noch gestern gefolgt ist. Mirabeau schreibt: »Gehängte will man sehen. So ist das menschliche Herz. Ich fange an, die Natur des Menschen zu verachten.«
Einer der Hauptschreier, auf den die Menge zeigt, wird verhaftet, abgeurteilt und an einer der hohen Platanen in der Prachtstraße von Aix aufgeknüpft.
Am 6. April finden die Wahlen zu den Generalständen statt. Mirabeau wird mit 290 von den 344 Stimmen als Abgeordneter des dritten Standes gewählt. In Marseille fällt die Entscheidung erst im zweiten Wahlgang. Auch hier wird er mit Mehrheit gewählt. Er entscheidet sich jedoch für das Mandat von Aix, von der Bevölkerung wieder umjubelt und gefeiert. Marseille macht ihn zum Ehrenbürger.
Er rüstet sich für die Rückkehr nach Paris. Um Auflauf und Ovation zu vermeiden, reist er mitten in der Nacht ab. Doch das Gerücht von den Reisevorbereitungen ist durchgesickert; er entgeht der Begeisterung seiner Verehrer nicht. Wieder folgt eine große Menge mit Fackeln und Vivatrufen seinem Wagen bis weit vor das Stadttor. Überall in den Dörfern noch bis Grenoble sammeln sich die Menschen, um ihm bei der Durchfahrt zu huldigen.
War es aber klug, im Vollgefühl des Triumphes noch von Aix aus auftrumpfend an Montmorin zu schreiben? »Als Politiker, der ich nun bin, erkläre ich dem Minister des Königs: wenn ich ihn je zum Besten meiner Mandanten um eine Audienz bitten muß, würde ich, wie ich glaube, ihm Unrecht tun, daran zu zweifeln, daß ich, weit entfernt, den Bittsteller zu spielen, überhaupt nur warten müßte.« Die Nichtbeachtung der letzten Jahre hatte eine Empfindlichkeit in ihm zurückgelassen, einen Durst nach Befriedigung der gekränkten Eitelkeit. Doch es war nicht der Weg, Montmorin geneigt zu stimmen, mit dem er doch noch zu rechnen haben würde.

Novus nascitur ordo

Himmel – welch ein Schauplatz für eine Persönlichkeit von Format!

Gouverneur Morris

»Eine neue Ordnung wird geboren« war das Motto der Zeitung, die Mirabeau Anfang Mai in Paris, ohne die Absegnung durch die Zensur, herausgab. Ganz selbstverständlich nahm er dabei die noch keineswegs dekretierte Pressefreiheit für sich in Anspruch. Das Blatt mit dem Titel *Journal des Etats-Généraux* war die erste unzensierte politische Zeitung in Frankreich. In der zweiten Nummer stand ein Bericht über den Empfang der Abgeordneten durch den König im Schloß von Versailles, und er war keineswegs frei von Kritik, die gewissermaßen im Gegensatz stand zu dem Überschwang, mit dem die Bevölkerung den Zusammentritt der Generalstände begrüßte. Mirabeau rügte, daß Unterschiede in der Präsentierung der drei Stände gemacht worden waren. Während Adel und Geistlichkeit durch die große Flügeltür in den Thronsaal eintreten konnten, wurde für die Vertreter des dritten Standes nur eine Nebenpforte geöffnet; sie mußten im Vorzimmer Schlange stehen.

Necker fühlte sich durch die kritischen Bemerkungen Mirabeaus persönlich gekränkt und ließ die Zeitung sofort verbieten. Doch Mirabeau änderte nur den Titel; sie erschien jetzt – und zwar unbehindert – als *Lettres du comte de Mirabeau à ses commettants* (Briefe des Grafen de Mirabeau an seine Mandanten). Auf Anhieb ist damit und aus eigener Initiative die Pressefreiheit durchgesetzt.

Die feierliche Eröffnung der Generalstände findet am 4. Mai statt. Die 1118 Abgeordneten ziehen, von hundert Schweizer Garden in Galauniform geleitet, von der Kirche Notre-Dame zur Kathedrale Saint-Louis durch die mit Gobelins und Fahnen geschmückten Straßen von Versailles. Das prächtigste Schauspiel bietet natürlich der Adel in gestickten Kleidern und Federhüten, doch von der gaffenden Menge wird nur dem Herzog d'Orléans applaudiert. Unter der Geistlichkeit schreiten fünfzig Bischöfe und Erzbischöfe, ihr Ornat bildet farbige Flecken zwischen den dunklen Soutanen. Doch an der Spitze defiliert der lange Zug der fast sechshundert Deputierten des dritten Standes, düster und einförmig, denn das königliche Reglement hat ihnen Kleidung aus schwarzem Tuch vorgeschrieben, dazu Dreispitz ohne Litzen und Agraffen, als habe man sie absichtlich demütigen wollen. Der König, an dessen Hut Diamanten funkeln, wird mit lebhaften Hochrufen begrüßt, doch als die Königin vorüberkommt, erstarrt die Menge in feindseligem Schweigen.
Aus einem Fenster schauen Neckers Tochter, Madame de Staël, und die Frau des Ministers Montmorin der Prozession zu. Madame de Montmorin kann nicht an sich halten; sie ruft hinab: »Kein Anlaß zur Freude! Ein großes Unglück für Frankreich und für uns alle wird daraus entstehen!« Sie wird nur wenige Jahre später wie ihre ganze Sippe auf dem Schafott umkommen. Madame de Staël ist vor allem von der Gestalt Mirabeaus, von dem erbitterten Feind ihres Vaters, fasziniert. Er trägt als Abgeordneter des dritten Standes wie die anderen Schwarz. Unter ihnen allen, die noch ohne Namen sind, ist er der einzige, den die Menge kennt. »Es war schwierig, ihn nicht lange anzuschauen, wenn man ihn erblickt hatte: sein riesiger Haarschopf unterschied ihn von allen, als ob, wie bei Simson, seine Kraft darin läge; die Häßlichkeit seines Antlitzes

erhöhte nur noch den Eindruck, den er machte, und seine ganze Gestalt erweckte die Vorstellung von einer regellosen Kraft, allerdings einer Kraft, wie man sie sich bei einem Volkstribunen vorstellt« *(Considérations sur la révolution française).*

Während Mirabeau in einer Juni-Nummer seiner Zeitung mit stolzer Befriedigung feststellt: »Frankreich und uns selbst muß es zum Ruhm dienen, daß diese große Revolution die Menschheit weder Frevel noch Tränen kostet . . . Wir dürfen hoffen, daß mit uns die Geschichte der Menschheit beginnt!«, wird er in den Flugschriften, die Necker gegen ihn in Auftrag gibt, als der »Abgeordnete des Teufels« verschrien. Necker und seine Minister ahnen die Bedeutung der Stunde nicht, sie wollen in den Generalständen nur das Mittel sehen, der Finanznot des Staates durch rasche Steuerbewilligung abzuhelfen. Auch die Thronrede des Königs entspricht in keiner Weise den Erwartungen, die die Nation an das Ereignis knüpft. Er warnt im Gegenteil in ungeschickten Umschreibungen vor Neuerungen. Auch Necker, der anschließend drei Stunden lang spricht, redet nur steif und moralisierend von Finanzen.

Entscheidender aber ist es, daß der König getrennte Sitzungen und Abstimmungen wünscht, so daß jedesmal der dritte Stand von den anderen beiden 2:1 überstimmt werden muß. Aber die Abgeordneten des dritten Standes selbst bilden einen ungeordneten, richtungslosen Haufen. »Stellen Sie sich fünfhundert einzelne vor, die man in einen gemeinsamen Raum gesperrt hat, ohne daß sie sich untereinander kennen; sie stammen aus den verschiedensten Gegenden, sie sind ohne Anführer, ohne Rangordnung, alle sind frei und gleich; keiner hat das Recht zu befehlen, keiner glaubt gehorchen zu müssen, und als echte Franzosen wollen alle lieber angehört werden als zuhören.« Und Etienne Dumont schildert »die Konfusion der Ideen, die

Ausschweifungen der Phantasie, das Burleske der volkstümlichen Begriffe, die Leidenschaften aller einzelnen Richtungen«. Dennoch schließt er: »Ich elektrisierte mich im Schoße dieser Nation, die aus dem Kreis ihrer Eitelkeiten herauszutreten begann.«

In der verworrenen Versammlung ungeübter Deputierter sorgt Mirabeau dafür, daß wenigstens eine Geschäftsordnung aufgestellt wird. Noch immer weigern Krone, Adel und Geistlichkeit sich, gemeinsame Tagungen der drei Stände zuzubilligen. Mehr als ein Monat seit dem Zusammentritt ist bereits ungenutzt verflossen. Dumont beschreibt die allgemeine Stimmung: »Die Abgeordneten des dritten Standes besaßen die öffentliche Gunst; das Volk, das bei allen Fragen nur die Äußerlichkeiten sah, erblickte in Adel und Geistlichkeit Starrköpfe, die sich allem verweigerten, zumal sie sogar ablehnten, in einem gemeinsamen Raum mit dem dritten Stand zusammenzukommen. Das Volk von Versailles gewöhnte sich daran, auf den Straßen und vor den Toren der Versammlung die, die es die Aristokraten nannte, zu beschimpfen; das Volk von Paris, so leicht zu regieren, in ruhigem Zustand so flau, füllte sich nach und nach mit explosivem Gas, wie ein Ballon . . . Alle Keime der Unordnung sind in dieser Zwischenzeit gesät worden und haben Wurzeln geschlagen.«

Mirabeau setzt durch, daß eine Abordnung an den König geschickt wird; die Adresse, die sie überreichen soll, stammt aus seiner Feder. Am 5. Juni ersucht man um eine Audienz. Doch am 4. Juni ist der Dauphin im Schloß Meudon gestorben; darum verschiebt Ludwig XVI. es, die Abordnung zu empfangen.

Um diese Zeit traf sich Mirabeau bei seinem Freund Roveray mit dem gemäßigten Abgeordneten Malouet, einem ehemaligen Intendanten, und eröffnete sich ihm; Malouet gibt in seinen Erinnerungen zu, voller Voreingenommen-

heit gegen den »gefährlichen Neuerer« gewesen zu sein. »Ich möchte eine Aussprache mit Ihnen«, sagte Mirabeau, »weil ich in Ihnen bei aller Ihrer Mäßigung einen Freund der Freiheit erkenne und weil ich vermutlich noch entsetzter als Sie über die Gärung bin, die ich in den Köpfen feststelle, und über das Unglück, das daraus noch folgen kann. Ich bin nicht der Mann, der sich feige an den Despotismus verkauft; ich will eine freie Verfassung, aber eine monarchische; ich will die Monarchie keineswegs erschüttern; und wenn man sich nicht frühzeitig verständigt, sehe ich in dieser Versammlung soviel bösen Willen, soviel Unerfahrenheit und Schwärmerei, einen so unbedachten Widerstand und Verbitterung bei den beiden ersten Ständen, daß ich die schlimmsten Erschütterungen befürchte. Ich wende mich darum an Ihre Ehrenhaftigkeit; Sie sind mit den Herren Necker und Montmorin verbunden; Sie müssen darüber im Bild sein, was sie wollen, und ob sie einen Plan haben. Wenn er vernünftig ist, will ich ihn verteidigen . . . Schlagen Sie ihnen vor, sich mit mir zu treffen und zu bereden.« Und Malouet setzt in seinem Bericht hinzu: »Diese Erklärung machte großen Eindruck auf mich; sie war so vernünftig und ich hielt sie für aufrichtig; Mirabeau hatte einen Sinn für Gerechtigkeit und wollte nicht das Übel um des Übels willen.« Malouet unterrichtete Necker und Montmorin von Mirabeaus Wunsch und drängte sie bei aller Abneigung, die sie wegen seiner »Sittenlosigkeit« gegen ihn empfanden, einen Mann anzuhören, der über so große und nützliche Talente verfügte.
Die Zusammenkunft fand auch tatsächlich statt. Doch Necker behandelte den Grafen de Mirabeau so sehr von oben herab, daß Ersprießliches nicht dabei herauskam. Überzeugt, Mirabeau wolle ihn anbetteln, fragte er ihn barsch: »Sie wollten mir also einen Vorschlag machen; nennen Sie ihn!« Verärgert und aus Einsicht, daß man nicht

auf ihn hören werde, erwiderte Mirabeau: »Mein Vorschlag ist, Ihnen guten Tag zu wünschen.« Damit zog er sich zurück. Necker aber hatte – aus Eifersucht, aus gekränkter Eigenliebe, aus moralischer Voreingenommenheit – eine Chance verdorben. Da auch er im Grunde eine Konstitution, ein Zwei-Kammer-System für Frankreich anstrebte, wäre Mirabeau sein bester Helfer geworden.

Am 15. Juni schlägt der Abgeordnete von Paris, Abbé Sieyès, der sich für den dritten Stand hat aufstellen lassen, der Versammlung vor, als eine ultimative Aufforderung an die Vertreter der anderen beiden Stände zu gemeinsamer Beratung wiederum erfolglos geblieben ist: »Wir müssen aus der Untätigkeit heraus. Kappen wir das Tau, es ist Zeit!« Sieyès hat in seiner im Januar 1789 veröffentlichten Broschüre *Qu'est-ce le Tiers Etat? Tout. Qu'a-t-il été jusqu'à présent? Rien* (Was ist der dritte Stand? Alles. Was ist er bisher gewesen? Nichts.) der bürgerlichen Klasse ihre Doktrin gegeben, ein Theoretiker von kalter Logik, aber ein Priester, für den Politik die Religion ersetzt; er rühmt sich, niemals zur Beichte gegangen zu sein. Scherzend pflegte Mirabeau ihn »Mahomet« zu nennen.

Sieyès rechnet der Versammlung vor: Die Abgeordneten des dritten Standes vertreten 94% der Nation, die anderen beiden Stände nur 6%, denn mehr beträgt die Kopfzahl von Adel und Geistlichkeit zusammen unter der Bevölkerung Frankreichs nicht. Dennoch können sich die Vertreter der ungeheuren Mehrheit ohne die beiden anderen Stände nicht *États-Généraux* nennen. Er schlägt darum vor, sie sollten sich als »Nationalversammlung« konstituieren.

Mirabeau ist der einzige, der Widerspruch einlegt. Es sei zu bedenken, daß der König gegen die angemaßte Benennung protestieren und die Versammlung aufheben könne. Dann sei das Schlimmste zu befürchten. »Die Folge wird die Entfesselung aller Rachegeister sein, der Zusammenschluß

aller aristokratischen Gewalten und die scheußlichste Anarchie, die stets zum Despotismus führt. Ihr werdet Blutbäder erleben, Ihr werdet nicht einmal der verruchten Ehre eines Bürgerkrieges teilhaftig werden, denn bei uns hat man sich niemals für die eine oder andere Sache geschlagen; die Banner der Privatinteressen haben es der Flamme der Freiheit nie gestattet, sich zu erheben.«
Mirabeau ist krank an diesem Tag, er fiebert, er verfügt nicht über alle seine sonstigen rednerischen Mittel. Dennoch hat ein Ohrenzeuge, der englische Reisende Arthur Young, berichtet: »Monsieur de Mirabeau sprach ohne die Hilfe von irgendwelchen Notizen während fast einer Stunde mit einer Wärme, einer Beseeltheit, einer Eloquenz, die ihm das Recht auf den Titel eines Redners gab.«
Mirabeau warnt vor übereilten radikalen Maßnahmen. »Oh, nein, meine Herren, Gerechtigkeit und Wahrheit liegen stets in einer weisen Mitte, die extremen Parteien sind immer nur der letzte Ausweg der Verzweiflung.« Und gegen die langen sophistischen Darlegungen des Abbé Sieyès führt er ins Feld: »Das Volk interessiert sich nicht für die metaphysischen Diskussionen, die uns bisher beschäftigt haben; das Volk will Erleichterungen, weil es die Kraft zum Leiden nicht mehr hat; das Volk rüttelt an der Unterdrückung, weil es unter der furchtbaren Last, mit der man es bedrückt, nicht mehr atmen kann . . . Es gibt den Unterschied zwischen dem Metaphysiker, der beim Nachdenken in seiner Kammer die Wahrheit in ihrer kraftvollen Reinheit erfaßt, und dem Staatsmann, der mit den Gegebenheiten, den Schwierigkeiten, den Hindernissen rechnen muß. Man muß sich stets vor Augen halten, daß man auf der Erde vorwärtsschreitet und daß man nicht in der Welt der Ideale lebt.«
In einer dritten Rede versucht er, durchzusetzen, daß man, statt hochgegriffene Bezeichnungen zu suchen, lieber sich

ganz schlicht »Vertreter des Volkes« nennt. Doch er wird niedergestimmt.
Und am 17. Juni erklären die Vertreter des dritten Standes sich mit 491 gegen 90 Stimmen gemäß dem Vorschlag des Abbé Sieyès zur »Nationalversammlung«.
Gerüchte schwirren, Auflösung der Versammlung und Verhaftung der Abgeordneten stünden unmittelbar bevor, als Antwort der Regierung auf die Provokation, die der Schritt darstellt. Um ein gewaltsames Ende der Versammlung unmöglich zu machen, beantragt Mirabeau, allen zur Zeit erhobenen Steuern nur »provisorische Legalität« zuzubilligen, »bis zu dem Tag des ersten Auseinandergehens der Abgeordneten, aus welchem Grund es dazu auch kommen sollte«. Es wird beschlossen. Wenn die Regierung nun zur Repression Zuflucht nähme, wären automatisch die Steuern nicht mehr legal und niemand verpflichtet, sie zu zahlen.
Zwei Tage später entscheidet der niedere Klerus sich, von der Kühnheit des dritten Standes mitgerissen, insgesamt zu ihm überzutreten; man vereinigt sich mit den Vertretern der Bürger. Die hohen Prälaten aber eilen nach Marly, wo der König in seinem Jagdschloß weilt, und bestürmen ihn, den Zusammenschluß durch ein Machtwort zu verhindern. Dazu rafft Ludwig XVI. sich nicht auf, doch er läßt erklären, wegen der Vorbereitung einer »königlichen Sitzung« der Stände, einer also, an der er teilnehmen wird, müßten die Sitzungsräume geschlossen bleiben, da gewisse Umbauten erforderlich seien.
Die meisten Deputierten sind von dieser Maßnahme gar nicht unterrichtet worden. Ahnungslos wollen sie sich in den Saal begeben; sie finden die Türen von Militär bewacht, das den Zutritt verwehrt. So irren sie bei strömendem Regen durch die Straßen, auf der Suche nach einem Versammlungsraum, bis der Abgeordnete Guillotin den

Ballhaussaal vorschlägt, eine Sporthalle für die Ballspiele der Prinzen und Höflinge.
Hier in diesem in die Historie eingegangenen Raum leisten sie den berühmten Ballhausschwur, den Schwur, sich nicht eher zu trennen, bevor Frankreich nicht durch sie eine Verfassung bekommen habe. Auch Mirabeau schwört es gemeinsam mit den anderen.
Die »königliche Sitzung« war für den 23. Juni anberaumt. Der König erschien vor den Abgeordneten aller drei Stände mit großem Gepränge. Seine Ansprache war an diesem Tag bewußt herausfordernd. Zwar erklärte er sich geneigt, ein paar Reformen zu gewähren, aber in scharfen Worten kritisierte er die Unbotmäßigkeiten des dritten Standes, dessen Beschlüsse er als »verfassungswidrig« aufhob. Die Vorrechte des Adels wurden ausdrücklich bestätigt. Die Tagungen sollten, außer zu besonderem Anlaß und auf königlichen Befehl, getrennt in verschiedenen Sälen stattfinden. Bei den Abgeordneten des Adels erhob sich lebhafter Beifall. Da forderte Mirabeau von seiner Bank aus mit Stentorstimme: »Ruhe!« und der Applaus verstummte. Ludwig XVI. schloß mit einem in schneidendem Tonfall gegebenen Befehl: »Meine Herren, Wir befehlen Ihnen, sich jetzt sofort zu trennen und sich morgen früh jeder in die Kammer seines Standes zu begeben, um die Verhandlungen dort nach Ständen getrennt fortzusetzen.«
Adel und hohe Prälaten befolgen den Befehl. Sie räumen ihre Plätze und verlassen hinter dem König den Saal. Die Abgeordneten des dritten Standes und die meisten Vertreter des niederen Klerus bleiben auf ihren Sitzen. Der riesige Saal, der viertausend Personen faßt, wirkt unbehaglich und leer. Verlegenheit scheint um sich zu greifen. Nicht wenige der Abgeordneten werden von Bangigkeit ergriffen. Mirabeau erhebt sich. »Meine Herren, wer hat Ihnen diesen Befehl erteilt? Ihr Beauftragter, der Befehle

von uns erhalten sollte! Von uns allein erwarten fünfundzwanzig Millionen Menschen ihr gewisses Gück, denn von allen gemeinsam muß es bewilligt, gegeben und empfangen werden. Ich verlange, daß Sie sich in Ihre Würde, in Ihre gesetzliche Macht hüllen und sich hinter die Heiligkeit Ihres Schwurs zurückziehen; wir dürfen uns erst trennen, wenn wir die Verfassung errichtet haben.«

Es ist die Mittagsstunde, und die Mehrzahl der Abgeordneten denkt vermutlich mit knurrendem Magen daran, daß es Zeit sei, zum Essen zu gehen. Da tritt der Oberhofmarschall, der jugendliche Marquis de Dreux-Brézé, ein. Er behält den Federhut auf dem Kopf, als er sich an den Alterspräsidenten wendet, den bekannten Astronomen Bailly, einen würdigen Herrn. »Monsieur, hat man den Befehl des Königs nicht verstanden?« Der Gelehrte ist schon halb eingeschüchtert. Zu den in seiner Nähe Sitzenden sagt er mit gedämpfter Stimme: »Mir scheint, daß die Nationalversammlung Befehle doch nicht empfangen kann?«

Da entscheidet Mirabeau die in der Schwebe hängende Situation. Von seiner Bank aus ruft er: »Gehen Sie zurück zu denen, die Sie geschickt haben, und sagen Sie ihnen, daß wir durch den Willen des Volkes hier sind, und daß uns nur die Gewalt der Bajonette vertreiben kann.« Und nun klingen von allen Seiten Rufe durch den halbleeren, hallenden Saal: »Ja, das ist der Wille der Versammlung!«

Der Marquis de Dreux-Brézé steht verdutzt, dann geht er rückwärts zur Tür und verneigt sich wie vor einer Majestät, ehe er den Raum rückwärts verläßt.

Mirabeaus Worte werden in ganz Paris, in ganz Frankreich kolportiert und tragen ihm noch größere, ungeheure Popularität ein. Sie stellen den Sieg der Volksvertretung über die Krone dar. Die Kraft des Volkes hat sich in einer einzigen Persönlichkeit verkörpert. Mirabeau hat im Namen Frankreichs gesprochen und den Willen der Nation durchgesetzt.

Als Dreux-Brézé abgegangen ist, murmelt Mirabeau spöttisch: »Und wenn die Bajonette kommen, so nehmen wir Reißaus.« Bailly meint beschwichtigen zu müssen: »Von Bajonetten ist doch gar nicht die Rede gewesen.« Doch der Abbé Sieyès ruft kühl: »Setzen wir die Beratungen fort!« Mirabeau beantragt daraufhin, die Unverletzlichkeit der Abgeordneten zu dekretieren. »Wenn wir sie jetzt nicht beschließen, werden sechzig von uns heute Nacht verhaftet werden.« Mit 493 Stimmen gegen 34 erklärt die Versammlung: jeder, der es wagen sollte, einen Deputierten zu verfolgen oder zu verhaften, weil er eine Meinung geäußert oder einem Beschluß zugestimmt hat, macht sich eines Kapitalverbrechens schuldig und wird als infamer Verräter an der Nation verfemt.

Tatsächlich wird, als der Oberhofmarschall Mirabeaus Antwort überbringt, ein Detachement der Leibgarde ausgeschickt, das die Versammlung auflösen, und wenn nötig, sie niedersäbeln soll. Zufällig stehen auf der Terrasse aber einige Vertreter des Adels zusammen, Aristokraten, die selbst von der Notwendigkeit überzeugt sind, daß das Königreich eine Erneuerung braucht. Unter ihnen sind der Herzog de Crillon, der Marquis de La Fayette und ein Deputierter aus Aix, Monsieur d'André. Er ruft seinen Standesgenossen zu: »Können wir so feige sein, Männer vor unseren Augen massakrieren zu lassen, die uns ein Beispiel für Charakterstärke geben? Retten wir die Abgeordneten der Gemeinen oder gehen wir mit ihnen gemeinsam zugrund!« Er setzt den Federhut auf und zieht den Degen; er tritt der Truppe entgegen. Der Kommandant erklärt, nur seine Befehle zu kennen und läßt die Soldaten vorrücken. Doch das Grüppchen der Adeligen stellt sich neben d'André. Da begreift der Kommandant, daß sie sich

eher niedersäbeln lassen würden, als den Weg frei zu geben. Er holt sich im Schloß neue Instruktionen. Vor Schreck befiehlt der Hof, die Truppe zurückzunehmen. An ihrer Stelle schickt man Handwerker in den Saal, die mit viel Gelärme die Zurüstungen, die für die »königliche Sitzung« erforderlich gewesen waren, forträumen. Die Abgeordneten lassen sich dadurch nicht stören, sie bleiben zusammen. Der König schüttelt resigniert den Kopf: »Nun gut, so lasse man sie denn.«
Auch in der anderen wichtigen Streitfrage gibt er unversehens nach. Kaum vier Tage nach dieser Sitzung schreibt er jenen Deputierten des Klerus, die sich der Vereinigung noch widersetzen, und fordert sie auf, zu den Gemeinen zu stoßen. Und dem Herzog de Luxembourg teilt er mit, er bäte den Adel, sich mit dem dritten Stand zu vereinen. »Ich wünsche es und, wenn nötig, will ich es.« Die meisten Adeligen sind über seinen Sinneswandel empört, doch zähneknirschend fügen sie sich. Die beharrliche Forderung des dritten Standes ist erfüllt: gemeinsame Sitzungen der drei Stände.
Es ist das Ende der absoluten Monarchie in Frankreich. Die Revolution hat über den König gesiegt. Unblutig, allein durch die Willenskraft vielleicht nur eines einzigen Mannes, des Grafen de Mirabeau, hat sie gewonnen. Das Volk weiß, daß es einen großen Sieg errungen hat. Versailles, Paris illuminieren. Das Volk jauchzt Ludwig XVI. zu, sogar der verhaßten Königin, der »Österreicherin«. Mirabeaus Ziel, die konstitutionelle Monarchie, scheint erreicht; nur die Verfassung würde noch auszuarbeiten sein. Freilich wußte er auch, daß das Werk, das die Versammlung sich vorgenommen hatte, nicht ohne Irrwege vollbracht werden würde. Schon vor ihrem Zusammentreten hatte er geschrieben: »Die Nationen haben wie die Kinder ihre Leibschmerzen, ihr Zahnweh, ihr Gewimmer; sie for-

men sich auf gleiche Art. Die ersten Generalstände werden voller Tumulte sein; sie werden vielleicht zu weit gehen. Die zweiten werden ihren Fortgang sichern. Die dritten werden die Konstitution beenden . . . Was meine persönliche Meinung betrifft: Krieg den Privilegierten und den Privilegien; ehe unsere Nation nicht von ihnen befreit ist, wird sie niemals Gemeinsinn haben. Das ist der Grund, warum ich sehr monarchistisch sein werde.«
Monarchistisch sogar mit großem Eifer, doch nur solange das Königtum ohne Willkür und konstitutionell zu herrschen gewillt ist. Doch davon ist Ludwig XVI. und die, die auf ihn Einfluß haben, weit entfernt.

Volkstribun

Gewalt könnte jene Freiheit, die uns die Vernunft garantiert, fragwürdig machen oder sogar vernichten.
Mirabeau

Die Weizenernte von 1789 war noch nicht eingebracht. Weizen war das Volksnahrungsmittel. Teuerung und Hunger waren also noch immer die akuten Ursachen zu Gärung und Revolten. Namentlich die ärmeren Schichten in den Städten litten echte Not. In Paris mit seinen 600 000 Einwohnern gab es 132 000 Arbeitslose. Schon im Frühjahr war es zu ernsten Ausschreitungen gekommen, bei denen auf ein bloßes verleumderisches Gerücht hin der Papierfabrikant Réveillon von der Menge gelyncht worden war. Ende Juni und Anfang Juli wuchs die Unruhe, geschürt von einer Flut von Flugblättern, neu entstehenden Journalen und vor allem, bei der überwiegenden Zahl der Analphabeten, von Stegreifrednern. Mittelpunkt der Agitation und Sammelbecken einer müßigen, frivolen, aktionslüsternen Menge war das Palais-Royal, ein weitläufiger Komplex mit Gärten und Galerien, der dem Herzog d'Orléans gehörte und darum nach altem Vorrecht vor dem Zutritt der Polizei geschützt war.

Es kommt zu Meutereien im Regiment der Gardes Françaises. Ein paar Rädelsführer werden eingesperrt, jedoch die Menge befreit sie und schickt eine Deputation zur Nationalversammlung mit der Bitte, beim König um Begnadigung der Meuterer nachzusuchen. Die Versammlung kann den Gewaltakt nicht gutheißen. Doch sie will auch das Volk nicht enttäuschen. Mirabeau gibt zu bedenken, die

Affäre habe »offensichtlich mit der Aufgabe der Versammlung nichts zu tun«, und schlägt vor, das Volk durch eine Adresse zu beruhigen, wie er es in der Provence getan hat. Doch am 1. Juli ist er noch immer sehr krank und seine Stimme trägt heute nicht. Es wird beschlossen, Abgesandte zum König zu schicken und an seine Milde zu appellieren. Der verschreckte Herrscher begnadigt die Meuterer.
Doch auf Betreiben des Grafen d'Artois, des jüngeren der beiden Brüder des Königs, wird eine beträchtliche Militärmacht um Versailles und Paris zusammengezogen, fremde Regimenter, deutsche und Schweizer Söldner, da der Hof den französischen Kontingenten der Armee zu mißtrauen beginnt. Die Angaben schwanken zwischen 20 000 und 80 000 Mann. Gerüchte über einen geplanten Staatsstreich gegen die Nationalversammlung alarmieren die Abgeordneten und das Volk. Wird man Mirabeau und ein paar andere verhaften? Dem Hof, dem König und namentlich der Königin gilt er, der Volkstribun, als der Hauptfeind.
Am 8. Juli bringt Mirabeau die Gerüchte in der Versammlung zur Sprache, indem er Verwahrung gegen die Truppenbewegung einlegt. »Haben jene, die zu solchen Maßnahmen geraten haben, die Folgen vorausgesehen, die sie sogar für die Sicherheit des Thrones haben können? Haben sie in der Geschichte aller Völker erforscht, wie die Revolutionen begonnen haben, wie sie vonstatten gingen? Haben sie beobachtet, durch welche düstere Verkettung von Umständen die besonnensten Geister aus allen Grenzen der Mäßigung getrieben werden und durch welche schreckliche Veranlassung ein Volk berauscht sich in Exzesse stürzt, an die zu denken es ursprünglich selbst entsetzt gewesen wäre?«
Die Versammlung spendet frenetischen Beifall. Mirabeau ist zum anerkannten Wortführer der Versammlung in schwierigen Stunden geworden.

Ludwig erwidert der zu ihm geschickten Deputation, die militärischen Maßnahmen seien zum Schutz der Nationalversammlung getroffen worden. Doch am 11. Juli entläßt er auf Betreiben der Hofpartei den Volksliebling Necker. Dem neuen Kabinett gehören Männer an, die zur schärfsten Reaktion gehören wie Breteuil und der Marschall Herzog de Broglie.

Als die Nachricht eintrifft, ist Mirabeau nicht in Versailles. Ein Bote hat ihn an das Sterbebett seines Vaters nach Argenteuil gerufen. In einem verhängnisvollen Augenblick! Gerade hatte die Versammlung erkannt, was sie in der Willenskraft, dem Genie und der Vernunft ihres bedeutendsten Mitglieds besaß, und hätte ihn voraussichtlich in diesen entscheidenden Tagen zu ihrem Präsidenten gewählt.

Doch der Marquis Victor, der ihm noch immer in mokanter Ablehnung gegenübersteht, will ihn in der Sterbestunde um sich haben. Noch kürzlich hat er über ihn geurteilt: »Durch sein Getöse, seine harte Arbeit, seine Unverschämtheit und seinen sittenlosen Wandel, der nun einmal in gewissen Zeitläuften als Vorzug gilt, wurde er zur Koryphäe seines Jahrhunderts.« Oder: »Immer hat er nur Böses getan. Auch wenn er heute Mißbräuche niederreißt, so will er offenbar doch nur die herrschende Ordnung zerstören. Schlimme Folgen werden ihm daraus erwachsen.« Im stillen mußte er ihn jedoch anerkennen, sonst hätte er nicht den jüngeren Sohn, den Vicomte de Mirabeau, der als Abgeordneter des Adels in der Versammlung sitzt, zurechtgewiesen: »Wenn man in den Generalständen einen Bruder hat wie den Ihrigen und wenn man dabei Sie ist, so läßt man den Bruder reden und hält selbst den Mund.«

Familiensinn zwingt ihn, den »Galeerensträfling«, wie er Honoré-Gabriel in seinen Briefen an den Bailli nennt, zu sich zu rufen, Familiensinn führt dem Sohn die Feder, wenn er in seiner Zeitung dem »Menschenfreund«, der zeitlebens sein intimer Feind gewesen ist, einen liebevollen Nachruf schreibt. »Einen schönen Genius« nennt er ihn in den Briefen an den Onkel. Selbst wird er im Sterben einmal den Wunsch äußern, neben dem Vater bestattet zu werden, zu dem er trotz aller Verfolgung eine tiefe Anhänglichkeit gefühlt hat.

Als er zusammen mit dem Vicomte, dem geistlosen Fresser und Säufer, in Argenteuil eintrifft, ist der Marquis schon tot. Im Lehnstuhl am Fenster in der Morgensonne sitzend, ist Victor de Mirabeau sanft entschlafen, während eine Enkelin, Mademoiselle du Saillant, ihm aus der letzten Nummer der *Lettres à mes commettants* vorlas. Vierundsiebzig Jahre hat das Leben des »Menschenfreundes« und Peinigers der eigenen Familie gewährt. Der Sohn fühlt sich von seinem Tod so betroffen, daß er sich mehrere Tage lang von dem Anliegen seines Herzens, von der Politik, fernhält. Der Titel Marquis ist ihm nun zugefallen; er verzichtet wohl aus publizitären Gründen, ihn öffentlich zu führen.

Sonst hat ihm der alte Mann nichts vererbt. Alleinerbe ist laut Testament der jüngere Sohn, das Faß, in der Hoffnung des Verstorbenen, daß der Vicomte noch Nachkommen haben werde. Honoré-Gabriel muß alle Aussicht fahren lassen, aus den Trümmern des vom »Menschenfreund« verwirtschafteten Familiengutes je die Schulden begleichen zu können, die sich längst wieder zu einem Alpgebirge türmen. Ohne jede materielle Sicherung nimmt der Gigant nach wenigen Tagen die Bürde wieder auf, die seine Lust und Last ist, das Wirken für das öffentliche Wohl, so wie er es in seinem realistischen Geist erkannt zu haben glaubt.

Inzwischen hat sich das Rad der Geschichte weitergedreht. Necker ist bei Nacht und Nebel, nur von seiner Frau begleitet, nach Brüssel abgereist. Breteuil hat sein gegen die Zeitströmung sich stemmendes Ministerium gebildet. Paris hat es nicht hingenommen, Paris hat sich erhoben. Die Versammlung hatte beim König gegen Neckers Entlassung protestiert, der König aber auf seine absolute Macht gepocht, Minister zu entlassen und zu ernennen. Am 12. Juli werden die umflorten Wachsbilder Neckers und des Herzogs d'Orléans durch die Straßen getragen, die des populären d'Orléans, weil ein Gerücht wissen will, er sei verbannt worden. Auf der Place Louis XV. (heute de la Concorde) stößt der Umzug auf Truppen des Baron de Besenval, und es kommt zu Rempeleien. Überall in der Stadt bilden sich heftig gestikulierende Gruppen. Sänften werden umgestürzt, Fenster eingeworfen. Die Antreiber verdoppeln die Hetze, darunter der schmächtige Camille Desmoulins, ein arbeitsloser Advokat, der die Menge mitzureißen versteht. Die Sturmglocke läutet, alle anderen Kirchenglocken fallen ein; es dröhnt über die von Geschrei gellenden Gassen.

Das Kollegium, das anfangs des Jahres die Pariser Abgeordneten gewählt hat, die Wahlmänner treten zusammen. Am 13. Juli werfen sie sich zur revolutionären Stadtverwaltung auf. Sie gründen – Vorschlag, den Mirabeau der Nationalversammlung vergeblich gemacht hat – die Nationalgarde, die Bürgermiliz.

In der Frühe des 14. Juli kommt die Parole auf: Zur Bastille! Hat Desmoulins sie im Palais Royal ausgegeben? Vielleicht, es ist nirgends schlüssig belegt. Doch die Menge, die sich bewaffnet hat, wälzt sich zu der mittelalterlichen Festung im Osten der Stadt. Sie dient nur noch als Staatsgefängnis mit einer Besatzung von achtzig Invaliden unterm Kommando des Gouverneurs de Launay. Er »verliert den Kopf, ehe man ihn ihm abschneidet«, wie der bissige Rivarol schreibt. Ein Schuß fällt, das Zeichen zum Sturm. Nach wenigen Stunden kapituliert die Besatzung unter der Bedingung des freien Abzugs. Doch die Menge, unter der es beim Stürmen etwa hundert Tote gegeben hat, bricht die Abmachung; de Launay und seine Mannschaft werden massakriert; die Staatsgefangenen befreit; zwei Wahnsinnige, ein Verschwender, vier Fälscher. Im Grund ein Faktum von geringer Wichtigkeit, vom Volk zum Symbol seines Sieges über die »Tyrannei« erhoben. Freilich zeigten sich sofort auch Konsequenzen. Der König gab in allen Punkten nach. Am 15. Juli verfügte er den Abzug der Truppen, am 16. Juli rief er Necker auf seinen Posten zurück.

In den Memoiren der Madame de Campan, einer Kammerfrau der Königin, liest man: »Am 16. Juli versammelte sich ein Komitee beim König, wobei es sich um eine wichtige Frage handelte. Sollte seine Majestät Versailles verlassen und mit den Truppen zusammen abreisen oder sollte sie sich nach Paris begeben, um die Geister zu beruhigen? Die Königin wünschte abzufahren, doch gegen zehn Uhr morgens war die Sache entschieden. Die Königin sagte zu mir: Der König wird sich morgen ins Stadthaus begeben, nicht er hat diesen Entschluß gefaßt; lange wurde debattiert; der König hat die Debatte beendet, indem er mit den Worten aufstand: Schließlich, meine Herren, muß man sich entscheiden! Soll ich abreisen oder bleiben? Ich bin zum einen wie zum anderen bereit. Die Mehrheit war für das Bleiben.«

Am 17. Juli begab der König sich ins Pariser Stadthaus, um die trikolore Kokarde zu empfangen; er erkannte die revolutionäre Stadtverwaltung an. Er zeigte sich, von der Bevölkerung umjubelt, auf dem Balkon über der Place de Grève, flankiert von dem neuen Bürgermeister, dem Astronomen Bailly, und von dem Kommandanten der eilig organisierten Nationalgarde, dem Marquis de La Fayette.

Wegen seiner Teilnahme an den Bestattungsfeierlichkeiten seines Vaters hatte Mirabeau die Chance versäumen müssen, eines der beiden einflußreichen und nicht schlecht dotierten Ämter zu bekommen. Über den Tod hinaus hatte der alte Marquis Victor sich für den Sohn als ein Verhängnis erwiesen. Bei der ungeheuren Popularität von »Mütterchen Mirabeau«, wie die Menge den Grafen zärtlich nannte, wäre ihm das eine oder das andere Amt sicherlich zugefallen, und die Ereignisse hätten vermutlich eine ganz andere Wendung genommen. Er selbst schrieb: »Hätte der Anstand mich nicht daran gehindert, mich nach dem Tod meines Vaters öffentlich zu zeigen, so bin ich sicher, daß ich an seiner (Baillys) Stelle gewählt worden wäre.« Auch auf den Posten eines Kommandanten der Nationalgarde hätte er schon darum ein Anrecht gehabt, weil er als erster in der Nationalversammlung den Vorschlag gemacht und zudem in Marseille und Aix bereits ein wirksames Vorbild dafür geschaffen und eingesetzt hatte. Er selbst war überzeugt, daß es ihm auch gelungen wäre, wie im Frühjahr in der Provence, die immer häufiger werdenden Bluttaten und Plünderungen zu verhindern, was weder dem Paradegeneral La Fayette noch dem gelehrten Sterngucker Bailly als Bürgermeister gelang.

In den *Lettres du Comte de Mirabeau à ses commettants* vom 17. Juli schrieb er in seinem Kommentar zum Bastille-Sturm: »Die Gesellschaft müßte sich bald auflösen, wenn die Menge, an Blutvergießen und Zerrüttung sich gewöhnend, sich über die Obrigkeit erhöbe und dem Ansehen der Gesetze trotzte. Das Volk würde sich dann, statt zur Freiheit zu gelangen, in den Abgrund der Knechtschaft stürzen; denn allzu oft nimmt man in der Gefahr zu der unbeschränkten Herrschaft seine Zuflucht und betrachtet, um der Anarchie zu entgehen, den Despoten als den Retter.«

Er hatte immer Verbindungen unterhalten mit den Männern in den Distrikten und in der Wahlmännerversammlung, die in ihrem Viertel Einfluß besaßen; eine ständige Korrespondenz mit ihnen hielt ihn auf dem laufenden über die Befürchtungen und Erwartungen der Pariser Bevölkerung. Am 13. Juli hatte er kurz vor dem Sturm einem der Verbindungsmänner geschrieben: »Ich sehe voraus, daß die Krise gewaltsam sein wird; Ihre Pariser werden, einmal in Bewegung, nicht zurückbeben; in ihrem Geist ist alles so gut disponiert, daß der geringste Funke eine Feuersbrunst verursachen wird. In Ihrer Wahlmännerversammlung muß das Zentrum der provisorischen Organisation liegen; das Volk wird alles tun: wenn wir den Abzug der Truppen erhalten, wird keine Gefahr mehr sein und bald wird dann alles friedlich sein können.« Und in einem Brief vom 26. Juli nach dem Fall der Bastille an denselben Adressaten: »Setzen Sie den Racheaktionen des Volkes ein Ende; der Hof glaubt, wir stifteten sie an; er sieht nicht, daß diejenigen, die davon betroffen sind, sich dem Volk gegenüber in so feindseliger Art aufgeführt haben, daß man noch sehr glücklich sein wird, wenn sie nicht noch schlimmer ausfallen.«

Ende Juli stellte er seine journalistische Tätigkeit ein. Die *Lettres à ses commettants* hörten auf zu erscheinen. Seine Mitarbeiter gaben statt dessen dreimal wöchentlich den *Courrier de Provence* heraus, in dem sich Artikel aus Mirabeaus Feder nicht mehr oder kaum noch finden. Dagegen druckte der *Courrier* die meisten seiner Reden ab. In einer der letzten Nummern der *Lettres* schrieb er hoffnungsvoll: »Die Luft ist gereinigt; man kann einen neuen Grundriß entwerfen und das Bauwerk auf den Fundamenten der ewigen Rechte der Völker errichten.« Obwohl er in diesen Wochen halb zurückgezogen lebte, besichtigte er doch die erstürmte Bastille, besuchte die Zellen und Verliese, und man füllte seinen Wagen mit Blumen und Büchern.

Anfang des Sommers hatte er die Bekanntschaft mit dem Grafen de la Marck erneuert und bald entwickelte sich eine echte Freundschaft zwischen ihnen. Sie trafen sich zum ersten Mal bei einem Essen beim Prinzen de Poix. Schon bei seinem Eintritt setzte Mirabeau den Grafen de la Marck durch seine schwere, etwas ungebärdige Gestalt in Erstaunen. »Sein Kopf, schon von Natur aus von außerordentlichem Umfang, war durch eine riesige gelockte und gepuderte Haarmähne noch größer«, schildert der Tischnachbar ihn. »Er trug einen Straßenanzug, dessen Knöpfe aus bunten Halbedelsteinen von übertriebener Größe waren; auch die Schuhschnallen waren sehr groß. Seine ganze Toilette verriet eine Übertreibung der Tagesmoden, die zum guten Geschmack der Leute vom Hof kontrastierte. Sein Blick, in dem von Pocken genarbten Gesicht, war verhangen, doch die Augen waren sehr feurig. Wenn er sich höflich zeigen wollte, übertrieb er die Verbeugungen; das erste, was er sagte, waren affektierte und ziemlich gewöhnliche Komplimente. Kurzum, es mangelte ihm an den Formen und der Sprache der Gesellschaft, in der er sich befand, und obwohl durch Geburt seinen Gastgebern ebenbürtig, bewiesen seine Manieren sofort, daß er die Ungezwungenheit nicht besaß, die der Umgang mit Leuten von Welt gibt. Während des Essens bestand die Konversation so ziemlich aus Gemeinplätzen, was aber Mirabeau nicht hinderte, mehrmals feine und geistreiche Bemerkungen zu machen, deren guten Eindruck er jedoch durch affektierte Sätze von übertriebener Höflichkeit zunichte machte. Besonders wenn er sich einer Dame zuwandte, ließ er es an Grazie und Leichtigkeit fehlen. Aber als nach dem Essen die Unterhaltung sich mit Fragen der Politik und Verwaltung befaßte, verschwand im Nu alles, was im Äußeren Mirabeaus als lächerlich hatte wirken können. Der Reichtum und die Richtigkeit seiner Gedanken wurden sofort offenbar, und durch die glänzende und kraftvolle Art, sie zu äußern, riß er alle mit sich fort.«

Nach dem Essen plauderten sie zusammen noch längere Zeit über Deutschland, und Mirabeaus Ansichten und wie er sie sagte beeindruckten den Grafen de la Marck so sehr, daß er sich vornahm, die neue Bekanntschaft zu pflegen.
Es hatten sich dazu jedoch wenig Gelegenheiten ergeben. Erst in der Versammlung der Generalstände trafen sie sich wieder. Mirabeau war auf ihn zugetreten mit der Frage: »Erkennen Sie Ihre alten Freunde nicht mehr? Sie haben noch nichts zu mir gesagt.«
Graf de la Marck entstammte dem reichsunmittelbaren deutschen Geschlecht der Fürsten von Arenberg. Er verfügte über ausgedehnten Besitz in Deutschland, Belgien und Frankreich; er war einer der Vertrauten Marie-Antoinettes. Sein französischer Lehensbesitz, den er vom Großvater mütterlicherseits, dem Grafen de la Marck, geerbt hatte, machte ihn zum Untertan der französischen Krone im Rang eines Herzogs. In Paris wohnte er in dem Palais an der Rue Faubourg Saint-Honoré, das heute der englischen Botschaft als Domizil dient.
Er versicherte Mirabeau, daß er sehr froh sei, ihn wiederzutreffen, und hoffe, häufiger Gelegenheit zu haben, sich mit ihm zu unterhalten. Er lud ihn auf den nächsten Tag zum Diner ein. Als sie dann zusammensaßen, spielte Mirabeau auf eine heftige Rede an, die er am Nachmittag in der Nationalversammlung gehalten hatte, und bei der er wieder einmal mit dem Hof ins Gericht gegangen war. »Sie sind wohl sehr unzufrieden mit mir?« Der Gastgeber nickte. »Mit Ihnen und mit vielen anderen.« – »Wenn dem so ist, dann müssen Sie bei denen anfangen, die im Schloß wohnen. Das Staatsschiff wird von den heftigsten Stürmen geschüttelt, und niemand hält das Steuer.« Darauf fragte ihn de la Marck: »Aber wohin soll denn Ihr Marsch mit der Brandfackel führen, den Sie in der Versammlung und außerhalb eingeschlagen haben?« Mirabeau rief lebhaft:

»Das Schicksal Frankreichs ist entschieden. Die Worte Freiheit und Bewilligung der Steuern durch das Volk dröhnen im ganzen Königreich wider. Ohne eine Verfassung, die zum mindesten der englischen ähnelt, gibt es keinen Ausweg mehr.«

Selbstbewußt schloß er mit der Bemerkung: »Die Zeit ist gekommen, in der man die Menschen nach dem beurteilen muß, was sie in dem kleinen Raum hinter der Stirn, zwischen den beiden Brauen, besitzen.«

De la Marck warf ihm vor, daß er mit seinen Brandreden, mochte ihre Beredsamkeit auch noch so bewundernswert sein, dem Lande viel mehr Schaden als Nutzen einbrächte.

Mirabeau lehnte sich zurück und erwiderte: »An dem Tag, an dem die Minister des Königs bereit sein werden, sich gemeinsam mit mir zu beraten, wird man mich der königlichen Sache und der Rettung der Monarchie ergeben finden.«

Knapp eine Woche später, als die beiden so unterschiedlichen Freunde sich wieder trafen, mahnte Mirabeau den Vertrauten der Königin: »Sorgen Sie doch dafür, daß man im Schloß weiß, ich sei mehr für als gegen sie.«

In Paris gehen inzwischen die Gewalttätigkeiten weiter. Am 22. Juli nimmt der Pöbel in der Nähe von Fontainebleau den zweiundsiebzigjährigen Staatsrat Jean-François Foulon gefangen, schleppt ihn nach Paris und knüpft ihn an einer Laterne auf. Sein Schwiegersohn Bertier de Sauvigny wird von einer aufgehetzten Menge massakriert. Der Grund sind trügerische Gerüchte, die man gegen beide ausgestreut hat. Der Bürgermeister Bailly, in dessen hilfloser Anwesenheit die Bluttaten geschehen, stottert nur eingeschüchtert: »Dem Volk, das die Bastille erstürmt hat, wagt man nicht mehr zu widerstehen.«

Die Emigration setzt ein. Der Bruder des Königs, Graf d'Artois, und mehrere andere aus dem Hochadel flüchten

ins Ausland. Der Baron de Castelnau wird auf dem Weg nach Genf gefangengenommen. Man findet bei ihm einen Brief an den Grafen d'Artois, den zu zerreißen ihm noch gelingt. Die Schnitzel werden gesammelt und an die Nationalversammlung geschickt, mit anderen bei ihm gefundenen versiegelten Schreiben zusammen. Der Präsident der Versammlung, Herzog de Liancourt, weigert sich aus Respekt vor dem Briefgeheimnis, sie zu lesen. Die Versammlung applaudiert ihm, doch einige Abgeordnete protestieren, da man vielleicht einer großen Verschwörung auf die Spur käme. Mirabeau nimmt das Wort in dem gebieterischen und zornigen Tonfall, durch den er so oft die Versammlung zu seiner Meinung bekehrt:
»Darf ein Volk, das frei werden will, Grundsätze und Praktiken der Tyrannei übernehmen? Kann es billig sein, die Moral zu verletzen, nachdem man so lange das Opfer jener gewesen ist, die sie vergewaltigt haben? Jene vulgären Politiker, die das, was sie die ›öffentliche Sicherheit‹ nennen, höher einschätzen als die Gerechtigkeit, mögen uns wenigstens sagen, welches Interesse die Verletzung der nationalen Redlichkeit färben könnte! Was würden wir durch die schmähliche Inquisition der Briefe denn erfahren? Niedrige und schmutzige Intrigen, skandalöse Anekdoten, verächtliche Kindereien. Glaubt man wirklich, Verschwörungen liefen durch die öffentliche Briefpost? Völlig unnütz würde man das Geheimnis von Familien, Vertraulichkeiten der Freundschaft und das Vertrauen zwischen Menschen verletzen. Es gäbe nicht einmal eine Entschuldigung dafür . . .«
Und die Briefe werden ungeöffnet zurückgegeben. Andererseits widersetzt er sich in leidenschaftlicher Rede, als es darum geht, die Leute, die sich zu Mordtaten hatten hinreißen lassen, zu bestrafen. Auch nimmt er Stellung gegen die Freilassung des Befehlshabers der Truppen, mit denen es

auf der Place Louis XV. zu Reibereien gekommen war, Monsieur de Besenval, der beim Versuch zu emigrieren verhaftet worden ist. Denn der Tribun verschmäht nicht die klassischen Mittel der Demagogen, wenn es gilt, seine Popularität zu pflegen, mit der er auf die Versammlung, auf den Hof, auf den Gang der Ereignisse einen Druck auszuüben vermag.

Doch andererseits versucht de la Marck Widerstände abzubauen und fühlt vor beim Großsiegelbewahrer, Monseigneur Champion de Cicé, überzeugt davon, daß Mirabeau, gibt man ihm die Macht dazu, die Lage noch meistern und das Königtum retten kann. Doch der Prälat macht ihm wenig Hoffnung für seinen Freund. Solange Necker Minister ist, wird sich keine Aussicht für ihn bieten. Necker richte zwar Frankreich zugrunde – das ist auch die Meinung des hohen Würdenträgers –, doch er selbst könne keinerlei Einfluß darauf nehmen.

In der Nationalversammlung unterstützt Mirabeau mit Furor immer wieder sehr radikale Anträge, die mit seiner Hilfe auch Mehrheiten finden und den Hof weiter erschrecken; alle diese Widersprüche in seinen Worten und Taten rechtfertigt der Royalist und Revolutionär gegenüber de la Marck: »Welche Stellung soll ich denn einnehmen? Die Regierung stößt mich zurück; ich kann mich also nur der Opposition anschließen. Und die Opposition ist revolutionär. Soll ich denn riskieren, meine Volkstümlichkeit einzubüßen, in der meine Stärke liegt?«

Es ist nicht der Weg, sich das Vertrauen des Hofes zu erwerben, das er braucht, um – wie er noch immer hofft – eines Tages die Regierungsgeschäfte, wenn nicht zu führen, so doch zu lenken. Eine Weile scheint er daran gedacht zu haben, den Herzog d'Orléans in dessen intriganten Bestrebungen zu unterstützen. Ein großer Teil der Unruhen in Paris geht auf die Wühlarbeit der Agenten des königlichen

Vetters zurück, und unter seiner Regentschaft wäre für Mirabeau das Amt eines omnipotenten Ministers in Reichweite. Soll man, um die Monarchie zu retten, anstelle des unfähigen Königs nicht den ehrgeizigen Orléans setzen können? »Wir brauchen eine Puppe; dieser Scheißkerl tut es so gut wie jeder andere«, ist Mirabeaus Urteil; da der populäre Prinz in der Versammlung über einen stattlichen Anhang verfügt, böte über ihn sich vielleicht der Weg nach oben für den nach Macht dürstenden Abgeordneten, den man bei Hof »das Wildschwein aus Aix« nennt. De la Marck hat ihn bei dem mit der Revolution spielenden Herzog eingeführt. Doch schon bald muß Mirabeau den späteren Philippe Egalité in seiner Schwäche und Zaghaftigkeit durchschauen: »Er will, aber er kann nicht, ein Eunuch im Verbrechen«, ist die Schlußfolgerung, die er im Umgang mit ihm zieht.

So muß er weiter sich im Seiltanz üben. Vielleicht hat sein Freund Chamfort an ihn gedacht, als er den Aphorismus prägte: »Wer kein Charlatan sein will, soll dem Podium fern bleiben; steigt man hinauf, so muß man es sein, um nicht von der Versammlung mit Steinen beworfen zu werden.« Mirabeau reitet weiter auf dem Tiger: er muß von Zeit zu Zeit dem Pöbel schmeicheln, um von ihm getragen zu werden und dadurch das Mittel zu haben, die eigenen eher maßvollen und nicht unbedingt populären Ziele zu verfolgen, die er am leichtesten zu erreichen vermöchte, gönnte man ihm die offizielle Bestallung, zu der ihn seine Fähigkeiten prädestiniert haben. Er muß sich mit den extremen Populisten verbinden, mit Danton, mit Camille Desmoulins, dessen revolutionären Eifer er sich dienstbar zu machen versteht; er läßt ihn Entwürfe für die Anträge an die Nationalversammlung ausarbeiten. Die Diners, zu denen er ihn einlädt, verblüffen den jungen Provinzjuristen; während er sich die erlesenen Platten und schweren

Weine schmecken läßt, muß er darob in republikanischem Puritanismus sein Gewissen beruhigen, zumal am überladenen Tisch auch Mirabeaus Geliebte sitzen und der Ton eher pantagruelisch als rousseauhörig ist. Daß die Üppigkeit auf Borg und überzogenem Kredit gründet, kommt dem ahnungslosen *procureur général de la lanterne*, wie er sich selber nennt, wohl kaum in den Sinn.

Das Veto

Die Revolution hat Talenten Auftrieb gegeben, die ohne sie im Dunkeln geblieben wären. Für Kühnheit und Ehrgeiz wie für Verdienst und Mut ist sie eine ungeheure Laufbahn gewesen, bei der sie sich in ihrer ganzen Energie entwickeln konnten.

Jacques Peuchet

In diesen Wochen kam auf dem Lande eine parallele Revolution zum Ausbruch. Schon im Vorfrühling flackert ein Bauernaufstand in der Provence auf, dann im Mai in der Picardie und in der Gegend von Cambrai. Im Sommer greift zusammen mit der mysteriösen »Großen Furcht«, jener schwer erklärbaren Massenhysterie, der die Landbevölkerung in vielen Gegenden verfällt, und die die Bauern veranlaßt, sich zur Abwehr eines eingebildeten Feindes zusammenzurotten, auch die revolutionäre Unruhe um sich. In den Wäldern bei Paris und Versailles töten die Bauern in den königlichen Jagdrevieren massenhaft das Wild und verwüsten die Baumbestände. Dort und da in Frankreich gehen die Schlösser der Grundherren in Flammen auf. Die Bauern erstreben vor allem Aufhebung der Feudallasten. Aber im Elsaß zum Beispiel kommt es auch zu Ausschreitungen der Landbevölkerung gegen die Judengemeinden.

Die Nachrichten von der Agrarrevolte beunruhigen die Abgeordneten der Nationalversammlung, die zu einem großen Teil zu den in ihren Besitzrechten Betroffenen zählen. Aber in der Sitzung vom 4. August, die sich bis in die Morgenstunden des 5. August hinzieht, kommt es zu der in kollektiver Begeisterung beschlossenen Preisgabe

von Privilegien, zu dem Verzicht auf die Feudalrechte, zur überstürzten Abschaffung des gesamten Feudalsystems, Beschlüsse, die später in wochenlangen Debatten in kühle Gesetze gefaßt werden müssen, um die Befreiung der Bauern und die Entschädigung des Grundherrn zu regeln. Mirabeau war in der berühmten Nachtsitzung mit ihren sich gegenseitig überbietenden Zugeständnissen, wegen eines Familienkonzils in Erbschaftsfragen abwesend; vielleicht hatte er aber auch das, was er eine »wahre Orgie« nannte, vorausgesehen, denn oft durchschaute er die Kollegen, vielleicht blieb er absichtlich fern. Wenn der *Courrier de Provence,* die Zeitung seiner Mitarbeiter, auch schrieb: »Ausländer, Engländer mußten mit Bewunderung zugeben, daß die Franzosen in wenigen Stunden dieser denkwürdigen Nacht mehr vollbracht haben als andere Nationen in einem Jahrhundert«, so klingt sehr viel skeptischer, was Mirabeau selbst äußerte: »Das sind die Franzosen; einen Monat lang diskutieren sie über Silben und in einer Nacht stürzen sie die ganze alte Ordnung der Monarchie um.« Tatsächlich stellte die überstürzte Aufhebung der jahrhundertealten Ordnung die Gesetzgeber vor eine Fülle unvorhergesehener Probleme. Die Tilgung des Zehnten z. B. entzog den Bezügen der Pfarrer jede finanzielle Grundlage. Mirabeau plädierte in den Debatten, die sich daraus ergaben, da man sich auf der Rechten gegen »Entlöhnung« der Priester auflehnte: »Ich kenne nur drei Wege, in einer Gesellschaft zu bestehen: entweder ist man Bettler, Dieb oder Lohnempfänger.« Auch die Eigentümer rechnete er gewissermaßen zu den »Lohnempfängern«, da er sie wohl noch nicht, wie es Tendenzen des 19. Jahrhunderts tun werden, zu den »Dieben« zählte.
Trotz der Ablenkungen durch die Familientrauer stürzte Mirabeau sich wie besessen in die Arbeit. In den Monaten Mai bis Dezember hält er in der Versammlung 120 Reden,

arbeitet in den Ausschüssen, spricht in den Klubs und zum Volk, besucht die Distriktsversammlungen, muß ständig mit anderen Abgeordneten in Kontakt stehen, und seine gebieterische Sinnlichkeit läßt ihn dabei immer neue Abenteuer mit Frauen suchen. Als Redner hat er unter den bemerkenswerten rhetorischen Talenten der Revolution nicht seinesgleichen. Der junge Barnave, Advokat aus Grenoble, glühender Anhänger der neuen Ideen, einer seiner heftigsten Gegner auf der Linken, nennt ihn den »Shakespeare der Beredsamkeit«, und Madame de Staël, die ihn haßt, läßt sich vom Schwung seiner Reden hinreißen. Sie schreibt: »Ich saß nicht sehr weit von Mirabeau entfernt, und obwohl ich an seine guten Absichten nicht glaubte, gewann er in zwei Stunden meine ganze Bewunderung. Nichts war eindrucksvoller als seine Stimme; die Gesten und die bissigen Worte, deren er sich zu bedienen wußte, kommen vielleicht nicht rein aus der Seele, das heißt aus der inneren Bewegtheit; doch man spürte in seinen Reden eine Mächtigkeit des Lebens, deren Wirkung an Wunder grenzte. Gerade die Häßlichkeit verlieh seinen Zügen einen besonders markanten Ausdruck, und der ganze Mensch strömte ungezügelte Kraft aus.«
Das ungeheure Arbeitspensum ließ sich nur mit Hilfe seiner ergebenen Mitarbeiter bewältigen. Sie bildeten eine regelrechte Werkstatt, die Dumont, Duroveray, Clavière, Reybaz und andere; sie stellten das Material zusammen, skizzierten wohl auch seine Reden, denen er dann den Schliff und das Feuer verlieh, wenn er häufig auch aus dem Stegreif und in der Diskussion das Wort ergriff. »Wenn ich nicht mit ihm gelebt hätte«, notiert Dumont, »so wüßte ich nicht, was man aus einem Tag machen, was alles man in die Frist von zwölf Stunden zwängen kann. Ein Tag war bei ihm mehr wert als bei anderen eine Woche, ein Monat: was alles er gleichzeitig erledigte, war wunderbar, von der

Planung zur Ausführung ging keine Zeit verloren. Das Gespräch allein konnte ihn ablenken, und auch das war eigentlich noch ein Arbeitsmittel; fast immer war es infolge eines Gesprächs, daß man Hand ans Werk legte und die Schriften vorbereitete.«

Ungeheuer war die Zahl der Briefe, die von überallher an ihn eingingen. Er las sie oder überflog sie wenigstens immer selbst und machte sich eine Pflicht daraus, jeden der Briefe zu beantworten. »Die Höflichkeit, auf jeden empfangenen Brief zu antworten«, meinte er zu seinem Sekretär, »ist bei einem Mann des öffentlichen Lebens noch viel strikter erforderlich als bei einem Privatmann.«

Die eigentliche Aufgabe der Versammlung sah nicht nur Mirabeau in der Ausarbeitung einer Verfassung. La Fayette schlug vor, als Präambel, nach dem Vorbild Amerikas, eine »Erklärung der Menschenrechte« abzufassen. Sein Antrag fand so begeisterten Anklang, daß er auf der Stelle zum Vizepräsidenten gekürt wurde.

Mirabeau war anderer Ansicht. Die Menschenrechte, schön und gut. »Doch die Nation«, so meinte er, »soll einen so starken Trank nicht auf leeren Magen genießen.« Erst solle sie sich die kräftige Mahlzeit einer brauchbaren und vernünftigen Verfassung einverleiben; dann könne sie den Wein der Menschenrechte gefahrlos schlürfen. Er sah für die Versammlung dringendere Aufgaben als die Diskussionen über die Präambel, in der er »ein Gefilde der Abstraktionen eines Traumlandes« sah. Er war sich bewußt, daß die Kollegen alle mehr oder weniger Ideologen waren, er selbst der einzige Realist. Tatsächlich wird er auch überstimmt. Er akzeptiert die Entscheidung der Mehrheit und wird dem mit der »Erklärung der Menschenrechte« betrauten Ausschuß als Referent zugeteilt. Doch das Ergebnis der Ausschußsitzungen befriedigte niemanden, und er beantragte daraufhin die Vertagung der Präambel, bis über die

Paragraphen der Verfassung abgestimmt worden sei. Es trug ihm wütende Angriffe ein; erregte Gegner riefen ziemlich unmotiviert die Skandale seiner Vergangenheit in Erinnerung. Er konnte sie mit dem Hinweis auf die dreißig Bände aus seiner Feder zum Schweigen bringen.

Weniger solche böswilligen Kränkungen als überhaupt die Erfahrungen, die er in diesen Wochen mit der überwiegenden Mehrzahl der Versammlungsmitglieder gemacht hatte, waren dazu angetan, seine nicht sehr hohe Meinung von ihnen noch weiter herabzusetzen. Sie festigten nur seine Überzeugung, daß eine starke Exekutive diesen träumenden Schülern Rousseaus gegenüber von unbedingter Notwendigkeit sei. In seinen Briefen an den Onkel in Aix läßt er sich darüber aus. »Ich habe immer wie Sie, mein lieber Onkel, gedacht, und denke es jetzt mehr als je, daß das Königtum der einzige Anker des Heiles ist, um uns vor dem Schiffbruch zu bewahren. Welche Anstrengungen unternehme ich nicht täglich, um die Exekutive zu stärken und das Mißtrauen der Nationalversammlung zu bekämpfen.« Doch er sah auch, daß mit den jetzigen Ministern und den Beratern der Krone der König selbst das Grab der Monarchie schaufelte. Er gab die Hoffnung nicht auf, noch Berater des Königs und vielleicht omnipotenter Minister zu werden, da er allein den Weg zu sehen glaubte, einen realistischen Weg, auf dem die Errungenschaften der Revolution bewahrt und das Königtum seinerseits gerettet werden konnte.

Doch er, der an eine Verfassung etwa nach englischem Muster dachte, stimmte dennoch gegen das Zwei-Kammer-System. Auf seinen Antrag hin wurde am 10. September mit großer Mehrheit das Prinzip einer einzigen Kammer beschlossen. Die zweite, die Adelskammer, wäre in der Tat wohl unter den Einfluß der antirevolutionären Hofpartei geraten, was auch nach Mirabeaus Ansicht unbedingt verhindert werden mußte. Anders, als es um das Veto-Recht des Königs ging. Die absolute Monarchie hatte er selbst zu zerstören geholfen, nun sah er die Zeit für gekommen, die Macht des Königs vor ihrem völligen Verfall zu retten und ihr Stützen zu geben. Darum war er für das uneingeschränkte Veto-Recht. Im Haus des amerikanischen Botschafters Jefferson kam es in endlosen Debatten zu dem Versuch einer Verständigung zwischen den Verfechtern eines unbedingten Vetos und jenen Reformern, die höchstens ein aufschiebendes Veto zugestehen wollten. Eine Einigung kam jedoch nicht zustande. Die Rede, die Mirabeau in der Nationalversammlung für die königliche Sanktion hielt, zeigte aber, daß der Volkstribun zum Staatsmann herangewachsen war. Er allein in der großen Runde seiner Kollegen hatte klare Vorstellungen darüber, was an die Stelle der absoluten Monarchie treten sollte: »Mag eine Monarchie noch so gut aufgebaut sein, die königliche Autorität wird doch immer Gegenstand der Furcht für die besten Bürger sein: Der, den das Gesetz über alles stellt, wird leicht zum Gegenspieler des Gesetzes. Der gesunde Argwohn läßt uns natürlich wünschen, eine so gefährliche Macht in Grenzen zu halten. Geheime Furcht hält uns davon ab, die höchste Spitze der Nation mit den Machtmitteln auszustatten, die sie besitzen muß, um die ihr übertragenen Aufgaben zu erfüllen. Wenn man indessen kühl die Grundlagen einer auf Volkssouveränität aufgebauten monarchischen Regierung betrachtet, wird man sehen, daß der Monarch viel mehr als Schutzherr der Völker denn als Feind ihres Glückes gesehen werden muß. Zwei Gewalten sind nötig für das Bestehen und die Tätigkeit des Staatswesens: Die des Wollens und die des Handelns . . . Eine große Nation kann die beiden Gewalten nicht selber ausüben: Daher die Notwendigkeit von Volksvertretern zur Ausübung der gesetzgebenden Gewalt; daher auch die

Notwendigkeit einer anderen Art von Vertretern zur Ausübung der ausführenden Gewalt. Je bedeutender die Nation, um so wichtiger ist es, daß diese letztere Gewalt in Tätigkeit tritt: Daher die Notwendigkeit einer einzigen, höchsten Spitze, einer monarchischen Regierung . . . Da die exekutive Gewalt die Aufgabe hat, das Gleichgewicht aufrechtzuerhalten, Parteinahme und jene Bevorzugungen zu verhindern, nach denen eine kleine Anzahl unaufhörlich zum Nachteil der größeren trachtet, ist es für dieses Volk wichtig, daß jene Macht ständig ein Mittel in der Hand hat, um sich zu behaupten. Dieses Mittel besteht in dem Recht: Die Handlungen der gesetzgebenden Gewalt zu prüfen und ihnen den heiligen Namen des Gesetzes zu verleihen oder zu verweigern. Dieses Vorrecht des Monarchen ist besonders wichtig in allen Staaten, in denen die gesetzgebende Gewalt nicht vom Volk selber ausgeübt werden kann und es daher gezwungen ist, sie Vertretern anzuvertrauen. Es liegt im Wesen der Dinge, daß aus den Wahlen nicht unbedingt die Würdigsten hervorgehen, sondern die, denen Stellung, Vermögen und besondere Umstände es ermöglichen, ihre freie Zeit bereitwillig der Allgemeinheit zu opfern. Deshalb wird aus der Wahl der Volksvertreter immer eine Art Aristokratie hervorgehen, die stets danach trachtet, eine legale Beständigkeit zu erlangen, und die dadurch zugleich dem Monarchen wie auch dem Volk, das sie immer in der Erniedrigung zu halten versucht, feindlich gesonnen sein wird. Daher das natürliche und notwendige Bündnis zwischen dem Fürsten und dem Volk gegen jede Art von Aristokratie, ein Bündnis, bei dem beide dieselben Interessen und Befürchtungen haben, auch dasselbe Ziel und folglich denselben Willen. Nicht um seines Vorteils willen greift der Fürst in die Gesetzgebung ein, sondern gerade um des Volksinteresses willen. In diesem Sinne kann man sagen, daß das königliche Bestätigungrecht keineswegs ein Vorrecht des Monarchen, sondern ein Recht und eine Sache der Nation ist. Doch dieses Veto kann nicht ausgeübt werden, wo es sich darum handelt, die Verfassung zu schaffen: Ich begreife nicht, wie man dem Volk das Recht streitig machen kann, sich selber eine Verfassung zu geben, nach der es von nun an regiert sein will . . .«

In der Versammlung gab aber den Ausschlag, daß Necker, vermutlich aus Furcht vor schwindender Popularität, eine Botschaft an die Nationalversammlung schickte, worin er für das nur aufschiebende Veto eintrat. Er fiel damit Mirabeau in den Rücken; Mirabeau wurde überstimmt. Im übrigen soll seine mündliche Rede von dem Text, der im *Courrier de Provence* verbreitet wurde (und dessen gekürzte Übersetzung man oben gelesen hat), in einigen Punkten abgewichen sein, da er sie im Vortrag mit wetternden Ausfällen gegen den Despotismus für die Versammlung schmackhafter gemacht hatte. Privat hatte er geäußert, er halte das königliche Veto für derart notwendig, daß er lieber in Konstantinopel leben wolle als in Frankreich, wenn es hier nicht in Kraft sei.

Durch Propaganda hatte das Veto bei der Menge die fast konkrete Gestalt eines Schreckgespenstes angenommen. Wie sehr die Straße sich wie stets von Gefühl und Klischeevorstellungen leiten ließ, beweist folgender Auftritt: Als die Menschen einmal anfangs September Mirabeaus Wagen vor dem Haus von Madame Le Jay erkannt haben, bildet sich ein Auflauf. Man wartet, bis er aus dem Haus tritt. Weinend werfen sich ihm einige zu Füßen und flehen ihn an, sie vor dem schändlichen Veto zu schützen. »Sie sind der Vater des Volkes, Herr Graf; Sie müssen uns verteidigen, da man uns durch das Veto wieder zu Sklaven machen will.« Doch die Rede, in der er für das absolute Veto eintritt, hat seiner Beliebtheit merkwürdigerweise keinerlei Abbruch getan, vielleicht weil seine fanatischen

Anhänger wie Desmoulins seine Worte vor dem Volk ganz einfach verfälschen, als habe er das Gegenteil gesagt. Gegen die anderen Verteidiger des Veto, die Abgeordneten Mounier, Lally-Tollendal, Clermont-Tonnerre, wütet die Hetzpresse derart, daß sich Mörder auf den Weg machen, um sie umzubringen, und erst im letzten Augenblick abgefangen werden können. Nach der Meinung einiger Historiker wirft diese Aussparung Mirabeaus auf seine Machenschaften in jenem Herbst ein Zwielicht.

Die feste Haltung aber, mit der er für seine Überzeugung eintrat, und die Niederlage, die er hinnehmen mußte, beweisen immerhin, daß er, wo er im Sinn des allgemeinen Wohls zu handeln glaubte, auch für unpopuläre Entscheidungen eintrat.

Einen machiavellistischen Schachzug hat man darin gesehen, daß er ganz unvermutet sich für einen Antrag des von ihm immer befehdeten Necker einsetzte: Auch Necker war mit seinem Latein am Ende und der Staatsbankrott kaum noch abzuwenden. In einem pathetischen Aufruf wandte er sich an die Nationalversammlung und ersuchte darum, eine rigorose »patriotische Abgabe« zu beschließen, nämlich die Ablieferung allen Tafelsilbers und eine einmalige freiwillige Abgabe in Höhe von 25% des Einkommens. Dupont de Nemours wandte ein, daß man doch eigentlich sehr reich sein müsse, um auf ein Viertel der Einkünfte verzichten zu können; falls die Steuer aber nur die ganz Reichen treffe, was sozial zu verantworten sei, so würde sie insgesamt doch nicht genug einbringen, um das Staatsschiff flott zu erhalten. Die Debatte wogte hin und her. Viermal betrat Mirabeau die Tribüne. Schließlich, um ein Ende zu machen, donnerte er: »Sehen Sie denn nicht, daß Sie, wenn Sie den Staatsbankrott erklären, oder noch schlimmer, ihn unvermeidlich machen, sich mit einer tausendmal kriminelleren, einer sinnlos kriminellen Handlung beschmutzen? Glauben

Sie etwa, weil Sie nichts zahlen, schuldeten Sie nichts mehr? Glauben Sie, daß die Tausende Ihrer Opfer Sie in den Genuß Ihres Verbrechens kommen lassen werden? Sind Sie ganz sicher, daß zahllose Menschen ohne Brot Sie in aller Ruhe Ihre Mahlzeiten genießen lassen, die Sie weder im Umfang noch in ihrer Erlesenheit einschränken wollen? . . . Ist es wirklich eine so edle Handlung, einen Teil des Einkommens abzugeben, um alles zu retten, was man besitzt? Nur einfache Arithmetik. Wer zögert, kann die Empörung nur durch die Verachtung entwaffnen, die seine Dummheit einflößt. Es ist die einfachste Klugheit, die trivialste Weisheit, Euer primitivstes Interesse, an das ich appelliere. . . . Der Bankrott ist da, jetzt ist er da, der grauenhafte Bankrott, und droht Euch zu verschlingen, Euch, Euere Besitztümer und Eure Ehre, und was tut Ihr? Ihr beratet!«

Das Versagen seines Feindes, der vor der Versammlung eingestanden hatte, er müsse ihr »blutenden Herzens ein Bild der Verzweiflung« vorlegen, erfüllte ihn offensichtlich mit Genugtuung, und es konnte ihm nur daran gelegen sein, die Situation so düster wie möglich auszumalen. Vermutlich war er überzeugt davon, daß die von Necker vorgeschlagene Notmaßnahme, die freiwillige »patriotische Abgabe«, erfolglos bleiben und den Minister noch ernstlicher kompromittieren werde. Für Mirabeau war seine apokalyptische Rede jedenfalls ein vollständiger Triumph. Niemand erhob sich, um ihm zu entgegnen. Die Versammlung unterwarf sich seinem Willen. Dumont berichtet in seinen Erinnerungen: »Von diesem Tag an wurde Mirabeau als unvergleichlich angesehen; es gab keinen Rivalen mehr, er allein besaß Beredsamkeit, und die Rede war um so eindrucksvoller gewesen, als sie eine Antwort aus dem Stegreif gewesen war, die in keiner Weise vorbereitet sein konnte.«

Doch Mirabeau, so in Sorge um den Staatshaushalt und die

öffentlichen Finanzen, war, was sein persönliches Leben anbetraf, wie so oft finanziell wieder auf einem Tiefpunkt. Wieder fehlten ihm die Mittel, seine Sekretäre, seine Bedienten zu bezahlen. Zweifellos war daran auch Madame Le Jay nicht unschuldig, die ihn schamlos auspreßte und von der er sich vergeblich loszumachen versuchte. Es gab Tage an diesem Septemberende des Jahres 1789, an denen das Nötigste für seine Verpflegung und die des nun siebenjährigen »Coco«, Lucas de Montigny, fehlte. Eines Morgens begab er sich vor Beginn der täglichen Sitzung zu einem Freund, dem Grafen de la Marck, und eröffnete sich ihm: »Ich weiß keinen Ausweg mehr; ich habe nicht eine Münze mehr! Borgen Sie mir etwas!« La Marck bot ihm eine Rolle mit fünfzig Louisdor an, da er mehr nicht im Haus hatte. Mirabeau war überwältigt von Dankbarkeit. »Ich weiß aber nicht, wann ich es Ihnen zurückgeben kann . . .« Doch der Freund wehrte ab: »Machen Sie sich keine Gedanken über Ihre Schulden bei mir; ich werde mich immer glücklich schätzen, Sie mir verpflichten zu können, und dazu beizutragen, daß Ihre Fähigkeiten und Ihr Charakter unabhängig bleiben.« Tief gerührt erwiderte Mirabeau: »Noch nie in meinem Leben habe ich jemanden gefunden, der sich wie Sie als echter Freund erwiesen hat.« Aber auch La Marck war befriedigt, denn nun war er vergewissert: »Die Art wie er mir seine dankbare Ergriffenheit ausdrückte, bestärkte mich noch mehr in meiner Überzeugung von der reichen Fülle seines Herzens. Ich bin sicher, daß Mirabeau seine Grundsätze niemals geldlichen Vorteilen opfern wird.« Die Bedürftigkeit des Freundes war ihm zudem ein Beweis, daß Mirabeau nicht, wie das Gerücht ging, im Sold des Herzogs d'Orléans stand. Er erbot sich jetzt, ihm eine freundschaftliche Monatsrente von fünfzig Louisdor auszusetzen, die dem »großen, armen Mann«, wie Michelet den Grafen de Mirabeau genannt hat, unter seiner ungeheuerlichen Schuldenlast wenigstens das Minimum für den Lebensunterhalt sicherte.

In diesen Septembertagen erreichte ihn eine Nachricht als Echo aus nun so fernen Jugendtagen, die ihn heftig erschütterte. Er stand auf der Tribüne bei einer seiner großen Reden, als ein Abgeordneter zu ihm trat, der Abbé Vallet; er war der Schwager des Dr. Ysabeau aus Gien; er teilte ihm den Tod Sophies de Monnier mit. Mirabeau schien zu erstarren, er brach die Rede ab und verließ hastig den Sitzungssaal. Drei Tage lang blieb er unsichtbar. Der Selbstmord der einstigen Geliebten rührte unnennbare Gefühle in ihm auf, gemischt aus Widerhall der vergessenen, alten Liebe, aus Schmerz und aus Erinnerung an verwehte Seligkeiten, und auch aus Reue, ja auch Reue. Denn viel hätte er längst darum gegeben, ein Leben ohne die Skandale der Leidenschaft und ohne die Irrwege in Verstrickung vorweisen zu können. Dumont hat einmal berichtet: »Ich habe ihn halb erstickt vor Schmerz weinen sehen: ›Ich büße die Irrtümer meiner Jugendzeit.«

Oktober 1789

Wenn man daran teilnimmt, eine Revolution zu lenken, ist die Schwierigkeit nicht, sie voranzutreiben, sondern sie zu bremsen.

Mirabeau

La Marck gewann immer stärker die Überzeugung, daß es für die Krone von größtem Nutzen sein würde, wenn sie sich Mirabeaus versicherte und ihn verwendete. Er kannte allerdings auch die tief eingewurzelten Vorurteile, die man seinem Freund wegen seiner radikalen Stellungnahmen und demagogischen Umtriebe, ebenso aber auch wegen seines Renommees als Frauenheld und Verschwender entgegenbrachte. In den letzten Septembertagen ließ La Marck der Königin sagen, sie möge sich wegen seiner Verbindung mit Mirabeau nicht beunruhigen, denn er bemühe sich, den Tribun zu mäßigen und ihn dazu vorzubereiten, dem König nützlich zu sein, sobald die Minister sich unvermeidlicherweise gezwungen sähen, sich mit einem so mächtigen Mann zu verständigen. Die Königin empfing La Marck daraufhin in einer persönlichen Audienz. Sie sagte zu ihm: »An Ihren Gefühlen habe ich nie gezweifelt. Doch eines weiß ich auch, Sie werden Mirabeau nicht zügeln können. Auch glaube ich nicht, daß wir jemals in eine so prekäre Lage kommen werden, die uns zwingen könnte, uns von einem Mirabeau Hilfe zu erbitten.«

Im Gegenteil! In den *Memoiren* des Marquis de Ferrières, eines Abgeordneten der Adelspartei mit gemäßigten Ansichten, kann man lesen: »Der Hof war des Nachgebens, zu dem man ihn unaufhörlich zwang, müde geworden. Er

meinte, die Zeit sei gekommen, dem Unternehmen Einhalt zu gebieten, das auf die Vernichtung seiner Macht abzielte. Adel, Klerus und die Parlamentsräte konnten nicht mehr daran zweifeln, daß ihr Ruin unvermeidlich würde. Daher bewiesen sie durch heimliche Manöver, indirekte Angriffe, daß sie noch über Mittel verfügten, die neue Ordnung der Dinge umzustoßen und rückgängig zu machen. Die ‚Patrioten' (so nannte sich die Revolutionspartei) fühlten, daß es unerläßlich sei, diesen Versuchen vorzubeugen, die, obwohl schon mehrfach gescheitert, schließlich doch einmal von Erfolg gekrönt sein konnten.« Der Anlaß ergab sich. Am 23. September hielt das flandrische Regiment seinen Einzug in Versailles, vom Hof gerufen. Man rüstete offenbar zum Gegenschlag.
Mirabeau meinte zu La Marck, mit dem er sich nun fast täglich traf: »Was denken sich diese Leute eigentlich? Sehen sie denn nicht den Abgrund, der sich unter ihren Füßen auftut?« Die Unruhe in der Bevölkerung nahm zu. Obwohl die Weizenernte gut ausgefallen war, machte es sich auf den Märkten nicht bemerkbar. Das Brot war knapp, die Preise blieben hoch, und in Paris standen lange Schlangen vor den Bäckerläden; es kam immer häufiger vor, daß die Menge sie stürmte, um sich gewaltsam Brot zu holen. Dank seiner Verbindungen zu den Demagogen im Palais Royal war Mirabeau offensichtlich davon unterrichtet, daß sich etwas zusammenbraute. Zu La Marck äußerte er alarmierend: »Alles ist verloren! Der König und die Königin werden elend zugrunde gehen, jawohl, vor Ihren Augen wird man ihre Leichen aufs Pflaster schmettern!« La Marck wollte ihn entsetzt zum Schweigen bringen, doch Mirabeau wiederholte: »Jawohl, aufs Pflaster schmettern. Über die Gefahr, in der sie schweben, sind sie sich nicht im klaren. Solange es noch Zeit ist, muß man sie darüber aufklären!«

Daraus, daß er über die kommenden Ereignisse so gut im Bild gewesen zu sein schien, hat man geschlossen, daß er womöglich mit zu den Drahtziehern gehört habe. Auch einem Buchhändler in Versailles namens Blaizot gab er einen deutlichen Hinweis: »Mein lieber Blaizot, aus Freundschaft zu Ihnen möchte ich Sie davon benachrichtigen, daß Sie sehr bald in Versailles ein großes Unglück sehen werden, vielleicht sogar Blutvergießen. Ich sage es Ihnen, um Ihre persönlichen Ängste zu zerstreuen, denn gute Citoyens wie Sie haben nichts zu befürchten.«

Ob er tatsächlich mitverantwortlich war für die Ereignisse vom 5. und 6. Oktober, darüber leitete das Gericht am Châtelet in den folgenden Monaten eine Untersuchung ein, die jedoch nichts ans Licht brachte, was ihn ernstlich belastete. Vielleicht war er nur wie über alles, was in Paris vor sich ging, durch seine Mittelsmänner unterrichtet. Möglicherweise war er nicht einmal unzufrieden darüber. Entschiedene Verantwortung trägt jedenfalls La Fayette, der zu jener Zeit dank seiner amerikanischen Erlebnisse noch Republikaner und verärgert über die Weigerung des Königs war, die von ihm inspirierte »Erklärung der Menschenrechte« zu billigen. Auffällig passiv unternahm er zunächst nichts, den Abmarsch der aufgewiegelten Menge zu verhindern.

Auslöser zu dem Aufstand vom Oktober war eine Taktlosigkeit des Hofes, ein Bankett der *Gardes du Corps* zum Willkommen der flandrischen Offiziere, eigentlich eine Routinesache, die jedoch im Beisein der Königin zu einer royalistischen Provokation ausartete und, durch Gerüchte noch aufgebauscht, den Scharfmachern in Paris den Vorwand zu der Aktion gab.

Am Morgen des 5. Oktober versammelten sich auf der Place de Grève Frauen, weil es kein Brot zu kaufen gab, und Agitatoren luden sie ein, es sich beim »Bäcker und der

Bäckerin« in Versailles zu holen. Gleichzeitig erfuhr die Nationalversammlung, daß der König die Beschlüsse vom 5. August nicht anerkannte. Es kam zu heftigen Debatten, bei denen Mirabeau eher zu mäßigen versuchte. Doch im Verlauf der Sitzung flüsterte er dem Präsidenten Mounier zu: »Paris marschiert nach Versailles.« Man sollte den König in einer eiligen Adresse auffordern, sein verweigertes Placet zu den Beschlüssen ohne Aufschub zu geben. Da Mounier sich nicht überzeugen ließ, wurde Mirabeau dringlicher: »Gehen Sie hinauf ins Schloß und geben Sie ihnen den Wink: es sei kein Augenblick zu verlieren; wenn Sie wollen, sagen Sie ihnen, daß Sie es von mir haben.« Mounier antwortete spöttisch, doch der Graf erwiderte besorgt: »Wenn es zu einem Angriff auf die königliche Familie kommt, kann ich für die Folgen nicht garantieren.«

Der König rüstete sich um diese Zeit, zur Jagd zu gehen, während Marie-Antoinette nach ihrem geliebten Trianon zu ländlicher Spielerei aufbrechen wollte. Mirabeau hatte die Versammlung verlassen und La Marck in seinem Palais aufgesucht.

Als er gegen 18 Uhr in die Versammlung zurückkam, hatten manche der aus Paris eingetroffenen Weiber sich im Saal zwischen den Abgeordneten breit gemacht, unterbrachen durch Geschrei und Zurufe die Verhandlungen, beschimpften und bedrohten jene Volksvertreter, die ihnen nicht paßten, und als Mirabeau eintrat, bejubelten sie ihn und forderten vergeblich, daß er sprechen solle. Vor allem verlangten sie nach Brot. Freilich hatten viele von ihnen seit dreißig Stunden nichts gegessen. Man brachte Lebensmittel. Mirabeau hatte nur einen flüchtigen Blick in den Saal geworfen und war nach Hause gegangen.

Der König empfing unterdessen eine Abordnung der Frauen und versprach, daß er Paris mit Brot versorgen werde. Mirabeau hatte sich schlafen gelegt. Um 11 Uhr nachts wurde er von Dumont geweckt, der ihm mitteilte, daß La Fayette mit Abteilungen seiner Pariser Nationalgarden im Schloß eingetroffen sei. Mirabeau begab sich wieder in die Versammlung, die zu einer außerordentlichen Sitzung einberufen worden war. Das Durcheinander und die Störungen waren wieder die gleichen wie am Nachmittag. Im nächtlichen, nur spärlich erleuchteten Saal schwadete der Geruch der vom Regen noch durchnäßten Kleider der Fischweiber und Dirnen. Von Zeit zu Zeit schrien auf ein Zeichen einer Anführerin *uni sono* Hunderte von heiseren oder schrillen Kehlen Beschimpfungen oder Forderungen, und als Mirabeau eintrat, bejubelten sie ihn. Doch seine mächtige Stimme übertönte den Tumult: »Ich möchte wohl wissen, warum man gekommen ist, unsere Sitzungen zu stören! Sind denn die Freunde der Freiheit gekommen, um die Freiheit der Versammlung zu behindern?« Es trat Stille ein. Was keinem der ratlosen Abgeordneten gelungen war, ihm gelang es sofort. Die Verhandlung konnte weitergehen. Um Mitternacht wurde die Erklärung des Königs verlesen, in der er vorbehaltlos die Artikel der Verfassung und die Menschenrechte anerkannte. Er hatte also mit der Versammlung Frieden geschlossen, und sie vertagte sich auf den folgenden Morgen. La Fayette gab die Versicherung ab, die Ordnung sei endgültig wiederhergestellt, er verbürgte sich für die Ruhe und ging schlafen.

Doch in der Nacht brach der Sturm los. Als Mirabeau am nächsten Morgen auf die Straße trat, traf er auf eine mit Piken bewaffnete Schar Männer, die den Abgeordneten Malouet bedrohten. Es gelang ihm, ihn zu befreien. Aber er erfuhr die Ereignisse der letzten Stunden: gegen fünf Uhr in der Frühe waren die Gittertore des Schlosses eingedrückt worden. Die Menge war eingedrungen, stürmte die Treppen hinauf, schnitt zwei Gardisten, die sich ihr entgegenstellten, die Köpfe ab, strömte durch Gänge und Gemä-

cher, von Hunger und Mordlust hingerissen, massakrierte, sprengte die Türen auf und erreichte die Zimmer der Königin, die sich in letzter Minute, in einen Morgenrock gekleidet, ins Schlafzimmer des Königs flüchten konnte. Zusammengedrängt harrte die ganze königliche Familie in Todesangst hinter verbarrikadierten Türen.
Inzwischen hatte man La Fayette aus tiefem Schlaf geweckt; er kam als Retter. Böswillige sahen in der Inszenierung sein Kalkül. Jedenfalls spreizte er sich in der Rolle. Als der regnerische Oktobermorgen graute, mußte der König auf den vergoldeten Balkon hinaustreten, doch als die Königin neben ihm erschien, erhob sich wildes Gejohle, und Gewehrläufe zielten nach ihr. Entsetzt wich sie zurück. Doch La Fayette führte sie wieder auf den Balkon hinaus und küßte ihr theatralisch die Fingerspitzen. Da schlug die Stimmung um, und Ludwig XVI. verkündete der Menge: »Meine Kinder, mit meiner Frau und meinen Kindern werde ich mitten unter euch leben!« La Fayette rief: »Meine Freunde, der Friede ist geschlossen.«
Der König war bereits Gefangener des Volkes, und der Glanz einer viele Jahrhunderte alten Epoche war endgültig erloschen. Der Morgen, der langsam heller wurde, war der Morgen einer anderen Zeit.
Kurz nach Mittag setzte der Zug nach Paris sich in Bewegung. In seiner Mitte die königliche Karosse, in der das Herrscherpaar und die Kinder saßen. Voran trug man als Trophäen auf Piken die abgeschnittenen Köpfe der niedergemetzelten Garden.
Auch an diesem Morgen tagte die Nationalversammlung. Mirabeau verlangte das Wort. »Ich fordere, daß die Nationalversammlung und der König während der gegenwärtigen Sitzung unzertrennlich sind.« Die Versammlung billigte den verhängnisvollen Antrag. Am nächsten Vormittag aber begab er sich wieder zu La Marck, um ihm zu sagen:

»Wenn Sie irgendeinen Weg sehen, sich beim König und der Königin Gehör zu verschaffen, so lassen Sie sie wissen, daß Frankreich und sie selbst verloren sind, wenn die königliche Familie nicht Paris verläßt. Ich will einen Plan ausarbeiten, wie das zu machen ist. Wollen Sie ihnen versichern, daß sie auf mich zählen können?«

Während die königliche Familie in den seit lange leerstehenden, ausgekälteten und verwahrlosten Räumen der Tuilerien sich einrichtete, tagte die Nationalversammlung weiterhin in Versailles, da in Paris erst ein geeigneter Tagungsraum gefunden werden mußte. Aber 120 gemäßigte Abgeordnete, unter ihnen auch Mounier, auf dessen Initiative hin am 20. Juni der Ballhaus-Eid geschworen worden war, zogen es vor zu emigrieren. Auf Betreiben La Fayettes reiste auch der Herzog d'Orléans unter einem Vorwand nach London ab. Die öffentliche Meinung – und die Königin – hielten ihn für den Hauptanstifter des Aufstandes. Doch bei der Suche nach den Schuldigen zeigten viele Finger auch auf den Grafen de Mirabeau.

Um so mehr überraschte es alle, daß er fünf Tage nach den Ausschreitungen dafür plädierte, jeden Aufwiegler von Unruhen und jeden, der die Polizeibeamten gewaltsam bei der Erfüllung ihrer Amtspflichten behinderte, mit dem Tod zu bestrafen.

Am 15. Oktober übergab er La Marck die versprochene Denkschrift. Er besprach sie lange mit ihm. Seine Vorschläge liefen darauf hinaus, daß der König, um die Handlungsfreiheit wiederzugewinnen, Paris verlassen müsse. Um das dem Volk schmackhaft zu machen, sollten die bisherigen Errungenschaften der Revolution ausdrücklich bestätigt werden. Als Residenzort sei am besten eine Stadt in der Normandie zu wählen, keineswegs in Ost-Frankreich, das zu nahe der Grenze liege. Ferner sollten den Staatsbürgern vermehrte Rechte versprochen werden.

Dann würde der König die Nationalversammlung zu sich berufen, um sie ihrerseits dem Druck der Straße zu entziehen. Schließlich sei ein Verzicht auf den höfischen Luxus erforderlich. Der Herrscher sollte sich mit einem Jahresgehalt von einer Million Livres (1 Livre = 1 Goldfranc) begnügen.

Zweifellos rechnete Mirabeau damit, daß man ihn, falls der Plan zur Ausführung käme, auf einen der Machtposten berufen werde, auf dem er alle seine immensen Fähigkeiten würde einsetzen können. Die erste Schwierigkeit aber lag schon in der Frage, auf welchem Weg man dem König den Plan überreichen könnte. Die Königin, zu der La Marck Zugang hatte, schied wegen des Horrors aus, den sie vor Mirabeau empfand. Schließlich beschloß La Marck, sich damit an den älteren der beiden jüngeren Brüder Ludwigs zu wenden, an den Grafen de Provence (den späteren Ludwig XVIII.), der zweifellos auch der Klügste der drei Brüder war. Tatsächlich billigte der Prinz Mirabeaus Plan prinzipiell, zweifelte jedoch daran, daß sein königlicher Bruder fähig sein werde, danach zu handeln, dessen Schwäche und Unentschlossenheit auch nach des Prinzen Meinung alles überstieg, was man sich vorstellen konnte.

Dieser Bescheid, den La Marck zurückbringt, ist für Mirabeau eine schwere Enttäuschung, nicht nur weil er sich ehrliche Sorgen um das Gemeinwesen macht, auch seine eigenen Hoffnungen sind wieder einmal gescheitert. Die Überzeugung, daß er, um das Land und die Revolution zu retten, auf irgendeine Weise das Ruder in die Hand bekommen muß, ist davon nicht geschwächt. Es gilt, jetzt nach einem anderen Mittel zu suchen. Denn, wie er an seinen Freund Mauvillon nach Braunschweig schreibt: »Die Monarchie ist weit mehr in Gefahr, weil man nicht regiert, als weil man gegen sie konspiriert. Wenn sich kein Steuermann zeigt, ist es wahrscheinlich, daß es zum Schiffbruch kommt. Wenn dann aber die Macht der Verhältnisse dazu zwingt, einen Mann mit Kopf zu berufen, der den Mut hat, alle menschlichen Rücksichten und den subalternen Geist zu besiegen, die sich einer solchen Lösung entgegenstellen werden, so können Sie sich kaum denken, wie leicht es sein wird, das Schiff wieder flott zu machen.«

Der »Mann mit Kopf« hofft eben noch immer.

Er war der diskrete Initiator eines heimlichen Treffens in Passy im Haus seiner Nichte, der Marquise d'Aragon, Tochter seiner Schwester du Saillant. Der über die Polizeimacht verfügende La Fayette war als unumgänglich gebeten, dazu war das sogenannte »Triumvirat« eingeladen, das nach der Emigration eines Großteils der gemäßigten Abgeordneten über einen mehrheitlichen Anhang in der Nationalversammlung verfügte und eigentlich aus vier Männern bestand, da die Brüder Lameth offenbar als einer zählten, reiche Grundbesitzer in Sankt Domingo, die im amerikanischen Unabhängigkeitskrieg mitgefochten hatten und leidenschaftlich den neuen Ideen zuneigten; die anderen »Triumvirn« waren Duport, der in der Loge der Dreißig bereits eine tonangebende Rolle gespielt hatte, und der junge hitzköpfige Barnave, einer der glühendsten »Patrioten« in der Versammlung. Außer ihnen stellte sich auch der weniger bekannt gewordene Sohn des Pariser Bankiers Laborde-Méréville in Passy ein. Alle sechs Geladenen waren alles andere als Freunde Mirabeaus, mit ihm einig nur in der Überzeugung, daß die Regierung ausgewechselt werden müsse. Die eventuellen Ministerlisten, die sie aufstellten, enthielten freilich nicht den Namen Mirabeau. Schon der »Berg von Vorurteilen« gegen ihn würde seine Berufung verhindern, so daß er seufzend zu La Marck sagen konnte: »Ach, welchen Schaden fügt meine sittenlose Jugend dem Gemeinwohl zu!« Immerhin stimmte La Fayette, ganz in die Toga seiner Tugend gehüllt, nach einigem Wenn und Aber zu, eine Unterredung mit Montmorin und eine mit Necker zu vermitteln, der dann auch fünf Stunden lang mit dem gehaßten und gefürchteten »Tribun« konferierte. Es führte abermals zu nichts, und Mirabeau schäumte über den »grausamen, vielmehr rasenden Hochmut des Scharlatans«. Für ihn war es auch der eigenen Finanznot wegen höchste Zeit, an ein Amt und damit zu Geld zu kommen. Seine Lage war so katastrophal wie nie zuvor.

Seine Ausgaben hatten sich bei seinen öffentlichen Tätigkeiten durch Honorare an Mitarbeiter und Sekretäre und vermutlich auch durch Belohnungen an Zuträger und Mittelsmänner bei seiner sprichwörtlichen Großzügigkeit gewaltig erhöht.

Er brachte es über sich, La Fayette ins Vertrauen zu ziehen, der seinerseits mit Montmorin darüber sprach. Daraufhin machte man dem »großen armen Mann« ein Angebot, die Zahlung von 50 000 Pfund, das er, obwohl die Geldfrage der kritische Punkt für ihn war, »mit gebührendem Stolz« ablehnte. »Eine große Unterstützung kann ich nicht annehmen, ohne durch eine Dienststellung dazu berechtigt zu sein, eine kleine würde mich nur nutzlos kompromittieren.« Man verfiel auf den Gedanken, ihm jetzt den Botschafterposten in Konstantinopel anzubieten, vielleicht auch in der Hoffnung, sich ihn vom Hals zu schaffen. Entrüstet lehnte er ab, da es einer Verbannung gleichgekommen wäre. Die Hauptgegnerin seiner Bestallung mit einem verantwortlichen Amt als Minister oder sonstwie im königlichen Rat war jetzt Marie-Antoinette, weil sie in ihm einen Anstifter zu den Ereignissen des 5. und 6. Oktober sah.

Am 19. Oktober siedelte die Nationalversammlung nach Paris über. Die Tagungen fanden provisorisch im Erzbischofspalais statt. Mirabeau betrat jetzt fast täglich das

Rednerpult. Wie er erwartet hatte, war die Dekretierung der freiwilligen »patriotischen Abgabe« ein Schlag ins Wasser gewesen; er war überzeugt, daß Necker nun zurücktreten mußte. Mußte dann nicht ein »Ministerium der Stärke« folgen, das die Nationalversammlung vom Hof ertrotzen würde? Und wer sollte es sonst bilden als er selbst?

Die Niederlage

Alles in allem wird man den Eindruck nicht los, daß Mirabeau gerade an seinem gesunden Menschenverstand scheiterte.

Crane Brinton

Am 5. November griff Mirabeau in einer wohlüberlegten Attacke unter stürmischem Beifall des Hauses wieder einmal Necker an und warf ihm vor, die Beschlüsse der Nationalversammlung zu mißachten. Am selben Abend schrieb er an La Marck: »Morgen werde ich die Schlacht mit einem einfachen taktischen Aufmarsch beginnen.«
Was ihm vorschwebte, war ein großes Ministerium, dem ruhig auch Necker seiner Popularität wegen und weil der König ihm vertraute, angehören mochte. »Man muß ihn jedoch so machtlos machen, wie es seiner Unfähigkeit entspricht.« Aus ähnlichen Gründen würde man La Fayette, den eitlen Gecken, mit dem Marschalltitel schmücken und mit dem Oberbefehl über die Armee betrauen. Der Bischof d'Autun, Talleyrand, mußte Außenminister werden, wenn der Plan gelang; sein enormes diplomatisches Geschick hatte Mirabeau längst erkannt. Der Abbé Sieyès, von Theorien und Reformideen sprühend, sollte seine Talente im Justizministerium entfalten. Mirabeau selbst schließlich wollte sich mit einem Ministerposten ohne Portefeuille begnügen, völlig überzeugt davon, daß er in dem wirklich eindrucksvollen Gremium den Ton angeben und die Richtlinien festlegen werde. Erforderlich war es nun endlich, statt des Gegeneinanders eine Zusammenarbeit zwischen der Exekutive und der Legislative herzustellen. Dazu war es

unabdingbar, daß die Minister an den Sitzungen der Abgeordneten teilnahmen, und daß beide Seiten sich in die Verantwortung teilten. Staatsrechtlich war es ein neuer und zukunftsträchtiger Gedanke, dessen Tragfähigkeit offenbar Mirabeau als einziger erkannte. Allerdings handelte es sich auch um eine Abweichung vom Dogma einer der Autoritäten, das neben Rousseaus Theorien zum fanatischen Credo der Ideologen gehörte, Abweichung von der Forderung der Gewaltenteilung, die Montesquieu aufgestellt hatte und die Mirabeau durch die Verantwortlichkeit der Exekutive vor den Volksvertretern ergänzt sehen wollte.
Der »taktische Aufmarsch«, von dem er sich Erfolg versprach, bestand darin, den entscheidenden Schlag durch einen Angriff auf ein anderes Ziel zu tarnen. Er klagte die Regierung wegen der wachsenden Inflation an, die das Verschwinden und die Hortung des Hartgeldes verursachte; er geißelte den Wucher mit den Kornpreisen, dessen Gefahren für die Gesellschaft er auseinandersetzte. Zur Abhilfe der nationalen Übel schlug er die Schaffung einer Nationalkasse vor, die die Staatsschuld regeln sollte. Um den Brotmangel zu beheben, sollte man bei den Vereinigten Staaten die Zinszahlungen für die zur Kriegsführung geliehenen Summen in Getreidelieferungen erbitten. Und dann kam scheinbar beiläufig sein Hauptanliegen: der Antagonismus zwischen Ministerium und Versammlung, einer der Gründe für die offensichtlich verfahrene Lage, ließe sich dadurch entschärfen, daß die Minister des Königs an den Tagungen teilnahmen. Er beantragte darum als wünschenswert, daß die ausführende und die gesetzgebende Gewalt hinfort gemeinsam über anfallende Fragen diskutierten, und »daß die Minister Seiner Majestät eingeladen werden, in der Versammlung solange eine beratende Stelle einzunehmen, bis die Verfassung die Regeln festgelegt hat, die darauf anzuwenden sind«.

Seine Rede fand im ganzen freundliche Aufnahme, einige Abgeordnete baten um das Wort und unterstützten seine verschiedenen Anträge. Seine Hoffnung, der letzte, ihm so wichtige Antrag würde diskussionslos durchgehen, schien sich erfüllen zu wollen.
Ein Mitlebender schrieb dreißig Jahre später: »Alle echten Freunde einer konstitutionellen Freiheit wünschten ihm den Erfolg; alles, was Mirabeau gesagt hatte, war durchaus wahr, und wenn die Wahl des Königs ihn im Falle des Erfolgs ins Ministerium berufen hätte, so läßt sich nicht daran zweifeln, daß er bei der Popularität, die er genoß, und die noch von keiner dauerhaften Trübung verdunkelt war, Frankreich vor der Wut der Parteiungen, vor der Wut der Klüngel im Inneren wie im Äußeren gerettet haben würde.« (Peuchet, *Memoires sur Mirabeau,* 1824.)
Doch ein Abgeordneter namens Blin, ein bretonischer Arzt, sonst durch keinerlei politische Tätigkeit bekannt, verlangte, obwohl es schon spät am Abend geworden war, das Wort und wandte sich gegen Mirabeaus dritten Punkt. Ihm schloß sich der Schwager La Fayettes, der Vicomte de Noailles, an, so daß es nicht mehr zur Abstimmung kam; sie wurde auf den nächsten Morgen vertagt.
Im Ministerium wußte man, was ein Erfolg der Abstimmung bedeuten würde: Mirabeau morgen Minister! Auch auf der Rechten war man alarmiert, überzeugt, daß das Schicksal der Monarchie in seinen Händen läge. Das Vorurteil war unüberwindlich, obwohl man wußte, daß er allein sie noch retten konnte. Doch nicht nur die Rechte fürchtete ihn. Kleine Ehrgeizlinge fühlten sich von ihm an die Wand gedrückt, und junge Eiferer wollten sich mit dem Gedanken nicht abfinden, daß einer alle anderen überragte. In den Ideologen regte sich das Mißtrauen gegen den Praktiker, die Idealisten fürchteten den Realisten. In der Nacht sind außerdem Stimmungsmacher am Werk, die die

einzelnen Abgeordneten bearbeiten und bei ihnen die kleinlichen Ängste schüren. Vielleicht wirken sie im Auftrag Neckers. Die Bereitschaft zur Zustimmung ist jedenfalls innerhalb weniger Nachtstunden abgebröckelt.
Als am folgenden Morgen die Debatte wieder aufgenommen wurde, hatten Mirabeaus Feinde sich konsolidiert. Lanjuinais, ein Professor des Kirchenrechts, der in der Nacht mit dem Minister de Cicé konferiert hatte, einer der späteren Girondisten, ein aufrechter, jedoch bornierter Prinzipienreiter, warnte die Versammlung vor Mirabeau: »Ein Genie der Beredsamkeit reißt Euch mit sich fort und beherrscht Euch; wovor würde er zurückscheuen, wäre er erst Minister!« Er stellte den Antrag, daß kein Abgeordneter während der Sitzungsperiode der Nationalversammlung und drei Jahre darüber hinaus einen Ministerposten annehmen dürfe.
Mirabeau bewies in seiner Entgegnung die Absurdität des Antrags und fuhr fort: »Es gibt nur zwei Personen in der Versammlung, auf die er heimlich zielen kann. Die anderen haben genug Proben ihrer Freiheitsliebe, ihres Mutes und ihres Gemeinsinns abgelegt, um den ehrenwerten Abgeordneten die Garantie zu geben. Wer sind nun die beiden Mitglieder? Sie haben es bereits erraten, meine Herren, es sind der Antragsteller und ich. Ich sage zunächst der Antragsteller, weil es möglich ist, daß seine verwirrte Bescheidenheit oder sein selbstunsicherer Mut ihn einen großen Vertrauensbeweis befürchten läßt, und daß er sich den Weg, ihn abzulehnen, offenhalten wollte, dadurch daß er die allgemeine Ausschließung einführen läßt. Alsdann sage ich: ich selbst, weil im Volk verbreitete Gerüchte über mich manchen Personen Ängste eingeflößt haben, und anderen vielleicht auch Hoffnungen, und weil der Antragsteller diesen Gerüchten vielleicht Glauben geschenkt hat, oder weil es sehr wohl möglich ist, daß er von mir die gleiche

Vorstellung hat, die ich selbst von mir habe; und so bin ich denn nicht darüber verwundert, daß er mich für unfähig hält, eine Aufgabe zu erfüllen, die ich als weit über nicht etwa meinem Eifer und Mut, wohl aber über meiner Erleuchtung und meinen Talenten einschätze, vor allem wenn sie mich der Unterweisungen und Ratschläge berauben würde, die ich ohne Unterlaß von dieser Versammlung erhalten habe. Ich schlage also folgende Abänderung des Antrags vor: die geforderte Ausschließung auf den Herrn de Mirabeau, Deputierten des dritten Standes von Aix, zu beschränken. Ich werde mich glücklich schätzen, wenn um den Preis meiner Ausschließung ich für diese Versammlung die Hoffnung bewahren kann, einige ihrer Mitglieder, die mein ganzes Vertrauen besitzen, könnten enge Ratgeber der Nation und des Königs werden, die als unzertrennlich anzusehen ich nicht aufhören werde.« Wirkungslose Ironie! Der Antrag seiner Gegner ging durch, mit der von Blin eingebrachten Einschränkung, daß das Verbot, Minister zu werden, nur für die Dauer der laufenden Sitzungsperiode galt, nicht darüber hinaus. Diese zeitliche Begrenzung war für Mirabeau ohne Nutzen. Läßt er zu jener Zeit nicht an einen dicken Karpfen in einem zugefrorenen Teich denken, der immer wieder mit dem Kopf gegen die Eisschicht stößt, ohne sie durchbrechen zu können? Doch dieser 7. November 1789 zerbrach die politische Karriere Mirabeaus. Zwar blieb er seiner politischen Linie weiterhin treu, die ein Bündnis des Königs mit dem Volk erstrebte; doch selbst konnte er nicht mehr dieses Bündnis schmieden, zum mindesten sein Ziel nicht mehr offen verfolgen. Der Beschluß vom 7. November zwang ihn zu listenreichen Intrigen, aber er änderte nicht nur Mirabeaus Schicksal, sondern das der Revolution. Der französische Romantiker Lamartine schrieb fünfzig Jahre später: »Dieses Gesetz war gegen Mirabeau gerichtet, aber sein bewundernswerter Instinkt

ließ ihn fühlen, was es an Unheil und Unsinn barg, und er bekämpfte es für die anderen . . . Mirabeau wurde nicht Minister, und Frankreich wurde der wiederherstellenden Kräfte des größten politischen Genies, das die Neuzeit hervorgebracht hat, beraubt. – Das sind die Gesetze des Neides und der Ausschließlichkeit, sie dezimieren die Fähigen, trösten die Mittelmäßigen und zerstören das Land.«
Und der englische Historiker Oliver J. G. Welch urteilt: »Der Triebwagen der Revolution wurde aus den Schienen geworfen, die ihn zu einer drastischen, aber wohlerwogenen Erneuerung des Staatsgefüges hinlenken sollten, worauf alsbald der Sturz in den Abgrund von Krieg, Aufruhr, Terror und Diktatur folgte.«
Denn dieser 7. November hat noch einen anderen Aspekt: hier ist der Punkt, wo der Weg sich schon – versteckt noch und wenig bemerkt – auf die zweite Revolution, die von 1792, hinlenkt, und wo die erste Revolution, die von 1789, eine nicht wiedergutzumachende Niederlage erleidet. Daß es sich bei der großen Französischen Revolution nicht um einen einheitlichen Vorgang handelt, hat schon der preußische Geschichtsschreiber Heinrich von Sybel in seiner 1853–1858 erschienenen dreibändigen »Geschichte der Revolutionszeit« erkannt. Den Unterschied zwischen beiden Revolutionen hat der konservative Staatsrechtler Martin Kriele wie folgt definiert: »In einer Kurzformel richtet sich die Revolution von 1789 auf den demokratischen Verfassungsstaat, der die Menschenrechte institutionell garantieren sollte, während die zweite Revolution, die am 10. August 1792 in der Pariser *Commune* begann, dieses Staatsrecht in der absoluten ›Befreiung‹ überbieten sollte . . . In der zweiten französischen Revolution trat ein Impuls an die Oberfläche, der der Entwicklung eine ganz andere Richtung gab und den Fortschritt qualitativ völlig anders definierte. Unter dem Deckmantel des Staatsnot-

rechts setzten sich Ideen durch, deren geistesgeschichtlicher Hintergrund und deren Zielsetzung mit dem demokratischen Verfassungsstaat unvereinbar waren.«

Der Sozialist Louis Blanc sieht in seiner *Histoire de la Révolution Française* (12 Bde., 1847–1863) den Unterschied zwischen beiden Phasen ähnlich, wenn seine Bewertung auch gegenteilig ist. Für ihn zeitigten die Ereignisse des Jahres 1789 zunächst nur ein negatives Ergebnis, indem sie das Zeitalter des Individualismus und die unbeschränkte Konkurrenz, das heißt einen Kampf aller gegen alle, heraufführten. Dagegen hätten Robespierre und die Seinen erst den Gedanken der »Brüderlichkeit« begriffen, die sie freilich nur hätten »improvisieren«, nicht »organisieren» können, welche Aufgabe dem »sozialistischen Zukunftsstaat« zufiele. Die »Improvisation der Brüderlichkeit« kostete freilich bereits die nur allzu bekannten, endlosen Blutopfer.

Die geschichtlichen Konsequenzen beider Revolutionen sieht Martin Kriele wie folgt: »Während sich die Ideen der ersten Phase der Französischen Revolution in den demokratischen Verfassungsstaaten Europas und in Teilen der übrigen Welt im Laufe des 19. und 20. Jahrhunderts durchsetzten, bewahrten doch die Ideen der zweiten französischen Revolution ihre Faszinationskraft und wurden in zahlreichen Varianten sowohl theoretisch als auch praktisch durchgespielt.«

Mit anderen Worten: nicht wenige Theoretiker des Sozialismus ganz verschiedener Richtungen knüpfen an die zweite französische Revolution an. Zweifellos läßt sich die Linie vom Robespierrschen Experiment zu den modernen Totalitarismen unschwer ziehen, die die absolute »Befreiung« proklamieren und in der völligen Unterdrückung enden.

Doch die marxistischen Geschichtsschreiber sehen gewiß nicht zu Unrecht hinter beiden Revolutionen jeweils ver-

schiedene Kräfte oder Klassen. Danach war Träger der ersten Revolution das Großbürgertum, das sich wirtschaftliche Möglichkeiten politisch erkämpfen wollte; hinter der zweiten stünde das Kleinbürgertum, das romantisch als das »Volk« bezeichnet wird, und als solches Vorläufer des »vierten Standes« wäre, denn ein eigentliches Proletariat hatte sich ja noch nicht formiert. Im Jakobinerklub, einem der Hauptträger der zweiten Revolution, war ein gar nicht geringer Beitrag zu zahlen, der die Teilnahme der völlig unbegüterten Schichten an den Sitzungen und Beschlüssen ausschloß. Handwerksgesellen, Wasserträger usw., natürlich auch Dienstboten jeder Art, blieben draußen. Trotzdem hat die sozialistische Geschichtsschreibung für Robespierre und seine Diktatur immer eine Vorliebe gezeigt.
Jedenfalls wurde – um nach dem Exkurs über die Dialektik der französischen Revolution auf unser Thema zurückzukommen – durch Mirabeaus Abstimmungsniederlage am 7. November eine Entwicklung eingeleitet, die bei immer größerer Ohnmacht der Exekutive zur usurpierten Macht der Pariser Gemeindevertretung und einer Fraktion des Konvents, das heißt zur diktatorischen Jakobinerherrschaft führte.
Mirabeau nahm die Niederlage, die seine ehrgeizigsten Hoffnungen vernichtete, mit erstaunlicher Gelassenheit auf: »Wir sind eine seltsame Mischung aus Ormuzd und Ahriman oder, um philosophisch zu sprechen, von göttlichem Geist, der eine unvollkommene und widerspenstige Materie beseelt. So dürfen wir weder zu sehr bewundern noch zu sehr verachten; aber was wir noch weniger dürfen, das ist verzweifeln und hassen.« Und an seine Schwester schrieb er: »Sei nicht unseretwegen ärgerlich, sondern wegen des Staatswohls und der Revolution, die sie nicht begreifen.«
Der Rückschlag verschärfte allerdings auch seine finanzielle Zwangslage, da die Gläubiger sich nun nicht mehr auf

die Ressourcen eines künftigen Ministergehalts vertrösten ließen. Madame du Saillant war zweifellos auch darüber im Bild. Faßte sie darum den Entschluß, den Bruder mit seiner reichen Frau nach soviel Jahren der Trennung auszusöhnen?

Emilie de Marignane hatte aus der Ferne den Aufstieg ihres Gatten mit wachsendem Interesse verfolgt. Mit Madame du Saillant war sie die ganzen Jahre über in brieflicher Verbindung geblieben. Nach dem 7. November drückte sie ihr Bedauern über den Mißerfolg Honoré-Gabriels aus. Caroline du Saillant fühlte bei ihm vor. Doch wütend widersetzte sich die Furie, in deren Netzen er sich noch immer befand. Madame Le Jay erwartete noch immer, daß bei einem möglichen Erfolg ihres großen Geliebten Goldströme den Weg in ihre hinkrebsende Druckerei finden würden. Sie wollte ihn mit niemandem teilen.

Immerhin korrespondierten nun auch die Gatten wieder miteinander, und Mirabeau erklärte Emilie sein Streben, das sie gewiß nicht ganz begreifen konnte. »Eine große Umwälzung aller menschlichen Verhältnisse zum Nutzen des Menschengeschlechtes wollte ich vorbereiten, beschleunigen und ihr vielleicht die Richtung geben. Man irrt sich, wenn man vermutet, ich ließe mich von Rachegefühlen gegen den provençalischen Adel leiten, weil er mich so schändlich herausgefordert hat. Versagen und Niedertracht der Regierung einerseits, Dummheit und Stümperei der antirevolutionären Seite andererseits haben mich öfter als nur einmal über mein eigenes Maß hinausgerissen, doch ich hatte immer den Wunsch, in der richtigen Mitte zu bleiben oder dorthin zurückzukehren . . . Ans Ruder wollte ich nur durch Sachzwänge gelangen. Zu verzeihen habe ich mir nichts und werde mir auch nie etwas verzeihen. Ich nähere mich meinem Lebensabend. Ich bin müde, aber nicht mutlos, die Umstände haben mich einsam gemacht, und ich sehne mich nach Ruhe stärker, als man glaubt . . . Wenn ich die nötigen Mittel fände, will ich glücklich zu sein versuchen, und sei es beim Kegelschieben. Als ehrenvollen Ruhestand könnte ich vielleicht auf eine Gesandtschaft hoffen. Vorher muß ich freilich mein Handwerk noch zu Ende bringen.« Und so schreibt er ihr auch: »Man muß den Erlaß über die Minister rückgängig machen; entweder wird er widerrufen werden oder die Revolution findet keinen festen Halt!«

Er hatte noch nicht alle Hoffnung aufgegeben.

Mitte Dezember reiste Graf de la Marck nach Belgien, wo ihm unter anderen Besitzungen auch Bergwerke gehörten. Die Belgier hatten sich gegen die österreichische Herrschaft erhoben. Er wollte ihnen als aufgeklärter Aristokrat seine Dienste zur Verfügung stellen. Gewiß fehlte er dem Freund in Paris, der bei den Plänen und Intrigen, die ihn jetzt beschäftigten, den Mittelsmann wohl hätte brauchen können.

Der »Verräter«

Immer nur Rat geben, niemals handeln können! Ich werde wohl Kassandras Schicksal teilen: immer das Wahre vorauszusehen, ohne daß jemand mir glauben wird.

Mirabeau

In diesen Wochen dachte Mirabeau an Möglichkeiten, den Grafen de Provence, »Monsieur«, wie die offizielle Bezeichnung für den Bruder des Königs lautete, zu einer Art Reichsverweser zu machen, dessen heimlicher Lenker und Denker er sein würde. Die Verbindung zwischen ihnen war seit der Übergabe des Oktober-Memorandums nicht gänzlich abgerissen; Monsieur selbst schien der ihm zugedachten Rolle gar nicht abgeneigt zu sein. In einem Brief an La Marck spöttelte Mirabeau: im Palais du Luxembourg (der Residenz des Grafen de Provence) brenne man vor Begierde, sich vorzudrängen. Aus Ungeduld verwickelte Monsieur sich in den Verschwörerplan eines Marquis de Favras, der nur sehr entfernte Ähnlichkeit mit Mirabeaus Vorschlägen hatte und ihren Absichten zuwiderlief. Nach Favras' eher dilettantischer Planung sollte der König gewaltsam entführt, Bailly und La Fayette ermordet und Monsieur zum Regenten erklärt werden. Das Komplott platzte an den Weihnachtsfeiertagen durch Verrat; Favras wurde zwei Monate später gehängt, ohne den Grafen de Provence preisgegeben zu haben, der dennoch einige Mühe hatte, sich reinzuwaschen. Mirabeau riet ihm, sich vor der *Commune* von Paris und vor der Nationalversammlung persönlich zu rechtfertigen, was ihm mit Hilfe eines von Mirabeau aufgesetzten Textes über alles Erwarten gut gelang. Es sah

sogar so aus, als werde er das neue Ministerium bilden, dem dann auch Mirabeau angehört haben würde.
Diese Chance scheiterte jedoch am Widerstand der Königin und an der Eifersucht La Fayettes, aber auch an der allzu geringen Tatkraft des Grafen de Provence. Zwar überreichte er auf Mirabeaus Rat im Januar 1790 seinem regierenden Bruder wiederum einen Brief, worin er bat, »Steuermann einer neuen Besatzung« sein zu dürfen. Es führte zu nichts. Mirabeau schrieb an La Marck, der erst im März nach Paris zurückkam: »Alles bleibt sehr in Nebel gehüllt, klar ist nur, daß sie zu ihren Diensten Amphibien haben wollen, die die Talente eines Mannes mit der Seele eines Lakaien verbinden. Daran werden sie unweigerlich zugrundegehen, weil sie sich vor Männern fürchten und ihre kleinlichen Abneigungen und lauen Zuneigungen stets aus einer anderen Ordnung der Dinge in eine Gegenwart einmengen, in der auch der Stärkste nicht stark genug ist.«
Schon im Januar mußte er die Hoffnungen begraben, die er auf Monsieur gesetzt hatte.
In der Versammlung und im Klub der Jakobiner, diesem verlängerten Arm der Nationalversammlung, setzte er sich auch nach dem 7. November mit seiner gewaltigen Beredsamkeit für große politische Ziele ein. Im Dezember betrat er zehnmal die Tribüne. Am 24. Dezember plädierte er dafür, auch den Juden und den Schauspielern die Bürgerrechte zu geben. Gegen die Privatinteressen seiner Wähler in Marseille, das wie alle Häfen in West-Europa vom Sklavenhandel profitierte, bekämpfte er erbittert die Sklaverei und die Verschiffung von Negersklaven. Trotz der Niederlage im November beherrschte er auch weiterhin die Versammlung. Mehr und mehr ängstigte sein Einfluß den Hof und den König. Auch die neue Beliebtheit des Grafen de Provence, der durch die geschickte Rede die Stimmung für sich gewonnen hatte, sah man in den Tuilerien mit scheelen Augen.

Am 4. Februar erschien Ludwig XVI. unerwartet in der Nationalversammlung und hielt eine von Necker und La Fayette ausgearbeitete Ansprache, in der er sich zur Verfassung bekannte und sie auch zu verwirklichen versprach. »Im Einverständnis mit der Königin, die alle meine Gefühle teilt«, schloß er, »werde ich zu gegebener Zeit auch meinen Sohn auf die neue Ordnung vorbereiten, da die Umstände sie gebracht haben.«
Einer auf den Bänken der Aristokratie sprang auf und zerbrach ostentativ seinen Degen. Es war Mirabeaus Bruder, Vicomte de Mirabeau mit dem Beinamen »das Faß«. Er rief: »Wenn der König auf sein Königtum verzichtet, so braucht der Adel keinen Degen mehr, um es zu verteidigen.«
Sein Protest ging in der allgemeinen Begeisterung unter, die von der Nationalversammlung, von Paris, von ganz Frankreich Besitz ergriffen hatte. Es schien, als sei die Stunde der Einigkeit zwischen der Nation und ihrem König angebrochen. Am Abend illuminierte die Stadt. Allenthalben stiegen Treueschwüre gen Himmel.
Mirabeau sah die Sache skeptischer. Als ein Redner des Adels die Begeisterung ausnutzen wollte und den Antrag stellte, dem König für drei Monate diktatorische Gewalt zu geben, damit er den Unruhen im Land ein Ende setzte, widersprach ihm Mirabeau mit Leidenschaft: »Die Diktatur eines einzelnen? Die Diktatur übersteigt die Kräfte eines einzelnen, wie groß sein Charakter, seine Tugenden, seine Talente, sein Genie auch sein mögen . . .«
Er selbst war in diesem Winter ernstlich krank. Nierenkoliken machten ihm zu schaffen. Dazu hatte ihn eine eitrige Augenentzündung heimgesucht, die ihn zwang, einen monströsen Kopfverband zu tragen, was ihn nicht hinderte, mit der Vermummung die Rednertribüne zu besteigen. Die tiefe Depression, die ihn befiel, hatte natürlich auch in

seinem physischen Zustand einen ihrer Gründe. Aber auch die Mitarbeiter verließen ihn, Dupont ging nach Genf, Duroveray nach London, dadurch geriet auch sein *Courrier de Provence* in eine Krise, für dessen wirtschaftliche Gewinne die gierige Teilhaberschaft des Ehepaares Le Jay ohnehin eine schwere Hypothek bildete. Die Redaktion übergab Mirabeau nun an Clavière.

Auch in der Freundschaft mit La Marck schien eine gewisse Abkühlung zu drohen, an der die geographische Entfernung vielleicht nicht ganz unschuldig war. Mehr als einmal ist zu beobachten, wie die Faszination, die von Mirabeaus Person ausging, sich bei örtlicher Trennung abschwächen konnte, man braucht nur an die jeweiligen Reaktionen seines Onkels, des Bailli, zu denken. Doch im März kehrte La Marck nach Paris zurück.

Der Grund dazu war ein Schreiben des kaiserlichen Botschafters François de Mercy-Argenteau, worin er gebeten wurde, zu einer Besprechung zu kommen, über deren Thema und Hintergründe das Schreiben nichts verriet. Da beide Männer befreundet waren und da der Botschafter ihres Geburtslandes zudem zu den engen Vertrauten der Königin gehörte, gab La Marck der Bitte sofort Gehör. Am 16. März war er in Paris zurück. Übrigens schwand bei der Begegnung mit Mirabeau sofort auch die leichte Verstimmung, die sich auf ihre Freundschaft zu legen gedroht hatte. Sie verstanden sich sofort von neuem.

Am 19. März traf La Marck mit dem Botschafter zusammen, der ihn im Palais der Rue du Faubourg Saint-Honoré aufsuchte und ihn rundheraus fragte, die Majestäten wünschten zu wissen, was er von der Bereitschaft des Grafen de Mirabeau halte. Die Anregung zu diesem überraschenden Schritt ging erstaunlicherweise von Marie-Antoinette aus. Ihr Bruder Leopold, seit kurzem Kaiser, hatte ihr den Rat gegeben, mit den Männern der Revolution

Fühlung aufzunehmen. Und so hatte sie versucht, ihren Widerwillen zu überwinden. La Marck schlug eine persönliche Fühlungnahme des Botschafters mit Mirabeau vor, die jedoch aus Etikettgründen abgelehnt wurde, so daß abermals vierzehn Tage verloren gingen. Erst Anfang April kam Mercy-Argenteau darauf zurück und willigte unter der Bedingung größter Geheimhaltung in ein Treffen mit Mirabeau ein. Es fand ebenfalls im Haus von La Marck statt, und Mirabeau begab sich fast auf Schleichwegen hin, durch eine sonst stets verschlossene Gartenpforte, über Gartenwege und durch die Schlafzimmertür des Hausherrn, der ihn erwartete und in den Salon führte, wo Marcy-Argenteau bereits eingetroffen war. Der Botschafter nahm von der Unterredung den allerbesten Eindruck mit; er äußerte zu La Marck, wie sehr bedauerlich es sei, daß sich der Hof nicht längst schon die Dienste eines so hervorragenden Mannes gesichert habe. Jetzt scheine man aber den Fehler einzusehen, denn die Knigin lasse La Marck in dieser Sache für den folgenden Vormittag zu sich bitten.

Bei dieser gleichfalls höchst heimlichen Audienz wollte die Königin zunächst von La Marck die Versicherung haben, daß Mirabeau an den Ereignissen des 5. und 6. Oktober wirklich nicht beteiligt gewesen sei, und ihr Besucher konnte ihr beteuern, daß Mirabeau beide Tage mit ihm verbracht hatte. Die Königin sagte, sie freue sich darüber. Schon seit zwei Monaten trügen der König und sie sich mit dem Gedanken einer Fühlungnahme mit dem Grafen de Mirabeau. Doch die Gerüchte hätten einen solchen Abscheu in ihr erregt, daß man den Entschluß hinausgezögert habe. In diesem Augenblick trat der König ein. »Die Königin hat Ihnen bereits gesagt, daß ich mich des Grafen de Mirabeau bedienen möchte, falls Sie meinen, daß er mir nützlich sein kann«, meinte er ziemlich barsch. Und La Marck berichtete später: »Ich entgegnete, ich hielte den

Entschluß zu diesem Schritt für ein wenig spät. Mirabeau habe ihn in irgendeiner Weise längst erwartet, die Minister hätten ihn aber voller Mißachtung und Dünkel zurückgestoßen. Solange man diese Haltung beibehalte, könne man auf den Grafen nicht zählen. ›Ach, in diesem Punkt ist von Monsieur Necker nichts zu erhoffen‹, rief der König. Darum müsse alles, was Monsieur de Mirabeau unternähme, vor den Ministern vollkommen geheimgehalten werden. – Seine Antwort fand ich niederschmetternd . . . Ich sagte, ich müßte mit Mirabeau darüber reden. Ludwig war einverstanden und wollte über das Ergebnis verständigt werden. › Wäre es nicht das beste, wenn Mirabeau seine Vorstellungen selbst schriftlich niederlegte?‹ meinte ich. »Ja, das wäre noch vorzuziehen.‹ Damit verabschiedete sich der König.«
Dem Unterhändler waren schon während der Audienz die größten Bedenken gekommen. Als er seinem Freund berichtete, äußerte er sie jedoch nicht, sondern versicherte ihm nur, daß König und Königin eine hohe Meinung von seinen Talenten hätten. Als er ihm erzählte, die Königin sei von den Gerüchten stark beunruhigt gewesen und habe sich Mirabeaus Unschuld am 5. und 6. Oktober versichern lassen, wechselte er jäh die Farbe. Sein Entsetzen darüber, daß Marie-Antoinette ihn für verantwortlich hatte halten können, war offensichtlich. Immerhin aber hatte er La Fayette gegenüber am 2. oder 3. Oktober einmal geäußert: »Wenn Sie es so wollen, dann mag die Königin am Leben bleiben! Eine gedemütigte Königin kann sich möglicherweise als nützlich erweisen, eine ermordete dagegen taugt allenfalls nur für ein schlechtes Theaterstück.« Es war vielleicht eine reine Rodomontade gewesen, mit der er den steifen »Heroen beider Welten« hatte brüskieren wollen. La Marck mußte ihm nun wieder und wieder versichern, daß Marie-Antoinette jetzt von seiner Unschuld gänzlich

überzeugt worden sei, und berichtet: »Noch lange Zeit später blieb in ihm ein schmerzlicher Eindruck darüber zurück, daß er der Gegenstand eines so ungeheuerlichen Verdachtes hatte sein können.«
In der Denkschrift, die Mirabeau für den König aufsetzte, erklärte er nach seinem Treuebekenntnis zur Monarchie: »Man darf mein Verfahren nicht nach den einzelnen Tatsachen, nach einer einzelnen Rede beurteilen, sondern nur im ganzen Zusammenhang; den Staat von einem Tag zum anderen zu retten, ist unmöglich. Dem König verspreche ich Ergebenheit, Eifer, Aktivität, Willensanstrengung und ein Ausmaß an Mut, von dem man sich wohl schwerlich eine Vorstellung machen kann. Nur etwas kann ich nicht versprechen: einen sicheren Erfolg!« In dem am 10. Mai abgelieferten Schreiben bittet er um einen Aufschub von zwei Monaten, einerseits um einen Plan auszuarbeiten, andererseits auch um den König von seiner Ergebenheit überzeugen zu können. Er übergab es La Marck, der es an Mercy-Argenteau weitergab, über den es an Marie-Antoinette und schließlich an den König gelangte.
Die Königin bestellte La Marck abermals zu sich und äußerte sich befriedigt über die Denkschrift. Er selbst hatte zwar große Zweifel, ob es für eine Rettung der Situation nun nicht schon zu spät sei, behielt diese Zweifel aber für sich. Die Königin fragte ihn, was man tun könne, um Mirabeau zufriedenzustellen, und La Marck eröffnete ihr, daß vor allem auch eine finanzielle Hilfe erforderlich sei, da Mirabeau sich so stark für die öffentliche Sache einsetze, daß er die eigenen Geschäfte vernachlässigen müsse. Er riet dazu, Mirabeaus Schulden zu bezahlen, deren Summe freilich beträchtlich sei. Doch die Einzelheiten wurden zwischen ihm und Mercy-Argenteau erörtert, der um eine Aufstellung der in Betracht kommenden Summen bat. Nach ein paar Tagen brachte er dem Botschafter diese

Liste. Sie umfaßte alle Schulden, die seit zwanzig Jahren aufgelaufen waren; so befand sich zum Beispiel darunter auch die Schneiderrechnung für den Hochzeitsanzug Honoré-Gabriels, die noch nicht beglichen war. Der gesamte Rückstand, einschließlich der Beträge, die La Marck ihm in den letzten Monaten vorgestreckt hatte, belief sich auf 208 000 Livres. Mirabeau hatte dem Freund die Liste mit der Bitte ausgehändigt: »Tun Sie Ihr Möglichstes, damit ich darüber hinaus auch mit wenigstens hundert Louis im Monat rechnen kann.« Eine wirklich nicht übertriebene Forderung, vergleicht man damit das Geheimregister königlicher Zuwendungen, die meist höchst unverdient ausgeschüttet wurden. Seit der Thronbesteigung Ludwigs XVI. bis zum Herbst 1789 beliefen sie sich auf 228 Millionen, erschreckende Verschwendung in einer Zeit staatlicher Finanzmisere und drohenden Bankrotts! Die Familie Polignac, Favoriten der Königin, hatte allein viele Millionen kassiert; die königlichen Prinzen trotz privatem Reichtum über zweieinhalb Millionen unter dem Titel »außerordentliche Hilfeleistung«, nicht für den Staat, sondern für die Empfänger. Als La Marck Mirabeaus Schuldenliste überbrachte, sagte denn auch Mercy-Argenteau: »Wenn es weiter nichts ist!«, während der bedrängte Schuldner gemeint hatte: »Meine Schuldenlast ist zu beachtlich, als daß man sie begleichen könnte.«

Der König bewilligte die Tilgung ohne weiteres, und der Freund schlug vor, eine Pension von monatlich 6000 Livres auszusetzen; auch sie wurde auf der Stelle zugesagt. Darüber hinaus händigte Ludwig dem Grafen de la Marck vier Wechsel über je 250 000 Livres aus, die nach Ablauf der Sitzungsperiode der Versammlung fällig werden sollten, ,,wenn Monsieur de Mirabeau mir so gut gedient hat, wie er verspricht«. Als Mirabeau diese Abmachung erfuhr, erfaßte ihn ein »rauschhafter Freudentaumel«, den La

Marck als einer der reichsten Grandseigneurs, der nie in Bedrängnis gewesen war, nicht recht begreifen konnte. Für Mirabeau aber mußte es wie ein Wunder sein, zum ersten Mal, seit er erwachsen war, keine Schulden und ein regelrechtes Einkommen zu haben, das seinem Stand und seinen Bedürfnissen ein wenig entsprach.

Seine Begeisterung riß ihn so sehr hin, daß er Ludwig XVI. auf einmal als den idealen Herrscher bezeichnete, dessen Bild bisher nur die Intrigen der unfähigen Minister verdunkelt hätten. Jetzt aber werde sich alles wenden. Schon in seiner Denkschrift hatte er optimistisch bekannt: »In diesem Augenblick der Verworrenheit eine Rolle zu spielen würde ich unweigerlich ablehnen, wäre ich nicht überzeugt, daß die Wiederherstellung der legitimen Autorität des Königs für Frankreich die größte Notwendigkeit und das einzige Mittel zur Rettung des Landes ist.« Sein sanguinisches Temperament sah, da man nach ihm rief, jetzt alles in rosigem Licht.

Seine Zusammenarbeit mit dem Hof hat man als Verrat gebrandmarkt. Dabei lag nichts eigentlich Verwerfliches darin, in diesem Frühjahr mit der Krone zusammenzuarbeiten. Der König war das legitime und tatsächliche Staatsoberhaupt; er hatte zudem inzwischen die Beschlüsse der Nationalversammlung gegengezeichnet und die neue Konstitution anerkannt. Schließlich arbeiteten auch die offiziellen Minister mit ihm zusammen. In Wirklichkeit hat Mirabeau auf diesem heimlichen Weg nur die Ideen weiterverfochten, für die er von Anfang an eingetreten war. So schrieb er denn auch an den König: »Ich werde sein, was ich immer war: der Verfechter einer durch Gesetz geregelten Königsgewalt und der Verkünder der durch die monarchische Gewalt garantierten Freiheit.« Und La Fayette hat einsichtig genug bemerkt: »Monsieur de Mirabeau verrät nur im Einklang mit seinen Überzeugungen.« Von ihm selbst stammt der Ausspruch: »Man kann mich bezahlen, aber kaufen kann man mich nicht.« Im übrigen muß man die Usancen der Epoche berücksichtigen. Danach war es durchaus nichts Ungewöhnliches oder Unehrenhaftes, aus der Schatulle des Herrschers für große oder kleine Dienste Schuldentilgung und Geldzuwendungen anzunehmen. Daß der König sich vermutlich der Illusion hingab, den Mann, den er für den gefährlichsten hielt, durch Bestechung an den Hof zu fesseln, ist eine andere Sache.

Mirabeau beging in souveräner Mißachtung der öffentlichen Meinung, auf deren Neigung zur Idolatrie doch seine eigentliche Macht basierte, die Unvorsichtigkeit, von heute auf morgen seinen Lebensstil zu ändern. Er vertauschte sein möbliertes Zimmer im Hôtel de Malte mit einem Haus an der Chaussée d'Antin, dem Viertel der Bankiers und der großen Kurtisanen. Hatte er sich bisher mit einem Kammerdiener beholfen, so mußten nun ein Koch, Lakaien, ein Kutscher, Wagen und Pferde her. Wie schon einmal nach seiner Hochzeit verfiel er in einen Taumel des Kaufens. Büchernarr, der er war, schaffte er sich eine große Bibliothek an, die er noch durch Erwerb der nachgelassenen Bibliothek des Naturforschers de Buffon ergänzte. Von dem Maler Boze ließ er lebensgroß sein Porträt malen. Seinen Freunden gab er üppige Gastmähler, hielt offene Tafel, und Orgien mit Tänzerinnen der Oper rissen nicht ab. Vergeblich warnte La Marck ihn, daß sich böse Gerüchte über ihn verbreiten würden, denn seine Armut und seine Schwierigkeiten waren stadtbekannt. Doch es war, als wüßte er, daß es sein letztes Lebensjahr war. Noch einmal lebte er auf und schien sich am Genuß der Weltfreuden nicht sättigen zu können. Zweifellos mutete er dabei, mochte er auch über die Natur eines herkulischen Körpers verfügen, sich zuviel zu. Gleichzeitig ließ seine Arbeitswut keineswegs nach.

Nicht nur schrieb er in den kommenden Monaten einundfünfzig Noten an den Hof. Er gibt darin Schilderungen der Lage, interpretiert sie und versucht zu instruieren, wie böse Folgen abzuwenden wären. Doch das Vertrauen des Königs, auf das er gerechnet hatte, trugen sie ihm nicht ein. Dem König in seinem Wankelmut war es nicht möglich, über den eigenen Schatten zu springen. Er machte sich die Hinweise seines genialen Ratgebers nicht zunutze. La Marck erschrak darüber, wie wenig das Königspaar im Grunde die ganze Revolution ernst nahm; man träumte bei Hof noch immer davon, bei nächster Gelegenheit den ehemaligen Zustand wiederherzustellen. Das aber wollte der Verfasser der »Noten an den Hof« auf keinen Fall; er wollte zu neuen Ufern, zu einem ehrlichen Pakt zwischen dem König und seinem Volk.
Anfänglich war er in der ihm eigenen Neigung zu aufflammendem Optimismus vom Erfolg fest überzeugt. War nicht sogar die Rede davon, der König wolle Necker entlassen, um ein Ministerium zu bilden, das zu einer Zusammenarbeit mit Mirabeau bereit wäre?
In der Versammlung und im Jakobinerklub schränkte Mirabeau seine Tätigkeit keineswegs ein. Doch es kam zu Zusammenstößen mit der extremen Linken; zum Beispiel in der Frage, wem das Recht der Erklärung von Kriegen und der Friedensschlüsse zustehe, dem König oder der Volksvertretung. Gemäß seiner Überzeugung, daß es unerläßlich sei, prinzipiell die Exekutive zu stärken, kämpfte er gegen eine königsfeindliche Übermacht, zumal die Bänke der Royalisten nur schwach besetzt waren, denn viele von ihnen zogen es vor fernzubleiben, um nicht gemeinsam mit dem gehaßten Mann für dieselbe Sache stimmen zu müssen. Als er einen Kompromißantrag einbrachte, der die Frage selbst in der Schwebe ließ, zog er die Angriffe von Rechts und Links auf sich. Unbeirrt riskierte er sogar seine

Volkstümlichkeit. Tatsächlich wurde Paris von einer Flut von Broschüren überschwemmt mit dem marktschreierischen Titel: »Der Verrat des Grafen Mirabeau aufgedeckt!« Die Broschüre endete mit der Verfluchung: »Vor deiner abscheulichen Existenz werden gleichzeitig die Natur, dein Vaterland und dein Jahrhundert erröten, daß sie ein Ungeheuer wie dich hervorgebracht haben!« Als er sich am 22. Mai in die Nationalversammlung begab, beschimpfte ihn die Menge und der Ruf »An die Laterne!« erklang. Als er die Salle de Manège betrat, wo die Versammlung ihre Tagungsstätte gefunden hatte, zischte ein Abgeordneter ihm zu: »Gestern stand Mirabeau auf dem Kapitol, heute auf dem Tarpejischen Felsen.« Die Rede, die er an diesem Tag hielt, gilt als eines seiner rhetorischen Meisterwerke. Gegen das sogenannte »Triumvirat«, namentlich gegen den fanatischen Barnave sich wendend, schloß er schließlich: »Geben Sie zu, daß ich das verführte Volk, das mich bedroht, immer noch besser verteidige als Sie. Oder sagen Sie uns, daß wir keinen König brauchen, aber sagen Sie nicht, daß wir einen machtlosen, nutzlosen König brauchen.«

Sein ausgleichender Vorschlag wurde schließlich angenommen. Da er jedoch sich dessen durchaus bewußt war, daß man ihn als »royalistisch« auslegen konnte, beging er die journalistische Fälschung, im *Courrier de Provence* einen abgeänderten Text zu verbreiten, was dem »Triumvirat« natürlich nicht verborgen bleiben konnte. Es kam sowieso zum offenen Bruch.

Mit seiner Rede auf den Tod Franklins am 11. Juni gewann Mirabeau viel von seiner Volkstümlichkeit zurück, die er acht Tage später freilich wieder strapazierte, als er auf der Tribüne für seinen Tollkopf von Bruder eintrat, der gegen Anhänger der Revolution im Regiment vorgegangen war, dessen Oberst er war. Mirabeaus Verteidigung des »Fasses« war die Folge seines ausgeprägten Familiensinns, schadete ihm aber in der öffentlichen Meinung. Wie sehr er zudem »Edelmann« geblieben war, läßt sich daraus ersehen, daß er an dem Abend des 19. Juni, an dem die Abschaffung des Adels beschlossen worden war, zu seinem Kammerdiener sagte: »Wenn du vergißt, mich Herr Graf zu nennen, zerschlage ich meinen Stock auf deinem Rükken.«

Seine geheimen Berichte an den Hof benützte er nicht zuletzt auch dazu, gegen La Fayette zu intrigieren, der bei der erwarteten Regierungsumbildung der einzige ernstliche Rivale war, falls, wie er noch immer hoffte, die verhängnisvolle Entscheidung vom 7. November rückgängig zu machen war. In seine zweite Note ließ er den Wunsch nach einer persönlichen Aussprache einfließen und wandte sich darin in erster Linie an die Königin, in der er, wie er sich ausdrückte, »den einzigen Mann« in der Umgebung des Königs sah.

Tatsächlich kam es Anfang Juli zu der Begegnung, die unter strengster Geheimhaltung stattfinden mußte. Am 2. Juli abends begab sich Mirabeau zu seinem Neffen du Saillant nach Passy, auf halbem Weg nach dem Schloß von St. Cloud, in dem das Königspaar in ein wenig gelockerter Überwachung die Sommermonate verbrachte. Am nächsten Morgen bestieg er ein gedecktes Kabriolett und der Neffe setzte sich als Kutscher verkleidet auf den Bock. Um 8 Uhr morgens traf das Gefährt vor einer kleinen Gartenpforte des Parks von St. Cloud ein, durch die Mirabeau eilig verschwand. Er war erwartet und wurde zur Königin gebracht. Man weiß nicht, ob das Gespräch im Schloß oder in einem Gartenpavillon stattfand. Es dauerte über eine Stunde. Marie-Antoinette, damals 32 Jahre alt, soll bei seinem Eintritt gezittert und erst bei den Beteuerungen seiner Ergebenheit die Fassung wiedergewonnen haben.

Über den Inhalt des Gesprächs weiß man nichts. Angeblich soll er beim Abschied zu ihr gesagt haben: »Madame, wenn Ihre kaiserliche Mutter einem ihrer Untertanen die Gnade ihrer Gegenwart gewährte, entließ sie ihn nie, ohne ihm die Hand zum Kuß zu reichen.« Und ergriffen habe er nach dem Handkuß gestammelt: »Madame, die Monarchie ist gerettet.« Das Numinose, das im 18. Jahrhundert selbst für einen rebellischen Aristokraten die Krone haben mußte, und der hoheitsvolle Charme der Habsburgerin mögen einen so empfänglichen Mann wie den Grafen de Mirabeau bei diesem persönlichen Kontakt tief aufgewühlt haben. Vor seinem Neffen soll er bei seiner Rückkehr in die Worte ausgebrochen sein: »Sie ist sehr groß, sehr edel und sehr unglücklich, aber ich werde sie retten.«
Trotz aller Geheimhaltung und aller Vorsichtsmaßregeln sickerten Gerüchte über die Begegnung durch. Sogar das Untersuchungskomitee der Nationalversammlung beschäftigte sich damit. Mirabeau blieb dabei, nur seinen Neffen in Passy besucht zu haben, und er nächtigte anschließend mehrmals bei ihm, um allen Verdacht zu zerstreuen. Aber die Hetzpresse tobte gegen ihn. Auch Desmoulins fiel von ihm ab und beschimpfte ihn in seinem Blatt als Überläufer. Um so mehr mußte dem so Angegriffenen daran liegen, in der Nationalversammlung die Präsidentschaft zu erhalten, die alle vierzehn Tage wechselte, aber von besonderem Gewicht in den Wochen war, in die das große »Fest der Föderierten« vom 14. Juli 1790 fallen würde, ein Fest zum Jahrestag des Sturms auf die Bastille. Paris war wieder einmal wie von einem Fieber ergriffen. Alle Bevölkerungsschichten machten sich daran, den riesigen Festplatz, das Marsfeld, herzurichten. Herzoginnen karrten Erde, Metzgergesellen trugen Steine, freilich unter einer Fahne, auf der zu lesen stand: »Zittert, Aristokraten, die Metzger kommen!« Selbst Mönche rafften die Kutten und bearbeiteten die Erde.

Mirabeau sah in dem großen Fest eine willkommene Gelegenheit für den König, vor der versammelten Nation – aus allen Provinzen trafen Abordnungen ein – seine Verbundenheit mit dem Volk zu zeigen und der Heros des Festes zu werden. Als Präsident der Nationalversammlung könnte er, Mirabeau, dann dem Herrscher sichtbar und wirkungsvoll assistieren und damit dem Thron den größten Vorteil sichern.
Doch La Fayette wußte Mirabeaus Wahl zum Präsidenten zu hintertreiben und der König, von Schüchternheit befallen, konnte sich nicht zu einer großen Rede aufraffen, die Mirabeau für ihn aufgesetzt hatte. Am Vormittag rieselt Regen auf die festliche Menge herab. Viele haben sich beim Anmarsch mit Straßenkot bespritzt. Das Herrscherpaar hat auf einer offenen Tribüne Platz genommen, die Königin mit einem Kopfputz aus trikoloren Federn. Sie ist traurig und bleich. 400 000 Zuschauer sind versammelt. Inmitten erhebt sich der »Altar des Vaterlandes«, an dem Talleyrand, Bischof von Autun, die Messe zelebrieren wird. Mirabeau hat sich darum beworben, ihm als Mesner zu dienen. Beide wissen, daß sie unter all den Nullen die einzigen Köpfe sind, und haben sich jüngst wieder miteinander ausgesöhnt. In großem bischöflichen Ornat steigt Talleyrand die Stufen zum Altar hinauf, und als er an seinem seltsamen Mesner vorüberkommt, dem das von trikolorer Schärpe gegürtete Chorhemd ein fast närrisches Aussehen verleiht, zischt er ihm zu: »Bringen Sie mich nur nicht zum Lachen!« Aber Fanfarengeschmetter setzt ein, und das Hochamt nimmt seinen Anfang. Der Regen hat aufgehört. La Fayette, auf seinem Schimmel, spricht beim Altar die Schwurformel der Nation »für das Gesetz und den König«. Vierhunderttausend Münder sprechen den Eid nach. Dem Volksgeneral in großer Uniform ist es gelungen, sich zum Helden des Tages aufzuwerfen.

Man küßt seine Hände, seine Rockschöße, sogar die Stiefel und das Pferd. Die Reihe kommt an den König. Jeder erwartet, daß auch er zum Altar tritt, um seine Ansprache zu halten und die Menge, die ihn noch immer verehrt, durch warme und ehrliche Worte zu begeistern. Er verpaßt die Gelegenheit. Er erhebt sich nur von seinem Platz und spricht ein paar farblose Sätze, nur von der nächsten Umgebung gehört, und setzt sich wieder. Dennoch schwillt die Akklamation der Umstehenden ringförmig an. Frankreich applaudiert zwar noch einmal seinem König, doch er reißt sein Volk nicht mit.

Die Hauptrolle hat nicht Ludwig, wie Mirabeau wollte, sondern La Fayette gespielt. Ihm flogen die Herzen zu. Abends bei Tisch mit Freunden sagte Mirabeau, nicht ohne Eifersucht, bitter: »Würde ich bei einem solchen Volk zum Minister ernannt, dann erdolchen Sie mich, denn ein Jahr später würden Sie Sklaven sein!«

Der König nahm zwar die Memoranden entgegen. Doch schon Ende Juli mußte der Ratgeber einsehen, daß er sich wieder einmal zu hohe Hoffnungen gemacht hatte. Trotzdem fuhr er fort, das Herrscherpaar zu beraten und ihm seine heimlichen Noten zuzuschicken. Gleichzeitig aber hörte er keineswegs auf, auch in der Nationalversammlung seine Rolle zu spielen, sogar gelegentlich auch wieder scharfe Töne anzuschlagen; an brisanten Themen fehlte es nicht. Wo es darauf ankam, verteidigte er in heftig pathetischen Reden stets die Revolution. Der Minister Montmorin meinte damals zu dem Monarchisten Monsieur de Molleville: »Ich weiß nicht, ob jemals ein Kopf von der Stärke Mirabeaus existiert hat. Nicht nur, daß keine Schwierigkeiten ihn aufhalten können, sondern es gibt auch sehr wenig, woraus Vorteil zu ziehen er nicht Mittel findet. Mit einem solchen Werkzeug kann man Revolutionen hervorrufen oder sie zunichte machen.« Doch der Hof urteilte anders und sah in seinem einzig möglichen Retter bloß einen armseligen Karrieresucher. Nicht nur befolgte man seine Anregungen und Ratschläge nicht, unschlüssig wie stets suchte Ludwig sich in entgegengesetzten Lagern noch andere Berater. Die Königin stützte sich vor allem auf einen Abgeordneten der äußersten Rechten, Nicolas Bergasse aus Lyon, der längst den Sitzungen der Versammlung fern blieb, und auf ihren Anbeter Axel von Fersen, einen schwedischen Oberst, der zu ihren intimsten Vertrauten gehörte, vielleicht sogar ihr Liebhaber war. Bitter schrieb Mirabeau an den Freund: »Soll ich noch weitere Noten schicken? Wozu, da man mich doch nicht hört? Was will man von mir?«

Als fanatische Royalisten beim Châtelet die Untersuchung, ob und inwieweit er an den Ereignissen des 5. und 6. Oktober beteiligt gewesen ist, ins Rollen bringen, argwöhnt er sogar, daß der Hof selbst hinter den Machenschaften stünde. Zornig unterbricht er die heimlichen Berichte, bis er im Spätherbst seinen Irrtum erkannt hat. Vor der Nationalversammlung fällt es ihm dagegen nicht schwer, die Verleumdung, er sei unter den Aufständischen mit dem Säbel in der Hand gesehen worden, der Lächerlichkeit preiszugeben. »Ich trug die Kleidung eines Abgeordneten des dritten Standes; ein Säbel paßt zu ihr nur auf den Karikaturen! Man hat mich mit einem Monsieur de Gamache verwechselt. Für ihn ist das nun wirklich sehr ärgerlich, denn von Gesetzes wegen fällt der starke Verdacht auf ihn, sehr häßlich zu sein, da er mir ähnlich sieht.«

Dem Rhetor Mirabeau stehen alle Nuancen zur Verfügung, von den dramatischen bis zu den ironischen, und der Marquis de Ferrières hat in seinen Memoiren den Stil des Abgeordneten Mirabeau geschildert: »Alles, bis auf die Art sich zu geben und das Haar zu tragen, war nach einer tiefen Kenntnis der menschlichen Psyche berechnet. Seine rauhe, wilde, aber rasche, beseelte Beredsamkeit voll kühner Metaphern und gigantischer Bilder beherrschte die Beratungen der Versammlung. Sein harter, holpriger, aber ausdrucksvoller, wortreicher, von klingenden Formulierungen strotzender Stil glich einem starken Hammer in der Hand eines geschickten Künstlers und formte nach seinem Willen die Menschen. Es ging nicht darum, sie zu überzeugen, sondern er mußte sie betäuben, unterwerfen. Mirabeau zwang sie in jede Form, zu jeder Regung, zu jeder Leidenschaft.«

Einmal läßt er sich in den Briefen an den Freund zu dessen Entsetzen dazu hinreißen, als er sich über die hilflose Widerborstigkeit Ludwigs XVI. geärgert hat, das heftige Wort vom »königlichen Rindvieh« niederzuschreiben. Und als La Marck sich einmal durch eine seiner revolutionären Reden verletzt fühlt, mit denen es ihm gelingt, sich in der Nationalversammlung wieder Gehör zu verschaffen, verteidigt er sich: »Gestern war ich keineswegs ein Demagoge, sondern nur ein guter Staatsbürger und vielleicht ein geschickter Redner. Wie? Da betreiben einige Schurken die Gegenrevolution, und ich soll nicht gegen sie wettern? Wahrhaftig, mein Freund, ich habe keine Lust, irgend jemandem meine Ehre zu opfern oder dem Hof meinen Kopf auszuliefern. Wäre ich bloß Politiker, würde ich sagen, es ist notwendig, daß diese Burschen mich fürchten. Doch ich bin ein guter Staatsbürger, der den Ruhm, die Ehre und die Freiheit mehr als alles andere liebt, und ganz gewiß werden diese Herren Rückschrittler mich immer bereit finden, sie zu zerschmettern. Gestern hätte ich sie massakrieren lassen können. Falls sie auf diesem Weg weitergingen, zwängen sie mich, es zu wollen.«

Doch wenn er auch scharfmacherische Reden hält, um die unbelehrbaren Intriganten auf der Rechten einzuschüchtern, so verurteilt er doch erst recht die Schürer des Aufruhrs auf der Linken. »Ich bin«, sagt er von sich, »der Mann, der die Ordnung wiederherstellt, aber nicht die alte Ordnung!«

Wie aber, wenn sich die Ordnung nur durch einen Bürgerkrieg wiederherstellen ließe? Einen Bürgerkrieg, in dem die Provinz über Paris siegen, womöglich die Nationalversammlung auflösen würde, da sie sich längst nur noch von ein paar Jakobinern gängeln läßt, die von der Herrschaft des Volkes reden, doch nur die Diktatur ihrer eigenen kleinen Gruppe meinen?

Der große Plan

> Wir brauchen gewissermaßen eine politische Apotheke, in der dem Führenden die einfachen Heilmittel ebenso zur Verfügung stehen wie auch giftige Pflanzen; er allein dosiert die Zusammensetzung nach Maßgabe seines Genies und im Bewußtsein, daß der Kranke ihm vollkommen vertraut.
>
> *Mirabeau*

Am 18. September trat Necker nach dem endgültigen Scheitern seiner finanziellen Taschenspielerkünste zurück und begab sich in die Schweiz. Übrigens wurde er in Arcis-sur-Aube festgenommen und die Nationalversammlung mußte seine Freilassung verfügen, damit er ungeschoren in sein Schloß Coppet am Genfer See heimkehren konnte. Einer der Hauptgegner Mirabeaus war damit abgetreten.

Schwerwiegend war, daß der Kaiser in Wien seinen Botschafter Mercy-Argenteau abberief, da er eine andere Aufgabe für ihn hatte. Mit ihm verlor Mirabeau seinen einflußreichsten Fürsprecher bei der Königin. Der Diplomat hatte den Volksvertreter mehr und mehr schätzen gelernt und die Königin immer wieder auf ihn als den wirksamsten Helfer hingewiesen.

In der Nationalversammlung übte die geschlossene Gruppe von dreißig Abgeordneten der äußersten Linken eine unerträgliche Einschüchterung aus, zumal sie Agenten und Einpeitscher draußen auf der Straße und im Palais Royal hatte. Sie wußte daraus eine regelrechte Technik zu machen, eine Technik, die seitdem von radikalen Gruppen jeder Schattierung immer wieder angewandt wird.

In der Französischen Revolution gab es noch nichts, was

unserem heutigen Parteiensystem in den parlamentarisch regierten Ländern glich. Die Männer der verschiedenen Richtungen von rechts bis links schlossen sich in der Versammlung zu mehr oder weniger fluktuierenden, lockeren Gruppen zusammen. Es gab zwar namentlich in Paris die verschiedenen politischen Klubs unterschiedlicher Färbung, von denen der bedeutendste eben der berühmte Jakobiner-Klub war, bedeutend auch deswegen, weil er eine Verzweigung über ganz Frankreich organisiert hatte, während die anderen Klubs meist nur einen lokalen Wirkungsbereich hatten. Die ideologisch festgelegten Dreißig (nicht zu verwechseln mit der »Loge der Dreißig«, der auch Mirabeau angehört hatte) beherrschten mit ihrem Meinungsterror ebenso die Nationalversammlung wie den Jakobiner-Klub. Die Radikalisierung der Revolution ging nicht zuletzt auf die landesweite Tätigkeit und Propaganda der Jakobiner zurück, die auch in allen Vierteln von Paris ihre blind ergebenen Gefolgsleute hatten. Die Ausschreitungen wurden keineswegs vom Mob der Großstadt allein begangen; die Radikalsten waren mitunter die gierigen Zeitungsleser, Kleinbürger, die sich geistig von der Propaganda der Hetzblätter nährten.
Mit Sorge verfolgte Mirabeau diese Abtrift ins Extreme. Dennoch schlug er in seiner »Note an den Hof« vom 14. Oktober für die Neubildung des Ministeriums nach Neckers Verschwinden dem König vor, unter anderen auch einige Jakobiner zu Ministern zu ernennen, womit er allerdings beim Herrscherpaar nur Entrüstung erntete; jedoch »Jakobiner als Minister würden keine Jakobinerminister sein«, argumentierte er. »Warum sollte man nicht ein paar Minister aus Jakobinern und die anderen in einer anderen Sektion der Gruppen des Volkes wählen? Die Identität der Macht ist ein sehr starkes Mittel des Zusammenrückens. Der Zusammenschluß würde die einen durch die anderen korrigieren.«

Vergeblich versuchte er in der Sitzung vom 20. Oktober das verhängnisvolle Dekret, das der Ernennung von Ministern aus den Reihen der Nationalversammlung einen Riegel vorschob, zu Fall zu bringen. »Das Dekret sei ein Schild der Freiheit«, tönte es ihm entgegen. Die Versammlung, in der Eifersucht und Vorurteil die stärksten Triebkräfte waren, hatte sich verschworen, unerbittlich daran festzuhalten, weil sie wußte, das Dekret wäre für ihn der Weg zur Macht. Er blieb ihm verschlossen.
Mehr als je verfolgt er in diesem Herbst seine zweigleisige Politik. Erfolgreich hat er sich der Linken wieder genähert. Seine Popularität erreicht einen neuen Höhepunkt. Massenweise kauft man den Stich nach seinem Porträt von Boze, um den »großen Patrioten« in der Wohnstube bei sich zu haben; der *Moniteur* fordert unumwunden zu diesem vaterländischen Kaufe auf. Freilich stammt der Hinweis aus Mirabeaus eigener Feder. In der *Comédie Française* bricht das Haus in Ovationen aus, als er zu einer Vorstellung von Voltaires *Brutus* (Tyrannenmörder sind sehr in Mode) in seine Loge tritt. Von der Galerie stürmen Leute herunter, um ihn auf die Schultern zu heben und mit nach oben zu tragen. Das Volk will ihn unter sich haben.
Andererseits versucht der Abgeordnete Peretti, ein Abbé aus Korsika und wütender Royalist, ihn während einer Rede in der Versammlung mit dem Stilett meuchlings zu erdolchen, was ein elsässischer Abgeordneter, der dazwischen springt, verhindern kann. Es kommt zu einer allgemeinen Rauferei in der *Salle du Manège.* Barnave, an diesem Tag am Präsidentenpult, sucht sie durch verzweifeltes Klingeln zu beenden.
Häufig, an einem Tag gleich fünf Mal, wird Mirabeau von königstreuen Fanatikern zum Duell gefordert. Es liegt Methode darin. Doch er weigert sich, während der Sitzungsperiode die Waffen zu kreuzen, notiert sich in langer

Liste nur die Namen der Männer, denen er nach Ablauf seines Mandats als Volksvertreter Genugtuung geben will. Schließlich wird es ihm zu bunt und er verkündet, für Meuchelmörder habe er eine Pistole, für Frechlinge einen Stock. Übrigens verbietet die Versammlung ihren Mitgliedern, sich zu duellieren, als Lameth in einem Zweikampf verwundet wird und die Menge daraufhin das Palais seines Gegners demoliert.

Am 5. Dezember ereignet sich das Erstaunliche, daß Montmorin, sein alter Gegner, der als einziger aus der zurückgetretenen Regierungsmannschaft auch dem neuen Ministerium angehört, ihn heimlich zu sich bittet. Mirabeau hat an diesem Abend, wie nun wieder sehr häufig, der Sitzung des Jakobinerklubs beigewohnt. Seit knapp einer Woche ist er dessen Präsident, nicht ohne auf die heftige Opposition von Robespierre und anderen zu stoßen. Als er um zehn Uhr abends die Sitzung verläßt, hat er sich widerstrebend entschlossen, der Einladung folgend den Minister aufzusuchen. Auch diese Begegnung in den Schatten der Nacht soll verborgen bleiben, sie findet ohne Zeugen statt. Er trifft Montmorin in seinem Arbeitszimmer, und der Empfang ist fast herzlich. Mercy-Argenteau hat vor seinem Weggang noch empfohlen, die beiden Männer zusammenzubringen, und man hat den Ratschlag befolgt. Gleich als Einleitung gibt Montmorin rückhaltlos seine mehr als kritische Meinung über den Marquis de la Fayette kund: »Sie dürfen sich nie wieder mit ihm versöhnen! Er hat Sie getäuscht. Aber wen hat er nicht getäuscht?« Gründlich demontiert er das Bild des eitlen, selbstischen, unzuverlässigen Generals und gewinnt damit Mirabeaus Vertrauen, dem der Kommandant der Nationalgarde überall störrisch im Wege steht. Der Minister eröffnet seinem aufmerksam lauschenden Besucher, nach Neckers Fortgang nehme er, Montmorin, zum ersten Mal eine wirklich unabhängige Stellung ein, und er bietet Mirabeau ein Bündnis an. »Sie allein waren in der Lage«, sagt er und es ist keine Schmeichelei, »sich aus Mut um die Gunst des Volkes zu bringen und aus Vorsicht sich diese Gunst wieder zu erwerben.« Montmorin, obwohl er nur das Außenministerium hat, ist im neuen Kabinett der erste Mann, sozusagen Premierminister, wenn es den Titel auch nicht gibt. Doch er kennt seine eigenen Grenzen, und er sucht bei Mirabeau Rat. Heißt es nicht, ihn zum heimlichen Lenker seiner Politik zu machen? Er ersucht ihn um einen Handlungsplan zum Besten Frankreichs und des Königs. Drei Punkte sollte der Plan umfassen, und vieles daran kam Mirabeaus eigenen Gedanken entgegen: 1.) Wie könnte die Nationalversammlung ausgeschaltet werden, ohne daß es Aufsehen erregt? 2.) Wie kann man die Stimmung in den Provinzen beeinflussen und die Königin beim Volk wieder beliebter machen? 3.) Wodurch ließe sich das Vertrauen der Königin gewinnen, das dem Minister für sein Handeln notwendig ist? Drei Schicksalsfragen für das Land und für das Königtum.

Die Unterredung dauerte bis zwei Uhr morgens, und man trennte sich sehr befriedigt voneinander. Gleich am nächsten Tag machte Mirabeau sich an die Arbeit, den Plan zu entwerfen und auszubauen. Die Antworten schwebten ihm schon vor, denn sie bezogen sich auf die Probleme, über die er seit Monaten nachgedacht hatte. Manches hatte er in seinen bisherigen Noten an den Hof bereits skizziert.

Doch da brechen in der Provence Unruhen aus. Er glaubt sich verpflichtet, sofort hinzureisen, um, wie schon einmal bei den Wahlen zu den Generalständen, die Ruhe wieder herzustellen. Obwohl er sich krank fühlt, die Nierenkoliken an Häufigkeit zunehmen und eine schmerzhafte Darmentzündung ihn plagt, ersucht er den Präsidenten der Nationalversammlung um einen Reisepaß. Doch der Jakobinerklub schickt eine Abordnung zu ihm und bittet ihn, in

Paris zu bleiben, wo er gebraucht werde. Auch Montmorin beschwört ihn, die Reise zu verschieben.
Beim König hat er das letzte schwache Vertrauen eingebüßt, als er die Beschlüsse der Versammlung über die Zivilverfassung des Klerus nicht verhindert hat. Für Ludwig XVI. ist der katholische Glaube ein Absolutum, und als die Nationalversammlung in die Struktur der Kirche einzugreifen wagt, zieht er zwischen sich und der Revolution den endgültigen Trennungsstrich. Er läßt sich durch den Baron von Fersen über die dem geschmeidigen Kavalier zugetane Königin zu dem verhängnisvollen Entschluß einer heimlichen Flucht überreden, die, im Juni des nächsten Jahres unternommen, kläglich in Varenne im Argonnerwald scheitern wird. Selbstverständlich ist Mirabeau nicht in die Entwürfe des verzweifelten Unternehmens eingeweiht, ebensowenig Montmorin. Das Königspaar gibt sich mehr und mehr der illusorischen Hoffnung hin, nach der Flucht mit Hilfe königstreuer Truppen, vielleicht auch von Österreich unterstützt, zurückzukehren und die Revolution auszumerzen, während Mirabeau felsenfest davon überzeugt ist, daß das 1789 gelegte Fundament zur Erneuerung des Staates, nicht zuletzt sein eigenes Werk, unangetastet bleiben müsse.
Siebzehn Tage lang arbeitet er an der »47. Note an den Hof«, die den mit Montmorin besprochenen Plan zum Inhalt hat: »Die Lage Frankreichs und die Wege, öffentliche Freiheit mit königlicher Gewalt in Einklang zu bringen.« Sie gibt einen Querschnitt seiner politischen Gedanken angesichts des Abgleitens der Revolution in Anarchie und Tyrannei. An beiden Polen seiner Politik: Königtum und Revolution, hält er fest. Beide gilt es zu sichern. Abgesehen von den durch die Eile der Abfassung bedingten Mängeln, Flüchtigkeiten und Wiederholungen kann die Note als ein Meisterwerk politischer Literatur gelten; man hat

sie mit den Schriften eines Machiavelli und eines Montesquieu verglichen. Geist des letzteren spricht aus der logischen Gedankenschärfe, Geist des ersteren aus der zynischen Vorurteilslosigkeit, ja Skrupellosigkeit bei der Wahl der vorgeschlagenen Mittel. Mirabeau pflegte zu sagen: »Bei Revolutionen werden die edleren Grundsätze von den weniger edlen aufgezehrt.« In der verzweifelten Lage, in der er Frankreich sah, und in dem tödlichen Ringen, das eingesetzt hatte, schreckte er zur Erreichung des Zieles, in dem er das Heil erkannt zu haben glaubte, auch vor krummen und hinterlistigen Methoden nicht zurück.

Vor allem ist, so rät er, systematisches Vorgehen nötig, zu dem die Voraussetzung ist, daß man die Hindernisse erkennt, die ihm im Wege stehen werden. Eines der ärgsten dieser Hindernisse ist die Unentschlossenheit des Königs, ein anderes sind die gehässigen Vorurteile im Volk gegen die Königin. Schlimm steht es seiner Meinung nach mit der Nationalversammlung, in der Parteihader die Verhandlungen vergiftet, und die durch eine kleine Gruppe mit demagogischen Einschüchterungsmethoden zum Regieren unfähig gemacht wird, die jedoch andererseits niemandem die Regierungsgewalt gönnt. Manche Regelungen, die getroffen wurden, müssen mindestens zum Teil wieder aufgehogen werden; auf keinen Fall jedoch darf man die Rückkehr zum vorrevolutionären Zustand betreiben. Jeder Versuch dazu wird am Volkswiderstand scheitern. Die grundlegenden Errungenschaften der Revolution sind unwiderruflich. Der König muß aber die Möglichkeit zu regieren haben. Eine neue Volksvertretung sollte einberufen werden, da die bestehende den bisher zurückgelegten falschen Weg zurückzugehen nicht gewillt sein wird; ihre gewaltsame Auflösung ist bei dem Kredit, den sie noch beim Volk hat, ein Ding der Unmöglichkeit. Diesen Kredit muß man also zu untergraben versuchen. Sie muß sich selbst das eigene

Grab schaufeln. Dazu kann es kommen, wenn man sie zu Beschlüssen verführt, die Zwietracht zwischen Paris und den Provinzen säen; man soll sie in endlose unfruchtbare Debatten verwickeln, die das Publikum langweilen und gereizt machen werden. Kurz, durch allerlei heimtückische Methoden will Mirabeau die Nationalversammlung sich selbst diskreditieren lassen. Sie soll die Verachtung und den Haß des Volkes auf sich laden, bis sie daran zugrunde geht. Zwar wird dadurch Frankreich vollends ins Chaos versinken, doch unvermeidbare Folge davon wird der Ruf nach der königlichen Gewalt sein.

Der Monarch muß sich inzwischen auf jede Art leutselig und volksverbunden zeigen. König und Königin sollten sich wie einfache Bürger zuweilen in der Stadt ergehen, sollten Lazarette und Fabriken aufsuchen und sich mit allen Mitteln beliebt machen, gleichsam also schon eine Art »Bürgerkönig« werden, wenn das Wort auch noch nicht fällt. Da es sich in höchster Gefahr um das Wohl des ganzen Landes handelt, ist Verstellung geboten; man muß den Gegner mit dessen eigenen Waffen bekämpfen. In die einzelnen Gruppen der Versammlung muß man Provokateure einschmuggeln, sie dürfen sich untereinander nicht kennen; die Fäden hält Montmorin in der Hand, und jeder einzelne Agent glaubt dessen einzigster Vertrauter zu sein. Nur der Minister und Mirabeau haben die Gesamtübersicht. Dasselbe gilt erst recht für die Agenten, die in die Departements geschickt werden, um dort als Sauerteig zu wirken. Jeder von ihnen wird zur Berichterstattung nachts gesondert empfangen, keiner ist ganz eingeweiht. Es ist die Methode, die von vielen Geheimgesellschaften ausgebaut und geübt worden ist, von den Illuminaten über die Carbonari bis zu heutigen Untergrundbewegungen und Verschwörergruppen.

Mirabeau hat auch schon die Organisatoren des Agentennetzes zur Hand: Omer Talon, einen suspekten Juristen,

und Sémonville, einen kaltblütigen, geschickten, geldgierigen Intriganten. Mirabeau selbst sagt, was er von ihnen denkt: »Gewisse Dienste kann man nur von gewissen Personen erwarten.«
Wichtig ist, so rät der große Plan, vor allem auch Propaganda, die sich auf die Berichte der übers ganze Land verstreuten Geheimagenten stützt. Für die Wahl der neuen Volksvertretung, die auf alle Fälle nicht in Paris, sondern in einer Provinzstadt tagen soll, muß die Regel gelten, daß jeder Kandidat nur an seinem Wohnort wählbar ist, sonst schwärmen die Pariser Volksverhetzer über das ganze Land aus und lassen sich draußen irgendwo wählen; auch muß dekretiert werden, um eine bessere Zusammensetzung der nächsten Volksvertretung zu garantieren, daß Wiederwählbarkeit der jetzigen Abgeordneten nicht zulässig ist.
Mirabeau erkennt als einer der ersten die Bedeutung einer wohldisziplinierten Partei. Sie aufzubauen sollte nun eine der Hauptsorgen sein, rät er. Die Organisation der miteinander korrespondierenden Jakobinerklubs habe ihre Wirksamkeit bewiesen. Bei der nächsten Legislaturperiode gälte es, ihr den Rang abzulaufen, suggeriert der derzeitige Präsident des Jakobinerklubs von Paris.
Fouché, der berüchtigte Polizeipräfekt Napoleons, wird sich später viele dieser Ratschläge zu Herzen nehmen und zur Anwendung bringen. Übrigens wird er auch auf den anrüchigen Sémonville zurückgreifen und sich seiner Dienste bedienen.
Aber für den schwachen, wankelmütigen König waren die Ratschläge viel zu starker Tobak. La Marck meinte, durchführbar seien sie nur mit einem Richelieu; dennoch setzte er sich bei der Königin dafür ein. Doch bei Hof gab man sich leichtfertig dem Glauben hin, mit seinen Prophezeihungen sähe Mirabeau viel zu schwarz. Dabei sah er, daran läßt sich nicht zweifeln, bereits nicht nur den Sturz des

Thrones, sondern auch die Schreckensherrschaft, das Chaos und sogar die katastrophalen Kriege der napoleonischen Militärdiktatur voraus. »Bald wird ein Totenschleier das Land bedecken«, warnte er.

Montmorin billigte zwar Mirabeaus großen Plan, war damit jedoch überfordert, ein Nervenbündel unter der schweren Verantwortung der Stunde. Denn mit Tatkraft in Angriff genommen, bedeutete der Plan nichts anderes als den Beginn eines Bürgerkriegs. Später schrieb Malouet: »Es war der letzte entscheidende Versuch, der unternommen wurde, um die völlige Auflösung der Monarchie zu verhindern.« Aber wurde der Versuch unternommen? Montmorin ging nur zögernd, dilettantisch, ohne jede Umsicht vor. Und Mirabeaus Energie stieß wie auf Watte. Malouet berichtet in seinen Memoiren, er habe zu ihm gesagt: »Sie werden besser als jeder andere den Schaden heilen, den Sie angerichtet haben.« Und habe die Erwiderung erhalten: »Nein, ich habe den Schaden nicht freiwillig angerichtet; gegen meinen Willen stand ich unter dem Joch der Verhältnisse. Der große angerichtete Schaden ist das Werk aller gemeinsam. Ihr, die Gemäßigten, wart doch nicht gemäßigt genug, um mich anzuerkennen; Ihr, die Minister, habt keinen Schritt getan, der nicht falsch gewesen wäre; und Ihr, die stupide Versammlung, die nicht weiß, was sie sagt und was sie tut, Ihr alle seid die Urheber des Schadens.«

Der ehrliche Malouet war aber entsetzt, als er von Montmorin erfuhr, daß Mirabeau für seine Ratschläge vom Hof Geld empfing. Doch der Minister beschwichtigte: »Er hat gar nicht gefordert, was wir ihm gaben. Sie vermuten einen unziemlichen, niedrigen Handel, der nicht besteht.« Und Mirabeau selbst sagte verächtlich: »Mir ist es gleich, wenn man mich verdächtigt oder beschuldigt, mich dem Hof verkauft zu haben! Niemand wird glauben, daß ich dem Hof die Freiheit meines Landes verschachert habe. Ich habe, wie

Sie sahen, mit dem Volk gegen die Tyrannei gekämpft, und gegen sie kämpfe ich noch immer. Ich habe jedoch stets mir das Recht, ja die Pflicht vorbehalten, die gesetzliche Herrschaft, die konstitutionelle Monarchie, die Schutzherrschaft des Monarchen zu verteidigen.« Und wieder legt er das Bekenntnis ab: »Meine Hauptansichten können alle mit den Prinzipien und Interessen der Monarchie zusammengehen. Ich beabsichtige nicht, die übertriebenen Maßnahmen zu rechtfertigen, die es zu unterstützen galt, um den Pöbel nicht gegen mich zu haben, auch nicht die leidenschaftlichen Ausbrüche, die man absichtlich provozierte und die mich oft viel böser machten, als ich es bin.«
Aber erwartet er wirklich noch vom Jahr 1791 die große Entscheidung? Als Dumont sich von ihm verabschiedet, sagt er düster zu ihm: »Ich werde mich zu Tode arbeiten, und wir werden uns vielleicht nicht wiedersehen.« Wie nie zuvor stürzt Mirabeau sich in den Kampf und in den Genuß. Auf die versprochene Million des Königs hin macht er neue Schulden. In Argenteuil kauft er auf Kredit einen Landsitz nahe dem Sterbehaus des Marquis. Noch immer heftet sich wie eine Klette Madame le Jay an ihren mit Geldern so großzügigen Liebhaber. Ihr Mann, der Buchhändler Le Jay, ist kürzlich verstorben, und sie ist Dauergast im Haus der Chaussée d'Antin, bis Mirabeaus Leidenschaft zum letzten Mal für eine neue Geliebte aufflammt, für Mademoiselle Morichelli vom *Théâtre des Italiens.*
Am 18. Januar läßt er sich beim Bataillon Grange-Batelière (Chaussée d'Antin) der Nationalgarde einschreiben und bezieht mehrfach, wie andere Bürgergardisten, Wache in den Tuilerien. Aber man hat vermutet, seine Absicht dabei sei gewesen, unverdächtige Gelegenheit zu Gesprächen mit dem Königspaar zu finden. Schon wenige Tage später avanciert er zum Bataillonskommandanten. Mit dem Wachestehen war es doch dann wohl aus.

Ein Vulkan erlischt

> Das Unglück hat mich gestählt, angeregt, in Flammen gesetzt. Ich brenne noch, wenn ich schon Asche bin.
>
> *Mirabeau*

In diesem letzten Vierteljahr seines Lebens steigern sich womöglich noch sein Tätigkeitsdrang, sein Arbeitspensum, aber auch seine Lebensgier und nehmen fast übermenschliche Dimensionen an. Wenn er um sieben Uhr morgens die ersten Besucher empfängt, hat er schon Stunden am Schreibtisch verbracht, hat Bogen um Bogen mit seiner steilen Handschrift bedeckt, hat korrigiert und entworfen. Auch die Diskussionen mit Freunden oder mit Fremden dienen letztlich der Arbeit; er teilt Ideen aus oder nimmt andere Ideen, wenn sie ihm zusagen, an, um sie zu verwerten. Bunt ist die Besucherschar, Politiker, Bankiers, Publizisten, auch Abenteurer wie der berüchtigte Graf Giuseppe Gorani. Den Mitarbeitern und Sekretären werden Aufträge zur Ausarbeitung zugeteilt, die von ihm selbst dann überprüft, verändert, zugespitzt werden müssen. In der Nationalversammlung hält er in den ersten Wochen des neuen Jahres einige seiner markantesten Reden, wie die außenpolitische vom 28. Januar, in der er vor den umschwirrenden Kriegsgerüchten warnt und sich für eine Verständigung mit England einsetzt. Er benützt sie aber auch dazu, die anderen, gar nicht so unbegründeten Gerüchte über eine bevorstehende Flucht des Königs zu zerstreuen. Im König habe man auch die sicherste Geisel gegen mögliche Kriegsabsichten des Auslands. Dabei hat La Marck ihn darum ersucht, den großen Plan durch eine Ergänzung zu vervollständigen, in der die Möglichkeit für ein Entweichen der königlichen Familie dargelegt werde: wie ließe es sich bewerkstelligen, daß das Herrscherpaar mit dem Dauphin sich den Drohungen der Hauptstadt entzieht? Und Mirabeau hat entgegen seinen bisherigen Ratschlägen daraufhin als wünschbare Residenz irgendeine Stadt in Ostfrankreich genannt. Auch er empfiehlt jetzt als feste Stütze des Throns den Oberbefehlshaber der Osttruppen, den General Marquis de Bouillé.

Tatsächlich wird Bouillé im Frühjahr die königliche Flucht vorbereiten, allerdings so mangelhaft, daß sie scheitern wird. Um das Entweichen Ludwigs und Marie-Antoinettes vorzubereiten, reist La Marck nach Straßburg, angeblich nur, um seine Schwester, eine Prinzessin Starhemberg, zu besuchen, in Wirklichkeit begibt er sich auch nach Metz, um dort Bouillé zu treffen. Doch La Fayette hat schon Lunte gerochen; er schickt dem General eine Warnung vor »den bösen Köpfen« La Marck und Mirabeau.

Mirabeau bemüht sich in Kulissengesprächen um die verschüchterten Abgeordneten der Mitte. Wenn er die Gemäßigten, die Konstitutionellen, zu einem Block zusammenschließen könnte, wäre viel gewonnen. Aber immer wieder stößt er auf das Vorurteil, das eine Art Gottseibeiuns in ihm sieht. Man bewundert und man fürchtet ihn.

Bis spät in die Nacht hinein konferiert er. Auch die Mahlzeiten sind oft dazu da, wichtige Gäste zu sehen. Sie dienen aber vor allem der Entspannung und dem Genuß. In dem prachtvollen Speisesaal voller Silber und Kristall in der Flut des Kerzenlichts sind sie von verschwenderischer Gastlichkeit. Dem üppigen Büfett gegenüber stehen Mahagoniregale mit auserlesenen Büchern in schönen Einbänden, Zeugen von des Hausherrn unverwelkter Liebhaberei. Neben jedem Gast hält ein vierstöckiger Guéridon Flaschen und Gläser, Teller und Bestecke zum Sichselbstbedienen bereit, denn Regel ist, daß das servierende Personal nur auf Klingelruf eintritt, um die Platten und Teller zu wechseln; dann zieht es sich wieder zurück, und die Gespräche nehmen ihren Fortgang, wenn man wieder unter sich ist. Nicht selten arten die Gelage, wenn auch Theaternymphen geladen sind, zu Orgien aus, unter lukullischen Motiven auf den Stilleben an den Wänden.

Dabei ist der Hausherr schon ein schwerkranker Mann: Wassersucht in den Beinen, Rheumatismus in den Armen und der Brust, stark angegriffene Galle und schmerzende Darmentzündung, eine eiternde Augenkrankheit, gegen die Schröpfköpfe gesetzt werden, die ihrerseits dem gleichzeitig gedunsenen und zerklüfteten Gesicht blutige Wunden reißen. Einmal hat er gesagt: »Man kennt nicht genug die Macht meiner Häßlichkeit.«

Vergeblich hat er bisher nach der Ehre gestrebt, die Nationalversammlung zu präsidieren, was aus Eifersucht der Hohlkopf La Fayette mehrfach zu verhindern gewußt hat. Nach seinem großen Rednertriumph vom 28. Januar gelingt es am Tag darauf, als wieder – jeweils für vierzehn Tage – der Präsident gewählt wird. Er wird, obwohl er die Versammlung verachtet, fast schon haßt, ein vorzüglicher Vorsitzender und benutzt das Amt, seine Popularität noch zu mehren und eine vorteilhafte Vorstellung von seinen Talenten zu geben auf einem Posten, auf dem man ihn noch nicht gesehen hat. Bernard de Molleville berichtete: »Keiner präsidierte mit mehr Würde und bewies besser als er, daß der Präsident nicht nur das Organ der Versammlung war, sondern daß er auch ihr geachteter Moderator sein konnte.« Als zum Beispiel einmal ein Abgeordneter, ein hochbetagter Mann, mit einer vom Alter gebrochenen Stimme einen ziemlich langen, wenig interessanten Bericht vorlas, wurde die Versammlung unruhig; man unterhielt sich untereinander und die Stimme verlor sich im allgemeinen

Tumult. Mirabeau schwang die Präsidentenglocke. »Meine Herren, wollen Sie bitte bedenken, daß die Lunge von Monsieur Tronchet (dem Redner) nicht so stark ist wie sein Kopf.« Es drängt sich hier allerdings die Frage auf, wie sein durchaus erfolgreiches Bemühen, dem eingerissenen Schlendrian in der Versammlung entgegenzutreten, sich mit dem geheimen Plan vereinbaren ließ, sie zu diskreditieren und zu sabotieren. Der Ehrgeiz ließ ihn wieder einmal inkonsequent sein.

Über seinen Gesundheitszustand machte er sich keine Illusionen. Mitte Februar sagte er zu einem Freund: »Wenn ich an langsames Gift glaubte, so würde ich nicht daran zweifeln, vergiftet worden zu sein. Ich spüre, wie ich vergehe, wie ich mich auf kleiner Flamme verzehre.« Auf der Rednertribüne ließ er es sich nicht anmerken. Vor der Versammlung versuchte er immer wieder, die Ungeschicklichkeiten des Hofes auszuwetzen.

Mußten zum Beispiel die Tanten des Königs, die Töchter Ludwigs XV., Madame Adélaïde und Madame Victoire, nach Rom abreisen in diesem Augenblick, in dem alle Welt bereits eine Flucht der königlichen Familie argwöhnte? In der Nationalversammlung entfachte sich ein Sturm, vom Palais-Royal ganz zu schweigen. In Turin saß der jüngste Bruder Ludwigs XVI., der Graf d'Artois, als Emigrant und sammelte Haudegen um sich. Konnte die Reise der alten Damen nicht in Zusammenhang mit seinen verschwörerischen Umtrieben gebracht werden?

Die Romfahrerinnen wurden bereits in Moret-sur-Loing bei Fontainebleau angehalten; ein paar lothringische Jäger sorgten dafür, daß sie weiterreisen konnten. Doch in Arney-le-Duc wurden sie festgenommen.

Obwohl er sich sehr krank fühlte, bestieg Mirabeau die Rednertribüne, um die Prinzessinnen zu verteidigen. In der Tat gab es noch kein Gesetz, das eine Ausreise verbot.

Doch ihre Flucht wurde zum Anlaß, daß die Versammlung ein Dekret gegen die Emigration beriet. Mirabeau verlas seinen Brief, den er in Berlin an Friedrich Wilhelm II. geschrieben hatte: »Geben Sie die Freiheit auszuwandern, machen Sie aus Ihrem Staat kein Gefängnis. Der Mensch ist nicht an den Boden gebunden; der Mensch ist kein Eigentum.«
Was die beiden königlichen Tanten betraf, wurde Mirabeaus Antrag angenommen; sie durften ihre Reise fortsetzen, »da sie die Messe lieber in Rom als in Paris hören wollten«, wie der Baron de Menou meinte, der übrigens später in Ägypten zum Islam übertrat. Doch die Diskussion über das Gesetz gegen die Emigration ging weiter. Zweimal noch bestieg Mirabeau die Tribüne. Als der Vorschlag von links kam, einen diktatorischen Rat von drei Abgeordneten einzusetzen, der über den Verlust der Staatsbürgerschaft zu entscheiden habe, empörte er sich: »Von mir selbst, das schwöre ich, muß ich sagen, daß ich von jedem Teueid denen gegenüber entbunden wäre, die die Schändlichkeit besäßen, eine diktatorische Inquisition zu errichten. Wenn Sie ein solches Gesetz machen, so schwöre ich, daß ich ihm niemals gehorchen werde.« Als er dann zu seiner dritten Rede ansetzte, versuchte man ihn nach jedem Satz zu unterbrechen. Er drehte sein mächtiges »Wildschweinhaupt« zu den Bänken auf der linken Seite und donnerte: »Ruhe bei den Aufrührern! Ruhe bei den dreißig Stimmen!« Und siehe da, der Lärm und die Zwischenrufe verstummten. Es war der endgültige Bruch mit den Jakobinern. Das Gesetz gegen die Emigranten wurde angenommen.
Zu seiner Schwester, Madame du Saillant, bei der er zu Abend aß, sagte er: »Um mich ist es geschehen. Ich habe mein Todesurteil gesprochen; sie werden mich umbringen.«

Wie zum Trotz erschien er jedoch anschließend im Jakobiner-Klub, wo er bei unruhigem Gemurmel des überfüllten Saales, eines säkularisierten Kapellenraums, ans Rednerpult trat. Seine Stirn war schweißbedeckt. Er hatte die Gewohnheit, dem Sturm entgegenzutreten, doch er hatte einen allzu anstrengenden Tag hinter sich. Dennoch zwang er seinen Körper zu einer äußersten Anstrengung. Und es gelang ihm tatsächlich, daß die Masse der gegen ihn aufgebrachten Zuhörer ihm schließlich sogar applaudierte, denn meisterhaft verstand er es, ihnen trotz allem zu schmeicheln. Und mit pathetischer Gebärde schloß er: »Bis zum Ostrazismus werde ich immer zu euch gehören.« Unter lebhaftem Beifall verließ er die Tribüne und den Saal. Es war sein letzter Besuch bei den Jakobinern.
Den Kampf gegen ihren Einfluß setzte er fort, und regelmäßig schrieb er nun wieder an den König. Diese letzten Briefe sind in den Wirren der Revolution verloren gegangen. Häufig hatte er Zusammenkünfte mit Montmorin, auch mit Malouet und Molleville. Über die dabei behandelten Themen weiß man nichts. Doch es scheint, als habe er endlich tatsächlichen Einfluß auf die Regierungsgeschäfte gewonnen und als habe sein alter Traum vor der Erfüllung gestanden.
In den Debatten der Nationalversammlung ergreift er im März elf Mal das Wort. Am 3. März setzt er sich dafür ein, eine Lebensversicherung für alte Leute einzurichten, indem vom Lohn ein Pflichtteil einbehalten wird, aus dem sich die Altersrente bildet, ein erst sehr viel später wiederaufgegriffener Sozialplan. Als Beispiel, schlägt Mirabeau vor, sollten die Abgeordneten, um die Grundlage zu schaffen, das Einkommen von fünf Tagen einzahlen. Doch wütend erklimmt Robespierre die Tribüne: »Männer, die für das Volk arbeiten, müssen von ihm auch bezahlt werden.« Ihre Tätigkeit sei also Opfer genug.

Am 2. März bittet Mirabeau den Hof, ihm eine für die Zukunft gesicherte Leibrente zu gewähren oder einen Hausbesitz zu überschreiben, der den Lebensunterhalt garantiert. Die Höhe stellt er dem Intendanten anheim. Er glaubt also trotz Anwandlungen von Todesahnungen noch an ein langes Leben. Am 25. März schreibt der Botschafter Englands: »Monsieur Mirabeau scheint beweisen zu wollen, daß er allein dazu fähig ist, ein Ministerium zu bilden.« Wäre es wiederum nur eine Fata morgana gewesen? Denn der Hof mißtraut ihm wie eh und je. La Fayettes Einfluß blieb groß und die Jakobiner arbeiteten nun mit allen Mitteln der Hetze und der Verleumdung gegen ihn. Vielleicht wäre sein sehnlichster Traum auch dieses Mal wieder zerronnen. Doch das Schicksal kam dem zuvor. Es hatte eine andere Lösung.

Am 22.März verausgabte er sich in der Nationalversammlung bei der großen Debatte über die Frage der Regentschaft für den Fall, daß der König stürbe oder regierungsunfähig würde. Er kämpfte für die Erbregentschaft gegen die Forderung der Versammlung, den Regenten zu wählen. Der Kampf nahm ihn ungewöhnlich mit. Ängste um die Zukunft des Königtums peinigten ihn.

Er wollte die Sorgen auf die ihm gewohnte Weise zerstreuen und lud auf den Abend des 25. März zwei Tänzerinnen der Oper, Mesdemoiselles Heilsberg und Coulon, zum Souper ein. Oft genug hat er in Frauenarmen seine Sorgen zu vergessen gesucht. Doch diesmal muß er die Exzesse der Nacht mit ernstlichem Unwohlsein bezahlen. Am Morgen ist er auf sein Landhaus bei Argenteuil hinausgefahren, wo die frische Luft, der hohe Himmel und die Idylle des Landlebens ihm schon mehrfach Linderung verschafften. Er hatte den jungen Besitz lieb gewonnen und hatte verbreiten lassen, daß man bei ihm immer guten Lohn und Arbeit finden könne. Der Pfarrer des Ortes war von ihm autorisiert, Gutscheine für Brot, Fleisch und Wäsche an Arme auszugeben. An diesem 26. März 1791 wird Mirabeau von Schwäche und Nierenkoliken befallen und muß den Tag im Bett verbringen.

Am folgenden Tag, einem Sonntag, kann er sich kaum aufrecht halten. Doch da Sitzung ist und die Nationalversammlung über das Besitzrecht an Bergwerken abstimmen will, macht er sich auf nach Paris, aus Freundespflicht, denn es geht um Interessen La Marcks, der Besitzer ausgedehnter Gruben ist. Um neun Uhr morgens trifft er bei ihm ein, der über sein Aussehen erschrickt. Er hat einen Ohnmachtsanfall. La Marck will ihn überreden, nicht zur Sitzung zu gehen. Er besteht darauf: »Man wird Sie ruinieren, wenn ich nicht hingehe.« Er trinkt in einem Zug zwei Gläser alten Tokaier, den der Freund ihm kredenzen läßt, und geht zum letzten Mal zur Tagung der Nationalversammlung. Seine Rede, von der er nicht weiß, daß es seine letzte ist, befaßt sich ausschließlich mit technischen Fragen, hakt sich an Einzelheiten fest und widerlegt geduldig die Einwände seiner Gegner. Noch einmal überzeugt er die Versammlung. Als er blaß auf die Terrasse hinaustaumelt, läßt er den jungen Dr. Lachèze rufen. Wie üblich umdrängt ihn eine Volksmenge. Der Arzt hat Mühe, die Neugierigen und die Bewunderer zu zerstreuen. Mirabeau will dem Freund selbst den Sieg melden. Im Salon bei La Marck sinkt er auf ein Sofa. »Ihre Sache ist gewonnen und ich bin tot.« Er läßt sich nach Argenteuil bringen. Chamfort und Dr. Lachèze begleiten ihn. Seine unglaubliche Energie besiegt wiederum die Schmerzen. Zwischen immer neuen Schwindelanfällen befaßt er sich mit einem Projekt, zu dem er die Vorarbeit seinem Mitarbeiter Reybaz übertragen hat, einer Rede gegen die Todesstrafe. An Reybaz schreibt er auch die Sätze: »Das Unglück hat mich gestählt, angeregt, in Flammen gesetzt. Ich brenne noch, wenn ich schon Asche bin.«

Am 28. März bringt ihn sein schöner, pflaumenblauer Wagen mit dem Wappen der Riqueti de Mirabeau in das Haus der Chaussée d'Antin zurück. Er begibt sich am Nachmittag ins Chinesische Bad. Doch die Bäder mit ätzendem Sublimat, die er zu nehmen pflegt, schwächen die Nerven. Leidvolle Melancholie, Todesahnungen befallen ihn wieder. Dennoch geht er nach einem üppigen Mahl abends ins Theater, in die Comédie Italienne, wo seine letzte Liebe, die hochbegabte, aber nicht sehr schöne Morichelli singt. In seiner Loge befallen ihn wieder heftige Schmerzen; er hat Atembeschwerden. Auf Dr. Lachèze gestützt schleppt er sich zum Ausgang. Da der Wagen noch nicht gekommen ist, macht er den Heimweg zu Fuß. Gegen Mitternacht trifft auch Dr. Cabanis bei ihm ein. Er kommt aus dem Salon der jungen, schönen Witwe des Philosophen Helvetius, wo er seit Jahren seine Abende verbringt, und von wo man ihn in die Chaussée d'Antin gerufen hat. Er ist seit 1789 Mirabeaus Arzt, gleichzeitig eng mit ihm befreundet. Seit dem Augenblick, an dem er ihn zum ersten Mal in Versailles sah bis zu Mirabeaus Tod hat er ihn fast nie aus den Augen verloren, und einen Bericht über dessen prekären Gesundheitszustand hinterlassen.
Danach war Mirabeau im Juli 1789 an Gelbsucht mit Fieberanfällen erkrankt. Bei der Übersiedlung der Versammlung nach Paris im Herbst 1789 hatte er eine heftige Ophthalmie. Im Frühling 1790 verzeichnet der Arzt links starke Mandelschwellung, häufige Leibschmerzen, verdächtigen Rheumabefall, wiederum leichte Augenentzündung, vor allem links, und geschwollene Beine, alles einmal stärker, einmal schwächer, doch nie ist Mirabeau ganz frei von Beschwerden. Im Dezember befallen ihn nach dem Genuß eines Glases eiskalten Wassers starke Koliken; so daß man an eine Vergiftung glaubt. Da Dr. Cabanis abwesend ist, verordnet Dr. Jaubert Brechmittel und warme Bäder, was

auch Linderung verschafft, nach zwei Tagen ist der Patient wieder munter.
»Vor der Einberufung der Generalstände«, schreibt Dr. Cabanis, »führte Mirabeau das Leben eines sehr fleißigen Literaten; dabei gleichzeitig auch körperlich sehr aktiv, kompensierte er durch starke, häufig wiederholte Exerzitien seine lange Schreibtischarbeit, und dank dieser Mischung spürte seine kräftige Konstitution niemals seine Exzesse. Doch von dem Moment an, wo er an den Sitzungen der Nationalversammlung teilnehmen mußte, war es nicht mehr dasselbe. Von da an bestand die einzige Körperübung nur noch darin, von der Wohnung zum Sitzungssaal zu gehen; aber seit er in Paris war, benutzte er auch dazu den Wagen. Dieser Wechsel in seinen Gewohnheiten verschlechterte seinen Zustand; seine Präsidentschaft (Ende Januar/Anfang Februar 1791) vermehrte noch alle diese Ursachen; sie verlangte von ihm Repräsentationsarbeiten und eine ständige Anstrengung, die er nur mühsam ertrug. Um diese Zeit litt er an Magenschmerzen, Zuckungen, die ihn, wenn sie auch nicht lange anhielten, in eine schwer zu beschreibende Irritation versetzten. Der robuste Mann war überempfindlich geworden; der leichteste Eindruck konnte ihn aufregen; seine Muskeln blieben immer die eines Herkules, seine Nerven waren die einer zarten Frau« (Dr. P. J. G. Cabanis, *Journal de la maladie et de la mort d'Honoré-Gabriel-Victor Riqueti de Mirabeau,* Paris 1791).
Als der Arzt in der Nacht zum 29. März bei ihm eintraf, fand er den Zustand des Kranken sehr bedenklich. Vergeblich bemühte Mirabeau sich, ein Stöhnen zu unterdrücken. Ein Aderlaß am Fuß und einige Zugpflaster beruhigten ihn. Er wollte sein Testament machen, und ein intimer Freund, Nicolas Frochot, Advokat und Abgeordneter des dritten Standes, wollte einen Notar holen, doch Dr. Cabanis widersetzte sich dem.

Am folgenden Morgen ging es ihm besser und er neckte Frochot: »Geben Sie zu, Sie hatten ganz schön Angst um mich!« Und bei Dr. Cabanis bedankte er sich: »Wie gut es doch tut, einem Freund das Leben zu verdanken.« Der Arzt blieb auch die nächste Nacht bei ihm, da der Zustand sich gegen Abend wieder verschlechtert hatte. Das Fieber stieg an und es traten heftige Kopfschmerzen auf. Der Patient lehnte jedoch die Arzneimittel ab, er war sehr müde, auch von den neuerlichen Senfpflastern und den Spülungen. Er trank ein Glas Bordeaux und nahm etwas Bouillon zu sich. Er ließ sich die Wäsche wechseln und das Bett machen, doch man mußte ihn stützen.

Die Krankheit machte rasche Fortschritte. Der Jakobiner-Klub schickte eine Abordnung, von Barnave angeführt, dessen Ansprache den Sterbenden zu Tränen rührte. Sehr nahe ging ihm, daß die Brüder Lameth sich geweigert hatten, ihn zu besuchen. Der König schickte täglich zweimal um Nachricht über sein Befinden. Vielleicht merkte er nun, welcher Verlust ihm drohte? Ein paar Wochen früher hatte Mirabeau zu Dupont gesagt: »Wenn ich nicht mehr bin, wird man wissen, was ich wert war. Das Unheil, das ich aufgehalten habe, wird von allen Seiten über Frankreich hereinbrechen. Die verbrecherische Partei, die vor mir zittert, wird dann keine Schranken mehr kennen. Vor mir sehe ich nur noch Unheil.«

Die Nachricht von seiner Krankheit verbreitet sich in Paris. An der Tür seines Hauses drängen sich die Leute aller Klassen und aller Richtungen, um sich über sein Ergehen zu informieren. In der Menge, die trotz des Regens das Haus belagert, wartet auch eine alte Frau, die Marquise de Mirabeau, seine Mutter, die schon lange mit dem Sohn entzweit ist. Als sie von seiner Erkrankung erfuhr, ist sie herbeigeeilt, freilich wohl weniger aus Mutterliebe, als weil sie den Einfluß von Madame du Saillant und deren Töchtern fürchtet; sie gibt es sogar zu. Sie denkt an eine Summe, die er ihr noch schuldet. Sechs Stunden lang steht sie in einem Schuppen im Hof des Hauses, von wo man das Kommen und Gehen beobachten kann. Sie läßt sich nicht anmelden, weil sie Angst hat, ihr Erscheinen könnte eine Krise im Befinden des Kranken verursachen. Man berichtet es ihm auch nicht, daß sie dort unten das Haus belauert.

Von Mittwochnacht an läßt sich der Arzt im Haus ein Lager herrichten und bleibt ständig da, doch Mirabeau will nicht, daß er geweckt wird, auch wenn wütende Schmerzen sich einstellen. Er hat Erstickungsanfälle. Als Cabanis ihn am Morgen sieht, läßt er sofort einen Chirurgen rufen, aber weder Blutegel noch Aderlässe bringen Erleichterung. Solange der Kranke noch an seine Genesung geglaubt hatte, wollte er keine Freunde um sich sehen, um den Heilungsprozeß nicht durch Gemütsbewegungen zu stören. Doch jetzt, da er die Hoffnung verloren hat, will er sie bei sich haben, sich mit ihnen unterhalten und ihre Hände ergreifen. Er läßt nach La Marck schicken, der aus Rücksicht sich mehrmals am Tag immer nur an der Tür nach ihm erkundigt hatte, so daß sie sich seit Beginn der Krankheit nicht mehr gesehen haben. Als der Freund den Todgeweihten sieht, bricht er in Tränen aus, und Mirabeau bittet ihn, zu bleiben. Den kleinen Coco läßt er nicht mehr ins Krankenzimmer, weil der Gedanke ihm unerträglich ist, ihn verlassen zu müssen.

Trotz seiner Schmerzen bewahrt er sein Interesse, seinen klaren Geist. Er verfolgt die Veränderungen, die mit ihm körperlich vorgehen, mit einer Art Neugier und dem offensichtlichen Wunsch, seine Erfahrungen vielleicht doch anderen noch nutzbar machen zu können, und als Frochot ihm den Kopf stützt, sagt er lächelnd: »Ich würde ihn dir gern als Erbschaft vermachen.« Er informiert sich über alles, was in der Nationalversammlung verhandelt wird.

Endlich wird ein zweiter Arzt zugezogen, doch eigensinnig verweigert er, sich von ihm untersuchen zu lassen. Dr. Petit, den La Marck empfohlen hat, muß sich auf das verlassen, was der noch junge Dr. Cabanis ihm berichtet. Die Behandlung besteht nur aus Chinin und sanften Abführmitteln.
Später werden medizinische Koryphäen, denen man das Syndrom, das Dr. Cabanis aufgezeichnet hat, mitteilte, zwei kombinierte Erkrankungen diagnostizieren, eine Herzbeutelentzündung rheumatischen Ursprungs und Gallensteine, und werden zu dem Urteil kommen, daß nicht die erforderliche Behandlung angewendet worden ist.
Am Donnerstag, dem 31. März, bat Mirabeau darum, mit La Marck allein zu bleiben, und alle die Menschen, die den Raum beengten, Madame du Saillant und ihre Tochter, Frochot, de Comps und Pellenc, die Sekretäre, und andere, sie verließen die Krankenstube. Als sie sich geleert hatte, sagte Mirabeau zu dem Freund: »Ich habe hier viele Papiere, die so manchen belasten könnten, vor allem auch eine Anzahl, die ich den sie bedrohenden Gefahren entreißen möchte. Vielleicht wäre es klug, alle diese Papiere zu vernichten; doch ich gestehe, daß ich mich dazu nicht entschließen kann. In diesen Papieren wird die Nachwelt die beste Rechtfertigung für mein Verhalten finden; die Ehre meines Andenkens liegt in ihnen.« Er bat La Marck, die Papiere an sich zu nehmen und später zu veröffentlichen. Sogleich machte man sich zusammen mit Pellenc an das Sortieren. Manches wurde im Kamin verbrannt. Das Wichtigste nahm La Marck an sich und brachte es am Abend an einen sicheren Ort. Durch die Anstrengung erschöpft, schlief der Kranke ein. La Marck blieb an seinem Lager sitzen und schaute in die Flammen, wo die letzten geopferten Papiere verkohlten. Als Mirabeau erwachte, erinnerte er sich an ein Gespräch, das sie vordem

geführt hatten; sie hatten damals erörtert, welches wohl die beste Art zu sterben sei. Er fragte: »Sie kennen doch die schönste Art des Todes, nun, sind Sie zufrieden mit mir?« La Marck hat auch erzählt, daß ständig Agenten La Fayettes und die der Jakobiner um das Haus schlichen. »Der Zudringlichste von allen, die uns überwachten, war Monsieur de Sémonville, vielleicht aus Furcht, selbst durch die Papiere Mirabeaus kompromittiert zu werden, oder aber, weil er hoffte, etwas zu erhaschen, was ihm Stoff zu neuen Intrigen gäbe; er verließ fast keinen Augenblick das Haus des Kranken.«

Als Mirabeau nun doch sein Testament machte, gestand er, daß er weder seine Passiva noch Aktiva kenne. Daß aber die Schulden wohl überwögen. Dennoch wollte er einige Legate hinterlassen. Vor allem beschäftigte ihn das Schicksal seines neunjährigen Sohnes, »Coco« Lucas de Montigny, dem er seinen Namen nicht hatte geben können. Auch Madame de Nehra tauchte in diesen Augenblicken seiner Lebensbilanz in seinem Gedächtnis auf; er vermachte ihr eine Summe von 20 000 Livres. Zum Universalerben setzte er den Neffen du Saillant ein. Dem Sohn bestimmte er eine Rente. Den Kindern der Madame Le Jay erließ er die Schuldforderungen, die er an die Druckerei hatte. Den Sekretären übermachte er wertvollen Schmuck. Auch Legrain wurde bedacht. La Marck verpflichtete sich dem Sterbenden gegenüber, für die Legate persönlich aufzukommen. Er und Frochot sollten die Testamentvollstrecker sein.

Im Vorzimmer warteten zwei Geistliche; einen von ihnen hatte die Marquise geschickt. Sie wurden jedoch nicht vorgelassen. Doch mit dem Bischof d'Autun, mit Monseigneur de Talleyrand, unterhielt Mirabeau sich an diesem seinem letzten Nachmittag anderthalb Stunden lang. Sie sprachen nur über Politik, und Mirabeau befürwortete mit letzter Leidenschaft ein Bündnis zwischen Frankreich und

England, eine politische Linie, die der spätere Außenminister dreier Regime beharrlich, jedoch erfolglos selbst verfolgen wird.
Der sterbende Tribun gab ihm noch den Entwurf zu einer Rede mit, die Talleyrand in der Nationalversammlung nach Mirabeaus Wunsch verlesen wird. Eine Rede über die Erbgesetzgebung und für gleichmäßige Güterteilung unter den Erben, ein posthum gegen den »Menschenfreund« gerichteter Entwurf, da er den ältesten Sohn enterbt hatte.
Die Nacht auf Samstag wurde besonders furchtbar. Zwischen den Delirien hatte Mirabeau immer wieder wache Momente. Nicht verbürgt ist sein Ausruf: »Im Herzen nehme ich die Trauer um die Monarchie mit mir, deren Trümmer die Beute der Aufrührer werden.«
Als es hell wurde, verlangte er nach seinem Sekretär Etienne de Comps, der in viele seiner politischen und privaten Geheimnisse eingeweiht war. Der junge Mann von Stand, der seit vier Jahren bei Mirabeau war, ein Hitzkopf, der sich auch als Verseschmied versuchte, wohnte im Mansardenstock des Hauses. Cabanis stieg hinauf, um ihn zu rufen. Er fand ihn in seinem Blut auf dem Fußboden liegend. Er hatte sich drei oder vier Messerstiche in die Kehle beigebracht und zwei in den Bauch. Er stammelte etwas, das wie »Um ein Verbrechen mehr . . .« zu klingen schien. Im Delirium habe er auch etwas von Gift gefaselt, woraus manche Leute geschlossen haben, er sei beauftragt gewesen, seinen Herrn aus dem Weg zu schaffen, und aus Reue oder aus Angst vor Entdeckung habe er den Selbstmordversuch unternommen. Keiner der Stiche war tödlich. Beim Verhör bestritt er, von Gift gesprochen zu haben. Sein letztes Gespräch mit Mirabeau hatte am Vorabend stattgefunden, und im Vorzimmer wollte man durch die Tür vernommen haben, daß er die Worte »Ja, auf Leben und Tod« benutzt habe. Als er aus dem Krankenzimmer

kam, war seine Verstörtheit aufgefallen. Hatte ihn nur Mirabeaus Zustand mitgenommen und in der Einsamkeit seiner Dachkammer zur Verzweiflung getrieben?
Vor Mirabeau verheimlichte man das Vorkommnis. Er sagte zu Dr. Cabanis: »Mein guter Freund, in ein paar Stunden werde ich sterben, versprechen Sie mir, bei mir zu bleiben; ich möchte mit einem sanften Gefühl hinübergehen.« Er verlangte, rasiert und gewaschen zu werden. Der Kammerdiener – es war noch immer der unermüdliche Legrain – zeigte, wie traurig er war; da tröstete Mirabeau ihn: »Warum bist du betrübt? Ich hinterlasse dir eine Rente, die dir den Lebensunterhalt geben und dich an mich erinnern wird.«
Nach der Toilette bat er, daß man sein Bett ans Fenster schiebe. Die ersten Sonnenstrahlen fielen ins Zimmer. Cabanis verbot, den Kranken zu bewegen, da sein Zustand vollkommenes Stilliegen erfordere, denn er sei gefährlich. »Tödlich ist er«, sagte Mirabeau mit fester Stimme, und zum Fenster gewandt fuhr er fort: ,,Das junge Grün sprießt in dem Augenblick, in dem ich gehe.« Und nach einer Weile, auf die Sonne bezogen, die nun das Krankenzimmer füllte: »Wenn sie nicht Gott ist, so muß sie wohl seine Gevatterin sein.« Legrain hat seine Worte aufgezeichnet.
La Marck kam, bald darauf auch Frochot, dessen beide Hände Mirabeau ergriff; eine legte er in die Hand La Marcks, die andere in die des Arztes. »Meinen Freund Frochot empfehle ich Ihrer Freundschaft; Sie sahen seine Ergebenheit für mich; er verdient die Ihre.« Die Stimme versagte ihm. Er spitzte die Lippen; man glaubte, er habe Durst, doch er wies die Orangeade zurück und gab durch Zeichen zu erkennen, daß er schreiben wollte. Auf den Zettel, den man ihm gab, schrieb er: »Schlafen . . .«
Wieder befielen ihn heftige Schmerzen, aber trotz seines furchtbaren Stöhnens wollte der Arzt ihm kein Opium geben, wohl aus Furcht, sein Leben zu verkürzen, obwohl

es nur um Stunden ging. Mirabeau kritzelte auf den Zettel: »Kann man einen Freund vielleicht tagelang auf dem Rad sterben lassen?« Jetzt stellte Dr. Cabanis doch ein Rezept für Opiumtinktur aus und schickte zur Apotheke. Aber das Mittel kam nicht. »Man hintergeht mich!« klagte der Sterbende, dem ein Krampfanfall die Sprache zurückgegeben hatte. La Marck versuchte, ihm zu versichern, daß das Mittel unterwegs sei. Mirabeau ballte die Faust. »Ach, diese Ärzte!« Und zu Cabanis: »Sind Sie denn nicht mein Arzt und mein Freund? Wollen Sie, daß ich im Sterben bedaure, Ihnen Vertrauen geschenkt zu haben?«

Das Opium kam nicht.

Der Sterbende blieb weiterhin bei vollem Bewußtsein und bei voller Schmerzfähigkeit. Er verlangte noch einmal Papier und Feder. Sie entfielen jedoch seinen Händen. Mit einer rührenden Geste nahm er Abschied von allen Anwesenden. Ein Krampf warf ihn hin und her, er wälzte sich auf die rechte Seite, den Kopf mit starr aufgerissenen Augen zur Decke gewendet. Er war tot.

In diesem Augenblick kam Dr. Petit herein, der von Cabanis zugezogene zweite Arzt. Er trat zum Bett. »Er leidet nicht mehr«, sagte er und drückte ihm die Lider zu.

Es war am 2. April 1791, morgens acht Uhr dreißig, als einer der größten Politiker Frankreichs die Augen für immer geschlossen hatte. Im Alter von 42 Jahren, 23 Tagen.

Vor dem Haus bildete sich am Vormittag wieder ein Menschenauflauf. Die Menge stand schweigend und sah zu den Fenstern des ersten Stockes hinauf. Schon am nächsten Tag tauchten Maueranschläge überall in Paris auf, die Barnave und Lameth des Giftmordes an dem Tribunen beschuldigten.

Darauf wurde von amtswegen die Autopsie des Leichnams angeordnet und unter Kontrolle des Dr. Vicq-d'Azyr von einem Chirurgen vorgenommen. Der Befund: allgemeine

Entzündung der inneren Organe, vergrößerte Niere. Gift nicht ganz ausgeschlossen. Vertraulich äußerte der kontrollierende Arzt: »Die Untersuchung der Eingeweide läßt ebensogut auf Tod infolge starker Medikamente wie auf Gift schließen. Aber er kann nicht vergiftet worden sein, oder wollen Sie, daß die königliche Familie, die Nationalversammlung und wir alle umgebracht werden? Na also!«
Die Schulden, die der Tote hinterließ, betrugen 300 000 Livres, zum Teil allerdings durch den Verkauf der Bibliothek gedeckt, der 140 000 Livres einbrachte. Frochot beantragte als Testamentsvollstrecker, die Nationalversammlung möge, da Mirabeau insolvable gestorben sei, die Bestattungskosten übernehmen. Die Versammlung billigte den Antrag und beschloß, die neu erbaute Kirche Sainte-Geneviève zum Pantheon zu weihen und als ersten großen Toten Mirabeau darin zu bestatten.
Frochots Antrag erregte übrigens den Protest von Madame du Saillant; im *Moniteur* griff sie ihn an, er hätte erst die Familie fragen sollen. Durch die öffentliche Erklärung der »Zahlungsunfähigkeit« ihres großen Bruders sah sie offenbar die Familienehre beeinträchtigt.
Im Nachlaß fanden sich: 45 Röcke aus Samt oder bestickter Seide; 34 Westen; 17 Hosen; 50 Paar Seidenstrümpfe; 3 Uniformen der Nationalgarde; 8 Paar Schnallenschuhe; 1 silbernes Toilettennecessaire; 1 vergoldetes Tafelservice zu 24 Gedecken; 1 silbernes Tafelservice zu 48 Gedecken; 15 silberne Schüsseln; zahlreiche Goldsachen (Nachlaßverzeichnis Paul Arbaud, Aix-en-Provence).
Der Leichnam wurde unter Beteiligung von 400 000 Menschen zunächst in der Gruft der Abteikirche des Klosters Sainte-Geneviève beigesetzt, bis das Pantheon für seine neue Bestimmung hergerichtet war. Es trägt die Inschrift: Den großen Männern, das dankbare Vaterland. Der Leichenzug war mehrere Kilometer lang und brauchte von der

Chaussée d'Antin zur Montagne Sainte-Geneviève drei Stunden, um Paris zu durchqueren. Noch nie hatte Frankreich Trauerfeierlichkeiten von gleichem Pomp und gleichem Ausmaß gesehen, die nicht einem Monarchen galten. Wegen spontaner Landestrauer blieben die Tanzlokale und Theater geschlossen.

Aus der Familie Riqueti de Mirabeau nahmen nur die du Saillant an der Bestattung teil. Der jüngere Bruder, Vicomte Mirabeau-Tonneau (das Faß), war bereits emigriert. Er kam ein Jahr später bei einem Duell zwischen Saufkumpanen in Freiburg im Breisgau ums Leben. Der Onkel Bailli kehrte nach Malta zurück und starb dort 1794 als Komtur seines Ordens.

Die Gräfin Emilie de Mirabeau, geborene de Marignane, floh vor den Schrecken der Revolution nach Piemont, wo sie einen sardischen Offizier, Grafen de la Rocca, heiratete. Zum zweiten Mal Witwe, kehrte sie in die Provence zurück, korrespondierte wieder mit der Schwägerin du Saillant und gab sich nun den Erinnerungen an Honoré-Gabriel hin; sie sammelte seine Bilder, Briefe, Manuskripte und Noten. Noch immer rühmte man ihr eine schöne Stimme nach. 1800 starb sie auf der Burg Mirabeau in dem Zimmer, wo sie die Flitterwochen ihrer stürmischen und unseligen Ehe mit dem jungen Unband verbracht hatte. Das noch immer beträchtliche Vermögen der geborenen de Marignane vermachte sie dem unehelichen Sohn des Verstorbenen, dem herangewachsenen Lucas de Montigny. Die Familie Marignane griff das Testament an; weil ein Formfehler es ungültig machte, ging »Coco« leer aus. Doch er machte später Karriere als hoher Beamter und verwandte sein ganzes Leben darauf, das Andenken seines Vaters von den Vorwürfen und Verleumdungen reinzuwaschen, die auch die Nachwelt aufgegriffen hatte.

Denn »der Dank des Vaterlandes« währte nicht lange.

Schon zweieinhalb Jahre nach seinem Tod beschloß der Nationalkonvent, Nachfolger der Nationalversammlung, Mirabeaus Leichnam aus dem Pantheon zu entfernen, um ihn durch den des rasenden Marat zu ersetzen. Schimpf und Schande zerfraßen Mirabeaus Nachruhm, wie sie sich im Leben an seine Fersen geheftet hatten. Seine Gebeine wurden aus dem Grab gerissen und in einen Winkel des Friedhofs Sainte-Catherine zu den Leichen der Hingerichteten geworfen, posthumes Opfer der Schreckensherrschaft, vor der Frankreich zu bewahren sein Ziel gewesen war.

Literaturverzeichnis

Anonym veröffentlichte Schriften Mirabeaus

Essai sur le Despotisme, London, 1775, 8°
Lettre de M. à M. (sur les fêtes données à Pontarlier en l'honneur du sacre de Louis XVI) Genf, 1776, 8°
Parapilla (nach einer italienischen Erzählung)
Avis aux Hessois et autres peuples de l'Allemagne vendus par leurs princes à l'Angleterre, Kleve, 1777, 8°
Réponse aux conseils de la raison, Amsterdam, 1777, 8°
Le lecteur y mettra le titre, London, 1777, 8°
Recueil de contes, 2 Teile, London, 1780
Des lettres de cachet et des prisons d'Etat, ouvrage posthume composé en 1778, 2 Bde., Hamburg, 1782. (In Wirklichkeit in Neuchâtel bei Fauche)
L'espion dévalisé, London, 1782
Ma conversion (à Stambul à l'Imprimerie des Odalesques, 1783) 12°
Erotika Biblon, Rom, Imprimerie du Vatican, 1783
Réponse aux alarmes des bons citoyens, Paris, 1788
Histoire secrète de la cour de Berlin ou Correspondance d'un voyageur français, du 5 juillet 1786 au 19 juillet 1787, 2 Bde, Alençon, 1789
La Galerie des Etats généraux, 2 Bde., 1789, 8°
La Galerie des dames françaises pour servir de suite à la Galerie des Etats généraux, par le même auteur, 2 Bde., London, 1790,
(Beide Galeries zusammen mit Choderlos de Lanclos)
Théorie de la royauté, d'après la doctrine de Milton, 1789, 8°
Essai sur Milton et ses ouvrages (zusammen mit Servan)

Schriften Mirabeaus, zu Lebzeiten unter seinem Namen veröffentlicht

Considérations sur l'Ordre de Cincinnatus ou Imitation d'un pamphlet franco-américain, par le comte de Mirabeau, London, 1784, 8°
Doutes sur la liberté de l'Escaut réclamée par l'Empereur; sur les causes et les conséquences probables de cette réclamation, London, 1784, 8°
De la Caisse d'escompte, par le comte de Mirabeau, Paris, 1785, 8°
De la banque d'Espagne, dite de Saint-Charles, 1785, 8°

Sur les actions de la Compagnie des Eaux de Paris, London 1785, 8°
Réponse du comte de Mirabeau à l'écrivain des administrateurs de la Compagnie des Eaux de Paris, Brüssel, 1785
Lettre du comte de Mirabeau sur MM. Cagliostro et Lavater, Berlin, 1786, 8°
Sur Moses Mendelssohn et la réforme politique des Juifs, et en particulier sur la réforme tentée en leur faveur en 1754 dans la Grande-Bretagne, London, 1787, 8°
Lettre remise à Frédéric-Guillaume II, roi régnant de Prusse, le jour de son avènement au trône, Berlin, 1787
Dénonciation de l'agiotage au Roi et à l'Assemblée des Notables, par le comte de Mirabeau, 1787, 8°
Lettre du comte de Mirabeau sur l'administration de M. Necker, Paris, 1787
Lettre sur l'invasion des Provinces-Unies à M. le comte de Mirabeau et sa réponse, Brüssel; 1787
Aux Bataves, sur le Stathoudérat, par le comte de Mirabeau, 1788, 8°
Suites de la dénonciation de l'agiotage, par le comte de Mirabeau, 1788, 8°
De la monarchie prussienne sous Frédéric le Grand, avec un appendice contenant les recherches sur la situation actuelle des principales contrées de l'Allemagne, London, 1788, 4 Bde.
Conseils à un jeune prince qui sent la nécessité de refaire son éducation, 1788, 8°
Lettre du comte de Mirabeau à M. le comte de X. sur l'éloge de Frédéric le Grand, 1788, 8°
Observations d'un voyageur anglais sur la maison de force appelée Bicêtre, suivies de réflexions sur les effets de la sévérité des peines et sur la législation criminelle de la Grande-Bretagne, par le comte de Mirabeau, avec une lettre de Benjamin Franklin, traduit de l'anglais, Paris 1789
Sur la liberté de la presse, par le comte de Mirabeau, imité de l'anglais de Milton, London, 1788, 8°
Correspondance entre M. C. et le comte de Mirabeau sur le rapport de M. Necker et sur l'arrêt du Conseil du 29 décembre, qui continue pour six mois force de monnaie au papier de la Caisse d'escompte, 1789, 8°
Discours sur la représentation illégale de la nation provençale et sur la nécessité de convoquer une assemblée générale des Trois Ordres. Aix, 1789, 8°
Réponses aux protestations faites au nom des prélats et des possédants fiefs etc. Aix, 1789
A la nation provençale, Aix, 1789
Opinion du comte de Mirabeau sur le règlement donné par le Roi pour l'exécution de ses lettres de convocation aux prochains Etats généraux de son comté de Provence, Aix, 1789

Lettre de M. le comte de Caraman, commandant en Provence, à M. le comte de Mirabeau et la réponse suivie d'une lettre d'un citoyen de Marseille, Aix 1789
Lettres au comte de Mirabeau et réponses du même écrites à MM. les commissaires du tiers état de Marseille.
Dazu Zeitungsartikel, Abdruck der Reden etc.

Posthum veröffentlicht

Mirabeau peint par lui-même, recueil des discours depuis le 5 mai 1789 jusqu'au 2 avril 1791, 4 Bde., Paris, 1791
Lettres originales de Mirabeau, écrites du donjon de Vincennes pendant les années 1777 à 1780 et contenant tous les détails de sa vie privée, ses malheurs et ses amours avec Sophie de Monnier, recueillis par P. Manuel, Paris, 1792, 4 Bde., 8°
Lettres amicales du comte de Mirabeau à M. Mauvillon, écrites pendant les années 1786 à 1790, Hamburg, 1794
Lettres inédites de Mirabeau, publiées par J. P. Vitry, Paris, 1806
Mémoires biographiques, politiques et litteraires de Mirabeau, écrits par lui-même, par son père, son oncle et son fils adoptif. 8 Bde., hg. von Lucas de Montigny, Paris, 1833–35
Correspondance entre le comte de Mirabeau et le comte de la Marck, hg. von M. A. de Bacourt, 3 Bde., Paris, 1851
Lettres à Julie (Julie Dauvers), hg. von Dauphin-Meunier, Paris, 1903
Lettres à Yet-Lie, hg. von Dauphin-Meunier, Paris 1929.

Bibliographie in Auswahl

Aulard, Alphonse, Histoire politique de la Révolution française, Paris, 1901
Aulard, Alphonse, Les Orateurs de l'Assemblée constituante, Paris, 1905-7
Barthou, Louis, Mirabeau, Paris, 1913
Blanc, Louis, Histoire de la Révolution française, Paris, 1847-63
Breitner, Erhard, Mirabeau, Revolutionär für den König, Bremen, 1949
Brissot de Warville, Jacques-Pierre, Mémoires, Paris, 1877
Brinton, Crane, A decade of Revolution, New York – London, 1934, deutsch, Wien, 1939
Cabanis, P. J. G., Journal de la maladie et de la mort de Mirabeau, Paris, 1791
Campan, Mme. Mémoires sur la vie de Marie-Antoinette, Paris, 1849
Castries, Duc de . . ., Mirabeau ou l'Echec du Destin, Paris, 1960, deutsch Stuttgart, 1963

Cottin, Paul, Sophie de Monnier et Mirabeau d'après leur correspondance, Paris, 1903
Dumont, Etienne, Souvenirs sur Mirabeau et les deux premières assemblées législatives, Paris, 1832
Ferrières de Marsay, Marquis de . . ., Mémoires, Paris, 1802
Funck-Brentano, Frantz, Les lettres de cachet, Paris, 1903
Furel, François – Richet, Denis, La Révolution française, Paris, 1965, deutsch, Frankfurt-Main, 1968
Gaxotte, Pierre, Frédéric II., Paris, 1938
Goodwin, Albert, The Friends of Liberty, The English democratic movement in the age of French Revolution, London, 1979
Kriele, Martin, Freiheit oder »Befreiung«, der demokratische Verfassungsstaat als Bedingung der Humanität, in: »Frankfurter Allgemeine Zeitung«, 19. 4. 1978
Laharpe, Jean-François, Cours de litterature, Paris, 1798
Lameth, Alexandre de . . ., Histoire de l'Assemblée constituante, Paris, 1829
Legrain, Souvenirs, in: Nouvelle Revue retrospective, 1901-1902
Lévis, Marquis de. . ., Souvenirs et portraits, Paris, 1813
Mercier, Louis-Sébastien, Paris am Vorabend der Revolution, deutsch, Karlsruhe, 1967
Michelet, Jules, Histoire de la Révolution française, Paris, 1869
Peuchet, Mémoires sur Mirabeau et son époque, sa vie litteraire et privée, sa conduite politique à l'assemblée Nationale et ses rélations avec les principaux personnages de son temps, 4 Bde., Paris, 1824
Sagnac, Ph., La Correspondance de Mirabeau, Paris, 1935
Schumacher, Karl von . . ., Mirabeau, Aristokrat und Volkstribun, Stuttgart, 1954
Stael, Mme. de . . ., Considérations sur les principaux événements de la Révolution française, Paris, 1861
Stern, Alfred, Das Leben Mirabeaus, 2 Bde., Berlin, 1889
Sybel, Heinrich von . . ., Geschichte der Revolutionszeit, 3 Bde., Leipzig, 1853-1858
Taine, Hippolyte, Les Origines de la France contemporaine, Paris, 1884
Tieck, Ludwig, Werke, Leipzig, 1908
Vallentin, Antonia, Mirabeau avant la révolution, Paris, 1946
Vallentin, Antonia, Mirabeau dans la Révolution, Paris, 1947
Welch, Oliver J. G., Mirabeau, a Study of a Democratic Monarchist, London, 1951, deutsch: Wiesbaden, 1954
Welschinger, Henri, La Mission secrète de Mirabeau à Berlin, Paris, 1900
Young, Arthur, Travels in France during the Years 1787, 1788 and 1789, London, 1790

Abbildungsverzeichnis

1. Mirabeau. Porträt von Dabos (Ausschnitt), Privat-Sammlung (Ullstein).
2. Victor Riqueti Marquis de Mirabeau, der »Menschenfreund« aus: Album des Hommes Illustres. Musée Arbaud, Aix-en-Provence. Photo Jean Bernard.
3. Schloß Mirabeau. Sammlung des Autors, Photo Gabrielle Wittkop.
4. Sophie de Monnier. Stich von Delignon nach der Zeichnung von Borel. Musée Arbaud, Aix-en-Provence. Photo Jean Bernard.
5. Mirabeau. Büste von Lucas de Montigny. Musée Arbaud, Aix-en-Provence. Photo Jean Bernard.
6. Madame de Néhra bei Mirabeau. Lithographie von Charavel. Musée Arbaud, Aix-en-Provence. Photo Jean Bernard.
7. Mirabeau in seinem Kabinett mit seinem persönlichen Ratgeber. Anonyme Karikatur. Musée Arbaud, Aix-en-Provence. Photo Jean Bernard.

8a. Einzug der Generalstände. Zeichnung von A. de Saint-Aubin. Musée Lambinet. Photo Bulloz.

8b. Eröffnung der Generalstände. Stich von Patas. Bibliotheque Nationale. Photo Bulloz.

9. Mirabeau. Kupferstich von F. J. Etienne Beisson nach einem Gemälde von Joseph Boze. Bibliotheque Nationale. Bildarchiv Preußischer Kulturbesitz.
10. Saal des Jakobiner-Clubs während einer Rede Mirabeaus. Zeitgenössische Zeichnung. Bibliotheque Nationale.
11. Mirabeau auf dem Totenbett. Anonyme Federzeichnung. Bibl. Nationale. Photo Bulloz.
12. Totenmaske Mirabeaus. Anonyme Zeichnung. Musée Arbaud. Photo Gabrielle Wittkop.

Personenregister

Wilhelm von Schramm

CLAUSEWITZ

Leben und Werk

612 Seiten · 25 s/w-Abbildungen · Leinen

Die aktuelle Biographie über Leben, Werk und Wirkung des klassischen Kriegsphilosophen von weltweiter Bedeutung:

Eindrucksvolle Analogien zu den Problemen der Zeit wie von Krieg und Frieden überhaupt ergeben sich fortschreitend mit den Kapiteln dieses Buches. So ist es durch eine starke innere Spannung gekennzeichnet. Es ist anschaulich, geschichtsnah, von literarischem Rang und mit wissenschaftlicher Zuverlässigkeit geschrieben.
Auch die tiefe Liebe zwischen Carl von Clausewitz und seiner späteren Frau, Gräfin Marie v. Brühl, wird in diesem Buch lebendig, eine Liebe, die nach harten Prüfungen nicht nur zu einer vorbildlichen Ehe, sondern zu einer einzigartigen geistigen Ergänzung geführt hat. Ihr reicher Briefwechsel wurde hier ausgewertet; ihre gemeinsame Freundschaft mit den bedeutendsten Männern der Befreiungskriege zu neuem Leben erweckt: mit Scharnhorst, Gneisenau, dem Reichsfreiherrn vom Stein.

Armin Hermann

Weltreich der Physik

Von Galilei bis Heisenberg

392 Seiten · 57 s/w-Abbildungen · Leinen

Einen gewaltigen Gedankenkosmos türmten die großen Physiker von Galilei bis Heisenberg auf. In einer Zeit, als sie das Wort »Gott« noch unbefangen gebrauchten, waren sie überzeugt, daß ihr Verständnis zwar auf Teilbereiche beschränkt sei, denn nur Gott ist allwissend; wo sie aber das Gesetz der Natur erfaßt hätten, meinten sie, kämen sie Gott gleich in der Welterkenntnis.
Heute hat der Mensch durch die Physik eine Macht errungen, daß es ihm fürwahr bange werden muß vor seiner Gottähnlichkeit, wie es im Spruche heißt. Massiv und jedermann sichtbar, subtil und unter der Oberfläche, auf geradem Wege und versteckt über Tausende von Kanälen wirkt die Wissenschaft. Sie verändert die Umwelt und verändert den Menschen, sein Denken und seine Seele.
»Weltreich der Physik« heißt das neue Buch von Professor Dr. Armin Hermann. Selbst wenn der Leser seinen Physikunterricht als quälend in Erinnerung haben mag: Ungetrübte Freude wird ihm diese Kulturgeschichte der Physik bereiten. Faszinierend und amüsant, belehrend und unterhaltsam entrollt sich das Drama der Wissenschaft, die unsere Zeit und unsere Zukunft bestimmt. Das Buch handelt nicht von heroisierten Fabelwesen, sondern von wirklichen Menschen, ihren Hoffnungen, ihren hochfliegenden Ideen und irdischen Schwächen.